U0071567

思想觀念的帶動者

文化現象的觀察者

本土經驗的整理者

生命故事的關懷者

心靈工坊
[PsyGarden]

Master

對於人類心理現象的描述與詮釋
有著源遠流長的古典主張，有著速簡華麗的現代議題
構築一座探究心靈活動的殿堂
我們在文字與閱讀中，尋找那奠基的源頭

文化心理學的尋語路

邁向心理學的下一頁

宋文里——著

宋文里
作品集

A QUEST FOR
MEANINGFUL WORDS
PSYCHOLOGY TURNING TO NEXT PAGE

目錄

【附錄】彩色圖頁

序論：
走向心理學的下一頁 [1]

　　心理學作為大學裡的一門學科，和作為知識世界裡的一門學問，其光景大為不同。就學科訓練的觀點而言，這門學科除了一般通用的教室之外，還有兩種不同的訓練基地，一是擺滿測量儀器的實驗室，另一是著重人際關係的諮詢室以及兒童遊戲室。用醫學來比擬，前者像是用來做基礎醫學的理論研究，後者則是做臨床醫學的應用研究——這只是表面上看來如此，實際上，心理學號稱為「人（心）的科學」（而不是「人體的科學」），因此，在談「人」或「心」的時候，以上兩種訓練基地到底孰輕孰重，應該有個不同於醫學的斟酌。但當今的心理學（通常是指「主流心理學」）卻似乎沒辦法作出自己的衡量，以致在心理學教科書上都宣稱「實驗室」的誕生才標誌了現代心理學的濫觴，而創造心理學實驗室 [2] 的威廉·馮德（Wilhelm Wundt）就被稱為

1　「心理學的下一頁」出自布魯納（Bruner）之說，見 Jerome S. Bruner (1996). *The Culture of Education*. Cambridge, MA: Harvard University Press。中譯本：宋文里譯（2018），《教育的文化：從文化心理學的觀點談教育的本質》（修訂再版），台北：遠流出版社。

2　這個「創造」卻並不指「最先使用」。在馮德的萊比錫實驗室揭幕（1879）之前，費希納（Gustav T. Fechner）、佛克曼（A. W. Volkmann）、赫姆霍茲（H. Helmholtz）等人都曾使用過某種實驗觀

（現代）「心理學之父」。這種教科書式的心理學史敘事法，其實已含有很多選擇性的偏見，譬如沒有（或很少）把心理諮詢的歷史包含在內。我們使用了許多不明其義的語言來指稱自己的學問，而這並不只是心理學的問題——整套「科學」就是最嚴重的誤名。[3]

我在剛踏進師大教心系館的那年，當然還無法看出其中的奧妙，但迎面看到的是一間教室和遊戲室的合體，用單面鏡作為隔間，在教室裡可以觀察遊戲室那邊發生的事情，反過來說，遊戲室這邊看不到鏡子後面坐著滿教室的人在盯著看他們遊戲。這就是一所心理系的訓練基地之中最吸引人的光鮮門面。只不過，幾年下來，好像不見有人進去過那間設計美妙的遊戲觀察室。最常使用的反而是在二樓的實驗室——我當時很想知道：那樣一間擺滿儀器的實驗室為什麼經常人滿為患？而這間看來更可能發生很多新鮮事情的遊戲觀察室為什麼反而被冷落了？

進入一個帶有「心理系」名稱的學系不到一年，我就發現所有各校的「學院心理學」課程都差不多——所有的研究都會用一些取樣而得的受試（subjects），經過實驗觀察後編碼轉化為一堆數據，然後就用來計算出「研究發現」——這個由來已久的事

察，而威廉·詹姆斯（William James）已經在哈佛利用實驗室來進行教學工作（1875）。

3　英文 science，德文 wissenschaft，在字面上沒有任何理由可譯為「科學」。在原文中的意思是「知識」或「知識的創造」，而「科學」應當是將此字認知為「分科專精的學問」，相當偏頗。

實正可解釋那兩種訓練基地的不同命運：儀器會讀出很多數據，讓研究很快有結果，因此大家對此趨之若鶩；可遊戲室要看的則是人，蒐集到的是一些兒童行為的描述或研究者和他們的對話，而這些材料幾乎無人能讀。這樣看來，心理學課程中的「觀察」既沒看到人，也不需用心。這些發現已經違背了我想來讀心理學的初衷。後來我沒轉系，還有一個更大的理由：在我們的整個大學體制裡所謂的「學科訓練／規訓」（discipline）都和我想尋求的人心之學不在同一條路上，所以，轉不轉系就淡出了我的問題感。從大二開始，我已經明白：我要讀的書只能自己讀。我要走的學問之途，就說它是我的**問學之路**吧——尋語路、沉思路、第三路、正路岔路的這一切——我仍把它稱為廣義的、跨領域的「心理學」，但我也可以把它喚作別的名稱，譬如先前不久出版的一本書上，我就把它定名為「理心術」。[4]「心理」這個語詞倒過來唸成「理心」，我的意思是要讓「受試」（subject）轉變為「主體」（subject），讓心理學可用同一個軸心而翻轉到下一頁。

用平常話來說吧：這就是要脫離被實證主義綁架的心理學，把實驗室的觀察轉向人在生活世界的體驗，因此，「心理學」一詞，在我看來，就必須經過轉化而變成同時包含著「心理學／心理治療學」的學問。這樣的心理學不必再稱為「心理科學」

4　參見宋文里（2018），《心理學與理心術：心靈的社會建構八講》，台北：心靈工坊。

或「科學心理學」。就知識的整體來看，新一代的心理學必須借道人文心理學，轉向文化心理學，繼而再演化為更廣義的心理與語言／文化研究，並且在每一步的轉化過程中總是不脫離哲學基礎的思辨與討論。但以一般人慣用的「學科／規訓」（兩者都是 discipline）或「領域／跨科際」（field／interdisciplinary）的概念來看，還是有很多人會問：「這樣的轉變到底會搞出什麼東西來？」事實上，我常提的問題毋寧就是在反問：「心理學本身到底又是什麼東西？」——因為對於目前的「心理學」，我有很多根本的懷疑，而這個大哉問所需的回答就得動用屬於哲學根基的方法論去不斷探索。在我的學術生涯中，哲學和方法論的思考會發展為一支指北針，對準了追求學問的初衷：「心理學這東西裡頭到底有沒有（能思的）作者？」或換用另一種說法：「人究竟能不能自理其心？」

　　寫這篇序論正是要說明：這些著作都是一個作為作者的「主體」，站在「受試」的對面，以一切「（真）實（體）驗」來創造出能動的自我，以便能夠進行學術界慣稱的「自行研發」工作。這裡所用的幾個語詞——「受試」、「實驗」——在心理學之中早已是不需解釋的慣用語，而當心理治療無法奠定其自身的基礎時，也只能跟著科學心理學來依樣畫葫蘆。於是，「主體」一詞就不曾出現在所有這些心理學的教科書中。同樣的，在談「實驗」時，更該談的應是「真實體驗」，而不是儀器上的讀數。我們該問的是：為什麼這些看來相似語詞之間會隱含著這麼明顯的矛盾？

當然不只是英文翻譯成漢語的問題。「學科訓練」的體制操作把意義的問題圈圍成一個滿佈荊棘的樊籬，然後作繭自縛，這就是主流心理學（自認的第一心理學）到目前為止對知識界所作的自我宣稱：它自稱為一門自然科學，然後把更可能讓心理學知識變得豐富的人文科學，以規訓之名而貶抑甚至排除。我們如果可以把心理學翻到下一頁（很可能也是翻回前一頁），就是要翻出「第二心理學」[5]來。因此，我的問學之路，就要從心理學如何以種種翻頁行動來談起了：

1. 首先要談的是人文主義心理學或繼或絕的傳承；

2. 其次是文化心理學的到來；

3. 接著，跨過心理學科／規訓的界線之後，文化心理學的進一步演化必須是讓研究者以自我作為作者來展開自行研發的行動；

4. 當心理學面對著文化時，該談的不只是思想和問題，而更應是置身在境的，亦即面對著苦難和困境的臨床／臨場語言；

5. 翻頁之後的第二心理學，回首一望，發現它並沒有固定的起點；

6. 它更像是從古以來即有的，能面對困苦的心理學；

7. 並且該研究的對象不是一個一個受試的個體，而是進入對

5　「第二心理學」（second psychology）出自寇爾。見 Michael Cole (1998). *Cultural Psychology: A Once and Future Discipline.* Cambridge, MA: Harvard University Press。

話中的人人，亦即語言，是你我；

8. 最終，你我就是要由咱們一起來協作療遇，尋求意義的出路。

一、人文主義心理學的失傳與再傳

以我最常用的**提問法**（problematics）來作歷史回顧的話，就應把 2012 年的那場「余德慧教授追思研討會」視為問題檯面化的高峰，用來談談這位曾經為「人文心理學」而鞠躬盡瘁的，究竟是何許人也？我們的知識界還有幾個人在科學心理學之外仍能傳承心理學的學問？

余德慧在逝世前十一年（2001）出版的《詮釋現象心理學》[6] 第一頁上寫著：「從 1988 年以來，我就開始思考人文的心理學……」很多人都知道，在台灣的心理學界，最早嶄露頭角的人文心理學先鋒就是台大心理系臨床組（亦即心理治療組）的余德慧，然而，在我和余德慧相見（約在 1987-88 年間）之前，也就是在更早的 1977 年，我已寫出了我的心理學碩士論文——關於存在意識（existential awareness）的研究。[7] 那已是一篇不折不扣的人文心理學論文。不過，由於我在碩士後去當兵兩年，之後不久又出國留學，我的人文心理學也因此而神隱了將近十年——

6　余德慧（1998），《詮釋現象心理學》，台北縣：會形文化事業出版社。

7　宋文里（1977），《存在意識之研究及其在高中生輔導上的涵義》，台灣師範大學教育研究所，碩士論文，未出版。

直到遇見余德慧，方知德不孤必有鄰。

事實上，就時代風潮而言，在 1980 年代以前，受到存在主義哲學影響而在美國產生的「人文主義心理學」（humanistic psychology）[8] 也曾以太平洋邊的微風拂過台灣，只不過，根據王文興教授的說法，存在主義（實際上在當時）從未登陸過台灣。所以，那帶著濃厚存在主義哲學和存在現象學意味的美國人文心理學並沒有在我們的心理學界著床，也沒吹出什麼研究和寫作的學術風氣。余德慧是個例外，我也是，而這樣的例外者在台灣就是屈指可數。至於那個被例外所指涉的慣例呢，一般人只知有「主流心理學」當道，也以為那就是心理學唯一的慣例。

直到 1980 年，我開始在美國求學時，才後知後覺地發現：其實歐美的評論者早已看出，那陣掀起人文主義心理學的風潮，在六〇到七〇年代僅僅讓幾位出名的人物叱吒風雲過了一代，之後他們就幾乎無法再有第二代傳承。台灣只因為須橫渡一個廣袤無垠的太平洋，所以在那陣吹來的微風中，我們也沒嗅出它在美國本土已經開始枯萎的氣息——我們那時還在教科書上幫腔地宣

8　Humanistic psychology 最自然的譯法就是「人文心理學」，但不知出於哪位多事者的手筆而翻譯為「人本（主義）心理學」，後來就成為我們心理學界的慣稱。但我還是要表示：這樣的翻譯實際上已經構成了「過度詮釋」（overinterpretation）：「人本」是相對於什麼「本」呢？「神本」嗎？Theism 是「有神論」，不能稱為「神本主義」，那就是文藝復興時代之所以產生 humanism 時的相對概念，然而這種概念相對的脈絡在漢語的語境中並未發生，因此把 humanism 翻譯為「人『本』主義」就是畫蛇添足，多此一舉。

稱他們構成了「心理學的第三勢力」。

在美國的人文主義心理學——其主要的領域是心理治療——當中有位不太算叱吒風雲，但他的作品歷久彌新，是很值得一提的首創者之一，我要提的不是羅哲斯（Carl Rogers），不是馬斯洛（Abraham Maslow）這兩位曾經當選為 APA 理事長的風雲人物，而是曾經和前兩位同台座談過人文主義的羅洛·梅（Rollo May）。羅洛·梅很早就和安吉爾（Ernest Angel）及艾倫伯格（Henri Ellenberger）合作編譯了一本書，書名叫做《存在》（*Existence*, 1958），[9] 該書中輯錄了幾篇融貫精神分析、現象學和存在哲學的作品。這本書的書名，乍看之下會以為是哲學著作。是的，我們所談的人文心理學之中的詮釋現象學、存在主義等等，都是哲學。在十九世紀末葉以前，心理學和哲學本來沒有區分，而後來分成「科學心理學」與「人文心理學」，就知識發展史來看，也沒有什麼非如此不可的理由可言，除非是要把心理學和心理治療學區分開來。這就解釋了為何重新開啟人文心理學必須在治療的哲學根基上動土開工；也解釋了表面上所謂「跨領域」的學問，其實都是因為回到根基之後再出發的必然表現。

我相信，余德慧和我，雖然在 1980 年代晚期和 1970 年代晚期才分別舉步維艱地從主流心理學中拔足而投入人文心理學

9　May, R., Angel, E., and Ellenberger, H. (eds.) (1958). *Existence*. New York: Simon and Schuster。這本現象學心理學文選集，其中包含 Binswanger 和 Minkowski 等人的文章。我在當兵時偷偷翻譯了其中一篇，但本書到目前尚未出現全文的漢文翻譯。

的研究，但我們的認知終究會指向同樣的人文心理學：以存在現象學、詮釋學、精神分析以及當今的後現代思潮為源頭的人文心理學，而不是在美國失傳也失勢的「第三勢力心理學」。這樣說，才足以解釋為什麼余德慧要花那麼多精神去閱讀後期海德格（Heidegger）和德勒茲（Deleuze）的哲學作品，並且號召出一場長達十多年的「人文臨床研討會」；[10] 而我為什麼會非常捧場地持續加入這場研討運動，以及為什麼一直到今天都還在為精神分析的詮釋學和意義發生的符號學（semiotics）[11] 開闢一條「尋語路」，也緣於此。

歷史和思潮的腳步如白駒過隙，風起雲湧的「文化轉向」（cultural turn）在八〇年代末期開始滲透到人文與社會科學的每一角落。我們所關注的問題一下子就變成後台和背景，而站上舞台中央的，都是由文化轉向之中的「語言學轉向」

---

10 請參閱余安邦（編）（2017）《人文臨床與倫理療癒》，台北市：五南。要之，這個論壇開始時曾分別使用幾個不同的名稱，但其參與的某些核心成員是固定不變的，而後陸續有新的成員加入。我是從頭就開始參與的成員之一，在余安邦編的這本書中有我撰著的篇章〈文化心理學的浴火與重生〉，該文的部分內容摘引至本文中，而那就是我一直念茲在茲的問題，希望能用本文來為進行增補。

11 由於「符號學」已經成為 semiotics 的慣用譯名，雖然所有讀通這門學問的人都應知這是誤譯，但這種約定成俗的語詞很難馬上改掉。在本文中，我使用海德格—德勒茲（Heidegger-Derrida）對於這種誤用俗名的作法，就是照樣把它寫出來，但同時也把它槓掉，這就是目前看到的這樣：「~~符號學~~」。下文中會幾度沿用，直到經過足夠的論述之後，亦即到了第四章之後，它終究還是應該改用更適切的譯名。

（linguistic turn）引發出來的問題：語意學（semantics）的、語用學（pragmatics）的、象徵主義（symbolism）的、「符號學」（semiotics）的，等等等。加爾芬克（Garfinkle）曾經說：這種「等等等」的說法竟是俗民方法論（ethnomethodology）裡頭暗藏的一個語言學手段；而文化心理學中有個重要的語言學課題至今仍稱為沙霍二氏假說（Sapir-Whorf Hypothesis），其中的首倡者沙皮爾（Edward Sapir）對此問題的基礎背景就曾提出過如此發人深省的警語：「哲學家必須要了解語言，即便只是為了免於受到他自己的語言習慣之障蔽。」[12]

在這種「轉向思潮」的狂濤猛浪之下，我們現在該傳承的是什麼學問？它還能叫做「人文心理學」嗎？是的，不用擔心我們會在語言中脫軌。在「人文化成」的哲學意謂之中，我們只要把焦點從前面兩個字往後挪一格，注意第二和第三個字，我們就會發現「文化」在其中矣！——我這是長話短說。現在敢於宣稱繼「第一心理學」之後還能發展成「第二心理學」的，[13]首當其衝者就非「文化心理學」莫屬了。而我相信這種發展在心理學中，以我們的現代漢語來說，就是「人文的傳承」；用稍古的哲學語言，我就把這種期待稱為「斯文以化」。

12　Sapir, E. (1949). *Selected writings of Edward Sapir in language, culture and personality*. Berkeley: University of California Press, p. 165.

13　「第二心理學」（second psychology）是寇爾（Michale Cole）為「文化心理學」取用的譯名，見 Cole, M. (1996). *Cultural psychology: A once and future discipline*. Cambridge, Mass: Harvard University Press.。

二、我們和文化心理學的遭逢

大約是從九〇年代中期以後，台大心理系臨床組的余德慧、余安邦和主修諮商心理學的我都先後在不同的學院脈絡中開設過「文化心理學」這門課程。台大的「本土心理學」有時也自稱是一種「文化心理學」。但依我的觀察發現，「本土心理學」還是無法擺脫主流心理學的規訓方式，總是把「實驗室」、「準實驗研究法」以及「調查法」奉為心理學的圭臬，而相當漠視以「諮詢室」的對話作為心理學基礎的可能性。因此它和「文化心理學」之間實有許多難以磨合的矛盾——通常，「矛盾」到難以言說的程度，就會質變而為「弔詭」。

我對於「本土心理學」這個名號一直覺得那是個彆扭的弔詭，尤其在它譯為英文時採用的是單數而非多數（這是個關鍵問題，我會在本文中加以說明）。對於「（單數）本土心理學」的問題，已經有很多批判出現，包括來自社會學、人類學、文學、傳播學、歷史學以及哲學的種種。但心理學本身對此問題的討論除了「人文臨床」（也就是心理治療）社群以外就不曾有人發聲。由於文化心理學在臨床的語境中對於語言問題已經產生敏銳的認識，因此，即使在「弔詭」的狀態下，我們仍然需要使用語言來面對它。

對於「漢語心理學」，這不太常見的說法，我卻情有獨鍾。

我要談的絕對不叫做「中國心理學」。[14]「漢語」包括我們常用的現代漢語和偶爾使用的古漢語（「現代／古代」的區分是根據語言學家王力的分類和斷代法）[15]，也確實像語言學轉向後的知識現象一樣，對語言的精熟知識必須是從字源學到語法學、語意學、語用學、語言哲學，無一層遺漏，並且認為當代的漢語心理學由於擁有豐富的古漢語資源，因此，在呼應著沙霍二氏的主張之下，讓它作為一門「意義的科學」而非「行為的科學」或「認知的科學」來發展，確實大有開發的機會。

余德慧的那本《詮釋現象心理學》，其中包含了他自 1992 至 1996 年間寫的十篇文章，分為三部分，就是「語言篇」、「歷史篇」和「詮釋篇」。我看了以後，知道他除了標題上留著「詮釋現象心理學」的名稱，其實他也果然加入了「語言學轉向」，對於後期的海德格和嫻熟於語言哲學的詮釋學家呂格爾（Paul Ricoeur），甚至後結構主義的高手德勒茲（Deleuze）都花了很多篇幅來討論。

至於我自己在文化心理學及其後的發展，我是抱著「以文化心理學為本，以漢語心理學為綱」的態度，並且一直是以先前宣稱的「自行研發」方式，置身在境，既臨床也臨場，邊作邊想，而不必依賴實驗室或準實驗設計，就這樣毅然投入了這場可以讓意義發生，也可以讓語言精熟的問題領域，讓它重新成為心理學

---

14 「中國心理學」其實也就是另一種單數的「本土心理學」，所以不能包含文化心理學的視野。

15 王力（1980），《漢語史稿》，北京：中華書局。

的根本問題，而得以在主流之外展開的知識大業。

三、自行研發的演化：自我的作者行動

我的問學行動，雖然沒有在開始時就打出明確的旗號，但一貫的開場方式只是提問（problematization），而其中的第一問乃是：「自我是個作者嗎？是個動詞嗎？」「自我」是但凡能夠言語的主體所用的自稱，曰「我」、曰「自」、曰「己」只是口頭語、書面語之別，或只是在不同語境下的不同用法而已。值得我們注意的是：能說和所說，這兩條件的交集，有個值得深思的要義，在於能把話說成的作者。所以作者在使用「我／自我」之時，已經是個動詞，而不只是個「第一人稱代名詞」。在任何寫成的一本書上，「我」不只是無所謂的自稱，而正是「作者」之所動。我們該用最精練的漢語來重新理解一下「自我」作出這種「作者行動」究竟是什麼意思。

由於米歇爾・傅柯（Michell Foucault）和羅蘭・巴特（Roland Barthes）等人宣稱過「作者已死」，我們在這種思潮的驚濤駭浪之中，也如同先前讓我們溺過水的「上帝已死」那次大浪一樣，不知不覺、也不思不想地認為我們只會被這種思潮淹沒。但對於這些「思潮」的看法，我想起我的啟蒙師史作檉先生常有的說法。他說：「沒有『思想』哪來的『思潮』？」這就如同王文興所說的「存在主義不曾登陸台灣」一樣，所見略同。沒有思潮的我們，其實只要用「自我」這個動詞來想一想：「作者」到底是什麼意思？然後，我們挺有可能發現：在一切學術寫

作中，其第一人稱的自稱應該是「我」，而不必使用忸忸怩怩的「筆者／他（她）」。

這樣的說法，是在玩文字遊戲嗎？我知道確實有人寫過書，書名就叫《我想我是個動詞》（*I Think I Am a Verb*, 1986）。[16] 這位作者西比奧克（Thomas Sebeok）說他的研究貢獻俱在於「*the Doctrine of Signs*」──他不是在玩文字遊戲，但我們不見得因為能夠言語，就能把引號中的這句簡單英語翻譯為漢語。[17] 我們可能要繞個大圈，譬如讀完這本書，才能搞清：這如果真是文字遊戲的話，那是在玩什麼把戲？我就不賣關子，至少用漢語的白話簡單說一遍：我們自己不能發明文字遊戲的方式，我們能說的話都是文化為我們提供的語言。是的，但就在此刻，把這句話寫下來，可以把它叫做「斯文」的同時，也把文化體現了出來。這個使用語言的作者，在開動之時卻不是「我們」，而正是「我」。

「斯文以化」是依據古漢語語法來說這同一件事。這不是一件小事。我花了將近三十年的工夫，一直在用這句話來作為任何問題的開頭。我這種問學的方式就是不斷在想，以及想要怎

---

16 Sebeok, Thomas A. (1986). *I Think I Am a Verb: More Contributions to the Doctrine of Signs*. New York: Plenum Press.

17 「*The Doctrine of Signs*」這個片語，是指一種學說（doctrine），這是簡單的部分；而不簡單的則是「*Sign(s)*」──當今的漢語文獻中絕大部分都將這個關鍵字譯為「符號」。我在本書中會反覆說明這是個嚴重的誤譯。到了第一部分的〈型擬〉一文則會對此作仔細的討論，並且也為這個難以翻譯的概念鑄造出一個新字「彤」。

麼說。「不斷在想」顯然就是一種持續的作者行動。而「想要說」的不是說別人,只是說有我在內的「此心此理」。我既然引用了西比奧克那本名著來回應近代哲學的基本命題「思,故在」(Cogito, ergo sum.),[18] 那麼,以漢傳思想的脈絡來說,對於此一命題,我可以引用的又是什麼經典?是孟子嗎?是陸象山和朱熹嗎?都不是,是早已化身在家常話裡的成語。我們對於自己使用的漢語經常不覺得其中有什麼需要以「想」為開頭的基本命題。然而,我在想的,正是這個「要不要想」的問題。換言之,我在想的就是以漢語說出的命題:此心何以能理?斯文何以能化?

四、心理學面對著文化時,該談的不只是思想和問題,而更應是面對著苦難和困境的臨床/臨場語言

　　語言和思想的關係是很根本的心理學問題。如果我們能夠以此為起點,來繼續問語言和思想的相對位置問題──「想」和「說」孰前孰後──就會回到那個諾貝爾獎級(但絕對不會得獎)的提問法:沙霍二氏假說。如果文化的基要定義就是這樣:「文化乃是一個象徵與意義的系統」,那麼,這個定義可以把精神/物質、主體/客體、傳輸/媒介、能指/所指等等一切都包含在內。文化因而變成一個具有整體包含性的範疇,但這範疇的

18　這是笛卡爾那句名言「我思故我在」(I think, therefore I am.)的拉丁文原版。在其中甚至可以不必說「我」就直接以動詞來發出行動。

「整體」卻不需用來指一個地理疆界，或民族分布區域。我們都知道有這麼一個隱喻（一句成語）：「如魚得水」（魚在水中），或甚至「如水在水」（不用問魚）[19]——這會有助於理解人和文化怎樣以「想」、以「說」來形成這個置身在境的關係整體。我們只是在「想」、在「說」之時，常常倒過來把這個整體範疇稱作「文化」。所以「孰前孰後」的後設提問法會一直繞圈子，一直保留在假說狀態而不得其甚解。

對於這種問題的發現，絕對不是在心理學實驗室，而比較可能是在臨床的諮詢室，或在臨場的田野。諮詢室心理學發展的高峰就是佛洛伊德的精神分析（psychoanalysis），後來由眾徒子徒孫演化為上百種不同門派的心理治療法（psychotherapies）。臨床研究的基本資料是語言／文本，尤其是發自受苦受難者的語言；而用實驗室模擬為標準刺激的心理測驗雖也好像是在處理文本，但實驗室從來無法觸及人類的苦難體驗，因此兩者對於文本的看法南轅北轍，以致最終在教學上常必須再分家而變為兩個科系。即令沒有分家，他們之間的對話似乎還是得以實驗室方法作為主流語言，因此其間的對話也常會變得雞同鴨講。只知，諮詢室的臨床研究在目前逐漸認識到，它所需要的語言來自質性研

---

19 「如水在水」（like water in water）是巴代伊（Georges Bataille）在《宗教理論》（*Theory of Religion,* tr. Robert Hurley, Cambridge, Massachusetts: Zone Books, MIT Press, 1989）一書中說明 animality（動物性）而使用的隱喻。至於「不用問魚」則是借用了王陽明的詩句：「桃源在何許，西峰最深處。不用問漁人，沿溪踏花去。」

究，雖然起步較晚，但在我看來，這正是我早在三十年前已經預見的光景。

然後，我們要談談另一種臨場語言的研究方式，這就要回頭談談為什麼需要一再提及沙皮爾。我最早開始接觸沙皮爾是在八〇年代末期，眼看著人文心理學正在逐漸失傳之際，我四下摸索，發現其中有一種可能的傳承，就是在語言人類學脈絡中逐步發展而來的文化心理學。於是我以「自行研發」方式進行的傳承工作，這就包括花了不少時間來準備開設「文化心理學」課程。在我一邊摸索，一邊蒐集一些重要讀物時，發現其中有一本《文化心理學》（*The Psychology of Culture: A Course of Lectures*），是沙皮爾早在 1936-37 之間以同名在耶魯大學開課的講義。沙皮爾是個精通語言學的人類學家。他從 1928 年起就已在芝加哥大學開過這門融合文化人類學與語言學的課，並且曾向出版社表示他打算以此題目寫成一本前無古人的書。在十年的延宕之後，儘管他一直念茲在茲，但不幸沒有成書就過世了（1939）。

「文化心理學」在歐美蔚為風潮是在 1990 年代。沙皮爾的講義在大約六十年之後重新浮出檯面。但這本書其實是用學生的上課筆記蒐羅編撰而成，出版於 1994 年。無論如何，在此風潮之前，沙皮爾不但早有先見之明，並且也指出了文化與心理學之間針針見血的關係要點。這本出版的講義只有三萬多字，在篇幅上不到他所預期的三分之一，可見在沙皮爾心目中還有很多議題沒出現在這本書中。我們一方面可在他所遺留的《全集》中四處

搜索，但除此之外，應還有另一個辦法，就是在心領神會之餘，用作者的行動，也就是自行研發的方式，把「假說」可能涉及的議題開發出來。

　　我說的「蔚為風潮」是指一般的學術活動，但還有些人，即能思能言的作者，他們的嗅覺比這種「一般風潮」要敏銳得多。我至少在本書中指出了其中的一位，就是布魯納（Jerome Bruner）這位美國心理學泰斗。他的「文化心理學」作品可以上溯到 1985 年的《實作的心靈，可能的世界》（*Actual Minds, Possible Worlds*）一書。但他的靈感來源不是沙皮爾，而是另有其人——俄國心理學家維高茨基（Lev Vygotsky, 1896-1934）。布魯納不是臨床心理學家，但他在教育心理學（特別是發展心理學）上的貢獻之鉅則是無人不曉。他對於維高茨基的興趣產生於冷戰時期的 1950 年代。當時他走訪一趟蘇聯，立刻聽到鐵幕外聽不到的鑼鼓聲——早逝的天才心理學家，開發出文化心理學的另一種根苗，有可能取代皮亞傑（Jean Piaget）的認知發展學說而長成另一株更大規模的蒼蒼巨木。但連他都需要消化三十年才能說得出個所以然——要把「文化」吸收到「教育」和「心理學／心理治療」的學問中，那就是起碼要花得起的工夫。[20]

---

20 本書的內文中的第二篇就是以布魯納如何產製文化心理學的工夫為題。

五、第二心理學沒有固定的起點

　　我們此提及的沙皮爾和維高茨基，到底誰是「第二心理學之父」？我不知道這種問法有什麼必要。心理學是隨著現代化而來到漢語世界的一種學問。但除了漢語世界之外，所有的文化都自古以來即有某種心理學存在。它沒有形成體系性的知識——即使當代的心理學也不能說它「自有體系」。「有體系的學問」一向是我們對於「科學」的基本要求，但這種要求和科學本身的發展未必能夠同步。把心理學稱為一種科學，即「科學心理學」，我在上文已提及，大多數心理學教科書上都會說：創設了心理學實驗室的馮德就是「心理學之父」，因為有了實驗室之後的心理學，就像物理學一樣，可以在實驗室中進行因果關係的實驗操作與直接觀察，然後驗證假設，成為理論，此後才誕生了「科學心理學」。但我對於這樣的說法根本無法買帳，因為這套說法並不盡然合於科學史的法則——譬如沒有人能說，數學是由客觀的觀察而來，其中不但可觀察出數論，其後也必然會觀察到集合論出現——因此，要想由實驗室觀察來證明心理學從此就能有真正的理論，成為可以「真正的實證科學」，這樣的想法實近乎妄想。

　　我們必須跳開許多教科書這種簡單、淺薄的說法，來重新想想：對於心理學，我們想知道的；或透過心理學，我們能知道的，究竟是什麼？事實上，「這門學問是不是科學？」這種問題的潛台詞是：「這門學問是不是『自然科學』？」而「科學」一詞本來就是指「求知之學」，又豈止是「分科（專精於某種自然

對象）之學」？這些因為翻譯西學而產生的語意淆亂，一直在現代漢語中製造整個文化的迷失，我在本書中特別把這種迷失（連同其他幾個關鍵字眼的混亂用法）總稱為「失語症」。

重要的學問，包括科學在內，永遠不會只從單一的個人開始，也就是不會有所謂「某某學之父」。我們若常常不經意地使用這樣的慣稱，就只會敗壞我們的歷史感。譬如我們絕對不知誰是「數學之父」或「哲學之父」。我們還不如轉個 180 度，換問「心理學之母何在？」——且由此而牽出一個更有意思的答案：心理學的「母題」是在心理學的「母國」裡誕生，自然是「不知其父」——我們的文化心理學尤其如此。是故，我們該探尋的心理學／心理治療學之「母國」，正是由於其生生不息的力量而能探問其「文化」起源。沙皮爾和維高茨基都已明示了這種由文化起源，而非由自然起源的心理學，但沒有人稱他們為「心理學之父」。確實無此必要，並且後來我們會發現，還有其他幾位重要的思想家（譬如維根斯坦〔 Ludwig Wittgenstein 〕、普爾士〔 Charles Sanders Peirce 〕以及佛洛伊德等等）和文化心理學及其後發生的語言學轉向也很有血緣關係。是他們所開啟的心理學的種種新母題，才讓我們這些心理學後裔傳承了新的問學契機，以及知識重生的緣會。[21]

---

21 是的，教科書作者能使用的語辭就只叫做「機會」——作為讀者的你，必須曉得：漢語的教科書作者，至今為止，還沒有一個人能把「機會」區分為「契機」和「緣會」。

六、翻頁的前後：從古以來即能面對困苦的心理學

回顧我們所謂的翻頁之前，翻到現代心理學之前，不管在哪個文化傳統，我們總會發現，從起源流傳下來就有很具體的意義庫存，而其最具體的表現俱在語言之中，也就是字典。在漢語字典中，心理語言的用字至少可以先從「心」部首開始查起，雖然其他部首也可能包含心理語言。「心」部首裡有多少個字？在大部頭的《康熙字典》中可數得 1,205 字（其中有些許重複）。這數量非常驚人，但我們首先就得知道，現代漢語已經無法消化這麼大量的意義庫存，因此，查查今日通用的《國語辭典》，只留下三百多字。即令如此，我們從這裡談起也得費不少工夫。

就從這個「心」部首談起吧。假定人對於「心」都有一定程度的掌握：即稱之為「我心」，然後再具體概括為「人人皆有此心」。但，人能掌握此心的證據何在？漢語的「心」本來是指心臟，最早的醫學發現了心，也以為今天我們所知的心功能都歸於這個臟器。後來才發現心思大多不起於心，而起於腦。[22] 人因受困而苦思。「思」字就是在「心」字上加了一顆腦袋。然而，「心」仍合法包辦了所有的「心／思」功能。在很大程度上，腦並未取代心的全部功能，譬如痛心的體感不會僅限於頭疼。因此，那就會在心之上外另加一心。漢語體系的「七情六慾」這

---

22 對於「腦功能」不存在於心臟，在漢醫體系中發現得很晚。直到清代王清任的《醫林改錯》（1830）一書才指出了此一問題。

個大範疇一直都還稱為「心」。另加上的一心實即指「思與所思」，這就形成了「心的文化」。但在「文化」一詞進入漢語之前，我們不知文化為何物，只能稱之為「斯文」。我們的文化目前確是以漢語為居所，不過，現代漢語依照法定的觀點來看，從誕生至今才一個世紀，可說還在學步（toddler）階段。由此所產生的學術語言尤其顯現出「扶著外語才能走路」的窘態──這是說：現代漢語中的大多數學術用語都必須在寫出之時，用括號附上它的原文，否則我們都很難只看漢語就知道它在說什麼。

　　心理學的學術語言並非特例，但確有其獨特之處，那就在於「心」和「文」的特殊關係，使這門學問的立基之處成為一門特別的科學。在漢傳思想史上，在十二世紀到十五世紀間曾經出現的「心學」，也許可說是現代心理學母題的粉墨登場，但漢傳思想沒把這場戲唱成。後來再等了五個世紀，才由西學來將它重新搬上舞台。那就是我們現在所稱的「心理學」，以及由此延伸的「心理治療」。

　　如果我們能精練地使用漢語來談心理學和心理治療，那麼，我們的意義系統甚至應從甲骨文的開天闢地開始談起。對於這個文化遺產的領悟正和「不知其父」一樣重要。我們現在並不需要推出一個漢語心理學的諾貝爾獎得主（反正也沒這個獎項），而該要讓千千百百的心理學者都能回到自己的遺產中去求學、問學。我有這種想法，起於我開始以讀書為志的年代。開始讀書以來，發現我們的文化處境在全球文化之中，只有自己敢使用「中／西文化」、「中／外文學」這種自我中心的對比法。以「中」

作為起點，不奇怪；但把全球龍蟠虎踞的態勢說成「中／西」、「中／外」，就是個妖怪之念，是一場文化的大病。這是文化史的觀察，目前能有此觀察的文化史、思想史著作已經很多，對於我們一向慣用的自我中心論，我就毋須多置一詞。我能說的只是以心理學和心理治療作為觀點，能不能把我們自己的文化處境看出個新光景來。

七、心理學的常民資源：在人人，不是個人；在語言，不是心靈

以廣義的心理學（即包含心理治療）作為觀點，是有意要和思想史觀點區隔開來的。區隔的關鍵在於意義系統究竟是屬於什麼「人」。在心理學的語言中，用「受試」所呈現的「個體」其實既不是「個人」，甚至不是一個「人」，而只是數據。至於思想史裡出現的「人」，則一直只是極少數的文化菁英。有一次思想史家余英時在清大演講，那時我剛擔任大學教職沒多久，聽他上下古今的綜論，眼睛為之一亮。但當他和聽眾問答互動時，曾說起「理學」、「心學」是漢傳思想的高峰，然後他開始數算這樣的菁英能有幾人。我看著他屈指數了起來，也聽到他說：「大概有七、八人……」，然後他又立刻更正說：「不，大概只有五、六人。」我是為了長話短說，才引用了這個難得一見的反思明證，來說：我們該談的意義系統不但不會有個獨一無二的父親，也不會只在五、六個菁英子裔之間打轉。我們要談的必須是屬於億萬人類在歷史長河中演化出來的成果。我們該看的是俗民

的文化積累。所以，從古以來的心理學／心理治療到今天的心理學，一直有同樣的主體活動跡象可供我們觀察與求問。

　　我說的「俗民」或可稱為「常民」，但不是新聞報導中常用的「民眾」，也不是政治人物口中的「人民」，而是上文中已經提過的「人人」。有人誤以為「人人」就是一個一個「個體」的總和。現代心理學把這種妄念植入心理學的基礎語言中，造成整個學門陷入「個體主義」以及「平均數」的流沙困境。我在開啟讀書之志的年代，碰到啟蒙師史作檉先生。他在談「人」的問題時先說「人人」是指隨波逐流的「大眾」或「大家」；對比之下，單字「人」才是他所關懷的對象。後來他發展出另一個說法，把「人」用「人類」來取代。我繼承他的關懷，但覺得「人人」兩字和「人類」兩字一樣，不必指渾渾噩噩的大眾，但一定不是指單一的個人。漢語中的「人人」這種造詞法，用重複來表示的不只是複數，還指向「人人皆然」、「人人皆可」的意思。不過，「人人」和「大家」仍然不是同樣的意思。我在此要加上理論性的強調，用「人人」來指「人性」的「皆然」或「皆可」，也以此來脫除「個體主義」的狹隘限制。

　　有了「人人」這種語言，才能演化出「文化」。這個命題讓我們能以漢語來確定我們的學問對象，至少不是指向個體行為。更有意思的是，至其下一步，「人人」就是指「你我」。我要使用漢語來談的不只是「客體」，而必須是關係中的「對象」；

對象是與我相對的 Gegenstand，而不只是個 Object；[23] 心理學的對象常是指一事（Sache）而非一物（Ding）。[24] 既然面對的是「一事」，就必然會在「處事」之中「待人」，而不必然要經歷「物化他者」的過程，也就不必然會陷入「心物二元論」的泥淖之中。這就是漢語心理學對人稱代名詞應有的基本用法：但凡「從事」於「一事」，[25] 則此事必屬「你我」，而非「他（它）」。[26] 我們一直在從事的工作就是為你我尋求有意義的語言。

八、你我構成了療遇社群

精神分析是心理治療之母，但上文已經提過：今天談的心理治療已經蔓生出幾百種流派，並且，除了在學校中實施的「心理輔導」之外，大多數都已和治療商機結合。讀者們若聽到心理治療（心理諮詢）所引發的「心理熱」（Psycho-Boom），在華語地區大致上是近二十年來同步發展出來的熱潮，其中最熱門的就是心理系中的「臨床／諮商」組，或獨立於心理系之外的臨床／

---

23 Gegenstand ／ Object 之別來自海德格的哲學。

24 英文只能用 thing 來泛指「事／物」，德文則能區分事（Sache）和物（Ding）。現代漢語如果忘記自己本來也能把「事」、「物」區分開來，卻只因襲了英文的不區分，那在語言演化中應屬退化的現象。

25 「從事」於「一事」，簡稱「事事」，見本書內文的闡述。

26 我們也許可以繞過布伯（Martin Buber）的「I-Thou, I-It」之說，不必再解釋為何需要用「我你」來區別於「我它」，光從漢語的語法中即可對此「對象」問題瞭然於懷。

諮商科系，而取得心理師的證照變成這些科系畢業生志在必得的就職文憑——其中，精神分析的證照最難取得，除了訓練要求最嚴格之外，就商機而言，也是每一療程收費最昂貴的一種，其費用單價（元／時）至少在台幣 3,000～5,000 元之間，當然沒有健保給付。這已經構成社會學家一定會關切的「階級差異」，或「經濟剝削」問題。

如果比較上文所說的「從古以來的心理學」，我們可說，民俗療法中就含有源遠流長的心理治療，以各種方式針對各種階級的人實施，有收費也有不收費的。這問題不可一概而論，但我們把心理治療的含意擴大，可以說它已經不只是一種醫療，而是文化為人人提供的一種「療遇」——是療的契機，也是癒的緣會——而「療遇」這個語詞就是我和余德慧共同討論後打造出來的。[27] 你我之間，亦即咱們的療遇，不是什麼證照制度所定義的治療關係，也經常不一定要在諮詢室裡才能發生。

我為這問題寫下的兩篇「療遇時刻」的文章，以及更廣義地說，在人人和文化交叉相遇的時刻，療遇已然是個內建的範疇。所謂「置身在境」就是指人在待人接物的所有行事之

---

27 在余德慧《台灣巫宗教的心靈療遇》（2006）一書前言中曾說明我們兩人如何互相斟酌，把這個新詞打造出來：「而巫者正是被這殘酷所引出，在長久的歷史底蘊之下，用來減低人間殘酷的療遇（healing encountering），就如宋文里教授所說，人間不一定有療癒，我們的苦痛不一定能抒解，但卻不斷出現療遇，為了有一絲希望而彼此用療傷的心情而來見面。」這段話中的英文翻譯還經過我們的通信修正，改為「healing encounter」。

中，必然含有（如同康德所說的）「範疇律令」（categorical imperative）。在「人文臨床」的語境中說得更明白，就是指人人之間的倫理關懷。

九、這些作品到底是什麼東西

把「此心此理」和「斯文以化」的前提交代過之後，我這個作者才能概略說明一下本書收錄的作品：從人文心理學到文化心理學，再演化為更廣義的心理與語言研究，並且一定會交叉碰撞在「療遇」的主題上……，這些翻頁之後產生的「到底是些什麼東西」？「學科／規訓」或「領域」之類的通俗概念實在不足以為這些東西劃定範圍。這篇序論寫到這裡，正是在說明一個作者問學過程的發展和演化，但是，最沒辦法說的，依據葛德爾第二定理（Gödel's 2nd theorem）就是那知識和語言本身。

在此先聲明：本書收錄的這些作品，除了登載於各種期刊，或以寫成研討會講稿的形式發表之外，不曾輯錄成書出版。這些作品不以寫成或出版的時間先後來作為章節的排序，而是依主題的相近性分成四卷。我在每一卷之前會作一段引言，說明該卷各篇寫作的緣起，也就是如何「啟題」、如何「提問」，以及與本書上下文之間的關係，期望能為這些長達三十年間的寫作，說出一些可以互相貫串的作者意圖。各文之間偶有一些內容重複之處，在編成此書之時，已經把不必要的重複刪略，但也有一些沒刪掉的，就算是對讀者的反覆提醒——畢竟這些提問法不是來自人人都很熟悉的思維方式。我在先前出版的一本書，《心理學

與理心術：心靈的社會建構八講》，主張「詩學為體，科學為用」，這說法在本書中仍然有效——重章疊唱的傳統，多少還保留著精練漢語在詞章上的正當性——傷懷與思念，在你在我都可以在尋語路上，變成心理學或心理治療的語言：

采采卷耳，不盈頃筐。嗟我懷人，寘彼周行。
陟彼崔嵬，我馬虺隤。我姑酌彼金罍，維以不永懷。
陟彼高岡，我馬玄黃。我姑酌彼兕觥，維以不永傷。
陟彼砠矣，我馬瘏矣，我僕痡矣，云何吁矣。

蒹葭蒼蒼，白露為霜。所謂伊人，在水一方……
蒹葭萋萋，白露未晞。所謂伊人，在水之湄……
蒹葭采采，白露未已。所謂伊人，在水之涘……

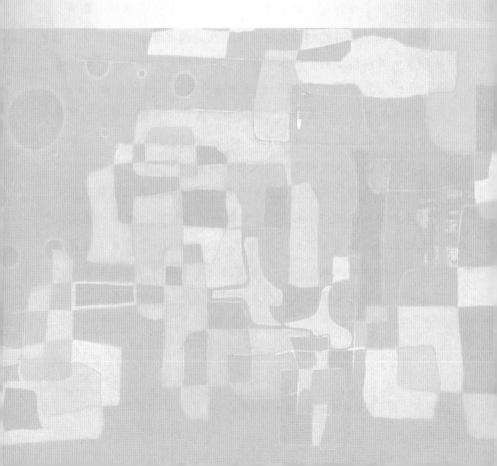

卷一

意義主體的展開

人文心理學的傳統要由文化心理學來承接。這裡呈現的是我本人從喚出文化心理學發芽的意味，到親手進行澆水助其培育的過程。

　　第一篇是對於文化心理學在本土誕生過程的批判紀要。文化心理學的初出苗頭，對於本地學術圈而言，是個值得探討的議題。為了開啟討論，我選擇以「本土心理學」作為討論此一問題的開端。由於本土心理學採取的文化認同發生某種難題，也就是說，研究主體對於自身的命名變成一個難以理解的問題，因此須從「我們是誰」的批判自省來進入核心的討論。本土心理學原是「兩種學科」分野之下的產物，但在當時的發生脈絡中，學術社群本身表現了不自覺的「東方症」以及「西方症」，使得認同發生錯亂，並以難言的「中國」症狀現身。當時的學術反思雖曾套用 emic／etic 的後設理論來企圖自圓其說，但我卻看出 emic／etic 理論本身的「外國籍」就無法用「本位／客位」這樣的譯法來予以安置在「本土」的「主位」上──這個根本的矛盾正是文化心理學可以介入並超越的自我理解方式。

　　若要從最接近我們航程的一位舵手談起，在第二篇我選擇的是布魯納（Jerome Bruner）。布魯納的轉變是心理學中很引人注意的話題。論述學派的大將哈瑞（Rom Harré）曾說：這是個「很令人欣喜的諷刺」──「布魯納是曾參與第一次認知革命的建築師，但卻也是第二次認知革命中最活躍的份子和最具原創性

的發言人之一。」[1] 學術長青樹布魯納教授已於 2016 年以 101 歲高齡逝世，他用他自己晚年的生命史來見證某種意義的文化心理學發展史。

我們在觀摩了先進的傳播者布魯納的反思之後，卻仍需採取「漢語使用者」的文化主體性來作為新的立足點。但「文化主體性」這個概念很容易把焦點滑轉為「文化主體」這個誤名。一字之差，謬以千里。這是第三篇所要辨明的論點所在。本篇原係 2018 年 12 月 4 日政治大學華人文化主體性研究中心為《華人文化主體性：研究回顧與前瞻論壇》所邀約的演講而作。對於這個論壇主題，我曾被困擾良久，一度猶豫是否該拒絕邀請。我認為比較對勁的措辭不應強調「華人文化主體性」，而應改為「文化主體性的漢語探究」。在本文中我就是要闡明我所猶豫以及為其中種種糾結的問題所作的思考。

由於我的心理學起源於「自我／作者」這樣的主體，在幾篇論文的鋪陳之間會插入短篇的附論（excursus），以沉思錄的型態呈現。這原屬於我在上文中提過的存檔底稿，是我慣常寫的筆記（notes），也就是吾日三省吾身的一點點實例。有時會拿到「二三子讀書會上」[2] 和參與者一起討論。顯然，這不是任何學

1　Rom Harré (1992) . The Second Cognitive Revolution. *American Behavioral Scientist*. 36(1): 5-7.

2　這個「二三子讀書會」常簡稱為「讀書會」，在 2016 年起，由學生和我偶爾發起的一種不拘形式的討論會，開始幾次之後就逐漸定期舉行，每月一次，地點多半選在台北市區裡的某個咖啡館。自願參加，每次人數少則五、六人，多則十一、二人，至今不衰。

術期刊會接受刊登的另類書寫。為了讓讀者更接近作者,我決定把這種文字穿插進來。

第三路數之必要：
從本土論轉向文化論的心理學

楔子

《兩種文化》一書的作者斯諾（C. P. Snow）曾說：「『二』是個危險的數字……想把一切事物一分為二的嘗試都應當加以懷疑。」他在這句話中間還插上一句說：「正因為這樣，辯證法才是一種危險的方法。」[3] 因為他所理解的辯證法就是強調正反矛盾的知識方法。但是，他這本轟動一時的科學史／知識社會學著作，卻通篇都是建立在「二」的討論之上。我們很難說他用的是不是辯證法，但我們可以肯定他已把科學／人文知識領域之間的一大矛盾予以點明。

而在《兩種文化》的三、四十年之後，我們再提此書，難道當年的討論還有意猶未盡之處？這問題常常很不容易回答——我

3　斯諾（C. P. Snow）（1994），《兩種文化》，北京：三聯。這本中譯應是根據 *The Two Cultures and a Second Look*, London: Cambridge University Press, 1964。該句引自 p. 9，也見於 p. 63 的作者自引。

是說：假若我們拿「華人社會」或「漢語世界」[4]來做個觀察，我們很難掌握確切的證據，說這問題已經被談完了或沒有談完，因為我們常假定：「我們」這個社會自然是全球國際社會裡的一環，緊緊密接的一環，因此，那裡發生什麼，這裡就會（函數性地）發生什麼。但我有很多相關的證據，或說是旁敲側擊的證據，說：事情絕非如此了然可解。

目前我還沒打算花篇幅來直接討論這個問題，因為在本書中會有很多機會詳加討論。但目前我們至少可以拿個比較容易有共識的處境來接上這個話題，那就是說：在本地的學術圈子裡，所謂的「國際接軌」一直被當成個學術發展的頭號難題。我們現在使用的學術語言（特別是學術研究的語言）是一種由白話現代漢語為根基，[5]又承續著東洋漢語的發展，並且還偶爾用漢／英併用來表達其思想的語言：我們常用英文來讀，用漢語來講，對英文讀得一知半解，或另生新解時，必定用中文口語來串連其語義；若發現言不盡意時，則會強迫附加有括號的英文來穩

---

4 在其他地方，我比較慣用「中文世界」來指稱這個「社會」，但我在本文是參照楊國樞的用法，因為，我們很快就會進入他所編織的那個社會來談問題。

5 所謂「現代漢語」是參考語言學家王力和馬西尼（Federico Masini）的用法，王力指的是五四運動以後的漢語，參王協（王力）(n.d.)《漢語史稿》，香港：波文。馬西尼則是說 1840 以後，特別在於外來借詞的大量進入，參 Federico Masini (1993). The Formation of Modern Chinese Lexicon and Its Evolution Toward a National Language: The Period from 1840 to 1898, *Journal of Chinese Linguistics*, Monograph Series No. 6.。

定其詞義。這樣的語文並不叫「洋濱涇」，而是另一種目前尚無名稱的語言狀態，姑稱之為「依附性語言」。語言如此，則對於文義的理解大抵也是如此。雖然許多人認為這是因為長期文化殖民的歷史，才會生成這樣半吊子的語言，但我的理解不同──我的後殖民理解是說：我們所使用的現代漢語還在現代化過程中持續演化，而我們目前的依附性語言狀態雖然還不叫雙語（bilingual），但在我們的歷史上，可從來沒有這麼接近的雙語或多語的機會，讓我們可用這麼特別的複數語言系統來進行教育和學術論述。這雖是和「兩種」的議題沒有直接瓜葛的另一議題，但是，它和「文化」的相關就非同小可了。

對於科學、學術、研究等等事情，我們的處境首先是：對於其中的知識內容，我們和許多「第三世界」一樣，常有苦苦追趕卻難於迎頭趕上之憾；其次則是，我們還有另一個屬於知識社會學或知識文化的問題層面，需要相當多的自覺才能理解和釐清，然後也才能用來引導知識內容層面的選擇。這就是我要談的「路數」問題。我先選擇我所熟悉的心理學這一學術領域來展開討論。

一、文化心理學之登場

美 國 心 理 學 協 會（American Psychological Association，以下簡稱 APA）對於這個世界的心理學者來說，是一個龐大的帝國組織，其成員超過十五萬人，而其中的各個次領域分會（divisions）看起來幾乎囊括了心理學「所有」可能的次領域，

但是，仍有些新興的心理學活動卻並未被包含在內——而我想談的「文化心理學」，或「文化論的心理學」[6] 就是此其中的一條漏網之魚。

　　文化心理學不但沒有在 APA 裡註冊，它至今也沒有成立一個正式的學術組織。唯一可以顯現這種心理學者集結之所在，乃是一份創刊於 1995 年的期刊《文化與心理學》（Culture and Psychology），由英國的 Sage Publications 出版，全部論文都是以英文發表。據我所知，目前有關文化心理學方面的著作之主要英文作者幾乎都列名在該刊物的編輯委員名單中。[7] 和任何一種國際性期刊一樣，這些編輯委員包括來自世界各地的心理學者在內，而其中有兩個名字一看便知是某地的華人。[8]

　　我特別要提這「不在 APA 裡」和「英文著作」的意思，一

6　至少在布魯納（Jerome Bruner）在他 1996 年的作品《教育的文化》（The Culture of Education, Cambridge, Mass.: Harvard University Press, 1996）一書中，還用「文化心理取向（cultural psychological approach），或『文化心理學』（"cultural psychology"）（原文中的引號）」來稱呼當時還未顯然成立的「文化心理學」一名。「文化論」（culturalism）是布魯納在該書中用來和「計算論」（computationalism）相對的用語。

7　在我先後幾年開設的「文化心理學」課程綱要之中，曾經列出的書單裡，包括了這份名單上的布魯納（Jerome Bruner）、寇爾（Michael Cole）、哈瑞（Rom Harré）、波特（Jonathan Potter）拉特那（Carl Ratner）、羅戈夫（Barbara Rogoff）和許威德（Richard Shweder）等人的著作。

8　就是曾經任教於浙江大學的施旭（Shi-Xu），和香港大學的何友暉（Yau-Fai Ho）。

方面是說，這「國際性」裡頭仍然有「盎格魯 - 薩克遜語系就是國際語言」的中心預設；另方面則是說，在「美國心理學」中，顯然有些和主流不同的叛教者（heretics）、破門者（defectors）存在，他們雖然是道地的美國人，也多半受過美式主流心理學的教育，但他們現在正結合許多非美國世界的心理學者，在推展一種去中心化的心理學。

正因為文化心理學還在新興階段，我們要想知道這究竟是什麼東西時，不免會從既有的心理學脈絡來尋找它的淵源。譬如說「跨文化心理學」（cross-cultural psychology），或是「文化與人格」論述（culture and personality）等等。在本地的學術脈絡中，我們也可看到，一位現在主持本土心理學發展計畫的心理學者黃光國說：他們所作的就是文化心理學。但是許威德（Richard Shweder）在他的一篇近乎獨立宣言的文字中卻明顯揭櫫：文化心理學不接受普通心理學裡對於「心靈即是一種普世性的中央處理器」（central processor）」之公設，[9] 不接受跨文化心理學所預設的文化比較標準，也不接受心理人類學和民族心理學所設定的研究對象（譬如「當地人」、「土著」、「種族」、「民族」）之客觀存在。而寇爾（Michael Cole）則說，文化心理學應是主流心理學（第一心理學）之後的第二心理學（second psychology）。[10] 布魯納（Jerome Bruner）更說：文化

9　這是針對現今主流的認知科學而言的，和心理學有關的是其中的資訊處理理論。

10　Cole, Michael (1996). *Cultural Psychology: A Once and Future Discipline.*

心理學將會成為心理學發展的「下一頁」。[11] 事實上，以上提到的許威德、寇爾和布魯納等人在文化心理學的發展之中，都不是山頭型的泰斗大師。這個新興的心理學運動沒有確定的典範，因此不易畫出它的輪廓。但有兩種方式可以說明它從何而來，第一是布魯納的講法：這是在「第二次認知革命」（second cognitive revolution）之後出現的跨學科心理學，而它的影響來源包括維高茨基（Lev Vygotsky）的歷史社會心理學、涂爾幹（Emile Durkheim）和韋伯（Max Weber）的社會學以及舒茲（Alfred Schutz）的社會現象學。[12] 其次是許威德的講法：對於「文化」之為物的定義，是透過專研語言與文化的學者沙皮爾（Edward Sapir）的宣言而出現，[13] 而後集合多種知識社群的影響，共同構築出這樣的文化心理學。[14] 要之，這是一種受二十世紀下半

Cambridge, Mass.: Belknap Press.

11 Jerome Bruner, *The Culture of Education. Cambridge*, MA: Harvard University Press, 1996. 宋文里譯（2001），《教育的文化：文化心理學的觀點》（台北：遠流出版社，2001）；2018 年修訂再版：《教育的文化：從文化心理學的觀點談教育的本質》。

12 見宋文里上引譯書第一章的註六。

13 沙皮爾（Edward Sapir）的宣言是指他的 1924 那篇文章 Culture: Genuine and Spurious，收錄在 D. Mandelbaum (ed.) (1963), *Selected Writings of Edward Sapir in Language, Culture and Personality*. Berkeley: University of California Press. 另外，由 Judith T. Irvine 所編的沙皮爾講義「文化心理學」（ *The Psychology of Culture*，收在 *The Collected Works of Edward Sapir III: Culture*, Berlin & New York: Mouton de Gruyter, 1999, Section II）對於此論有更完整的表達。

14 許威德（Shweder）說的多種知識社群包括以下這一長串：關於意向

葉的文化理論知識之影響而逐漸型塑的新心理學。我個人認為史密斯、哈瑞和凡·藍根霍夫（Jonathan A. Smith, Rom Harré & Luk Van Langenhove）合編的《重新思考心理學》（*Rethinking Psychology*）一書所描繪的那種種心理學可以綜合起來看成這類文化心理學之最清楚的圖像，雖然是一幅拼貼圖。[15]

以上所簡介的，僅是一點點趨勢概要，方便我進行以下的一些論述。本文要討論的重要問題並不是「文化心理學」這個學術現象，而是在我們的學術脈絡中，究竟有沒有可能接受、呼應或是面對文化心理學挑戰的問題。

二、本土心理學之為文化心理學的問題

我原預備要談的大問題是：我們是否能發展出一種「具有學術主體性的文化心理學」？但在本文中，我將先聚焦於其中的

性以及文化可譯性的哲學；關於論述、展演、語用學的語言學；關於認知建構與知識再現的認知理論；關於科學裡外修辭法的文學理論；關於現實建構以及置身在地之意義的社會學；批判詮釋的社會學及心理學；關於安慰劑的心身作用以及身體作為意向系統的醫學研究；關於社會參照以及情緒之社會化的發展（心理學）研究；關於文化迷思以及故事敘述對於情緒之影響的臨床研究；以個體人為中心的人類學民族誌；關於動機、態度以及人在體制化境遇（如家庭、軍隊）之中的主體狀態的民族誌研究；關於敘事法與對話的心理學和人類學；關於自我再現的民族心理學等等。詳見 Shweder (1990) 上引文，p. 30-31。

15　Jonathan A. Smith, Rom Harré and Luk Van Langenhove (eds.) (1995). *Rethinking Psychology*. London: Sage.

一個基本面，就是關於台灣現有的「本土心理學」是否可以成為上述的那種「文化心理學」的問題。至於為什麼選擇「本土心理學」來作為「文化心理學」問題的對象？我有個簡潔的答案：因為在此之外，我們幾乎可說是別無選擇。本土心理學的領導者楊國樞教授已經說過很多次：華人社會的心理學是「徹頭徹尾西化（或美國化）的心理學」[16]，這意思應該就是說，本地的心理學流於美國化心理學的附庸，或是 APA 帝國轄下一些瑣碎零星而沒有主體性的學術泡沫，所以不太值得去討論它的學術特性。當然，我從文化心理學萌發的過程所看到的「華人社會的心理學」還有一些不只是西化附庸的問題，而是欠缺反思性（reflexivity）的問題——這問題涉及主體性的概念，我會在下文詳論。

回過頭來說：本文所要討論的「本土心理學」是指一種本土心理學運動，它的班底是台大心理系性格社會組發起的「本土心理學研究室」的成員。這些成員包含台灣各大學及研究機構的有志參與者，[17] 他們的背景大多是性格／社會心理學、發展心

---

16 這說法的一個例子是：楊國樞（1998），〈學術研究的本土化與國際化〉，中山大學通識教育講座演講稿。

17 黃光國在一篇介紹台大心理系性格與社會心理學組的網頁文字（〈性格與社會心理學組的回顧與前瞻〉）中說：「從 1988 年開始，有志於參與推展『心理學本土化』運動的心理學者，即邀集來自台灣各大學及研究機構的同道，組成『本土心理研究群』……目前登記參加『本土心理學研究群』的人員，有來自台灣各大學及研究機構的教師、研究人員、博碩士班研究生約一百人，其中經常參加『本土心理學研究

理學、臨床／諮商心理學，而不是實驗心理學、心理測量學或神經／生理心理學（這樣的區分是有意義的，我在下文會加以說明），而其主要出版物就是《本土心理學研究》。[18] 該刊的第六期（1996 年 12 月號）刊名為《文化心理學的探索》。顯然，本土心理學和文化心理學之間確實存在一定的關聯，但是它們之間不能輕易劃上等號。我甚至還得說：當它們相遇之時，才是心理學自我反思的起點。我在翻譯完布魯納（Bruner）的一本有關文化心理學的著作《教育的文化：文化心理學的觀點》（*The Culture of Education*）之後，寫了篇譯者導言，對於本土心理學和文化心理學之間可能的關係，曾提出這樣的問題：

> 這裡我要（指）出一個有趣的關係：文化心理學在美國的「脫胎」「叛教」，和本土心理學在華人學術圈的「去殖民」，兩者都一樣是以美國的「第一心理學」為對象的。那麼，它們之間究竟是對抗性的關係？還是會有更進一步的合作關係？我們還沒看到足夠的證據來回答，但這關係的發展肯定是值得拭目以待的。Nancy Much 曾說，每一種心理學在開始發展時都是該文化裡的本土心理學（indigenous

---

群』所舉辦的座談及演講活動者，約三、四十人，而積極參與推展本土心理學研究及活動的核心人士，約有十五人。」詳見：http://www. psy. ntu.edu.tw/alumni/2-2.htm。

18　它的創刊日期是一九九三年六月，每半年出刊一次，到目前為止已發行了四十八期。

psychology），但當今的這波「文化心理學」，其實是「超文化心理學」（transcultural psychology）的意思。但我們必須注意：和強勢的異文化站在對面而力圖抵抗，或是站在本文化中對文化提出置身在地的反思，其結果常不會相同。[19]

我了解這樣的問題不會有簡易的答案，除了說是要拭目以待之外，至少有一些問題面值得在此澄清，這就是本文的目的了。

三、「我們」

至於我在上文一直提到的「我們」倒又是誰呢？[20] 我確實曾說過「台灣」，或引述過「華人社會」這些文化地理名稱，但那不是「我們」這一主詞的確切意義。「我們」是關於主體性（subjectivity）問題的一種社會性提法，也是在作題解過程時必須交代的重要概念。

對於這裡所用的「我們」這個語詞，其實更好的表達字眼是「咱們」，也就是說，這是指現在當下被本文所提指（address）的讀者、聽者，以及包含作者本人在內的這樣一種論述主體。「我們」的用法有些時候可以替代「咱們」，但有些時候它也可以和「咱們」的包含性有所區別，也就是說，它可以指「不包含

19　同上引宋文里譯書，p. 13。

20　Much, Nancy (1995), Cultural Psychology, In Smith, Harré, and Van Langenhove, (eds.) *Rethinking Psychology*. p. 97-121.

你們」的「我方」。「我方」、「我類」、「我族」都是排它性字眼，它排除一些被概念區分的「他方」、「他類」、「他族」；然而「咱們」則一定包含著語言現場或論述所及之場域中的「你們」。這「我－你－他」的關係是馬丁·布伯（Martin Buber）對話現象學的基本理論框架。[21] 我要在此延伸的是關於「我們」究竟該如何定名的問題。

我一直用「本地」而不用「台灣」或「中國」；用「我們」而不用「台灣人」、「華人」、「中國人」，就是因為那些文化地理名詞和「XX 人」都意謂著被客體化（也就是物化、僵化）的歷史或傳統，而在 I and Thou 的觀點下，那幾種「人」、「地」則都是一些被概念化的誤名，而不是在生活事境之中，甚至不是在思維脈絡之中的真相。文化心理學有一個根本的前提是：這種心理學要討論人置身在文化境遇之中的行動（action situated in a cultural setting）。[22] 它不會拿某些歷史淵源來判定該行動是否真實，是否「契合」於某種文化上的「我類」。總之，這裡所說的「文化」是主體行動的總和，它知道「我－你」和「我－它」之別，就好像在使用語言的人總能夠適當地分別「咱們」和「我們」之別一樣。

21　Martin Buber (1958). *I and Thou*. New York: Scribner.
　　Martin Buber (1965). *Between Man and Man*. New York: MacMillan.
　　Martin Buber (1976). *The Life of Dialogue*, Chicago: University of Chicago Press.
22　Jerome Bruner (1990). *Acts of Meaning*. Cambridge, MA: Harvard University Press, p. 19.

這裡所提的就是下文要處理的「主體的名字」問題，其中隱含著的問題概念是語言、自我和意義，而我相信在談完本土心理學的一種有關主體性預設的問題之後，會更能作清楚的解釋。

四、主體的名字，云何以始

這是一篇反思論述，而反思意謂批判。我不是只想批判別人，而是要讓批判以必然植基於現在的我，以及我們／咱們，這樣的立足點來發言。

「我」不是一個具有特癖的、可以任意講話的單一個體，而可能是歷史文化之流裡的一個熱力學式的點。對於這個點，我承認自己並不是最好的觀察者。在歷史的亂流之中，我可能正在忙著扣好安全帶和抓緊扶手，所以我不太能同時再伸出第三隻手握著麥克風來報導自己的處境。但是，如果這個處境沒有別的目擊者時，我只好提出一點忙亂中的回憶和記錄，來讓後人得以繼續論述。

我常自稱是個心理學研究者。但心理學對我而言究竟是什麼，我就有一肚子說不完的複雜體驗。簡單地說，即便要認同於「心理學者」的身分，我也必須通過好幾組矛盾對立的思維狀態。首先，按照楊國樞教授的說法，我應該是以「土生土長的當地心理學者」[23] 為基礎而長大的。但是，作為一個心理學的學

---

23 楊國樞（1997），〈心理學研究的本土契合性及其相關問題〉，《本土心理學研究》，8, 75-120。這句引文出在 p. 111。

生，我要怎樣才能完完全全地「土生土長」呢？我在台灣讀完碩士班之後，也就是 1980 年之前，曾經仿著漢代學者鄭玄的話而自稱「關中無可師者」，所以必須負笈遠遊他方——但這是當時兩、三代心理學者（以及許多其他人文社會學者）共同的文化命運。其次，我遠遊到美國的伊利諾大學，是選擇進入一個具有人文主義色彩的諮商心理學博士班就讀，因為從寫碩士論文之時，我已決心用人文化的思考方式來追求心理學。只是，到了美國我才發現：所謂的「人文主義心理學」已經從學院裡退潮，我的指導教授和其他人文主義者一樣先後退休了，我被放鴿子，自己飛進去面對八〇年代蜂然而起的多元人文論述（後來我才知道那幾乎就是後現代風潮的開端），而且也發現那些論述多半以跨學科的樣態呈現。我為了一探究竟，一方面選修了諮商、心理治療課程之外的倫理學、美學、現象學等等，還自己躲在圖書館裡尋找那些新興的心理學，其中包括捲土重來的精神分析，[24] 以及較為邊緣的辯證心理學[25]、批判心理學[26] 和論述心理學[27] 等等。接下

24　這是指重讀佛洛伊德的運動，大抵和佛洛伊德全集標準版（Standard Edition）全部出齊有關。

25　Joseph F. Rychlak (ed.) (1976). *Dialectic: Humanistic Rationale for Behavior and Development*. Basel: Kager.
　　Klaus F. Riegel (1979). *Foundations of Dialectical Psychology*. New York: Academic Press.

26　Charles W. Tolman (1994). *Psychology, Society, and Subjectivity: An Introduction to German Critical Psychology*. New York: Routledge.

27　Coulter. J. (1979). *The Social Construction of Mind*. London: Macmillan.

來，又有另一種際遇，那就是畢業後的任職。

自從留學期間，到讀完博士學位前後，我所工作的機構先後是中央研究院民族所以及清華大學的社會學暨人類學研究所——後來這個研究所分化成兩個獨立所，即人類學研究所和社會學研究所，而我的歸屬是後者。我在清大工作的初期還協助學校創辦心理諮商中心，並擔任該中心的主任三年。後來基於研究所教學研究的需要，或說是和人類學及社會學同事的長期互動，才使我全力朝向當時正在萌發卻莫名其然的某種「文化心理學」而發展。從這樣的經歷下來，最近幾年，每當有人問起我在大學裡的身分時（譬如問：「你在教什麼？」），很奇怪的，我總是會遲疑一下，才說：「我現在教文化心理學。」我發現這個曲折的身分描述總會讓聽者回瞪我一眼；而稍微有點學術常識的人也難免會因此而回問一句：「那是什麼東西？」

記得在 1980 年，我準備赴美留學的時候，在 AIT 辦簽證，那裡的官員問我去美國要讀什麼。我當時也曾遲疑一下，回答說：「存在心理學（existential psychology）。」而那位官員則瞄了我一眼問道：「What the hell is it?」（那是什麼鬼東西？）我從幾乎毫無主張地進入（科學）心理學，然後選擇人文主義的存在現象學，再發展到文化心理學，這是我自己所經歷的一條曲折的學術生涯之路。顯然我是因為無法苟同於所謂「科學心理學」這樣的前提而致一步一步地轉離。

從二十世紀八〇年代到二十一世紀伊始，我對於台灣心理學界的關係一直是游離而不入的。其中原本有兩個我以為可以發生

關聯的連接點，到頭來卻一直連不上線，那就是人文主義的心理學（humanistic psychology），以及本土心理學。我說的「連接點」，是指它們共同具有某種「反」的意味——反對科學主義、反對客觀論、反對普遍主義、反對知識霸權等等，譬如人文主義心理學原是一種針對行為科學而起的抗議運動，而本土心理學則是針對北美主流心理學而產生的反殖民運動。我知道過去的主流（也就是行為科學觀點）以及當今的主流（大約是認知科學和腦科學的實證主義觀點）在知識的歷史進程上都必然會激起像這樣強烈的反對聲浪，可是在台灣，我看到這兩種反對的方式很快都陷入一些不自覺的理論盲點之中。我不知是因緣於什麼生命史立場，雖然覺得好像也在追求那些反對的主張，但就是一直無法順理成章地加入那些陷溺的學術陣營，所以，我決心要來作一番自我清理。我所想的是在台灣的土地上自行尋找一條新路，也就順便檢討那些反對者所生成的漫山荊棘了。我現在要談的問題不是人文主義，而是本土主義，但我需要提一下當前本土主義問題和心理學之中嚴守「科學」立場的部分，以及開始偏離該立場的部分，然後才談它們之間的關係。

五、「兩種學科」分野之下的本土心理學

在心理學這門學問之中，一直有所謂「兩種學科訓練」（two disciplines）的問題，並且是早在斯諾的「兩種文化論」之前就已出現。這兩個原來沒有直接關聯的問題，後來在我所經歷的第三世界經驗裡，卻融合起來變成同一個問題，但問題

本身含有學術現實發展上的複雜面。我這就拿克隆巴赫（Lee J. Cronbach）在 1957 年的 APA 理事長就職演說來說起。[28]

　　克隆巴赫所說的兩種學科訓練不是指「實驗室／諮詢室」的區別，而是指兩種鄰近於實驗室的「實驗研究」（experimental study）和「相關研究」（correlational study）。前者是指用實驗室來進行因果關係推定的研究，其研究程序以及研究方法和自然科學研究可說是無分軒輊；然而後者的問題可多了——它本來是因為和實驗室研究對比而產生的概念，它的性質就是和實驗有別的，後來由於「相關」這個名詞容易被誤會成統計學上的意思，所以有人就把它改稱為「消極觀察的」（passive-observational）研究。[29] 這樣區分的要點何在？克隆巴赫一語道破，那就是關於「實驗控制」的問題。在嚴密控制之下的實驗室，可用操作定義（operational definition）來精確標定它的觀察變項，在該定義之內如何發生改變，可以因此而獲致因果關係的確定知識。但消極觀察者卻是在研究「人類所未曾學會控制」乃至「無從希望加以控制」的對象。[30] 前者所研究的對象，為了嚴密控制的需要，就常常從人類轉變成動物研究（也就是漫畫裡常出現的白老鼠研究），或是變成關於模擬程式的研究（那是人工智慧研究的開

<hr>

28　Lee J. Cronbach (1957). The two disciplines of scientific psychology. *American Psychologist*, 12, p. 671-684.

29　譬如 Thomas D. Cook and Donald T. Campbell (1979). *Quasi-Experimentation: Design and Analysis Issues for Field Settings.* Boston: Houghton Mifflin. p. 6.

30　Cronbach，上引文，p. 672。

端）。從這樣的區分開始，能獲得確定知識的實驗心理學者和不企圖獲得確定知識的另一種心理學者就慢慢分道揚鑣，各自結社、各組期刊，好像也區分出兩類不同性格的人出來，乃至心理學史家波林（E. G. Boring）竟說道：相關研究的心理學者本來就不是喜歡動物和程式，而是比較喜歡人類！[31] 而後，把這些「兩種學科」的討論和「兩種文化」的討論結合起來，研究者也發現：那不只是學術知識性質的差異，而竟是同羽之鳥、物以類聚的人類結社現象。[32]

讀者如果不健忘的話，回頭想想我在上文談到的本土心理學研究室成員之背景性質，應該很容易聯想到：那些熱愛斯土斯民的心理學者，一方面就是一些進行消極觀察的研究者，另一方面，他們也是某種其他方面的同羽之鳥。在心理學的原生國度，他們可以因為對人的研究採用不同的認識論立場，所以發展出非實驗的方法論。可是，在我們的土地上，這個認識論／方法論的問題反而不被強調，倒是凸顯出另一個問題，那就是本土論／西化論的爭議。我必須再強調一次：這種「相關」不一定是知識內在的「因果關係」，而是因緣於某種歷史選擇；作了這種選擇，並不一定能化解知識內在的矛盾。

我所知道的歷史，簡單地說，是這樣的：台大心理系在「兩種學科訓練」的競逐之下，其弱勢的一方（也就是消極觀察的

---

31 同上引文，p. 672。

32 Gregory A. Kimble (1984). Psychology's two cultures. *American Psychologist*, 39(8), p. 833-839.

性格／社會組）必須找到一條出路。從學術體制內的發展來說，這確實是一場不小的鬥爭。而他們的出路，由楊國樞教授提出的本土心理學為之開啟，也為之總結。楊國樞教授為本土心理學提出的總結理論就是他作的三篇有關「本土契合」之論，[33] 他稱之為「理論判準」，並且因為這些判準的確立，使得許多研究者可以沿著這條理論大路而邁步推進。[34] 不過在這理論建構之同時，對於這些論點也已經出現相當多來自其他學科的懷疑或反對之論，[35] 另外，更進一步則是在本土心理學研究團隊之內，因反觀自身而產生極為深刻的理論自覺——雖然這是相當稀少的現象。[36]

以某種意義來說，本土心理學的發展和文化心理學的發展不一定要有關聯。它的發展方向已經有它本身的體制性使命，而文化心理學未必是它的目標。但是，我嘗試要把它們的關係拉近，

---

33 楊國樞（1993），〈我們為什麼要建立中國人的本土心理學〉，《本土心理學研究》，1，p. 6-88。
　楊國樞（1997），〈心理學研究的本土契合性及其相關問題〉，《本土心理學研究》，8，p. 75-120。
　楊國樞（1997），〈三論本土契合性：進一步的澄清〉，《本土心理學研究》，8，p. 197-237。

34 這些研究已累積出相當長的書目，《本土心理學研究》各期就是它的主要成果展。

35 這些評論大多出自心理學以外的學門，如社會學的葉啟政、張維安，人類學的黃應貴、潘英海、陳其南，哲學的沈清松。

36 稀少而可貴的第二代是余德慧，第三代是林耀盛。作為一位評論人，我沒有把自己算在這些「代間傳承」的系譜裡。

因為從文化心理學的視角來看本土心理學，確實可以看見其間的相似與相異之處，而在最好的情況下，這種拉近的企圖幾乎可以視為同一種學科的內在批判。

從本土心理學自己的體制性生命（也就是組織化之後的發展）來看，那些懷疑者或反對者的評論對於它的推進方向似乎沒有發生可見的影響，而稀少的理論自覺者也顯得曲高和寡，只能慢慢等待理解。

用一位評論者黃應貴的話說：本土心理學應可視為一種「文化區」的研究，其目的是要建立一些文化特有的知識，以便和其他文化區的特有知識互相整合成為對人類全體文化的了解。[37]但是我們看到的本土心理學，其主要的工作集中在文化特有知識的提出，而尚未有整合的企圖，所以，我們甚至不能說這就是一個「文化區」的研究，而是看到：那個「區」的位置太過重要，幾乎已成為一個捨此無他的研究領域。本土心理學對於這種問題領域確實有過分執著的問題，於是這就令人想起薩依德（Edward Said）所說的那種思想頑執的疾病，叫做「東方症」（orientalism）。[38]這原是一種由西方世界發源的知識疾病，但

37　黃應貴（1997），〈從人類學的立場看心理學本土化與本土契合性〉，《本土心理學研究》（台北），8，p. 181-186。

38　我了解這個字眼現在常被譯為「東方主義」，譬如薩依德該書的中譯本（王志弘等人合譯，〔1999〕，《東方主義》，台北：立緒）。陳光興曾經有個很辯證的意見，說是該譯為「西方主義」。但由於我強調這是一種思想的疾病，而「ism」這個字尾的用法本來就可以指一種疾病，更且，有另一種相應的思想疾病，「西方症」（occidentalism）

後來最重要的是，當它傳染到東方之後，成為東方人比較容易罹患的思想流行病，就是「東方的東方症」。譬如說，歐洲人開始研究的漢學是拿中國來當作它的知識對象，因為文化隔閡太深，但又為了急於使用（為帝國主義擴張而服務），所以開始在斷章取義、自行捏造的狀態下，對這個難以理解的東方世界強作解人，形成各種論述以及被他們認定為有效對待東方的現實體制。他們不只發明方法（譬如人類學式的田野調查法），也發明控制時間空間的內容（譬如發展理論和依賴理論，以及區域研究和世界體系理論）。

六、東方症之後的西方症

在東方症之後，本土心理學更常患的疾病竟是西方症（occidentalism），也就是一報還一報地用誤解西方來誤解自身。其第一個嚴重的病例當然是楊國樞教授所要對抗的「美國」。我在上文已經說明，美國的心理學種類繁多，即使有主流心理學，但也會另有許多非主流的心理學，以及和心理學相關但不可能被主流心理學所收編的其他學門，譬如哲學心理學和精神分析。所以，本土心理學所對抗的對象究竟是誰呢？

楊國樞教授一心一意以建立本土心理學為他的志業，其中有

已被辨認（見 Venn, Couze (2000). *Occidentalism: Modernity and Subjectivity*. London: Sage；James G. Carrier (ed.) (1995). *Occidentalism: Images of the West*. Oxford：Clarendon Press），所以，在此行文脈絡中，我還是要使用「東方症」，而非慣見的「東方主義」。

一個歷史關鍵時刻，就是他所謂的「哈佛經驗」。根據楊教授自己的講法，事情是這樣的：

> 到了 1988 年，我改變了自己的看法。這一改變是我在哈佛大學的演講經驗所促成的……在演講後的討論過程中，來自心理學系的著名發展心理學者凱根（Jerome Kagan）[39] 問了我一個問題：如果沒有任何西方心理學的影響，華人心理學者可能會發展出何種心理學？我聽了這個問題，幾乎愣住了，一時竟不知如何回答。[40]

凱根的問題讓楊教授一時語塞，是因為以前他自己沒有意識到這個問題。但接下來：

> 回過神來後，我勉強回答說：如無西方心理學（特別是美國心理學）的支配性影響，在中國人的社會裡應會自然

39　凱根（Jerome Kagan）曾對於先天條件與後天環境之間細微而複雜的關係作一場重新探究，他找到四百五十名中層社經地位的、健康的、高加索種（白人）兒童，從他們四個月大就開始觀察他們的成長過程，企圖透過腦神經中的扁桃體反應來了解氣質的發展。這個研究進行了二十年之久，他的重要著作包括：*Unstable Ideas: Temperament, Cognition, and Self* (1989)；*Galen's Prophecy* (1994)；*Three Seductive Ideas* (1998) 等等。我揣測他當時對楊教授的問題可能是自覺到他自己的研究樣本之某種「西方性」，因而要問楊教授有沒有某種「非西方」的樣本或理論。這問題不一定意味著逼問「你自己有什麼？」但楊教授卻聽成那樣的意思。

40　同上引楊國樞（1998）。

發展出一種集體主義取向的心理學（collectivistic-oriented psychology），它不同於美國的個人主義取向的心理學（individualistic-oriented psychology）。[41]

這是楊國樞教授自己都不滿意的回答。而在我的解讀之下，這個慌亂中的回答同時顯現著東方症和西方症的症候：「中國人的社會裡應會自然發展出一種集體主義取向的心理學」——這是東方症；而「美國的個人主義取向的心理學」則是西方症——對於後者，我可以明確地提醒西方症患者看看一些有社會主義源流的心理學，[42] 當會發現：對於個體主義的反對可並不一定是「中國」的特色。我相信楊國樞教授後來把這場哈佛經驗的險境當作一個契機，奮力要彌補這些話裡的意思，或沒講到的意思。但我的憂慮是：對於我們所面臨的這場東西交雜、古今盤錯的文化疾病，恐怕不容易找到方便的解藥。

我說過，「美國」不是一個簡單的對象，那麼「中國」自然也不是。我們接下來談談「中國」，然後再談「美國」。

七、難以言說的「中國」

布魯納曾說心理學要研究的是「他者心靈」（other

41　同上引楊國樞（1998）。

42　這是指維高茨基（Vygotsgy）的心理學，以及其後受此影響而發生在各種流派之中的心理學。本文所談的文化心理學，原是這種思潮的第二波高峰。

minds），而許威德（Shweder）也說，我們必須透過他者來了解自我。但本土心理學卻比較像是從研究自己開始的。這「自己」有兩種意思，一是以自身出發，在研究行動中作為本體而存在，二是以自己為客體，把自己變成一個僵化的對象。但是「本土」一詞和上述主體性的關聯既模糊又弔詭，很有明辨的必要。

　　本土心理學的論文有許多都以「中國人的 XX（心理）」或「華人的 XX（心理）」作為標題，然而這麼常用的標題（即「中國人」或「華人」）竟也從未成為各篇論文的關鍵詞，顯然它們的存在就是一種不證自明的前提。這原是一個相當嚴重的盲點：主要的課題（也是客體）從來不是問題，而從本體論來看，這就是對於自身無從反思的意思。楊國樞教授曾經解釋說：「本土化」（indigenization）這個字眼的採用，原是為了減低「中國中心主義」（Sinocentrism）的意味。但是，換字的結果，並沒有發生實質的減低作用。這和當前文化研究裡所談的「符號中國」[43]、「中國想像」[44]、「中國性」[45] 等等的中國難題實在大異其趣。「中國」、「華人」甚或「漢人」究竟是不是個難題呢？有一個非常有意思的研究值得參考，那就是是王明珂的羌族

43　「符號中國」的討論請參見「中國符號與台灣圖像學術研討會」網頁（http://ws.twl.ncku.edu.tw/siau-sit/gian-tho-hoe/chian-taiwan.htm）。

44　Huang, S.-M. and Hsu, C.-K. (eds.) (1999). *Imagining China: Regional Division and National Unity*. Taipei: Institute of Ethnology, Academia Sinica.

45　Allen Chun (1996) . Fuck Chineseness: On the ambiguity of ethnicity as culture as identity. *boundary* 2, 23(2), p. 111-138.

研究。[46] 其主要問題是羌族如何為漢／藏／羌作族群劃界，如何用「野蠻人」（野蠻的「他們」）概念來區分我族／他族。這樣的文化邊界常會因為不同的目的而滑動。擴大一點來說，從其他周邊看漢人文化，也都會產生對於漢文化的種種不同想像。[47] 在我們對於所謂「異族」或所謂「周邊」的他者觀點還不熟悉的時候，我們很容易以大漢中心觀點來理解中國歷史——在很長的歷史現實中，這確實也是唯一的觀點。但是，歷史（特別是歷史知識）發生了劇烈的變動，我們現在面臨一個問題：「我們」現在到底在哪裡？我們所謂的「中國」是什麼？我們仍在該中心之中嗎？或者我們已經位在邊緣？從上文提及的語言依附狀態來看，應該早已有譜；而當「一個中國」爭議變成文化政治難題的時候，為什麼本土心理學竟然不需要研究此一問題，並且好像早已有個很篤定的答案？

　　如果有人說，「我們」好歹要有個名稱；我們在語言中總要知道如何稱謂——可是，稱謂並不是自然無疑的解決；訴諸於稱謂常常就是不自覺地預設著一個相對關係的立場。當稱謂難題發生時，我們應該怎麼辦？舉個例子來說，在台灣現代漢語的使用者常會發現，對於某種不年輕的陌生女性不知要如何稱呼——稱為「小姐」會低估她的年齡，稱為「女士」又顯得做作，稱作

46　王明珂（1997），《華夏邊緣：歷史記憶與族群認同》，台北：允晨。

47　黃應貴、葉春榮（合編）（1997），《從周邊看漢人的社會與文化》，台北：中央研究院民族學研究所。

「大嫂」好像在學別的地方人講話，稱作「某太太」又不一定知道她先生的姓氏，稱作「歐巴桑」卻已經是你把她當成女僕的意思。這就是個真實的文化難題之一例，那麼，我們對待他者或對待自己的立場是什麼？在知識上，我們應該怎麼辦？

碰上這種問題，如果要用「中國人的稱謂」或「中國人的命名」來尋求解決，那無異是緣木求魚，因為那問題不是在傳統中國裡發生，而是發生在現代化之後的社會變遷處境（例如女性在公開社會場合的活動增加之後）；那不但是女性認同的難題，也是男性承認的難題。這種貼近於男男女女在地生活的脈絡，對於文化心理學來說，就是個真正的問題。我們可以由茲而進入幾個基本的問題去討論，譬如語法中的人稱（person）問題，稱謂和社會關係的問題，名稱的分類法問題，從誰的觀點來稱說的問題等等。對於這麼基本的人稱問題，確實有相當精彩的文化心理學論文出現，譬如蕭特（John Shotter）一篇關於「你」的人稱所作的社會建構之論。[48] 在他的討論中當然也會牽涉到如何自稱以及如何作他稱的問題。我們現在可以來問：這究竟是專屬於某一文化特有的難題呢？還是在人類關係改變的大潮流之下的一個新問題？我認為是後者，並且這個問題意識也是因為新的方法介入之後才凸顯出來——我們可以從一段引文中看見這個問題意識和新思潮的關係：

48　John Shotter (1989). Social accountability and the social construction of the 'you'. In J. Shotter, & K. Gergen, (eds.). *Texts of Identity*. London: Sage.

「我」乃是一個沒有指涉的符號，在語言現實之外沒有任何意義。它沒有指稱任何一個字典上的條文，它……乃是一個「空」符（an 'empty' sign），[49] 但在不同的情境下它會因言說者用之以發言而成為一個「實」符（a 'full' sign）。而它在每次使用時，只在言說的事例中才有所指涉。[50]

這是蕭特在解釋自我意識時所闡述（paraphrase）的法國語言學家本維尼斯特（Emile Benveniste）的意見。這裡所說的新方法是指從語言學中蛻變出來的符號學，[51] 而心理學不能不同時受其影響。

在本土心理學的核心成員之間，曾有過一個關於名稱問題的爭辯，雖然不是爭論「中國」的名字，但那是唯一能讓我了解這個學術陣營對本體論問題究竟是如何理解的機會。余德慧曾經對於文化主體性問題作過非常精闢的論述，被放在《本土心理學研究》裡當靶子論文。[52] 他對於海德格（Martin Heidegger）一向偏愛，文中也有許多來自海德格或從海德格而延伸的觀點，可是他從未說明海德格為什麼是「中國的」，或為什麼「本土」裡必須有此。因此，其他的本土論者，譬如該靶子論文的評論者黃光

---

49 只有在談論語言中的 sign 時，才可以把此字譯為「符」。

50 見 Shotter 上引文，p. 139。本文作者的翻譯。

51 把「符號學」字樣寫出來，但同時也把它槓掉而成為「符號學」，這種書寫方式已在本書序論的註 3 中說明。

52 余德慧（1996），〈文化心理學的詮釋與進路〉，《本土心理學研究》，6，p. 146-202。

國，就很難理解。[53] 他提到余德慧所說的「文化不能成為反思的對象」，並對此大加撻伐。我要跳過黃光國敘述裡的一堆西方哲學淺介，而直接看他得到的結論。他說：「文化是人類在其社會或自然環境中，為應付他們所遭遇的問題，而發展出來的一套思想、情緒及行動模式，這套**文化模式**或多或少為同一社會中的成員所共有，能夠從上一代傳到下一代，而且**會整合成一個完整的系統**……」云云。[54] 從余德慧的文化作為「人類行事主體」，到黃光國的文化是個「模式」或「完整系統」等等的實體論，我們就可以看出他們對於「文化是不是可以成為反思的對象（客體）」有何等不同的理解。至少，我們可以把他們的想法轉變成這樣，就會有個很清楚的答案：「我們的文化」是不是一個可以反思的對象？本土心理學者一定都比較接近於黃光國，因此他們共同選擇了「中國」作為這個反思對象的確定命名。而余德慧雖然也常說「中國」，但他對於中國有個很不一樣的建構——至少不是那個傳統模式，而是一種有待對話來建立的、難以言說的東西，我們跟這種對象常只能「差身而過」。

八、Emic／etic 理論的「國籍」

如果我是楊國樞教授，在哈佛碰到凱根所提的問題（這顯然是個假設，因為凱根知道楊國樞教授是在台灣或某種華人世界中

53　黃光國（1996），〈文化、知識與存在：反思那「不可反思的」〉，《本土心理學研究》，6，p. 218-238。

54　同上註，p.223。黑體部分是本文作者所作的標示。

執心理學牛耳的人物，所以他才會對楊教授提這樣的問題），我不會立刻隨著凱根的問題起舞，而會想到他所執持的心理學本身究竟有什麼問題——我會這樣反問：「在您的研究中，主要的取樣是高加索種（白人）、中層社經地位的健康小孩，這些控制變項到底是在控制什麼？您的研究跨過美國國界以後，可以應用到歐洲和中東的白種人嗎？為什麼還需要問華人是什麼的問題？」我相信這裡頭有些問題是凱根沒辦法回答的，而至少其中有兩個預設性的盲點：第一，凱根果然是想用「種族」概念來回答文化差異的問題，第二，所謂的「白人」，在美國和在歐洲、中亞、拉丁美洲也有很多不可思議的差異，以我們所知的北歐（日耳曼民族）、西歐（條頓民族）、中歐（高盧民族）、南歐和中南美洲（拉丁民族）、東歐（斯拉夫民族）和伊斯蘭世界的這種種（經常在互相爭戰中）的「白人」來說，凱根的「高加索種」到底是指什麼？

　　另外，值得注意的是：文化心理學實在不能叫做「美國心理學」，雖然它目前有很多活躍份子是美國心理學者，但讀者請別忘了，《文化與心理學期刊》（*Culture and Psychology*）是在歐洲出版的，而且，如同我在上文提到的，布魯納和許威德都指出引發文化心理學的新思潮有許許多多的歐洲來源。那麼，為什麼台灣和美國的學術史又一定是、而且必須是區分的問題呢？

　　有一個被楊國樞教授理解的理由，就是所謂圈內人／圈外人（insider ／ outsider）的區分方式，在人類學研究上常被說成「emic ／ etic」的問題，而本地學術圈對此一問題則常用「主位

／客位」理論來翻譯和理解。這問題經過很長久的討論，變得相當複雜，但楊國樞教授在回顧了許多文獻之後，把問題整理成三個向度，也就是「研究者觀點／被研究者觀點」、「特有現象／非特有現象」、「跨文化研究／單文化研究」。並且，在這三個向度相互交乘（2×2×2）之下，成為著名的「楊八點」，就是主位／客位問題的八種問題類型。[55] 楊教授一向被他的同儕稱道，也被他的後輩尊敬為「擅長於概念分析」，但放在「本土契合」的本體位置上，這本體卻變成分析的淆亂。首先，黃應貴看出，這八個類型沒有實徵的證據，所以只是一套玄想的問題模型。其次，我則看出這套類型論（typology）不是真正的類型，因為最後楊教授竟然可以把八種類型排出高下順序，全部收納在一條鞭的線性理論之中。類型之間沒有互斥性而有可加性，所以，說來說去，都只是同一種類型的程度之別。「主位／客位」的一線兩極觀念完全支配了這套分析法，並且使得其中必要的多元性被消除殆盡。

很有趣的是，這 emic ／ etic 理論的始作俑者派克（Kenneth Pike）是一位語言學者（所以我們似乎可以暫時不問他帶給心理學的是不是了外來的、客位的影響？）事實上，派克所思考的是關於「-eme」的問題，他為 emic 創造了一個前所未有的重要位置。在語言學裡，emic 的位置是什麼呢？派克在他那本引發問題的書中說：語音的構成元素叫「音元」（phon**eme**），也就是

55　見上引楊國樞（1997: 108）文中的表一。

語音的最小單位。那麼文法有沒有像那樣的最小單位？而行為、行動的最小單位是否也可以叫做「behavior**eme**」、「act**eme**」等等？若然，那到底是什麼？[56]

語言學家雅各布森（Roman Jakobson）解釋說：音元原是一種想像的（心理的）聲音團塊，會使用這種聲音單位的人事實上也無法說清、甚至無法意識到它的存在。[57]語音裡的「腔」現象（accent）就可以說明這種近乎無意識的事實——上海人講北京話，會有上海腔，改也改不掉。這意思是說，有幾個音元被固定成他家鄉話的樣子，他使用該音元來為後來學到的北京話裡「接近的」（但不是很準確的）音元發音，於是北京人一聽就知道那聲音不太對。有一位從柏林來的德國朋友說，漢堡人一來到柏林，他只要幾秒鐘就能聽出那是漢堡腔，雖然他們講的同樣是德語。對於這樣的現象，派克解釋說：當兩地的方言接近而又不同之時，一個會講某一地方言的人就會**因比較而發現**另一地的某某發音和他不同。他會指出這差異，而他用的理解方式並不是音元本身，而是來自某種**因比較而產生的、音元之外的後設說明系統**，也就是某種的語音學（phonetics）。音元的單位（emic unit）一旦進入該後設系統，就會變成語音學單位

---

56 Kenneth Pike (1967). *Language in Relation to a Unified Theory of the Structure of Human Behavior*. Paris: Mouton.

57 Roman Jakobson and Morris Halle (1956). *Fundamentals of Language*. New York: Mouton.

（etic unit）。[58] 所以我們可以說：如果有一種關於音元的學問
（即 phonemics），那麼它是來自於能比較和能分析音元的語音
學（phonetics），而不是來自於對音元本身的熟悉。哲學學者富
雷帕（Robert Fleppa）就說：emic 這個字有時用來說音元的發
音現象，但有時也用來說音元的知識；發音現象不易轉換，但人
類學者之所以能宣稱他們對此有所掌握，其實他們掌握的已經是
音元學，而不是音元的發音現象。這樣說很有助於我們看清我們
一向對於音元現象和音元知識的混淆。[59]

　　Emic ／ etic 的問題，基本上並不是什麼「圈內／圈外」的
問題，而是人在行事中，以及人在知識中，會有不同的認知狀
態。這很可能是指同一個人的兩種不同狀態，所以派克一再強
調：emic ／ etic 不是二分法。[60] 我想強調的是：從 eme 到 emic
中間的轉換，正如從 emic 到 etic 的轉換一樣，是人類心智必然
的多元（或至少三元的）裝備。我把這種三元論的理解寫成容易
懂的口訣如下：

　　Eme-emic-etic：

　　Eme 是發生，而 emic 是處理；

　　Emic 是單元處理，而 etic 是系統處理。

58　Pike，上引書，p. 41。
59　Robert Fleppa (1986). Emic, etic and social objectivity. *Current Anthropology*, 27(3), p. 243-255.
60　Pike，上引書，p. p. 41-42。

對於這種關係的理解，使得當今的文化心理學者不再認為「主位／客位」的區別有任何意義，或說，那種區別一定是必須超越的。[61] 但願本地的本土心理學者們也能夠作出這樣的超越。

而我知道，這樣說會使讀者有點困惑：「你不是說，談完『中國』就要談美國嗎？」是的，以上就已經是我要說的「美國」。如果說我們可以不受害於西方症的話，我們就得問說：為什麼我們需要指認派克是個「美國的」什麼學家？他不就是「我們的」嗎？──我確實沒說「他不是美國人，他是中國人」云云；我說的是：在咱們的談話和討論之間，他已經是我們的，乃至是咱們的。他所發出的言說已經進入我們的論述之中──這關於 eme／emic 以及 emic／etic 之間的系統關聯知識，一旦被我們作了論述的掌握，那就是「我們的／咱們的」，是我們所屬的文化論述系統之中的。我寧可說我已經是和超越文化區位的理論論述結合成「我們／咱們」，而不是和守住本位、排斥客位的教條結合成「我們」，其義明矣。

楔子之後

在困惑的處境之中，才會有路數選擇的問題。知識本身是一

61　我不在此細論。請讀者參閱 Hede Helfrich (1999). Beyond the dilemma of cross-cultural psychology: Resolving the tension between etic and emic approaches. *Culture and Psychology*, 5(2), p. 131-153. 以及其後的三篇評論。

椿選擇的事業，而在我們的知識開始之前，知識的文化有很多早就已被給定。我擔心的是：文化的問題被處理成一條線性的系統，以致我們所能作的選擇竟只剩下二選一：不是前進就是後退，而渾然不覺得能有向旁邊跨一步的選擇。我害怕「二」的危險性，所以才說「三」。其實，在我們的世界裡，或至少在漢語最初形成的時代裡，「三」的意思就是不計其數，就是很多很多——很多對象，兼很多層次。我們在這裡除了選擇出路之外，恐怕還有關於「處境是什麼」的後設選擇在內。我想，這樣說，對於某些人也許仍是個難以理解的謎語，不過，至少我相信文化是由不斷湧生的謎語所構成的，而不是一個「已然整合完成的系統」；談文化的問題不是要談我們該選擇哪個給定的「文化模式」，而是要不斷發現解謎的可能；對於「我們的」文化，我們如果也能轉為「咱們的」，那就只會擁有較為熟悉的某種解謎之道，而不是擁有近水樓台的掠奪權。

讓咱們一起來打拼——我是說所有熟悉的和想要熟悉的人一起來。這是當我厭倦於專業分工和領域佔奪之後，在學術界夥伴之間（也就是在咱們之中）唯一還想繼續談下去的話題。

【02】

文化心理學的學科承諾：
從布魯納的轉變談起[1]

一

　　若要從最接近我們航程的一位舵
手談起，我選擇的是布魯納（Jerome
Bruner）。

　　布魯納的轉變是心理學中很引人注意
的話題。論述分析學派的大將哈瑞（Rom
Harré）曾說：這是個「很令人欣喜的諷

刺」──「布魯納是曾參與第一次認知革命的建築師，但卻也是
第二次認知革命中的活躍份子和最具原創性的發言人之一。」[2]
學術長青樹布魯納教授已於 2016 年以 101 歲高齡逝世，他用他

1　本文的節縮版曾刊登於北京《民族教育研究》（2010），21 卷，6
　　期，p.23-29。並被改題名為〈当代文化心理学的缘起及其教育意义：
　　美国心理学会前主席布鲁纳《教育的文化》评述〉。本文才是原文的
　　修訂版，以宋文里譯《教育的文化：從文化心理學的觀點談教育的本
　　質》（台北：遠流，2018 修訂再版）的譯序為藍本改寫而成。

2　Rom Harré (1992). The Second Cognitive Revolution. *American
　　Behavioral Scientist*, 36(1), p. 5-7.

自己的生命史來見證某種意義的心理學發展史。

　　1956 年，布魯納和兩位合作者出了《思維的研究》（*A Study of Thinking*）一書，用結構發展論向當時的主流，也就是行為主義和刺激─反應的學習理論，提出直接的挑戰。自茲而後，對於認知、思維和心智的心理學研究逐漸取代非心靈論，並且使心智的形式結構和計算機科學的人工智慧理論合流而形成認知科學（cognitive science）。這就是「第一次認知革命」的結果。是的，布魯納在 1960 年出版《教育的歷程》（*The Process of Education*）一書，更使他代表了皮亞傑（Piaget）結構理論而成為發展心理學的經典之作，[3] 但是，他在享譽三十年之後，竟從根柢上轉向另一個知識典範，也就是維高茨基（Lev Vygotsky）社會歷史心理學（sociohistorical psychology），及其他人文思想家的文化理論，或就以他自己的說法，叫文化論（culturalism）[4]。所謂的「第二次認知革命」事實上就是指文化

3　這本書已有世界多種語文的翻譯，在台灣，布魯納是從六〇年代以來就被視為皮亞傑理論的代言人，在教科書上到處都可看見，不過它的原著中文譯本在近年才出現：邵瑞珍譯（1995），《教育的歷程》，台北市：五南。

4　「文化論者」（culturalist）這個名稱最先的使用者其實是沙皮爾（Edward Sapir），在他的《文化心理學》（*The Psychology of Culture: A Course of Lectures*, J. T. Irvine ed., New York: Mouton de Gruyter, 1994）一書中。布魯納的著作中曾偶爾提及沙皮爾（譬如在《意義的行動》〔*Acts of Meanin*〕、《教育的文化》兩書中，但有多次引述過沙皮爾和他的弟子霍夫（Lee Benjamin Whorf）所合作發展的「沙霍二氏假說」（Sapir-Whorf Hypothesis）。

論在人文科學（human science）之中的發展，它到目前都還在默默地進行中——二十幾年來，有一支逐漸成形的心理學，叫做「文化心理學」，正反映了這場無聲的革命。我們可以說：「第一次認知革命」把認知研究帶進來，然而「第二次認知革命」，卻正要把認知研究帶出去。

出去哪裡呢？用我們對於期待孩子成長的一句俗話來說，叫做「出社會」。首先要把心理學裡的狹隘個體主義予以徹底社會化，要揉合置身在地（situated）的實踐知識（practical knowledge）理論，然後要從二十世紀語言哲學的人文研究裡取出最為核心的方法論 —— 敘事法（narrative）和論述分析（discourse analysis）—— 來安置這種社會化過程。這「社會化」對心理學來說，至少有兩個意思，一是說：長期以來心理學被視為「非社會的社會科學」（nonsocial social science），因此，它終究難免會產生內在的反思動力來改變它自身的體質；其次，它毋寧更像是說：心理學需要「社會學化」，因為布魯納在提出這個轉向的新名稱（也就是「文化─心理取向」，或「文化心理學」）之時，他一方面建議讀者參看一些屬於這種努力的一些新作，另方面則說：這些作品的古典源流應是維高茨基、涂爾幹（Emile Durkheim）、舒茲（Alfred Schutz）以及韋伯（Max Weber）。[5]

個體性和社會化之間為什麼不能各安其所？譬如說，心理學

5　見本書第一章的註4。

是研究個體性和心靈本質的心理學，而社會學是研究社會體制和社會化的社會學，為什麼要讓它們之間形成像知識演化一樣的過渡關係？為了解釋這種關係，布魯納有句箴言式的說法：「心靈之獨特奧祕，就在於它本具有隱私性且稟賦著主觀性，但儘管它有那麼多隱私，心靈還是不斷創生了公共的產物」[6]——這「公共的產物」就是指在世界之中透過符號系統（譬如語言）而保存和傳達的公用知識。事實上，心理學仍是心理學，但對於「心靈」這個概念，以及心靈的那個載體，我們不能再簡單地說：那不就是個人（個體）嗎！不是的。社會／文化長久以來仰賴心理學來界定教育的主體。當心理學不能理解「社會主體性」或「文化主體性」的存在樣態時，我們的整套知識體系通過各級學校教育而把我們歪曲地模塑成「個體主義」的樣子。然後我們會發現個體主義和社會／文化的運作之間，有極不諧和的關係，更嚴重一點說，竟會造成像「右派／左派」那樣的意識型態衝突。處在這種思想衝突中而茫然無解，於是教育變成了相當虛無主義的飄渺幻境。咱們把話說得更實際一點吧：社會運作的根本機制既是合作，為什麼我們的學生竟要被切割成離子化的個體，永遠只能一個一個分開來考核檢驗？

6　Bruner, J. S. (1997). Celebrating Divergence: Piaget and Vygotsky. *Human Development*, 40. p. 63-73.

二

　　我從進入 1990 年代之後才開始斷斷續續聞到這股新心理學的味道，但是身在世界邊陲的台灣，我還得一直懷疑我的嗅覺器官是不是患了過敏的疾病。1993 到 1994 之間，我有機會到哈佛大學進修一年，雖然在計畫中我要作的研究隱隱約約和這種心理學有關，[7] 但無論如何，在我買到兩本布魯納的新作《實作的心靈，可能的世界》（*Actual Minds, Possible Worlds,* 1986），以及《意義的行動》（*Acts of Meaning,* 1990）之後，才真正注意到這樣的發展。經過這十年的探索，我發現「文化心理學」和我原來所知的傳統心理學實在差距太遠，也自認為無法以自己的說明來把這種帶有革命性內涵的轉變交代清楚，因此我就一直轉著一個念頭：要用譯書的方式來向我的漢語同胞作引介的工作。雖然我知道「文化心理學」是許多數不清路數的人文知識和心理學的重新結合，[8] 而布魯納也不能完全代表這種發展，但是，他在

7　我是以一種宗教研究的計畫而到哈佛的宗教學院進修。那個計畫結合了我在 1989 年開始的碟仙研究，最後寫出兩篇文章，分別是〈以啟迪探究法重寫碟仙〉（《本土心理學研究》，第六期，p. 61-143）及〈物的意義：關於碟仙的符號學心理學初探〉（《應用心理學研究》，第九期，p. 189-214）。

8　布魯納在他和海斯特（Helen Haste）合編的 *Making Sense: The Child's Construction of the World*（London: Methuen, 1986）一書之導論中，已經談過這些複雜的源流。而許威德（Richard Shweder）對於源流的問題還做過更複雜的說明，見 Shweder, R.A. (1991). Cultural Psychology: What Is It? *In Thinking Through Cultures: Expeditions in Cultural*

1986 之後出版的四本著作——即以上提到的兩本，外加《教育的文化》（1996／2018）及《打造故事：法律、文學與生活》（*Making Stories: Law, Literature, Life*, 2002）——應很能代表他自己所企望達成的那「第二次認知革命」，或是他心目中的「文化（論）心理學」了。由於一場因緣和合，1999 年，我的一位好友，研究兒童哲學與教育的楊茂秀教授竟然說，他正在替出版社物色一個譯書人，就是要譯布魯納這本能對教育作文化心理學之重新發言的作品：《教育的文化》（*Culture of Education*）。我欣然答應，花了一年又三個月的工夫把此書譯完。[9]

三

既然譯完此書，也知道布魯納在文化心理學的啟航運動中是一位不可或缺的承先啟後者，我就從這本書來談談布魯納的事業也罷。根據我對本書論證脈絡的理解，用這節扼要的簡述，也許可以為布魯納開啟的這種文化心理學做個起碼的介紹。

本書的第一章，開宗明義地用計算論（computationalism）和文化論（culturalism）的對比來說明個體主義和人工智慧理論在教育上根本行不通之處。計算機，就是俗話說的電腦，已經輕

Psychology. Cambridge, MA.: Harvard University Press, p. 363, n. 13.；以及 Shweder, R.A. (1991). Cultural Psychology: Who Needs It? *Annual Review of Psychology*, 1993, 44, p. 497-523.

9　本書中譯本的初版為宋文里譯（2001），《教育的文化》，台北：遠流出版社。

易取得了當代知識的主導地位——不論就知識處理的技術來說，或就它所形成的隱喻來說皆然。我這樣想：如果我們去買電腦，我們知道每一部電腦是用許多零件組裝而成，然後我們給它「灌進」需用的軟體，測試它的各種功能，沒出問題，這就成交了。但你怎麼知道它沒問題？因為測試有個標準程序，既然能通過，就是沒問題。那麼你怎知道那個程序是標準的？因為各零件硬體和各使用軟體之間連接得是否正常，在螢幕上可以完全表現。這整套關係形成一種「完整形式」（well-formed），所以我們把它定義為「標準」和「沒問題」。在一定的程序和有限的表現上，就可以看出來——這是「每一部」電腦測試的基本邏輯，不可能有例外。但是心靈的硬體零件是什麼？它被灌進了什麼軟體？你又從哪裡看出它的表現？這每一題的答案都是不確定的。而最糟的是，在企圖測試之時，連品管師都不得不承認，他要測試的對象總是會不斷反映著測試者的自己——在測試者和被測試的對象之間，通常沒有確定的標準，也沒有所謂「完整形式」的字典或測試手冊可以翻閱。即使勉強編出這樣的手冊，那編者還是得承認，這只是「不完整」或永無完整性的參考文件而已。在心靈的品管師和對象之間不可能有測試（testing）的關係，而只能有關聯（relating）和摸索（exploring）的「不完整」關係——人必須用意欲（intention，或譯「意向」）來超過他自己，然後和他人的意欲形成交互貫聯的關係，而在意欲和意欲之間，也就是在心靈和他者心靈（other minds）之間，只有不斷摸索，不可能會有確定的關係。

關聯和摸索的關係方式,在人類之間就叫做「生活在一起」,或叫做「社會／文化」。有一種特別的「社會／文化」生活,是專指發生在上一代和下一代之間,那就是養育(rearing)。而經過特殊的分工之後,我們把其中的符號性成分區分出來,用特殊的社會體制來加以經營處理,就約摸是「教學」(teaching／learning)的樣子,但通常會有個更抽象的系統名稱,叫做「教育」。而即使是這樣說,也是要強調這過程一點也不簡單,至少不是像生產線(組裝線)那麼簡單──用一條線就可以直指向目標。教育是社會體制,是文化的自我摸索和自我生產,所以它會經歷一些生活者對自身的定義,這是在「俗民理論」(folk theory)裡頭可以看出來的。而我們的種種教育理論模型就是建立在俗民理論所根植的前提之上。要隨著俗民理論的教育模型來做個綜述時,也會發現它們的「目標」各自相異,很難確定,甚至是充滿著相互悖謬的關係,譬如特殊主義／普同主義,個體智能／文化工具學習,開發創造／複製傳統等等這幾套悖論,以及永遠的爭議,這就是《教育的文化》第二章到第三章的邏輯。

回到文化心理學的重新反思,教育的起點確實包含著個人的行事自主權能(agency)、反身自省(reflection)以及人類的公有文化、協同合作這些理念之間的關係。所以第四章要把這些關係重新整合成一張理解教育的全圖,並且用時間的延續來作為整合的基礎。最重要的時間是現在,而不是過去──因為參與過去就是進入已經形成的固定意義,而參與現在則當下面臨了意

義的不確定。對「現在」的重新發現，也就是理解人如何和他的文化有「置身在地」的關係，會因而發現文化之不斷處於形塑之中的樣貌。對於「置身在地」的當事人而言，他是和「未來」形影不離的，但布魯納不說那是「未來」，而寧稱之為「可能性」（the possible）。在教育中，以當前問題為教材，用文化所能提供的一切裝備和社會一切的組織合作方式去對付問題，那才是時間延續和文化整合的教育。

重省之後的教育所重者不在於個體心靈的表現，而在於發現人類心靈具有「從我至他」的一貫脈絡。心靈和「理論」是一體兩面。理論就是建構的理解，而理解有兩種不同的形式，那就是因果解釋（explanation）和意義詮釋（interpretation）。教育之中的學習不只是學習客觀的事物，學會事物之間的因果關係；還要學習「學習本身」，也就是用理論的理解來學習心靈的理論，用詮釋來學習事物如何被賦予意義，簡單地說，這就是「以心學心、知己知彼」。一旦有此可能，於是自我之心和他者之心就會具有同形同構的關係。這是後設認知（meta-cognition）的問題，也是第五章的核心。

「計算論／文化論」以及「解釋／詮釋」這樣的對比，很容易讓人聯想起「量體（quanta）／質體（qualia）」的基本對比問題。當然在通俗的理解（也一定是一種俗民理論吧？）之中，甚至還會以為這就是「科技／人文」對比的問題。這種談法已是每況愈下、不知所終。布魯納認為：如果科技是心靈的問題，是教師和學生心靈之間交會的問題，那麼科技無論如何是得在某種

非科技的理解方式中存在。科技本身的解釋語言是特殊的人工語言（譬如數學），但敘述科技的語言則是日常語言，而它的方法是敘事法（narrative），也就是講故事的方法。以故事結構為襯托，才會有科學內容的存在。那麼故事是怎麼講的？敘事法可是人類文化的一大成就——早在科學誕生之前，人類就一直在講故事，也靠著講故事來傳遞文化生活的種種理解，包括神話、歷史、法律和哲學，莫不如此。於是在當代文學和史學理論的捉摸下，敘事法的真髓益發為人知曉。第六章到第七章的脈絡告訴我們，敘事法有哪些重要的竅門，以及怎樣能讓敘事法成為教育者真正的看家本事。

置身在地的經驗還孕生了一種比理論更為細膩的知識——實踐的知識，或說是行動中的知識。這種知識並非特別和理論知識有別，而應該說：在心理發展的過程中，最先發展的應是行動中的知識，後來逐漸生出替代行動的知識模式，最後生出符號性（包括語言）的替代，而完全可供作理論之用。這是第八章所要談的意思。

最後一章，布魯納回頭看心理學本身的發展。他以「生物性的限制—文化建構—置身在地的實踐」這樣的三角模型來總結自己的理論，也說這就是他所倡議的「文化心理學」。對生物性條件限制的重視，呼應了文化心理學之前的心理學，但是加上文化建構的理解，使心理學開始走向社會化的「下一頁」，而實踐知識則又更進一步把知識主體和主體所在的文化／社會脈絡聯貫成一氣。布魯納的預言是：下一世紀的心理學必當如是。從某一角

度來說，這樣的話又必定是一位功力深厚的學者在晚年的化境之中才能說得出來的，不管他是不是美國人。

四

布魯納在這本書中曾經提到，有些心理學家還轉變到更為基進的（radical）文化論，譬如格根（Kenneth Gergen）和哈瑞（原書 p.160），而根據我的了解，後面這兩位所代表的是後結構主義思想潮流下的社會建構主義（social constructionism）和論述心理學（discursive psychology）。在當今的文化心理學發展中，他們和布魯納一樣受人矚目，甚至更代表下一代文化心理學的尖端發展。1996 年在英國創立的期刊《文化與心理學》（*Culture and Psychology*），[10] 事實上幾乎可說是建構主義和論述心理學以及經歷過語言學轉向（Linguistic Turn）之種種心理學的天下，而美國的「文化心理學」似乎只是其中的一個支流。

我從 1995 年決定開始開授「文化心理學」課程時，確實是以較為基進的格根和哈瑞來開頭的，因為我記得哲人培根（Francis Bacon）說過：你想把已經偏斜的桿子校正，那就一定得用矯枉過正的辦法，才能使它彈回原位。在那段時間，很多新心理學冒出來，哈瑞等人主編的《重新思考心理學》（*Rethinking Psychology*）[11] 一書正反映了那時候百家爭鳴的情

---

10 *Culture and Psychology*, London: Sage Publications.

11 Smith, J. A., Harré, R., and Van Langenhove, L. (eds.) (1995). *Rethinking Psychology*. London: Sage.

景。但這些心理學都帶有一種意味，我用一位維高茨基的信徒寇爾（Michael Cole）來說明——他把文化心理學稱為「第二心理學」（second psychology），[12] 我相當同意，因為它表明了從原來的「第一心理學」中脫胎換骨，而不再屬於同樣知識體系的意思。許威德（Richard Shweder）更是打開天窗說亮話：文化心理學不是普通心理學（general psychology）、不是跨文化心理學（cross-cultural psychology）、不是心理人類學（psychological anthropology）、也不是民族心理學（ethnopsychology）。那麼，在許威德心目中，文化心理學是什麼？那就是通過以上四種「不是」而形成的某種叛教（heretical）轉向（其實就是語言學轉向），它形成一種「重新萌生的學科」（reemerging discipline），[13] 它反對柏拉圖式普同主義的心靈論，反對心靈統一體（psychic unity）的想法，也反對心靈是人體中的中央處理器（central processor）之說，而主張邁入個別生活脈絡（也就是文化）中，去尋求心靈的種種特殊表現。這意思是說：只有在文化實踐之中的心靈，而沒有特別可以從文化脈絡中抽繹而出的心靈抽象物（譬如所謂的「心理變項」）；只有在意欲之中的心靈，而沒有不動的心靈；沒有不在文化中卻能行使有機功能的

12　Michael Cole (1996). *Cultural Psychology: A Once and Future Discipline*. Cambridge, Mass: Harvard University Press.

13　Richard A. Shweder (1990). Cultural Psychology: What Is It? In James W. Stigler, Richard A. Shweder, & Gilbert Herdt (eds.). *Cultural Psychology: Essays on Comparative Human Development*. Cambridge: Cambridge University Press. p. 35.

「有機體」。這些脫胎換骨的主張確實是徹底的──所謂「基進」也者，正是這個意思。

相對而言，在我看來，布魯納所發展的就不是那麼基進的論述。他強調解釋和理解是兩種各自成立的思維模式，而皮亞傑和維高茨基是兩種互補的典範。[14] 除此之外，對於生物天性的因素，他認為必須保留。不過，這並不是折衷主義。在這樣溫和的表面之下，布魯納其實都表示了兩種堅持：第一，後者不能化約為前者，理解不是解釋的暖身操，維高茨基不是皮亞傑的衍生物；其次，我們之所以能看出第二種、第二階的性質，是以第一種、第一階的知識作反身自省的結果。就拿「生物性」的議題來說吧，文化論者不把生物天性視為人類發展的上限，而是下限。人類生來是未完成的動物，只有靠文化才能把自己製作完成。這樣的論述方式，雖然並不基進，但可稱是諄諄善誘；雖然語不驚人，但卻一直堅定地導向那場無聲的革命。

所以，有此理解之後，我也開始把徹底文化論的論述基調轉換成較為溫和的演奏。譬如說，我決定要在我的課程裡增加一些關於靈長類研究的單元，讓學生一邊觀看黑猩猩、巴諾布猿（the Bonobos）的行為，[15] 一邊想想文化從哪裡開始。

---

14 Bruner, J. (1997). Celebrating Divergence: Piaget and Vygotsky. *Human Development*, 40, p. 63-73.

15 有兩部國家地理（National Geographic）出版的影片，我視為重要參考讀物：*Among the Wild Chimpanzees*（《情同手足黑猩猩》）；*The New Chimpanzees*（《黑猩猩》）（按：這部片子的中文譯名是錯誤的。譯者不知這應是「新種的猩猩」，舊稱「矮黑猩猩」，現已更名為「巴

五

　　「文化心理學」原是個標準的美國心理學現象，因為在歐洲早已有文化科學、哲學人類學、唯物辯證法、詮釋學、符號學、現象學、精神分析等等傳統的溫床，所以「文化心理學」這個字眼對歐洲學術圈而言應是畫蛇添足的。[16] 但我們還必須知道，「心理學」從某個意義來說，在目前就代表著「美國心理學」，當它在第三世界流通時，確已造成嚴重的文化殖民現象。目前我們知道台灣和鄰近的漢語社會已經發動「本土（化）心理學」運動，似乎企圖用來對抗文化殖民的勢力，而這是和「文化心理學」發展最為相近的學術運動，值得拿來討論。

　　這裡我要提出一個有趣的觀察：文化心理學在美國的「脫胎」「叛教」，和本土心理學在華人學術圈的「去殖民」，兩者都一樣是以美國的「第一心理學」為對象的。那麼，這兩者之間究竟是對抗性的關係？還是會有更進一步的合作關係？在我們還

諾布猿」（the Bonobos）。

16　文化心理學的代表性刊物《文化與心理學》（*Culture and Psychology*）出版於歐洲（英國的 Sage Publication），在歐洲有些和文化心理學相關的研究機構大多不叫做「文化心理學」，而用的是更細緻的名稱，譬如英國的 Loughborough University 有個研究中心叫做 Discursive Psychology. 唯一的例外可能是荷蘭 Nijmegen University，就直接叫做 Cultural Psychology Research Group，因為他們認為他們自身的起點是早在 1950 年代就已有此倡議，比起目前這一波在八○年代的發展早了將近三十年。

沒看到足夠的證據之前，我們對此關係的發展肯定是應投注關切的。[17] 馬區（Nancy Much）曾說，每一種心理學在開始發展時都是該文化裡的本土心理學（indigenous psychology），但當今產生的這波「文化心理學」，其實在知識性質上是「超文化心理學」（transcultural psychology）的意思。[18] 我們必須注意的是：和強勢的異文化站在對面而力圖抵抗，或是站在本文化中對文化本身的脈絡提出置身在地的反思和理解，其結果常不會相同。我們的「本土（化）心理學」裡，似乎一直在強調前者，卻鮮少對後者加以深思。因此「超文化」的字眼可能會讓那些持著「本土主義」的人士覺得相當不解。

布魯納這本書，先當作是美國的本土心理學來看，應是很合適的，但看完之後，我們也許會對於自我批判增加一點必要的了解——至少可以從強調實踐的「教育」那種文化裡展開——並且還會反身自省地了解：文化心理學必然是以本土心理學為基礎而產生的下一步發展——它必須發展為超文化心理學。對於這一

17　《本土心理學研究》第六期（1996 年 12 月）的特刊標題是「文化心理學的探索」。該刊中有余安邦、余德慧兩位撰寫的評論。前者強調文化心理學與文化人類學以及心態史學的關係，後者則帶有濃厚的現象學色彩。對於後者，有些批評者表現強烈的不以為然，而後當然也就引起一些必要的反擊。這樣的爭論在中文的心理學或社會科學期刊中算是剛開始的起點。在此之後，學術界果然有一陣子的熱烈爭議，但後來的發展並未再聚焦於本文所期待的後殖民議題上。

18　Much, Nancy (1995). Cultural Psychology. In Smith, Harré, and Van Langenhove (eds.). *Rethinking Psychology*, p. 97-121.

點，我們可以把布魯納討論「俗民心理學」（folk psychology）
的方式重新攤開來檢視一遍，應該不難理解此中道理。

布魯納對於俗民心理學比較集中的討論，是出現在他的《意
義的行動》（*Acts of Meaning*）一書。[19] 他的說法是：任何文化
在不經過學院式討論之前都會出現某種對於「內心／外界」兩
分的「心理學」概念，而這些概念會變成某種常識，或某種預設
（presupposition），用來決定其他種種概念。但在這二分法的
結構之外，還會產生某種「中介」的領域（布魯納稱此為「第二
界」，所以，相對的，內心就是「第一界」，而外界就是「第三
界」）。各個文化對此一領域的認知深淺和多寡都會有很多差
異，因此，當我們對原有的二分法結構有所知悉之後，我們要設
法了解其「第二界」的實際內容，甚至要為原先所缺乏的了解補
充其內容，譬如從第一界到第三界之間的交通究竟是透過超自然
巫術的方式、人文溝通和想像的方式，或科學假設和考驗的方式
等等，而這樣的補充可以包括釐清，也可以包括改寫。於是經過
這道手續之後，原先的「俗民心理學」就會轉化為「文化心理
學」。至於這種轉化為何會發生，我們很難用民族文化的本土性
來解釋，而必須將它放進社會／歷史演化的過程——特別是異文

---

19 參 Bruner, J. (1990). *Acts of Meaning. Cambridge*, Mass: Harvard
University Press.，有中譯本：魏志敏譯（2008），《有意義的行
為》，長春：吉林人民出版社。但書名譯法很值得商榷。我的建議是
譯為「意義的行動」，原譯名「有意義的」乃是對於 meaning 一字過
度翻譯的結果，而把 act 譯為「行為」則絕對不如「行動」更貼近於
作者原意。

化間的接觸過程——來理解。

這種俗民心理學的討論最有助於我們判斷「本土心理學」究竟是不是「文化心理學」的地方，不在於區分所謂的「本位／客位」，而在於揭示那個「第二界」之必然存在——無論你對它是有意識或無意識。這個談法其實也說明了我現在要回頭談談的台灣本土心理學問題。

我在上文中曾提及台灣本土心理學的發展與爭議是「值得拭目以待的」，並且在上文的註腳中提到有關的「學術爭議果然益發熱烈起來」，其實最具體的爭議就出現在 2006 年出刊的《應用心理學研究》（31 期）中。我在其中以一篇文章中的部分篇幅檢討了在台灣出現的本土心理學，[20] 並明白聲稱這種本土心理學其實還不能算是文化心理學，而最主要的理由是：本土心理學採用一種錯誤的討論方式，即所謂的「本位／客位」（emic／etic）之爭，來為自己作學術定位；然而因為「本位／客位」對於「emic／etic」的問題，從翻譯伊始就是個誤譯，或過度翻譯，以致後來楊國樞憑此推論出所謂「本土契合論」——而這是一種很顯然的「知識排外主義」，或更嚴重一點來說，也排斥了文化本身之反身批判的可能性。楊國樞的理論似乎只想為這樣的命題提出辯護：「華人最懂得華人自己的心理」，但在這理論中，「誰最懂」的問題被他分成八個有等級的類別，其中對於

20　宋文里（2006），〈第三路數之必要：從本土主義轉向文化論的心理學〉，《應用心理學研究》，31 期，p. 75-59。

「契合」的概念只解釋了「熟悉程度」的問題，而完全不涉及文化詮釋的方法論問題。譬如，光只憑「熟悉」怎樣能保證對於文化象徵結構以及意義系統可以得出最適當的解讀？文化不會有詮釋權力（發言權）的階級差異，以及文化中人的自我誤解問題嗎？

問題就這樣提出了，但後來楊教授本人沒有對此檢討作出回應，倒是本土心理學的第二代掌門人黃光國在該期《應用心理學研究》中提出了一篇相當長的回應文，[21] 其文氣的熱烈程度，幾乎可用「硝煙瀰漫」來形容。但可惜的是，他的回應並未對焦於我提出的自我誤解問題，只是不斷強調他所領導的本土心理學研究群從發起至今作出了多少具體的貢獻（績效），卻不問：最終，這些研究成果究竟是要用來回答什麼問題？──我問的是：這是後殖民時代對殖民者的反抗？還是對於實證主義知識霸權的反抗？結果，我們看到的，除了極少數的例外，大多數作品都只是再三再四地強調了傳統主義和民族主義的餘緒（謂之「華人心理」），也就是把「華人」這個概念視為不證自明的「元理論」（在台灣較常用的說法是「後設理論」），是個毋須討論的本體論，而漢語中和「心理」相關的語詞可以直接拿來當作理論概念，譬如「情」、「怨」、「孝」、「報」等等，或甚至一些外來的「社會取向」、「關係主義」之類的社會科學用語，都不必

---

21 黃光國（2006），〈學術評論的路數〉，《應用心理學研究》，31
  期，p. 93-102。

討論其在漢語的歷史語境中如何形成、如何使用，甚至其中所帶有的價值意蘊究竟是值得發揚還是值得批判等等。在另一方面，就是牽涉到知識論、方法論的問題——我在上文說過了：「本位／客位」已經是個表錯情會錯意的討論方式，但黃光國的辯白卻說他曾經對此作過很認真的「科學哲學」探究，得到的正確答案是要以「建構實在論」（constructive realism）來取代實證主義——但，這種建構實在論明明是取自於西方科學哲學的貢獻（在此，很具體地說，就是維也納學派的威爾納〔Fritz G. Wellner〕），為何可以稱此為「本土心理學」？而楊國樞常使用的一種老套人格心理學理論（即卡特爾〔Raymond B. Cattell〕的那種人格特質論）也是盡人皆知的「美國心理學」，所以，這些怎能稱為「本位理論」？

反倒是有些比較少數的台灣心理學者（即不屬於「本土心理學研究群」者）另外輯文刊出一本「文化心理學專題」，[22] 其中也包含我對於本土（在地）性的概念澄清和研究案例的說明在內。[23] 後來，由此延伸出另外一些眼界較廣且問題深度也和本土心理學群的研究成果大不相同的研究取向，也就是發展為「人文臨床與倫理療癒」[24] 那個學群，他們的作品很值得有興趣者進一

---

22 宋文里（主編）（2007），《應用心理學研究》（文化心理學專題），34 期。台北：五南出版。

23 宋文里（2007），〈臨床／本土／文化心理學：尋語路（錄）〉，《應用心理學研究》，34 期，p. 75-112。

24 請參閱余德慧、林耀盛、李維倫（2008），〈倫理化的可能：臨床心理學本土化進路的重探〉，收於余安邦（編），《本土心理與文化療

步參看。

　　以上對於台灣本土心理學發展的檢討,對於我在 2009 年去河南開封參加過的一次「中國心理學會:全國心理學學術會議」如果作個兩相比較,會有個極有意思的發現:當時我參加的「理論心理學組」裡也還沒人提過「文化心理學」,但很多學者、學生都知道台灣有「本土心理學」。不過,不用任何主張,大多數的與會者對於「中國心理學」早已朗朗上口,並且這種話語也都已經是屬於「元理論」的層次,也就是說:在談文化是什麼之前,大家對於文化早已有個共識,那就是「中國文化 vs. 西方文化」的提法,且是個不證自明的「理論架構」。所有的人(除了極少數例外)都認定了文化差異的命題,並且也認定西方理論的缺陷可以用中國理論予以補足。像這樣的共識,在台灣竟然是需要用一個「大型研究計畫」(也就是「本土心理學研究計畫」)才能做出的肯定。我之所以要這樣提,是因為《民族教育研究》期刊編輯來信向我邀稿時,曾特別聲稱:在大陸學界至今還很少人知道有「文化心理學」的存在,而我在十年之前已經翻譯介紹了布魯納的作品,實在很令人驚奇。但我也要提出我在「中國心理學」中的驚奇發現:在台灣,我從來沒聽過任何學術人使用過「學科承諾」這樣的字眼,而在那次的會場上卻三番兩次聽到一些有心於學術發展或改革的人會用「學科承諾」來標示他們針對

　　癒:倫理化的可能探問》,台北:中央研究院民族學研究所。以及余安邦編(2017),《人文臨床與倫理療癒》,台北市:五南。可在幾篇文章中分別看出關於這個「論壇」的興起與維繫。

此承諾應該提出什麼改革方案。所以，我現在要以兩岸學術觀察的角度，來談談文化心理學可能的「學科承諾」會是什麼，用以作為本文的結尾。

六

嚴格來說，「文化心理學」在現有的心理學學術建制中還算不上是一門「學科」，而比較像是一種「學說」。具體的證據是：即令在美國學界，至今也還沒出現一本可以作為大學本科教科書的「文化心理學導論」之類作品，[25] 所以，就學科而言，它頂多是個「發展中」的學科。但我們要談的重點是在於知識本身的「承諾」問題。對此，布魯納有一種討論的方式，是出現在《實作的心靈，可能的世界》（*Actual Minds, Possible Worlds*）一書中的第九章「教育的語言」（The Language of Education）。文中敘述了一名女生在聽到他所主張的「任何題材都可以教給任何年齡的兒童，假若我們能採取某種誠實的知識形式」之後，採取相當積極的態度逼問道：如何才能保證那種知識形式是「誠實的」？布魯納承認他用了自己以前說過的一些教學程序和方法來回答問題，但事後，他自己覺得非常心虛，因為

---

25 最接近於「文化心理學導論」的教科書式作品在此可舉兩例：Michael Cole (1996). *Cultural Psychology: A Once and Future Discipline*. Cambridge Mass.: Harvard University Press；以及 Jaan Valsiner (2007). *Culture in Minds and Societies: Foundations of Cultural Psychology*. New Delhi: Sage Publications India. 我都曾經採用為研究所的教科書，學生讀來仍多感到吃力，因此還不適合在大學部的課程中使用。

他知道那不是那位女生想要的答案。而他的想法是：我們必須回到「語言」本身來回答這問題。我們使用的語言其實都具有「兩面人」的性格（也就是說：不容易用「誠實」與否來形容它）。語言一直是同時具有雙重功能的：它一方面是一種溝通的模式，另方面也就是它所代表的個人世界觀之如實呈現。

為了要具體說明這個意思，他引用了法國作家羅蘭·巴特（Roland Bathes）寫的一篇短文〈法國玩具〉來呈現，大意是說：法國小孩所玩的玩具，除了極少數例外（譬如積木），大多數都是在呈現大人的慾望、大人的需求、大人對世界的理解，並且還一概是採取「消費者」角度來獲取以及使用那些玩具：戰爭、官僚、美醜、外星人等等。孩子們不只是在玩玩具，他們得同時「消費」這種「溝通工具」中所承載的整套世界觀。所以，所有的法國小孩將來長大後就自然會成為一個個加味調理的法國世界觀和法國自我。布魯納對於羅蘭·巴特這位「精雕細琢的自嘲大師」除了讚揚有加之外，當然也立刻知道了美國人和美國教育的問題。我們都只看到教育語言的一面，而忽視了其另一面。

法國也好，美國也好，對我們而言，重要的理解一定也會在反身自省中呈現出來：我們所說的華人、中國人或什麼本土，我們所使用的漢語本身，到底攜帶了多少不能被我們自己用「自嘲」來發現的世界觀？我們恐怕都是汲汲於利用「本土心理學」、「華人心理學」、「中國心理學」這些名義來發揚自己的優美文化，卻不太會同時反思這些文化內容裡可能隱含的偏見和盲點——特別是那些被革命者所詛咒，但同時也完全繼承下來的

「封建社會關係」、「吏治主義思維」[26]以及不知是褒是貶的所謂「集體主義文化」——這是我所謂的兩岸同步觀察，而一旦我們真的也都同時發現這些問題，那麼，我們不得不把以上所有的「發揚式學科」提升成為他們必然的「下一頁」：文化心理學就是為了要超越傳統思維的限制，而邁向更為「誠實」的文化——也就是說，我們要讓學問發達到這樣的程度，才能說它是在完成它自己的承諾。

關於「學科承諾」，我們還需要最後一個說法——能「承」擔知識發展，能給出思考的「諾」言者，並不總是已經完成建制的學科，而是在思考中的學者。譬如布魯納這位老教授，他在《教育的文化》一書六、七兩章所談的「敘事法」，總有些讀者和評論者認為是雖有表達但意猶未盡。於是，布魯納在六年之後，集結他在紐約市立大學法學院的授課心得，對敘事法的問題再作了一次更徹底的發揮，讓敘事法成為解決文化衝突的一種基本手段：

> 任何一個人類文化，在其本性中，既是對於社群生活（之難題）的一種解決之道，而隱含在此之下的，則是對於生活在此（文化）界限之內者所提出的威脅與挑戰。如果一個文化要存活下去，它就需要一些手段來處理這些埋在社群生活之

---

26 「吏治主義」舊稱「官僚主義」。

下的利益衝突⋯⋯。[27]

這種學說，對於想了解自身所處的文化者而言，實具有普世性的意義，而不管這是美國教授、法國作家所提的理論，一旦我們有所理解，我們也就同時知道了他們是在承擔什麼知識，以及給出什麼諾言。這樣的承諾，讓我們更能理解自己的文化，所以我們只要能讀到這樣的書，我們就是文化遺產的受益者，也是繼承人——為什麼我們不能拋棄本位主義，來迎接所有的知識遺產呢？而在這種受益狀態中，你能不感謝像布魯納這樣的知識開發者嗎？

---

27 Bruner, J. (2002). *Making Stories: Law, Literature, Life*. New York: Farrar, Straus and Giroux, p. 92.

文化・主體：
文化心理學的反思

一

　　我從 1996 年起開授「文化心理學」課程。在此之前將近十年的時間，我先後閱讀了幾位原創思想家的作品，這才肯定要迎頭趕上這股新興的心理學思潮。在文化心理學濫觴以來，至今在全球已出現不少啟航性的論述。我看出此一航程至少有四位最具啟發性的先師，[1] 他們是：

1. 沙皮爾（Edward Sapir），他在耶魯大學客座的年代（1931~1937）第一次開設了「文化心理學講座」；

2. 俄國的維高茨基（Lev Vygotsky），在 1925~1934 年間自行創立了一系列歷史─文化心理學的研究和理論，其中兩本較早譯為英文而廣為人知的著作是 *Mind in Society* 以及

1　「文化心理學」（cultural psychology）雖然不是很新鮮的字眼，但最近一波文化心理學思潮確實是在 1980 年代才出現。其中一位較早的摸索者是布魯納，在 1980-1990 年間至少寫出四本開山之作（見上一篇）。到了 1990 年，許威德（Richard Shweder）的兩篇文章可說是文化心理學正式的發起宣言：「Cultural Psychology: What Is It?」（1990）、「Cultural Psychology: Who Needs It?」（1993）。

Thought and Language（另版：*Thinking and Speaking*）；

3. 劍橋的哲學家維根斯坦（Ludwig Wittgenstein），在他最具影響力的《哲學探究》（*Philosophical Investigation*）一書之外，還有一套遺作 *Remarks on the Philosophy of Psychology*，將語言哲學的難題交織到心理學的許多前提預設之中；

4. 普爾士（Charles Sanders Peirce）最早將 semiotics（我很反對此字的俗譯叫「符號學」）的問題全面鋪設出來，從他的全集中選出的 *Peirce on Signs* 是其中最精練的讀物。[2]

文化心理學一開始就包括了民族心理學（ethnopsychology），相當於「俗民心理學」（folk psychology）之類的議題，但根據許威德（Richard Shweder）的說法，文化心理學必須超越這些個別文化的研究，以「超越文化」的（transcultural）視野來思考文化對在地人以及對人類意義系統的問題，因此，文化心理學不會停留在民族心理學及跨文化比較的研究框限之中。

在開課當時，台灣唯一接近於「文化心理學」論述的學院組織，就是台大心理系的「本土心理學研究室」（起於 1991）。

2　由這些原創者引發的「文化心理學」，實際上是經過將近半世紀後才慢慢成形，並在 1990 年代開始現身於當代人文科學中。到了 2010 年代，已經集結出一套篇幅不小的作品集，*Oxford Handbook of Culture and Psychology*（2012），很能用來界定其研究的基本理論（元理論）、方法論、題材範圍、及應用實踐。

我曾經受邀參加該研究的創始群隊，也曾經投稿刊登於《本土心理學研究》期刊（1996）。但捻指一算，我開始探索文化心理學的時間（約在 1985）早於「本土心理學研究室」的創立。不過，當時我還不知這種新興的心理學研究在十年之前已經出現於國際學界，譬如後來才看到的希勒斯和勞克（Paul Heelas & Andrew Lock）所編的 *Indigenous Psychologies*（1981）。然而，開課之後十年，我寫下〈第三路數之必要〉（2006）[3]一文時，已經旗幟鮮明地表示：我既不看好，也很難再支持「本土心理學」運動，或「華人本土心理學」的發展。因為這個運動悖離了我所知的文化心理學研究宗旨。其中值得注意的是一個看起來很小的問題：我原以為這種「本土心理學」使用的英文應該是複數形式（如希勒斯和勞克那樣的「indigenous psychologies」），而不是單數的「indigenous psychology」——這「單數／複數」的問題已經被人提起多次，但似乎總是沒對上問題的核心。而當我們要談「問題核心」時，那就再也不是個小問題，因此，我的話題要從此再度拉開。

二

　　單數的本土心理學標定了一個族群作為研究範圍，所標定的當然就是自己所屬的族群。本來，任何地區發展的（單數的）本

3　見本書第一章。原文見：宋文里（2006），〈第三路數之必要：從本土主義轉向文化論的心理學〉，《應用心理研究》，31 期，p. 75-92。

土心理學都可以自成一格，這不是問題；但我發現的問題狀況卻比這要嚴重得多：

1. 當一個研究群一直**不能跨越單一族群限制**，來和其他各種本土心理學對話，這已經把「跨文化比較研究」排除在外，其中隱含著**認識論障礙**（epistemological obstacle）。

2. 這個研究群甚至**不和異文化**，以及本土之內的各個次文化對話，這就是對他者無知，不顧「自我反思」的研究方法，形成了也缺乏自我批判的**本體論危機**（ontological crisis）。

這重重障礙與危機的發現使我開始懷疑：像這樣的研究群，不論是自覺或不自覺，是否意圖發展出一種用研究來自說自話，**而不以對話作為研究的基礎**？若是如此，像這樣的「單一族群主義」，不論該族群的涵蓋範圍有多大，表面上都可稱為「自己的文化主體性研究」——果然，這個「自己」就不疑有他地被等同於「華人」了。（請注意：「華語」和「華人」是顯然有別的概念，一字之間的毫釐之差，失之千里矣。）

既然談到這裡，有幾個相似而容易混淆的用語，我們必須仔細加以釐清，才能明白這種「華人的／主體的」研究，在我看來為何危機重重。我們當頭的用語問題本來應落在「華人」上頭，但從文化心理學的理論來說，更該釐清的就在「文化主體／文化主體性」這組詞彙上。

什麼叫「文化主體」？假若要拿這當作研究題目時，寫

研究計畫必須附上英文摘要，我的揣測是提計畫的人會使用
「cultural subject」或「culture as subject」。但把這兩詞分別鍵
入網路搜尋引擎，結果是這樣：

　　1. 前者只會出現「cultural subjects」，是指文化課程所包含
　　　的內容，無關乎「文化主體」；

　　2. 後者也不是個慣用語，因此查無內容。

　　所以，「文化主體」確實只出現在我們使用的現代漢語圈子
裡，也可確定是最近才鑄造出來的新詞彙，辭典還來不及收錄，
因此查不出它的語源。

　　不過，在我的文獻閱讀經驗中，以實在論（包括以所謂的
「建構實在論」〔constructivist realism〕）為基底的「本土心理
學」研究群作品，最可能就是此詞的始作俑者。因為他們慣於把
「文化」視為一個可以實體化的對象，亦即**在談「主體化」之同
時，就是在進行「客體化」**，譬如把文化說成「一套生活方式的
整體結構」，並且還強調這個整體結構的連續性，具有綿延不斷
的本質，通常就是指一個國族或國家的歷史。這確是本土心理學
最慣常使用的語意，而其中那個被實體化的主體就叫「本土」，
或叫做「華人」——「本土」是指「風土／文物／民情」；「華
人」則強調了具有延續性的「中華歷史／文化」。以上是對實在
論所作的語意分析。分析結果會有這種發現，也是因為實在論語
言本身的所指非常狹隘之故——它很快就會陷入無可遁逃的失語
症命運。

　　當我們習慣於日常用語，把「社會」、「文化」都當做某個

族群，甚至某個地區、國家的同義詞時，我們確實已經把那兩個語詞都實體化了。我並不反對這樣的習慣用語叫做「方便之詞」；但在更進一步的深度探討中，我建議要採用存而不論之法，把日常用語中的習慣先予以懸擱。嚴格來說，文化不會，也不可能，是什麼「主體」；最多，我們可說文化有其「主體性」，這就比較接近於我們本來想要強調的文化主體功能，或自主作用——文化是一種恆動的狀態，不會停下來擺個身段，就像現代量子力學對於物質的微粒子理解一樣，任何一位科學家都不可能叫它來一個停格，好讓你能確確實實地描繪或拍攝出它的身姿。恆動的微粒子只能作個或然（機率）的估算，而不會讓你描述出定然（精準）的樣貌——在這樣的認識之下，甚至必須推翻「微粒子」的物質理論。我們對於文化也必須作如是觀，換句話說，想討論文化和主體，我們只能說它有主體性，而不能以「文化主體」之名來為它偷渡出一個不能成立的實體。

三

　　「偷渡實體」的問題是很多本土論者共有的難關，因為他們用「文化主體」這個不倫不類的字眼實際上是要表達一種「文化本位」，亦即華人的本位主義。反過來說，當我們在強調文化的主體性乃意指文化是人類活動的整體綜合，而其中最鮮明的主體就是「話語主體」（speaking subject）。這和觀察文化所表現的風土人情、文物慣習，基本上是兩回事——前者強調動態，後者則一直強調停格。換言之，對於「文化」的議題，前者的要點在

於「華語」（漢語），而後者則強調「華人」。我們之所以要作此區分，乃起於這樣基本的疑問：我們研究的究竟是「華人」還是「會講華語（漢語）的人」？——會講華語（漢語）的原住民並不自稱「華人」（漢人），由此可知「華人」並不是文化心理學不證自明的名稱。

這樣的說法就好比在問：心理學對於反思，究竟是在乎「能思」本身，還是更在乎「所思」的對象？譬如人對於杯子的認知——對心理學而言，其要點是在「認知」（主體功能），還是在「杯子」（客觀對象，即「客體」）？——但這麼基本的問題，在杯子變成餐具、餐飲行為、飲食習慣、飲食者動機、菜飯的定義等等複雜對象時，心理學常常守不住它自己的任務（認知），而會跟著對象起舞。或者，如果它真守住了任務中的要點，卻常會以另一種實體化（reification）來把問題轉變成：認知者甲和認知者乙的所知（「客體」）有何不同——這其實是一樣的毛病，就是仍然落入了「對象」的圈套，而不再關切心理學自身的知識任務了。

說到這裡，我們也可以準確地回到本土心理學發展史上的一個公案：在引進語言學、人類學所討論的「emic／etic」之別時，本土心理學運動（甚至可能是整個「社會科學中國化」運動）把這對語詞翻譯成「主位／客位」——它是一種誤譯，亦即一種過度詮釋（over-interpretation），嚴重偏離了語言學或人類學的原意——而當這個運動就在此基礎上展開其世紀大業之時，它已經在望文生義、以辭害義地說出了它的預設立場：它所在

乎的就是在「主位」上的實體對象，而非在客位上的「外來理論」。文化就等於風土人情在「主位」舞台上的表演；至於「客位」的舞台，它根本不曾用「以客為尊」的態度來對待。實體化既已有了個如此堅實的「理論依據」，它還何需再考慮主體性的進一步問題？

但是，「emic／etic」到底算是什麼理論依據？

首先，這個外來理論根本不能叫做「本土」、「主位」，其次，這原來是用來區分話語層次的理論，它的來源和本土理論無關——為何在翻譯成「主位／客位」之後，會立刻不言自明地把前者（emic）視為本土的天使，而讓後者（etic）變為外來的魔鬼？

四

對於「emic／etic 到底是什麼理論」的問題，我在先前作品（〈第三路數〉一文）中已經作過充分的批判詮釋，本來在此也不必再加贅述了，但是，在讀過馬庫斯和費雪（Marcus and Fisher）的《文化批判人類學》[4]之後，有一點心得，可進一步拿來說明那「天使／魔鬼」式二分法的涵義，以及「主位／客位」二分法的誤解何在。

馬庫斯和費雪特別說明了 etic 是指某種脫離文化脈絡的理

4　馬庫斯和費雪（Marcus, G. E. and Fisher, M. M., 1986/2004），《文化批判人類學》，林徐達譯，新北市：桂冠。關於 emic／etic 的區分，見該書 p. 30 註腳。

論，不適於解釋文化的在地意義。但在此並沒有說明：和文化脈絡較為親和的「emic 現象」如何可以成為任何「理論知識」。我們只知道使用 emic／etic 的區分可以說明有些理論的去脈絡化（decontextualization），同時也可達成對於該理論的批判，但當馬庫斯和費雪說這組「emic／etic」的區分概念很接近於葛爾茲（Clifford Geertz）所用的「近接經驗（experience near）／疏遠經驗（experience far）」的區分時，我們卻知道葛爾茲從未使用這組區分來說明「某理論是否適用於解釋在地經驗」的問題。於是，對於最早提出「emic／etic」區分的派克（Kenneth Pike），我就很懷疑他所說的 emic approach 在理論形成上是否已構成了自相矛盾的難題？

我認為既然叫做 emic，指的是 emic 經驗，就不會是「emic 理論」。只能先把「emic 經驗」轉變為 emics（亦即「emic 學」——學說或理論），之後才能作出「emic 理論／etic 理論」的對比。矛盾之處在於：為什麼在地的「emic 經驗」會轉變為「emics 的學問」？「百姓日用而不自知」本是在地知識（local knowledge）的常態，而當在地人試圖從「不自知」轉變為某種「知」的時候，那也不表示他們已經成功地達成一種可以與 etic 理論相提並論的層次——這是許多研究「ethno- 理論」的人都知道的事實：譬如拿藥理的土方相對於製藥的理論來說，常是不可比較的，這不是藥方是否適用於治療在地疾病的問題。巫醫的「藥理學」（如果有的話）只是漢醫所認知的藥理學（本草）的某種「擬仿」，不論前者所製作的藥方適不適用於當地

人——還有，什麼叫做「適用」？這難道不是另一個更需要批判詮釋的問題嗎？這裡所說的「mic」、「ethno-」，真的可以稱為「主位」嗎？它自然等於「主體性」或「自主性」嗎？我們對於這個問題作出的回答應該說：「正好相反。」——難怪在地人自己也必須發展出某種自我批判，譬如在漢傳文化系統中發展出「聖／巫」之別，或「漢醫／巫醫」之別；雖然這有別的兩者都可視為「在地的」（本土的），但他們之間已形成**內在拮抗**的局面，無論是表現為認知差異或階級差異皆然。我們所謂的「主體性」究竟會落在「拮抗局面」中的哪一面？我想我就把答案留給在座的各位吧！而當我們在接觸到這種差異的狀況時，只把「emic／etic」的區分拿過來套一套，那就是完全失去批判思考而變成不知所云了。

實體的有無，在此也無助於區分，而只會說：兩者都屬文化實體。那麼，能夠辨別實體之間的區分者，必屬另一個理論層次的問題——本土心理學對此，亦即同**一文化內部何以產生互相拮抗的差異實體**，可曾有過任何超過「主位／客位」的其他說明？

五

在大陸的改革開放之前，心理學本是一門被禁止的學科。後來開始慢慢重建，當時也曾以台灣作為取經的對象。在台灣展開的「本土心理學運動」很快就被全盤照搬到大陸的高教體系中。但由於台灣的政局變化，「本土」一詞開始帶有某種政團的色彩，於是對這個運動敏感的主持人就開始換用「兩岸三地華人心

理學」作為其活動的招牌。這情形沒有維持太久。一來是 1997
年之後，「兩岸三地」的說法漸漸褪色，縮短之後的名號變成
「華人心理學」。但大陸的高教與研究機構很自然地改稱為「中
國心理學」。「本土＝華人＝中國」，這個等式在台灣本來就不
能成立，因此又縮回「本土心理學」的簡稱。關於這個發展趨勢
及其所產生的影響，以下一段取自彭凱平與鐘年主編之《心理學
與中國發展：中國的心理學向何處去？》一書中的引言裡都已作
了明白的評述，摘之如下：

1. 「本土心理學」發展策略之一，乃先力求能在國際學界上
   站得住腳，並以此吸引與帶動年輕學者的投入。其典型的
   作法，大抵是將本土現象當成素材，以西方主流承認的量
   化方法，揭露出本土世界與歐美世界間的差異，將差異
   處之本土心理現象構念化（constructivilization）與理論化
   （theorization），再將此理論回推至歐美世界，展現該理
   論在歐美世界的適用性，以此企圖將本土構念或理論「全
   球化」。台灣的本土心理學路線亦對大陸產生影響，大陸
   一些學者也因此而能（開始）站上國際舞台。只不過，
   「『本土化』是台灣學者的提法，內地學者更喜歡稱之為
   『中國化』取向」（許燕[5]，2010）。

2. 整體而言，不論稱為本土化或中國化，這支路線雖然「已

---

5 許燕，曾任北京師範大學心理學院院長，北京師範大學社會建設研究
   院副院長，北京師範大學黨委常委。

經提出了許多具有中國特色的本土化概念，而且有些研究成果具有一定的國際知名度，但是還不能吸引並激勵其他不同文化背景下的研究者採用這些概念……（目前）尚沒有任何一個本土化理論框架能在國際上產生廣泛影響。」（梁覺[6]，2010）。

　　在國際影響之外，「本土心理學」對於在地文化又有什麼影響呢？觀察一下，自有「本土心理學」以來，雖然曾經研究過「族群認同」問題，但所有的文獻都不曾具體研究本土的各方言語族：閩南、客家、原住民、新住民，甚至不同的性別族群也全都不是它的實徵研究對象——而這個「不研究現象」本身也從未成為「本土心理學」的議題——不過，有位社會學者翟本瑞曾經很明確地指出：「本土心理學」心目中的研究對象，其實是指「一百五十年前的華人」，因此跟當前的台灣人，甚至中國人，以及海外華人，不論男女，不論族群，全都無關。簡言之，這就一直是個虛構的、偷渡的文化主體。討論這樣籠統而虛幻的文化主體，你能期望它發生什麼影響？

　　以此而言，我們所在乎的究竟是：

　　1.要讓「華人」在國際學術舞台上亮相？還是在乎

　　2.使用「華語」（正確的語言學術語應稱為「現代漢語」）來讓自己對任何文化議題都能作精細的理論思考？

6　梁覺，原香港中文大學心理系主任，跨文化心理學家，曾任香港城市大學管理學系主任。

六

怎樣用**現代漢語**，而不是英語，來分析文化的**主體性**——這究竟是站在「本位」還是「客位」而發的問題？

為什麼我們一談到「分析」，就要懷疑它是外來的而不是本土生成的？一談到「理論」，特別是元理論，我們就得用「本位」來把它排擠成「客位」？——這樣的發問方式不就是「主體性」的基本表現嗎？而我的「主體性發問」想問的其實是兩個不太有自覺的大哉問：

1. 整套現代漢語（形成於二十世紀初）之中的理論語言，最初大多是取自東洋的漢字借詞，目的是便於轉介西洋理論。我們自此即已陷入**失語症**（aphasia）的泥淖；在此之後的發展就是對於西洋語言所作的**新語症**（neologism）式的瞎摸，在此過程中從未產生不仰賴西語的漢語理論新詞。[7] 漢語本身到底經歷了什麼樣的文化熬練，以及患了多嚴重的文化大病，當今華語世界的人大多不太能討論。帝國主義的殖民者一直是我們的語言背後

7　所謂「不仰賴西語的漢語理論新詞」是指不必在一個理論詞彙後面附加括號的英文，即使用了強迫性的「依附型語言」——本文事實上已經多次例證了這種「不依附西語」的困難，而本文的寫法和所有的學術語言一樣，並非特例，譬如上文中處處可見的：話語主體（speaking subject）、去脈絡化（decontextualization）、過度詮釋（over-interpretation）、失語症（aphasia）、新語症（neologism）等等，不勝枚舉。

那個隱身的主體，而我們很甘心地繼續演木偶戲。但這種哀怨難道足以說明主體性的一切可能嗎？新語症是不是失語症之中常有的症狀？要怎樣講話才會使新語症變成一種**能夠成形的話語**呢？[8]

2. 除了語言這種大規模的文化系統之外，還有文化本身在**發生當下**的問題：我們在日常生活中常常是漫不經心，沒有對文化根本的經驗投以特別的注意，以致永遠都在錯失表達的第一手機會。現在可好，在全球化的文化系統襲捲之下，我們獲得更多可以隨手取用的「表達與再現資本主義」（文化帝國主義），因為供應源源不絕之故——由此更可以肯定我們的哀怨是對的：它們都是一面倒的全球化而非在地化！所以，我們的主體性是不是真的都已經被淹沒了？

於是，我們試圖努力用「在地化」來對我們的文化疾病著手進行翻盤。但在此，「吾土吾民」（風土民情）常變成一個被冤枉的文化主體，因為我們只顧一直凝視著「土」和「民」，竟爾讓那個「吾」都給支支吾吾掉了。吾土和吾民都不等於我們的文

---

8 對這問題，我的自覺已經使我試圖扭轉被迫的依附型態，這裡只提提如何讓依附的型態變成一種「複話術」的可能，即在提及一個語詞時，就是在同時使用兩種語言，而非被迫的依附。這種遣詞有兩種形式：（1）若是英文在前，其後所附的括弧中文已不只是翻譯，而是作出另類的詮釋；（2）雖採中文在前，後附括弧英文，但這括弧中的英文反而是出於自創，而非依附。在下文中，我會在行文的適當時機中例示這種「複話術」的可能。

化和話語。站在本土講本位的話語,那就不是你我之間的對話,而更常是指一種對外宣告,也常是罔顧自身作為異質集合,而妄以為這個宣告的講話方式可以代表集合的全體。這樣的語言絕非「心理治療」或「諮商」可以託身的所在。語言是我們的居所,我因此而必須提出一條「在**療遇**(healing encounter)之中的**尋語之路**」,[9] 來作為它可居可行的動態空間。

七

語言(廣義的意指與表達)和思想的關係,正是二十世紀下半葉展開的思想界「語言學轉向」之樞紐所在,但整個漢語學界到底在多大程度上曾經參與了這場鉅大的思潮轉向?我們的漢傳經典,以及近百年來的現代漢語著作中,到底有多少關於**語言主體自覺的理論**,以及由此延伸而出的**方法論**?

我們是否有能力把我們所使用的語言轉換為「語言/後設語言(元語言)」的建構思考?是否能將所有的概念、範疇或理論分辨出它究竟是「小理論」、「大理論」或「元理論(後設理論)」?現在我們就可以對於一些經常被引用的「本土理論」作些批判的反思,來看出這些理論到底是「小理論」還是「大理論」?以及它們的「元理論」究竟是什麼?

• 費孝通:費氏理論的開始是一種「微型論」。但一上升成

---

9 宋文里(2007),〈臨床/本土/文化心理學:尋語路(錄)〉,《應用心理研究》,34 期,p. 75-112。在此的「療遇(healing encounter)」即是非依附型複話術的一例。

「大理論」之後，所謂「差序格局」、「集體表象」，這些難道不都是所有的社會學、人類學中盡人皆知的理論，有何「華人特色」可言？在費氏的**文化自覺**之後，他已發現過去種種之非，因此他必須自我批判地作出「小傳統／大傳統」之別——但這只不過是又一次的**後知後覺**。[10]

• 許烺光：用「中國人／美國人」來作出兩種文化型態之別，即以兩種「優勢對體」來區分出前者特徵在「父子軸」，而後者則在「夫妻軸」[11]——他的兩個對體座標軸何以都不會發展、不會交叉？如果「父子軸」發展之後長出了「夫妻軸」，然後兩軸交叉，則其優勢對體會發生什麼變化？

• 楊國樞：「本土契合論」——這理論除了區分出與本土契合的八種條件之外，該理論所標舉的理想和「自己人最懂自己人」的「我族中心論」有何不同？至於所謂的「關係

---

10 費孝通最常被徵引的作品是《江村經濟》（1938）、《鄉土中國》（1948），但他在晚年發表的《論人類學與文化自覺》（北京：華夏，2004）回顧了他一生的學術工作，以及他以「文化自覺」所作的自我批判。其中提及「小傳統／大傳統」之別時，他以為這概念是李亦園所創，實際上這是李亦園引用了美國人類學家羅伯特·雷德菲爾德（Robert Redfield）在 1956 年出版的 *Peasant Society and Culture: An Anthropological Approach to Civilization* 一書中提出的概念。

11 許烺光最常被本土心理學徵引的作品是《中國人與美國人》一書，該書出版後增訂了兩版，故一共有三個版次：1953，1970，1981。其中以「父子軸」作為中國人親屬關係的「優勢對體」之說，前後貫徹，未曾修改。

主義」取向，那不就是每一個社會都有的基本構成取向，為什麼可稱為**華人特有的取向**？

- 黃光國：建構實在論？曼陀羅模型？——「建構」只是為實在論披上的一件舶來品防風衣，在敘述過外來理論（作為「元理論」）之後，轉而談論本土的「實在」時，既看不到「建構」，也沒有「批判」，只剩下「儒家」，儘管裡頭參雜的盡是小人儒的見利忘義之道和陰陽五行之論，以及來自印度的「曼陀羅模型」——這種層次混亂的理論究竟是什麼「本土」？[12]

八

以上的回顧，繞了很大的圈子，和文化中的療癒需求只有勉強的擦邊關係。這是「本土心理學」的本質使然。我們該談的其實是另一條發展路線，叫做「本土化／人文臨床」運動。這兩條路線不太有交集。我們只要翻翻已出版的文獻，就可發現此一實情。

在人文臨床的語境中，首先必須知道：所謂「療癒」，此詞實乃最近才從日語中移入漢語，但用漢語的語法來觀照一下，發現它是個不折不扣的 oxymoron（矛盾措辭，逆喻，字面上的翻譯：氧化白癡），除非把它拆開成兩字：「療」是一回事；

---

12 最近幾期《本土心理學研究》中有一系列討論「黃光國難題」的作品，雖然有點批判，但不甚到位，至少可資參看就是。

「癒」是另一回事。施療者是醫；求癒者是病。醫者施療，病者求癒，他們不是同一個人。

我們在談「華人・文化・主體性」這串詞時，也很有oxymoron 的味道，尤其是把「華人文化」、「華人主體性」視之為「華人心理治療」的活水泉源，更像是一幅（下文會談到的）卡通圖像。在華人文化中產生的醫療（包括醫藥）可總稱為「漢醫」，毫無疑問，但在這個醫療體系中，首先沒有外科手術，其次沒有心理治療。凡是不承認這些事實的人，就會自動變成卡通人，然後就可在三界之間通行無阻，可在時間空間中瞬間移動。但這些卡通問題對我們的文化造成的嚴重困擾，已經讓我這個憂國憂民的人陷入睡眠障礙之病，且延續了二十多年：

我愈是知道：此病已病入肓膏

就愈是一天比一天更風飄雨瀟

　　　——便做陳摶也睡不著 [13]

但我的文化主體性在這種的情懷中，寧可憂之，不願無憂。所以我還有很多話要說。

13　取自關漢卿〈大德歌・秋〉：「風飄飄，雨瀟瀟，便做陳摶也睡不著。」

九

　　「華人」不是一套歷史、地理、生活方式、意識形態的總稱，不是個空洞的結構名稱。我們要談「文化主體性」之前，應該先釐清什麼是「華人」——我可以立刻給個釐清的處方，就是，我們該談的不是單數名詞「華人」，而是個名詞所有格「華人的」，是個能夠具有變化功能及多元屬性的主體——我們不是要強調「Chinese Chinese」之中的任何一個「Chinese」，而是要強調像「Chinese food」之中的那種「Chineseness」——在此，我們將要談的屬性既是「文化」，而文化也一樣是個所有格，那麼，我們的問題首先應該是「華人的種種文化」（複數），然後看出這都是使用「華語」才有以形成的「斯文」，[14]在此之後，才能接下來談什麼是「文化的主體性」。

　　事實上，「華人文化主體性研究中心」所揭櫫的宗旨是「希望能重塑文化價值，以再造華人社會的行動意義系統」——我在此看到的是幾個動詞「重塑」、「再造」，並且把「文化價值」等同於「行動意義系統」，這些說法，一再說明了我們強調的文化本身就是具有動能的行動主體，是一直在語言中作自我型塑的

14　用「斯文」來翻譯「文化」，是杜維明的說法。杜維明的「斯文」
　　之論係出於《論語》，可參見 Tu, W.-M. (1986). Toward a third epoch
　　of Confucian humanism: A background understanding. In I. Eber (ed.).
　　Confucianism: The dynamics of tradition. New York: Macmillan, p. 3-21.
　　在該文中，杜維明對於「斯文」一詞未作翻譯，而只稱之為「ssu-
　　wen」。

主體，而不是個空有其名的不動實體，或是個已成為歷史傳統的僵屍客體。

在當代許多文化研究的文獻中，除了台灣的「本土心理學」之外，其實在任何文章中都無法發現「文化主體」（cultural subject）這種用語。任何一個「主體」，最終的歸屬必是一個與他者對立的「自我」，但當然，每個自我都會有文化的身分認同。自我等於他的文化認同，也可能進一步等於「我們」的文化集體認同，由茲產生了「文化主體＝文化實體」——這樣一種文化僵化的建構過程，實際上就叫做「意識型態化」，而這樣的「文化主體」必然會陷落到「我族中心主義」（ethnocentrism）的物化（hypostatized）境地中。「我族中心主義」是一場活體硬化的排他之病，也常是一國之病。托多洛夫（Tzvetan Todorov）曾說：「……我族中心主義包含不顧一切將自己社會的特殊價值建立成普世價值。因此我族中心主義者實乃一種普世主義的卡通圖像。」[15]

「華人的」歷史不可能只是一幅天人合一的美景圖。在這歷史中，它曾經長久陷入連年戰禍，人命賤若草芥，如果我們看不見這些，把這個文化標籤貼在任何我們想要抬舉的事物上，就以

---

15 "...*ethnocentrism consists in the unwarranted establishing of the specific values of one's own society as universal values. The ethnocentrist is thus a kind of caricature of universalist.*" In Tzvetan Todorov (1993). *On Human Diversity: Nationalism, Racism, and Exoticism in French Thought*. Harvard University Press.

為把它抬高了、舉直了，那除了是妄想之外，其中還有任何一點歷史真實的立足之地嗎？

十

在我們的立足之地上，現有的傳統民俗治療法，在基礎上其實都屬於「神道設教」的巫術傳統，而不屬於遠古時代「聖即是巫」的傳統，更不是一種和自我成長有關的現代巫術——精神分析（廣義而言，就是「動力心理學」）。傳統民俗治療法不外乎是以提供某種撫慰、某種神話想像的社群支持為目的，而不是以人自身的革面洗心為目的；人總是以接受撫慰的身姿進入巫術靈療場域，而不是以發下奮戰誓願的態度，殺進鍊金術動力（榮格式的說法）的自我療癒戰場。

我們所能談的，就是如何以另一種實踐來表明這個立場的方式。我們的對應位置不止是療法，而更像是從施療者（therapist）到求癒者（therapant）[16] 之間的關係（舊稱為「醫病關係」）生成，但後來這談法必須延伸到上述兩者的遭逢，亦即「療遇」，乃至由此形成一個文化自療社群，而談論的焦點當然就會落在施療者與求癒者交遇時刻（下文會詳論「療遇時刻」）的發生。由於所謂的「癒」是以自省、自覺、自發（即autonomy）為立論之基礎，故稱這個引發行動並穩定立場的狀

16　求癒者的英文「therapant」是我在本文脈絡中依造字原理而鑄造的新字，英文字典中目前還查不到。

態為「批判自療」，是兩種自我與他者的各各交遇——這裡所謂的「實踐」不只是一個人的行動，而是一整個社群合作進行的論述維護，以及促進與他者療遇的實踐。

【03.1 附論】
象論的前奏：
思者，什麼的主體？

　　主體若是個主詞（subject），它必需有個謂語（predicate），否則它什麼也不是。

　　通常主體自稱，也就是第一人稱，叫做「我」，而謂語是由一個行動所構成。

　　我寫了一行字

　　我說了一段話

　　只當如此，「我」才是個（什麼）東西，否則它本身無法存在。

　　換言之，我們該問的是：**主體是什麼的主體？**（所有格「什麼的」〔of what〕）

　　另一個討論的前提：我們已經用了漢語「主體」來發問，就可暫時不必管它的西文來源：Subject or not, that is not our question (for the time being).

　　我們的主體在開始（來到存有，coming into being，成為存在）之時應是這樣的：

我想到一件事

亦即存在始於「思的主體」，以及它所從事之事。接上笛卡爾的基本命題，「思，故在」，這也是關於主體是什麼的基本問題：主體是能有所是，亦有所為的主體。**能是**且**有為**。

有為者，所為使之然也；能是者，是即然也；無為、不為、無不為也。

$$* \quad * \quad *$$

在我思之中，問題變成「思及什麼？」

那時的「什麼」就是主體之所是，至於其所為，亦即其所思，在「什麼」之中頓時化做「無」。思及什麼，亦即所思之事，才使「什麼」存在，而「思」在此乃退隱為「無」。

「我思」的主詞是「我」，是個有人格的「思者」；但主體存在的本質卻是「思─所思」，而不必離題另論「思者為誰？」。

$$* \quad * \quad *$$

「思者」之所以不是「思」的主體，因為它已是「思」的對象。

這對象就是思所及的「事」。

「者」是個受格代名詞，而非主詞。

思及什麼？所思為何？

在此出現的那個「什麼」，最初一定只是個 sign
（Zeichen）。

　　這個「什麼」絕對不可譯為「符號」。

　　它只是意義的初動，雖有所動但不是人人可見，勉強可譯為
「徵象」，即「物象」、「事象」或「意象」，因而還不是邏輯
上的「對象」。我們在不得已時，可能需動用造字法來為它重新
鑄造一個新字（在下文中出現的這個新字就是「髟」）

　　胡賽爾認為 Zeichen 是個蒼白且不確定所指為何的模糊東
西。

　　但對索緒爾（Saussure）而言，sign 變成可能指向任何事物
／意思的東西，有人以為他只是在談語言／文字，故譯為「符
號」，不對的。它雖是個「徵象」或「形象」，進而發展為「意
象」、「事象」。合而言之，它就是那個「象」——更好的寫法
是「髟」[17]。它本身形象不定，因此為它造個新字時，要考慮的
字形範疇乃是「彡」部首，但可指向任何「形、意、事」——謂
之「不確定」，不如說是「尚待確定之狀」。

　　面對著 sign，進行確認，即思之；此時這個思者（注意這個
「者」，前已提及）叫做「主體」。

　　由於 sign 的不確定性，使主體也產生「主隨客變」的變
化，那就是「我思」。

17　這個「髟」字是我利用造字程式造出的新字，在漢語的任何字典中都
　　未曾出現。要之，造字法在漢語的意義系統當中應該復活，也不會有
　　任何難處，這是我的主張。

＊　＊　＊

能思者，所思為何？ Sign 如何在思之中得以確認？

我在想一件事

一件事在想著當中就是個**問題**。

我能把一件事變成一個問題，「變成」乃是從確認到確定的過程，而這過程最終非書寫不能為之。

如果這不只是一個念頭，而必需成為一個命題，是以要**書寫為字，寫成為文**。

一個問題也就因此成為一個**文題**（正是西文 subject），造成此文題（subject）者，即謂之主體（subject）。

＊　＊　＊

主體之所以能思，能把 sign 確認為問題，能變化其體，凡此種種皆可謂之「創造」。

然而創造如何成為主體的性能？

非其自然，文化使之然。

「創造之能」是來自社會建構。

歷史的競現（contestation）產生了文化的創造功能。

文化以**文**來累積；文化以**書**來留存。

書寫成文；讀書成為文人。能思者因書寫而成就斯文。能思

者在書中獲得書寫之能。讀書／書寫謂之「創作」，是即為文化主要的創造活動。

還有其他的創造勞動（勞心／勞力問題），姑不論之。

* * *

「天地創造」被我們稱為「創作」，而創作者則稱為「作家」，這種人無論如何難逃「天賦」、「天才」、「才華」、「才能」、「資賦」等等屬性。

我們若只說「開天闢地」，則「開闢」也就只是勞動。

我們選用什麼語詞來與問題周旋，就純粹是在文化累積的空間中進行「所思」。（這個空間常在於「滿腹經綸」，但要點不在於哪個人的肚量，而在於他肚裡裝了什麼。）是以「天地創造」就是文化創造活動的產物，而不可能先於文化創造。

* * *

怎樣確認什麼活動是創造，怎樣確定誰是作家，

有時用「一個文化」來當作主詞，只是方便之計。但這無疑是一種社會建構，其結果難免多義。

「作家」可以指一種身分，也可以指一種能力——作家不一定很能寫，能寫的人不一定叫作家。

除此之外，創作還面臨一種窘境：

「為何我們起手寫的**原作**，最後都以**複製品**收場？」——特里林（Lionel Trilling）的感嘆。

特里林所在乎的 authenticity 問題，在六〇年代開口即可談起，但半世紀後，我們已視之為畏途。

　　換一個名稱即知其為死路：「作者」。

＊　＊　＊

　　「作者已死」，他有可能復活嗎？在哪個文化中有此可能？這個「已死」的判定本係來自西方，但即令如此，西方也有人主張「真正的作家永遠不死」。[18]——我們不必在此鬥嘴，轉身即可看見出路：一是關於語言（language, la langue）與言說（parole, speaking）的語言學理論；另一則是在漢語中的造詞與造字功能。但這些，與其說是「作者」的問題，毋寧歸之於「生事者」、「講故事的人」……。我們為他另取個名，就叫「敘事者」也罷。請待下文分解。

18　記得這是阿多諾（Adorno）的說法，但一時查不到出處了。

卷二

主體之為方法

本卷呈現的四篇文章都是意圖深化我們對於語言精練的意識。也在為語言轉向鋪設出具體的道路：用徵象學、圖像學方法如何走進理心行動的尋語路。

　　我多次強調「語言學轉向」是心理學必然的出路。有一次在格根（Kenneth Gergen）的演講之後對他作了回應，我說：「心理學的基礎應當建立在語言學之上⋯⋯。」他立刻答說：「那會把心理學殺死（It'll kill psychology.）──原來他把這裡說的語言學理解為教科書上的語言學（linguistics），甚至是心理語言學（psycholinguistics）。由於我們的對話時間太短，我在驚訝中戛然而止。但我認為格根既然熟悉後現代主義、後結構主義，以及其中的「語言學轉向」，他不應該有這種不假思索的反應才對。還有，他既然是耶魯大學的畢業生，何以沒聽懂上一代耶魯教授沙皮爾（Sapir）所說的那句警語：「即便只是為了免於受到他自己的語言習慣之障蔽。」

　　這種不對頭的對話，可能起因於我的回應之中提到幾個跟漢語有關的事例，對他而言，其中的意義是根本無從理解的──正如他說過：他無論如何不能理解為什麼華人會有喜歡吃「菜尾」（台語）的習慣。這不能怪他。俗話說的「華人文化」，對於語言使用者而言，必須以精練的漢語為條件，才能用來談心理學，特別是文化心理學。

　　在第三篇後面插入第一次「附論」，作為「象論」的前奏，開始點出有意義的語言中的首要項目：語言的主體，而它的發問方式是「思者，什麼的主體？」也試圖推出一個新字「尼彡」，

來顯示造字法復甦的可能。

第四篇談的是我要展開的「象論」，首先鋪陳了「符號學」（semiotics，下文一概改稱「徵象學」）中的一個非常基本的課題：「以象成型」之中的型擬（modeling），以及我在此所衍伸而出的誤擬（mismodeling）。這個課題所用的關鍵字其實就是「理論模型」（model），它的「-ing 形式」是要強調意義成型的過程。我最早發現這主題，是在 2003 年愛沙尼亞的塔圖大學（University of Tartu）所舉辦的夏季研討會。這所大學在徵象學的發展上是與莫斯科大學連線，且已在國際學術舞台上齊名。為了要飛過半個地球去參加研討會，我寫下這篇文稿。我嘗試把近十年來教授徵象學的心得，用徵象學本身的方式來顯示某些漢語字詞在造字、造詞上的層層意思，而這些意思，雖然傳統漢語的文字學（訓詁學）已孜孜不倦地鑽研了兩千年以上，但截至近半世紀，在西方學術潮流撲來之前，徵象學這種學問在我們的知識光譜上卻一直未曾出現。由於「Semiotics」、「Sign」、「Model」這幾個字正是型擬（modeling）以及誤擬（mismodeling）過程之中最重要的關鍵字，所以我就直接從這幾個字詞的字面（lexicons）或字根（etymons）的翻譯開始談起，然後以意義創造者，也就是古代所謂造字的聖人，所可能或應當作出的型擬來作結。

第四篇後面插入本書第二次的「附論」，是在編書期間所寫的兩則筆記，把第四篇的問題用沉思錄的方式重述一遍，也好讓第四篇的難題在此總結為可思考的餘音。

第五篇〈穹窿〉是寫於早期的作品，當時雖覺得主流心理學的學術要求鋪天蓋地而來，但自己的研究初衷並沒有因此而被淹沒。我決心把當時習得的圖像學（iconology）用來對一個佛洛伊德基本命題進行密切的反思，因此而產生了完全顛覆的新命題：力比多（libido）的原型不一定是積極、主動、陽剛的，而可反過來說，是陰柔的涵容，但一點也不是消極被動，相反，它應說是一種具有積極性的涵容，因此它可在圖像學上陳顯為一種「穹窿」圖像，甚至更是「伸出的凹洞」意象。這種研究方法顯然很少見於心理學中，不過一旦寫成作品，投稿到《國科會研究彙刊》，這也是台灣開始有審查制度的第一種人文／社會期刊，經由某位任教於柏克萊的審查人評閱，獲得很高的評價。

　　第六篇是碟仙研究。我以「重寫碟仙」來開啟、重現及詮釋碟仙的問題。我很有意在「宗教文化」的研究脈絡中，把這題目視為一種具有祕傳性質同時也是具體而微的占卜術，可看出它的操作方式、文本內容以及背後隱含的鬼神論與宿命觀，以及它和術數傳統有多少異曲同工的方方面面。我發現它和各種傳統宗教文本一樣，係以「殘缺文本」的方式存在，因而重新理解的基礎必然是回到原初文本，或說，是對文本進行重新建構——而這就是的意思。由於採取了鉅細靡遺的書寫方式，具體陳顯了整個研究的步驟和層層反思，最終是寫得太長（將近六萬字，也引發了在此之後所必須寫的續篇），因此，在編書時對全書篇幅的考慮之下，只列出綱要，用來讓續篇的進一步討論得以粉墨登場。

　　在碟仙研究的材料上，本篇以「物的意義」之名展開了進一

步討論，就是徵象學；也可說是徵象學的基本概念藉著碟仙研究而得以具體澄清。碟仙可以是任何具有意義發生（semiosis）潛質的一種文化物項，雖然早有其名，但很少人知道這是什麼玩意。這即是說，把這種「玩意」中滿帶著的鬼神傳說先予以擱置，才可能以徵象學的觀點，藉由各種操作和文本線索來進入「福爾摩斯處境」，重新發現其意義發生的過程。

至於第七篇，則是長期躲藏在電腦資料櫃裡的方法綜論，直到最近才拿出來修訂投稿，然後再修訂作為本書的回顧之論：我從心理學的學問出發，最終關心的就是如何發展為（任何問題的）研究行動。這篇初稿寫於研究生涯的中期，當時我已有意為我的研究行動作出一個具有方法論概觀的說明。後來就以這份初稿當作演講稿，在兩個不同的學院機構和學術社群的人交互切磋。之後每次都會進行修訂，因為一直發現自己講得不夠完整。直到編修此書時，才決定用本篇來作為前期研究的回顧：就是用來談何謂「作者的行動」。「自我」既是個作者，本應是個動詞。但我會談起「行動研究」的問題，有個實際的緣由，就是，我由清大轉任到輔大心理系之後，我的研究室近旁就是插著行動研究大旗的夏林清。她的研究室是她的行動總部，門口經常貼著她正要參加或推動的各種社會運動海報。她和學院外的社運連線真可謂合縱連橫、交錯不已；而我研究室門口除了掛上一幅畫和半張門帘之外，沒有別的。我沒有像她那般複雜的社運連線，但這並不表示我只是個活在象牙塔裡的學院人。相反的，我要說，我們在學院內作的學問都不可能不和社會／文化問題發生緊密關

聯。在這篇文章裡，一方面要說明這種社會／文化的研究如何必須是置身在境的學問，以及它如何能以研究行動來說明——換言之，我們的研究行動，也就是我們的理心行動，究竟是所為何事。

以象成型：

徵象學的型擬與「符號學」的誤擬 [1]

　　相對於語言學轉向之後的當代文化研究而言，大多數心理測驗及問卷所使用的「標準化語言」其實都相當造作，甚至不能叫做「語言」。對此一境況的覺察真會讓一個剛踏足進入文化心理學發展的心理學者坐立不安，並且會迫切地覺得該承擔起義務，把心理學推向「更深入」的語意學及語用學層次的，或更明確地說，應該是深入到 semiotics [2] 所談論的那一種語言。

　　很幸運地，現代漢語所使用的文字保存了許多古漢語的蹤跡，可讓人用語言學的方法追溯至三、四千年前的最初樣貌。

1　本文是由作者的英文原著翻譯修訂而成，見 Soong, Wen-Li (2011). Modeling Presence and Absence in a Few Chinese Semantic Primes. Paper presented at Conference on *The Historical Secondary Modeling Systems Approach of the Kääriku Summer Schools.* University of Tartu, Estonia.。初步的中文翻譯由陳永祥所作，再由作者作了些增刪修潤。

2　需要反覆叮嚀的是：在漢語中，對於此字有個廣泛流傳的不當翻譯：「符號學」。本文試圖提供一個新的，更為適當的翻譯，因此，在正式提出之前均暫時只寫出原文。其他不當翻譯的基本語詞包括：sign（漢語的流行翻譯是「符號」）、semiosis（「記號現象」）、semiotician（「符號學家」）、identity（「認同」）、mark（「記」號）、symbol（「符號」或「象徵」分不清）等。

我們若透過圖象誌（iconography）以及理則誌（logography）的結構來仔細審視這些字詞時，也就是說，以象形、象事、象意、象聲的方式來進行辨認時，我們就可發現它們正是以型擬（modeling），以及誤擬（mismodeling）而擬出的種種意思。「象形、象事、象意、象聲」這四種「以象成型」的方法是班固（AD32-92）對於造字法（六書的前四書）所使用的名稱，早於許慎[3]（AD58-147）的「象形、指事、會意、形聲」。由於以象成型是本文的主題，在此暫不詳論。要之，這是對於「中文＝象形文」這個嚴重誤解的改錯之論，而「形／型」之間有不同階序的關係：前者是指形式（form）的話，後者就是應是後設形式（metaform）。這種說法取自西比奧克與達納西（T. Sebeok and Danasi）的重要著作 *The forms of meaning: Modeling systems theory and semiotic analysis*。我要把他們對於形式與後設形式的思想轉換到漢語的「形／型」語境中來加以闡釋。

　　由於 modeling 一詞在方法與理論的語境中很常用，本不需多加解釋。不過這個語詞的漢語譯名「型擬」是第一次出現，也是我為了表達「模型」（model）的動態意義才斟酌鑄造的新譯。依此而言，所有的理論一定是對於實在界所作的某種模型，而在理論形成的過程中，「以模型來模擬」的思維動作就可簡稱為「型擬」。我把漢語每一個關鍵字的造字法（尤其是六書中的前

3　許慎／段玉裁（121／1807／1974），《說文解字注》。臺北：黎明文化出版社。

四書）都視為一種理論——所謂「以象成型」就是「從形式到模型」然後「以模型來模擬」的意思，而本文主題既然建立在造字的原則上，因此這是一篇由文化心理學者來談論造字法的文章。

漢語的造字過程相當曲折。後來，這些文字當中，有些被精練成文化的「關鍵字」，通常也就會被視為「文化智慧的型擬」——當然，其中也有些因為陷溺在「誤擬」的過程，而顯現為不可自拔的「文化之愚蠢」（cultural folly）。

一、漢語當中的幾個與型擬及誤擬相關的關鍵字

已經超過兩千年了，人們為何一直把 sign 這個字只用來代表一個現象，然而這現象其實應該分成三個範疇才對？

—— 艾可（Umberto Eco, 1984）[4]

……（一事一物）與本身相同的這個關係……透過一種果斷及獨特的仲介（mediation）方式才能使之浮現，亦即透過對內在於同一性（identity）的仲介，才為這場燦爛的浮現找到一個可安身的所在，這在西方思想中所需花費的時間實應超過兩千年。

—— 海德格（Martin Heidegger, 1969）[5]

4　Eco, U. (1984). *Semiotics and the philosophy of language*. Bloomington, IN.: Indiana University Press, p. 19.

5　Heidegger, M. (1957/1969). *Identity and difference*. New York: Harper, p. 25.

「超過兩千年」正是中國歷史得以有文字紀錄來加以保存的時間，但，當我們還在懷疑，即便到了現在我們還不能確定：傳統漢語當中是否有，或曾經有過類似於 identity 及 sign 這種字的時候，我們是否能說，我們已經從這套文字資產中獲益匪淺了？我們當然能用很多字來表示「同／異」，甚至「在／不在」，但當我們想要談論 identity 及 sign 的時候，我們只能選用現代翻譯，雖然有時明知那是誤譯，卻也無可奈何。[6] 換言之，我們不見得能從漢語當中找到能完全與 sign 相當，或與其字義完全相同的字。這很明顯，我們只要從 semiotics 被現代漢語翻譯成「符號學」[7] 或「記號學」[8] 就可看出來端倪。當然，翻譯無法讓我們從兩種語言當中找出一組意義完全對等的字，這是整個沙霍二氏（Sapir-Whorf）假說的重點，但儘管如此，我們還是可對兩種語言當中互相對應的兩個字詞做個評估，然後判斷它們是否在某程度上相同——最少可經由維茲畢卡（Wierzbica, 1992/ 1996/1997）[9] 所主張的一些「語意始元」（semantic primes）或

6　把 sign 譯為「符號」是當代漢語相當普遍的錯誤，由於到處可見，恕不一一註明出處。

7　就字面來說，此詞其實相當於 symbology，下文會作說明。

8　就字面來說，此詞應相當於 signalogy。

9　Wierzbica, A. (1992). *Semantics, culture, and cognition*. Oxford: Oxford University Press.
　　Wierzbica, A. (1996). *Semantics: Primes and universals*. New York: Oxford University Press.
　　Wierzbica, A. (1997). *Understanding cultures through their key words*. New York: Oxford University Press.

「關鍵字」（key words）那樣，或就如 semiotics 本身所主張的
那樣，來作出我們所需的判斷。

二、開場：太初伊始

The Way Called Colonization[10]

1

What is it – *In the beginning was the Word,*

And the word is a way[11] which means colonization?

Not as docile subjects to the foreign Emperor

But as a ground that any vehicle can test its gyration

On the surface that lies there until

Now, not knowing what to do but still

Let running be without direction

Forever lying, having no reaction

Against any wind, any rain

any car, any train

2

To be or not to be

That is not our question

---

10 宋文里，兩則詩作，取自未出版的手稿。原作係以英文寫成。

11 在《聖經・約翰福音》當中有一段有著名的中文翻譯，將「In the
beginning was the Word」譯成「太初有道」，轉譯回英文就可作「In
the beginning was the Way」。

There must be something rotten in Denmark

It is lucky that only he who speaks Shakespeare

Worries about where the rotten should park

As to us, we are already lying on a waste sphere

As to us, we are already treading

Between whence we have come from, and

Wither to we are really heading

For the sphere is really but a pile of sand

　　像這樣的哀歌，我們是要唱給西方人聽的，讓他們知道我們
已經如此長嘆了超過一世紀之久，但在一世紀之後的現在，我只
想從我所經歷的學術生涯來停止這種哀嘆，開始放聲談去。

　　我從 1994 年起開授「文化心理學」，於 1998 年開授「社
會符號學」。[12] 在此之前，這兩門課不曾出現於台灣任何大學的

12　所謂的「文化心理學」課程，我採用的教材包括沙皮爾（E. Sapir,
　　1994）、維高茨基（L. Vygotsky 1986）,、布魯納（J. Bruner, 1990）、
　　寇爾（M. Cole, 1996）、哈瑞和吉利特（R. Harré & G. Gillet, 1994）、
　　瓦爾西納（J. Valsiner, 2007）等人的著作。至於「社會符號學」（原
　　來的課名如此），我所指定的閱讀材料包括下列作者的著作：葉姆斯
　　列夫（L. Hjelmslev, 1961）、艾可（U. Eco, 1975, 1984）、 溫納和鳥
　　米克 - 西比奧克（Winner, I. P. & Umiker-Sebeok、J. [eds.], 1979），戈
　　特迪納（Gottdiener, M. , 1995）、西比奧克（T. Sebeok , 1994, 2000）
　　等等。參考：
　　Bruner, J. (1990), *Acts of meaning.* Cambridge, MA: Harvard University

社會科學院當中。當時，我所任教的研究所叫做「社會學及人類學研究所」，簡稱為「社人所」。我之所以開始提供這兩門課，很明顯地，一方面是為了維持我的心理學者專業身分，另一方面則是為了顯示我具有相當的潛力，足以回應該研究所宣稱的「跨領域研究」，也就是更早以前稱為「科際整合」的研究。但這個

Press.

Cole, M. (1996). *Cultural psychology: A once and future discipline*. Cambridge, Mass.: Belknap Press.

Eco, U. (1975). *A theory of semiotics*. Bloomington, IN.: Indiana University Press.

Eco, U. (1984). *Semiotics and the philosophy of language*. Bloomington, In Indiana University Press.

Gottdiener, M. (1995). *Postmodern semiotics: Material culture and the forms of postmodern Life*. Oxford: Blackwell.

Harré, R. & G. Gillet (1994). *The discursive mind*. London, UK: Sage.

Hjelmslev, L. (1961). *Prolegomena to a theory of language*. Madison: University of Wisconsin Press.

Sapir, E. (1994). *The psychology of culture: A course of lectures*. New York: Mouton de Gruyter.

Sebeok, T. A. (1994). *An introduction to semiotics*. Lindon: Pinter.

Sebeok, T. A. & Danesi, M. (2000). *The forms of meaning: Modeling systems theory and semiotic analysis*. New York: Mouton de Gruyter.

Valsiner, J. (2007). *Culture in minds and societies: Foundations of cultural psychology*. London: Sage.

Vygotsky, L. (1934/1986). *Thought and language*. Cambridge, MA: MIT Press.

Winner, Irene P. & Jean Umiker-Sebeok (eds.) (1979). *Semiotics of culture*. The Hague: Mouton.

高調的「科際整合」並未持續太久。在經過一陣短期的實驗之後，很多學院的科際整合並未如皮亞傑（1973）[13] 曾經期待及描繪的那般，生產出期待中的混種學科（hybrid disciplines）。相反地，它們在台灣的高等教育體系中一一宣告失敗，退回到比較保守的學科定義當中。[14] 這就是在我開設文化心理學及社會符號學之前所發生的情況。無論學院的歷史應該如何發展，或實際發生了什麼顛簸過程，我個人的信念卻不曾隨之動搖。但現實的阻力還真是現實，以至於我關於這個新興「學科」的論著作品都無處發表。我曾試圖壓抑我自己，不要追隨這個新興的跨領域研究，但也因此使我自己被逼入一種可在醫學上找到定義的憂鬱症狀態中。所以，2006 年，我決定離開已任教二十一年的清華大學，轉往輔仁大學的心理系。後者是一個較為自由開放的地方，是台灣高等教育機構當中所有心理系的例外及傳奇。

到了一個新地方可以開啟一些新作為，我開始將我的知識背景做了進一步的整合，這包括精神分析、文化心理學以及 semiotics。當我檢視我先前曾發表的論文時，發現其中兩篇已經

---

13 Piaget, J. (1973), *Main trends in interdisciplinary research.* New York: Harper & Row.

14 在台灣，這種「科際整合」現象有許多失敗的例子，我只舉新竹的清華大學為例來說明。在清華大學中，曾經有一個「文學研究所」以及一個「社會學及人類學研究所」。但，前者僅有三年壽命，後來就分裂為中文研究所及外國語文研究所。至於後者，則延續了較久的時日，從 1986 到 1996，後來還是分裂為社會學研究所，以及人類學研究所。

代表了這種整合：〈穹窿：重寫一個關於性的象徵初型〉[15]，以及〈物的意義：碟仙研究續篇〉[16]。我所謂的「象徵初型」極類似於榮格的「原初意象」（primordial image），但不是「原型」（archetype）。而在那篇論文當中，我以某種特定的方式使用米謝爾（W. J. T. Mitchell）的圖象學型擬（iconological model）去描述文字的演化，但我同時也批評他，因為他在解釋象形文如何演化成表意文字及符號時，其說法並不適切。於是，在我的「符號學心理學初探」當中，我想要做的是基於普爾士（Peirce）所定義的第一項（Firstness）、第二項（Secondness）及第三項（Thirdness）特性來對 semiotic 進行探索。而一如往常，我對於以「sign─物─言詮」（sign-object-interpretant）這個連接的公式並不很滿意。就是因為普爾士曾經強調：一個 sign 之所以能成為一個 sign，一定是它經過了某種 semiosic（意義發生）的程式：「某種東西以某種方式出現在某人面前，而它之所以那樣出現，是因為對那人而言，它具有某種特性或能力。」[17]。我當時的疑問與西比奧克所提出的問題非常接近：「一個物件，在被意象化之後還會剩下些什麼？況且，『某人』哪兒去了……也

---

15 宋文里（1992），〈穹窿：重寫一個關於性的象徵初型〉，《國科會研究彙刊：人文與社會科學》，第二卷，第二期，p.148-164。

16 本文原題〈物的意義：關於碟仙的符號學心理學初探〉，參考宋文里（2001），〈物的意義：關於碟仙的符號學心理學初探〉，《應用心理學研究》，第九期，p.189-214。

17 引述 Thomas Sebeok (1991). *A sign is just a sign*. Bloomington, Indiana: Indiana University Press, p. 17.

就是那個觀察者或詮釋者，當他完成那一串又一串的意象化過程之後，他跑哪兒去了？」[18]而關於 sign 以及「某人」之間的關係，普爾士所給的回答似乎是「人所用的話語或 sign，就是那人自身」：「人，與在其外的 sign 是同一個⋯⋯因此，我的話語（language）是我自身的總和，**因為人就是思考本身**」[19]。作為一個心理學家，這樣的說法引起我更多疑惑。

其實，在我先前對於占卜術的研究中，無可避免地必須接觸某些古漢語的材料──文字尤其是「文字」，但「文字」與西方語言當中的「word」不完全相等。當它們以單一的、如圖形般的（pictographic）方式出現時，在現代的我們會為了方便而稱之為「漢字」，但更精準一點來說，我們必須知道這些「文字」在漢語當中可以是文、是字或是詞。它們可以是單個字、兩個字的組合（或可達更多字的組合）；是一個字根或部首／部件（這是最基本的單位）；乃至只有一個字的文。東漢時代的許慎所編的字書（word book）《說文解字》堪稱最古老的漢語字典。但就我們目前的討論而言，首先須知道的，就是趙元任強調「漢語不只是象形而已，還包括更成熟，更複雜的會意和指事」[20]。每個漢字當然是由可見的點、豎、鉤、折、撇等不同

18　參見前一註釋，p. 19。

19　參見前一註釋，p. 19。粗體是我的強調。

20　Chao, Yuen-Ren (1940). A Note on an Early Logographic Theory of Chinese Writing, In Wu & Zhao (eds.). *Linguistic Essays by Yuenren Chao*, Beijing: The Commercial Press, 2006: 299-303.

形狀所構成，但這些構成形式不只是象形或仿造自然的圖像而已。若用普爾士的概念來說，還包括指示性的，以及符號的形成（formations）。而最有趣的事情是，在這些字的形成過程當中，無論我們認為它有多原始 [21]，我們仍可從許多字當中明顯地看出它們同時經過了形式製作（form-making）以及後設形式製作（metaform-making）。而這樣的兩層次製作過程，正是西比奧克與達納西（Sebeok and Danasi, 2000）的著作曾予以詳加說明的。

三、提問

台灣是中國現代化過程的一個縮小版本，歷經多次的殖民時期 [22]。殖民及現代化帶給中國的影響，最重要的就是使漢語產生廣泛且深遠的改變。其次，是將國外的大學機構橫空移植進來，取代了傳統的高等教育體制。我用「移植」是為了要強調：儘管在中國的土地上已經到處都是大學，且欣欣向榮，但大學的根似乎還無法從它自己的土壤汲取必要的養分，因此只能仰賴繼續不斷的大量進口。至於語言，儘管書寫的漢語字詞仍被保留下來，

21　這些最原初的文字在現代被稱為「甲骨文」。二十世紀初才考掘發現，總計大約有四千五百字，且經考古證實，它們是公元前十四世紀的遺存，也是早期商代及後繼的周代的遺跡；目前能被解譯的，只佔其中的大約三分之一。

22　也就是被外來政權侵佔：就台灣而言，有 1625-1661 年以南台灣為主的荷蘭政權，1626-1642 年在北台灣的西班牙政權，以及 1896-1945 年的日本政權。

但已有成千上萬的新詞彙透過翻譯及新的造詞法湧進現代漢語的辭典當中，而這些新詞之中有許多還不能獨立使用——我在序論中已經說過：它們是以「依附」的型態而存在，亦即在使用時都必須以括號後附原文的形式出現，否則就會不知所云。

　　加入新字的主要方法，是透過造新詞，而不是造新字。[23]這也就是說，所謂現代漢語系統的字詞，是將不同的單字組合成詞，除了用來翻譯那些來自外國的字詞之外，也用來發明它自己的新詞。[24]然而，這種「造詞」[25]的方法從第一世紀到第七世紀之間早已被刻意採用。當時，有很大的部分是為了翻譯梵文的佛教經典。後來，從十九世紀開始，又被日本人，及中國人自己，用來翻譯西方的語文。直到今日，整個說漢語或使用漢字的世界，仍採用這種造詞的方法。一位中國當代的 semiotician，李幼蒸（1966），認為這種「將兩個字連起來以構成一個詞」的主要機制，是讓這兩個字各自所代表的意象產生交集，如此可縮小它們單獨存在時的語意範疇，以便在其交集中更精確地表達那個被

23　自從「漢隸」出現之後，造新字的功能就死了，也就是說，造字功能死於第一世紀時的漢代。僅存的極少數例外出現在當代的化學及物理學當中，例如，為了替一些漢語所無的化學元素命名，造出「氫」（hydrogen）、「氧」（oxygen）、「鐳」（radium）、「鈽」（plutonium）等等，或例如熱力學當中的「熵」（entropy）。

24　儘管在古代許多單字本身就可成為「語詞」，還是有些自發性的演變，會使用兩個字來造詞，以增加詞彙。

25　「造詞」之外，也另可細分出「構詞」之法。但這兩法的重疊之處很多，合併稱為「造詞」並無不妥。參見刁晏斌《現代漢語史》（福建人民出版社，2006）。

翻譯的外文。[26] 不過，就如先前所提到的，翻譯時所發生的意義是否與原文相等的問題，並不在於某個字是否比另一個字「更精確」地表達另一種語言當中的某個字。我們主要的問題是來自於許多錯謬的組合，或說，選一個字來跟另一個字結合以便造成一個新詞之時，就發生了許多難以預期的謬誤。將 semiotics 譯成「符號學」（那應是指 symbology）或甚至「記號學」（那應是指 signalogy）就是這種謬誤的顯例，而這項謬誤竟然不曾被大多數當代使用漢語的「符號學家們」（semioticians）所質疑。這是我們真正的盲點所在。[27] 類似的謬誤造詞也大量發生於其他的人文學與社會科學當中。為了目前討論的目的，我只聚焦在漢語中所謂的「符號學」上。Semiotics 是一顆很古老的星球，但卻在當代變成了剛升起不久的明星學問，橫跨了各個學科，預期它將會成為二十一世紀獨立的熱門學問，但每個具有專業知識的

26　李幼蒸（Li, Y-Z）（1996），〈略論中國哲學字詞的意素結構〉，《哲學雜誌》，18 期，182-188。

27　當李幼蒸（1993）有系統地寫下中文第一本關於 semiotics 的書時，他不曾解釋為何「semiotics」必須稱為「符號學」（symbology），以及為何 sign 叫做「記號」（mark 或 signal）。他只是說他「隨俗」。在另外兩本書當中，何秀煌的《記號學導論》（*Introduction of Semiotic*，臺北：大林出版社，1969），以及張漢良的《符號與修辭》，作者則對「記號／記號學」、「符號／符號學」等譯名問題完全未作任何解釋。參考：
李幼蒸（1993），《理論符號學導論》。北京：社會科學出版社。
李幼蒸（1996），《人文符號學：理論符號學導論，卷一》。臺北：唐山出版社。

學者都應該知道，就它的字源學以及它的實際內容來說，它不能叫做「符號學」或「記號學」。

　　事實上，漢語的 semiotics 尚在起步，也正在發展當中，但很令人好奇的，乃是在上一代的語言學家當中，例如趙元任[28]，他們如何能在不甚精通 semiotics 的情況下而竟能寫出一篇討論 semiotics 各種型擬[29]的專題文章？同時（終其一生）卻又忽視了「sign」與「符號」（symbol）之間的區別？目前的問題則是：我為何能對這些譯語作出「不當」的宣稱？亦即如果漢語當中不存在任何能表示「sign」及「symbol」概念區別的文字，那麼，漢語的使用者要如何討論它們？不過，請注意這點：當代所有的漢語語言學家及 semioticians，除了本身精熟的漢語之外，都至少學會使用一種以上的西方語言（趙博士就是個顯著的例子），因而「開始討論」的契機多半是來自外語。然而，依據維茲畢卡（1992）所謂的「語意的始元」（即「語意的最初元素」）以及它們在各文化當中的普遍性來看，在漢語的本土語彙當中怎麼可

28　在趙元任的著作合集（包括他所有的英文及中文著作）中，他甚少提起皮爾士（C. S. Peirce）的名字，而且，他對於 signs 及 symbols 的討論在很大程度上是受到較晚近的莫里士（Charles Morris）影響。

29　Chao, Yuen-Ren (1960). Models in Linguistics and Models in General. In Wu & Zhao (eds.). *Linguistic Essays by Yuenren Chao*, Beijing: The Commercial Press, 2006: 728-743.
　　西比奧克（1991）曾談到這本書在二十世紀的重要性，他把趙元任視為里程碑，這樣說：「在趙之前，及在趙之後的各種 semiosis 模型」。

能找不到像「sign」、「symbol」、及「model」這麼基本的語意始元？

四、*Aliquid stat pro aliquo* 以及能與之相當的漢語

「*Aliquid stat pro aliquo*」（字面上是「某種東西站在另一種東西的前面」，意思則是「某種東西代表另一種東西」）這個公式起源於希臘。後來，它在整個地中海地區的哲學中得到進一步發展。而在中國，確實可找到能與之相當的表示，那是在西元前第三、四世紀之間，當時一位名家公孫龍（c. 320-250 B. C.）曾留下一些關於「指」的言論。他用譬喻的方式說：

1. 物莫非指，而指非指。

意即：無一物未被指（這是第一指），而用來指的指（也就是第二指），未被指出來。

2. 天下無指物，無可以謂物。

意即：天下若沒有被指之物，就不會有所謂的「物」。在此，我刻意強調了「指／被指」有「第一指／第二指」的區別，換言之，我是回到了「指」的字源形式（就是手指），但在公孫龍的時代，同時也是孟子、莊子、惠施及其他很多「哲學家」的時代，「指」這個字已經是個經過轉注而演化出來的字，可作為名詞，也可作為及物動詞，同時，也可以表示指示（indexing），指涉（referring），指明（indicating）等等抽象

概念。因此,用當代精確的翻譯,其原初的命題應是這樣的:

> **3. 所有物都須被指才能成為物,但用來指物的指並未被
> 指出來。天下若沒有被指之物,那麼就沒有所謂的
> 「物」。**

後面這句話還可理解為:「既然天下有這種未被指就存在之物,則未曾被指的「無」也可以是一種物。」雖然公孫龍真正關切的是:一個名稱若未指向某種實體,也就是他所謂的「指物」,即某種被指出來的東西(an indicated thing),那麼它還能成為一個名稱嗎?——在此,「指物」本身就是一個很好的造詞法之例,也就是將兩個字連起來以成為一個新詞(請注意:這樣的特殊造詞法已出現於西元前三世紀),但莊子(西元前369-286)反駁他說:

> **4. 以指喻指之非指,不若以非指喻指之非指也。**

意即:與其用指來說它不是指,倒不如用一種本就不是指的東西來說「指不是指」在當前的哲學辯論裡,例如經常很有見解的徐復觀(1966)[30],把「指(指示)/非指(未被指)」解釋為「物,以及被指之物」,二者都是一種被提及的東西,而「那個未被指出來的指」是一種主觀的狀態,是某種精神活動的反映(reflection)或再現(representation)。這種客體/主體二元論

30　徐復觀(1966),《公孫龍子講疏》。台中:東海大學出版社。

的主張，似乎很合於當代中國哲學家的胃口，但此一主張其實是心理主義在作祟，它隱藏在所謂的「主觀狀態」之中。對於我這個想鑽研文化心理學的人而言，實在覺得是粗糙不堪之論。就我的理解，在公孫龍的「兩指」當中，有個混淆的地方，而莊子則是將此看得很明白的人。他知道在第一命題當中的第一指及第二指其實在說兩件不同的事。首先是指的動作，其次是對於指這個動作的指，也就是所謂的後設之指（meta-indication）。後設之指並非一個主體正在再現客體，它與客體無關，它在說（或指）的是指本身，在說指的特性，並且只在後設語言的層次上。所以，要說「指不是指」的精準方法，最好是用非指的東西來說指，這樣就可將「指不是指」給指出來了，也就是指出了後設之指。換言之，未被顯示出來的東西，例如用來指向某樣東西的指，即可用後設形式（metaform）予以指出。

　　這只是對西元前第三世紀的中國哲學及現代中國哲學所進行的討論做個簡介。我知道需要更多的說明才能將這樣的理解說清楚，但為了節省篇幅起見，我就將它留給其他時機，尤其是當哲學家們聚在一起的時候，如果他們有意要捍衛他們所屬的學術領域（並且當真是一種有規則可循的領域）的話。現在，我想要繼續往下談，以便指出：為何我說西方的 *aliquid stat pro aliquo*（「某種東西站在另一種東西的前面」）這種型擬與中國的「指物」型擬，二者應是互為「對位物」（counterpart）。依據趙元任之說，「這當然只是一件不證自明之事（truism）：沒有任何字是絕不可少的，而且，任一個字，藉由一個適當的型擬，都能

被定義出來。」[31] 所以我們知道：這兩個對位物其實是指兩種型擬，也就是「用指的型擬」與「用腳的型擬」。雖然我們可能認為前者比後者更具有靈巧的本事，但可惜，結果不是這樣。中國哲學並未沿著指物型擬的方向繼續發展。公孫龍終其一生未吸引很多門徒，更談不上建立一個學派。當西比奧克試著更清楚說明趙元任的「型擬的型擬」時，他必須將趙元任的陳述換成另一種，以強調另一個重點：

5. 世上有兩種物，一種是物自身，另一種是對於物的型擬。後者也是一種物，只是它有一種特別的用法。[32]（趙元任）

6. 世上有物以及物的 **sign**。前者也是 **sign**，只是它有一種特別的用法。[33]（西比奧克）

我們都能看出 5. 及 6. 之間有明顯的不同——趙元任的重點在於物，而西比奧克的重點在於 sign。趙元任好似仍陷在公孫龍當初的混淆當中，或者，我們可以這麼說：趙元任本人是一個明顯的 sign，代表了中國知識傳統對於 semiotics 的低度開發狀態。

---

31 趙元任（1960／2006），p. 742。
32 參見前一註釋，p. 739。
33 Sebeok, 1991: 51.

五、Sign 或 Symbol 作為對「物自身」的型擬與誤擬

當「semiotics」被譯成漢語的「符號學」時，我們必須知道：即便「符號」兩字也是太現代，因為我們無法從二十世紀之前的漢語當中找到這個詞。但我們現在說的「符號」是指什麼？在現代漢語字典當中，這個詞及另一個新詞「象徵」都是對於同一個字 symbol 的翻譯。於那麼，對於 sign 呢？它的翻譯不是「符號」就是「記號」，而後者的意思更接近於 mark 或 signal。所以，我們應該可以明白這個語言的災難了──當 symbol 及 sign 都被稱為「符號」的時候；當 sign、mark 及 signal 都被稱為「記號」的時候；當「符號」被同時當作是普爾士（Peirce）所說的，及數學上所用的 symbol 之時（若用西比奧克的話來說，這應是基於它的符號性〔 symbolicity 〕使然）。無論如何，這個「符號」從來都不是為了精神分析，或為了很多其他藝術的或宗教的「symbol」所做的翻譯（若用西比奧克的話來說，這乃是基於象徵主義〔 symbolism 〕的意思）[34]，因為，若是為了後者，正確的譯法正該是「象徵」，而不該是「符號」。

造字的原則早在第一世紀時就已被記錄下來了，稱為「六書」，也就是指事（指出一個動作或一件事）、象形（形狀相

---

34 西比奧克對於符號性（symbolicity）及象徵主義（symbolism）的區別，見 T. Sebeok and Danesi (2000). *The forms of meaning: Modeling systems theory and semiotic analysis.* New York: Mouton de Gruyter.

似）、會意（藉由指出某種東西而領會的意思或感覺）、形聲（形式與聲音的結合）、轉注（透過聲音相似而衍生）、假借（用各種方式借用）。這六個造字原則是文字學家許慎所說的，但歷史學家班固稍早就已用略微不同的方式記下此原則：象形、象事、象意、象聲、轉注、及假借。值得注意的是，班固所記下來的前四個原則都由作為動詞的「象」開頭，而且，這種造詞的方式將「象」變成了造字原則的原則。我們須將「象」視為一個語意上的始元，然後用它來討論當代在翻譯「semiotics」時所可能產生的意涵。

如前所述，漢語的造字功能早在第一世紀時就已消失不見，直到現在依然如此。取而代之的是造詞法，但此一功能卻沒有任何如同「六書」那樣的系統規則。當代漢語的語言學家正試圖形成一些規則，以便解釋如何將一個字與另一個字組合起來，而能形成一個有意義的詞。例如徐通鏘（2005）的字詞結構理論，[35]說明瞭如何將一個核心字用離心的、向心的或同心的方式與另一個字連結起來，以形成一個複合詞。但，因為每一個字都可以是核心，即便那些常被當成助動詞的字也可被活化為字根，且變成一個詞的核心；而且，任何字都可以與另一個字連結起來，不需任何規則，無論所用的方式是離心、向心或同心。所以，這些結構的原則實在是太模糊，即便說了出來，也很難具有解釋力。有

35　徐通鏘（2005），《漢語結構的基本原理：字本位和語言研究》，青島：中國海洋大學出版社。

趣的是，在這種語言學的著作裡，有些作者偶爾會未經解釋地使用了一些新詞，實際上它們對於理論建構卻意外地起了很大的作用，只是這些作者在使用的時候，是在理論的不自覺情況下進行的。有一個重要的例子，就是徐通鏘所使用的「象義」一詞。此詞與傳統的六書原則無關，但卻是一個當代語言學家自由造詞的鮮活例子，同時也是一個使用同心結合規則的好例子。這個例子太妙了，使我不由自主地想到：應該給它一些更有道理的交代，才能好好利用它來闡釋核心字（或語意始元）是什麼意思。

藉著對於漢語，同時藉著對中文使用者意識的討論，我們在此回到 semiotics 本身應有的問題上。使用「符號學」來翻譯 semiotics 的明顯錯誤在於：semiotics 本質上是一門關於 sign 的學問，而其中最少有三個可研究的範疇，就如艾可所指出來的，也 就 是：能 指（signifier）、所 指（signified）、以 及 sign 本身。[36] 而我們所用的「符號學」這個譯詞，則會把這門學問誤導成隻剩一個範疇可談，也就是所指（signified），亦即已被標示出來的記號（the indicated marks）。

在當代漢語中，依據徐通鏘結構理論中的「向心／離心／同心」之說，[37]「符號」這個詞一般可視為同心詞，或是離心詞。前者是因為「符」與「號」二字同是核心字，而後者則是因為第一個字的「符」滲進了第二個字的「號」，這使得「符」成了引

36　Eco, U.，參見前一個註釋。

37　簡言之，所謂「向心詞」是指重心在後，「離心詞」是指重心在前，「同心詞」則是前後重心相等。

導此詞的核心。更而甚者,「符號」也還可視為向心詞,因為第二個字的「號」扮演了主導的位置。我會解釋以上三種情況為何都可成立的理由。讓我們先看看這兩個字在前現代脈絡下的意思。為了找到它們詳細的字義,我首先參考十八世紀時的阮元(1797)的所編輯的《經籍籑詁》[38],然後再參考當代人對於古漢語所編成的《王力古漢語字典》,[39] 把字義說明如下:

「符」

1. 訊息,應該要相信的東西。

2. 經由信差所傳達的指令或合約,通常以書寫的形式出現。

3. 符節(某個東西的一部分〔符〕與另一部分〔節〕放在一起時,就可湊成那個東西,叫做「符節」)。

4. 律法。

5. 已證實的,或證實本身。

6. 痕跡或殘留物。

7. 天象(吉或凶)。

關於第 3 項,阮元引用許慎的《說文解字》,仔細地描述何謂「符節」:「在漢代的官府裡,將一段六寸的竹子劈成兩

---

38 阮元等(譔集)(1797／1974),《經籍籑詁》,台北:宏業書局,
    p. 107, 271。

39 王力等(編著)(2000),《王力古漢語字典》,北京:中華書局出
    版社。

半，這兩半竹子彼此完全吻合。」經由這段描述，我們知道它與希臘文的「σ´νμβολον」（sym-bolon）[40] 完全等義。又如果我們回頭檢視古漢語當中的一些遺跡，例如源自中國東南，至今仍在使用的台灣閩南方言，我們就會發現一個字，「八」[41]。這個字，不管是在官方語言還是方言當中，都表示數字 8。但儘管如此，它以稍稍不同的發音而保留了古漢語當中「吻合」的意思。如果你看仔細一點，就會由它的字形發現那就是被劈成兩半的竹片。另一方面，當「符」與另外一個字以向心或離心的方式組成一個詞時，例如「符碼」或「音符」，則它的「符號性」（symbolicity）涵義就會清楚出現。

「號」

1. 作為一個人的第二個名字，例如「名號」。

2. 哭。

3. 喊叫。

---

40 就如艾可（1984: 130）所提到的。

41 若將這些發音與「bolon」（bol）相較，就會發現一個合理的懷疑，也就是它們是否同樣都來自三千年前的某個源頭。古漢語與印歐語有數百甚至上千個共同的字根並非一件不可想像的發現，參見：
Tsung-tung Chang（張聰東，1988）. Indo-European Vocabulary in Old Chinese: A New Thesis on the Emergence of Chinese Civilization and Language in the Neolithic Age. *Sino-Platonic Papers*, 7-i, p. 1-56；
周及徐（Zhou Jixu, 2002），《漢語印歐語詞彙比較》（*A Comparison of Sino-Indo-European Lexicons*），四川：成都人民出版。

在前現代漢語中」，「號」是一種「人名」（字號），可視為一個主要的字，與另一個字構成一個離心詞，或構成一個向心詞。前者，作為離心詞，「號」同時有大聲呼喊，或引人注意的意涵，例如「號叫」、「號令」、「號誌」、「號碼」；而後者，也就是向心詞，則有如「記號」、「名號」、「店號」等等。

在解說了以上這些字義之後，我們現在可將焦點轉向「符號」這個詞的組合，並且看看它到底是如何能與「semiotics」及「science of the sign」產生關聯。首先，若以離心的方式來看「符號」這個詞，也就是將第一個字「符」作為這個詞的核心。」當代這類例子尚有「符咒」、「符籙」、「符命」、「符應」等，而「符碼」則是到了二十世紀末才發明出來的新詞。其次，若以向心的方式來看「符號」這個詞，就是將第二個字「號」當成主要的字。當代類似於此的詞有：「軍號」、「車號」、「一號」（意思是「第一」，但在俚語中指「廁所」）。既然離心及向心的解讀都可行，我的建議是將「符號」視為一個同心詞，也就是前後兩個字都是核心，將這兩個字的交集作為這個詞的真正意思。就現代漢語字典而言，其主要編輯方式是記錄當代漢語使用者的群體想法（group-think），其中，「符號」大多與「記號」及「符碼」等義，很少能與「象徵」（symbol）交換使用（若以象徵主義〔 symbolism 〕來考量的話）。所以，這當真就是現代漢語的「符號學家們」，也就是一群代表新興群體想法（group-think）的人，要為 semiotics 取的正式名號嗎？它

顯然是個低度詮釋（hypo-interpretation），或只是對於 semiotics 的片面理解。它距 aliquid 如此遠，距 aliquo 如此近，以致它根本不需一個「站到面前」（stat pro）的過程。也就是說，知的學問（Wissenschaft，俗稱「科學」）在此根本無用武之地，因為每樣東西都已被信號、記號、數字，或是符碼指出來了。如果我們想要知道的只是這樣，那也就罷了，但情況絕非如此，我們更想知道的是 sign：（一道來自「物自身」（thing-in-itself）的閃光，或是來自「物自身」的某種尚無法被指認的影子。

你可能好奇，為何我會在此時突然提到「物自身」，一個如此沉重的哲學字眼？為了節省我們的時間，容我引用《道德經》當中一段最精要的宣言：

人法地，地法天，天法道，道法自然。[42]

如果所有中國哲學傳統都同意「道」是指最高的原則，不管它是或不是形上學的範疇，那麼，若從康得的觀點來看，「道」必定接近於或等同於「物自身」。若從普爾士的觀點來說，「道」必定能從當下的物（immediate object）轉換成動態的物（dynamic object），然後又經由超越的過程回到它自

42　《道德經》：25。「法」通常是指「法律」，但當作動詞使用時，有「遵循法律」，或「依法行事」的意思，當然也有「當作榜樣」的意思，所以為了我們的目的，「法」可譯成「以……為模範」。
　　許抗生（1985），《帛書老子注譯及研究》。杭州：杭州人民出版社。

身。如此，對於那些浸淫於這種哲學裡的人而言，人在遭逢任何東西時，不管那是「物」（"das Ding"）或是「事」（"die Sache"），他將無法僅僅用那種預先設定好的「記號」或「符號」來說那個東西（尤其是那些尚未被指出的）。我們因此需要一個名稱來指這種遭逢，也就是指這種尚未命名、無名可用的境況。所以，一個人——任何人或某個特定的「人」——該如何說它才好？

說來也實在夠奇怪（或是夠異化），在如此多的場合，以及在如此多的歷史文獻當中，「象」這個字經常會用到，例如在當代漢語中，symbol 被譯成「象徵」，又例如在兩千年的中國哲學傳統，以及語言學當中，「象」這個字被用來表示生產意義的過程（很接近 semiosis 的意思）。就像這個傳統當中的每個有教養的「某個人」都會很熟悉這樣的引述：

> 古者庖犧氏之王天下也，仰則觀象於天，俯則觀法於地，觀鳥獸之文與地之宜，近取諸身，遠取諸物，於是始作八卦，以通神明之德，以類萬物之情。

而許慎在《說文解字》中對於「道」的介紹中提及的「象」，則是引述《老子》：

> 大器晚成，大音希聲，大象無形。道隱無名（老子：42）

但是，上文已經提過，《藝文志》的作者班固在許慎之前是將造字原則稱為：「象形」、「象事」、「象意」、以及「象聲」。從以上所有這些例子，我們不禁對一個問題感到好奇：為何所有這些哲學家以及語言學家都不曾將他們的手指刻意指向「象」這個字，或者，至少就像公孫龍談論「指」那般，對「象」做些清楚的交代？

我無法證明「象」的概念與 semiosis，或甚至與 sign 完全吻合，但我們從「象」這個字的文字學（grammatology），以及由它衍生出來的複合詞，仍可找到很多如此的痕跡。就讓我們用上文引用過的那本語言學工具書再考據一次吧：

「象」

1. 大象，一種南方的巨大動物。

2. 人的肖像。

3. 近似，雷同。

4. 相似性。

5. 模擬，仿效。

6. 出現某種氣候。

7. 兆頭。

8. 以書寫形式出現的神諭（尤指八卦）。

9. 意義、名字、形式、種類、時機、譬喻、模仿、事態、突然。

10. 出現在天空中的文字，例如「天象」

11. 星雲的樣子，例如「星象」

12. 天氣，例如「氣象」。

13. 翻譯者，例如「象胥」。

以上所列，是「象」作為單字，以及它在現代漢語辭典中與其他字組成一個詞時所可能出現的意思，但仍未窮盡。在此，有三個與我們的主題密切相關的例子：「象徵」（symbol 或 to symbolize）、「現象」（phenomenon）、及「表象」（representation）[43]。有時，「象徵」必須以「符號」代替，尤其是在數學及其他自然科學裡，而「表象」經常被「再現」或「映象」取代（如前，由徐復觀所提到的），尤其是在與圖像有關的時候。在此，我們所能做的就是用某種「語意的交集」來抽取語意元素的核心，然後試著找出它與 semiotics 的重要關係。

事實上，在現代漢語中，我們並沒有任何合宜的語言習性或語言規則可循，使我們必須將 semiotics 譯為「符號學」，因為強調 sign 這個概念的漢語文獻從來不曾出現，更別提 semiosis 了。我很確定當代漢語直到今天仍未找到 semiosis 的適當翻譯，即便在談 semiotics 的整本教科書裡也是如此。在我所開設的「文化符號學」課程當中，每次討論「semiosis」這個概念時，我們若不是直接用英文，就是用一個類似片語的翻譯：「意義發生」；如果再把它倒譯成英文，那就是 the emergence

---

43 Representation 在很多文獻中就譯為「表象」，但我在本書中不採用此譯名，而都用「再現」。

of meaning。我一直在想，何不用造詞的方法，或甚至用造字的方法，來替它們找個正式的名稱？如果能夠如此，我就已用造詞的方法，將 semiosis 譯成「意義發生」；然後再用造字的方法，建議將意義發生的始元 sign 寫成一個新字「彖」（見圖 1）。我採用的造字法是造出一種與「形」、「影」、「彩」等字類似的字，也就是使用了「彡」來作為部首。這方式很基本，出自於可接受的傳統，也很接近於語意發展的歷史脈絡。

【圖 4-1】「彖」

我既建議將「sign」重新翻譯為這個新字「彖」，則 semiotics 就是由「彖」成象、再進一步確定其義的學問。我認為，如果艾可能讀中文，他將會同意從「彖」到「象」再到「義象」，正好可以對應於「sign」的三個範疇：「彖＝sign」；「象＝signifier（能指）」；「義象＝signified（所指）」。我還有許多其他理由[44]來恢復「象」起碼的語意地位，並能用它來把「符號學」的翻譯改為兩種更能達義的語詞──在古漢語曰「象論」，在現代漢語用「徵象學」。但在此，我至少應展示一

44 對這些「理由」的沉思表現在我的兩則「象論」（見【04.1 附論】）。

串有趣的字源學考查：從「象—寢—為—此—是—莫」開始，使得這些原本不確定的「彭」（sign）果然可顯現其意義初動，到成象（成為徵象），到定義的過程。

若以西比奧克的方法，對衍生的涵義進行系統分析[45]，再加上針對漢語進行一場歷史分析，我們難道看不出一個人可以從「大象，一種南方的巨大動物」開始，一路講到「人的肖像」，講到「近似」，講到「雷同」等等？讓我們先看看圖2。

Signifier:	象
Primary Referent:	elephant
Secondary Referent (1):	resemble(resemblance); similar (likeness)
Secondary Referent (2):	likelihood; precipitating of some atmosphere

【圖 4-2】「象」這個字的衍生涵義分析

至於為何一種動物的名稱會獲得「近似」及「雷同」的涵義，這就需要進一步的字源學闡述。從字形元素（morphemic，簡稱「形元」）的觀點看來，以下對於「象」的形狀演變的敘述（圖 4-3 至圖 4-5）會有些幫助。

45　Sebeok, T. & Danesi, M. (2000).

【圖4-3】字形欄位：

說文象部
舒庶齋

睡虎地簡
五二‧七
象

老子甲
一〇一

孝乙前
七八上
象

郭店楚
象

（說文）：「象，長鼻牙，南越大獸，三年一乳，象耳牙四足之形」按：甲骨文金文象都突出象的長鼻這一特徵。

【圖4-4】字形與神話欄位：

據吾人之考辨東方之原始神話主要者實僅六神：（一）上帝高祖「（字形）」（二）后土（奭）（三）句芒，（纟）（四）祝融（或朱明昭明）（五）蓐收（王亥）（六）玄冥（冥）

西方之原始神話主要者實僅五神：（一）上帝（顓頊塊）（二）后土（偶）（三）后稷（四）太岳（五）炎帝（至於「黃帝」乃「皇帝」之骨轉，「羲皇」乃「太帝」之演化已非原始神話）

此等比較原始之神其歷史背景如何吾人實難一言而決。或謂此等神原本爲圖騰者如郭沫若是。郭氏先秦天道觀之蠡測云：

「夔（字形）」字本來是動物的名稱，說文說：「夔貪獸也，一曰母猴似人。」母猴一稱獼猴，又稱沐猴大約就是猩猩（Orang-utan）。殷人待與巴比倫文化相接觸得到了米字的觀念，他們把帝字來對譯了初一定是殷人的圖騰。後孃它成爲「高祖夔」的專稱把自己的圖騰動物移到天上去成爲了天上的至上神。】

【圖4-3】「象」的字形演變 [46]

【圖4-4】第一位皇帝的發源神話（「上帝高祖」）；「夔」的字形 [47]

---

46 取自帥初陽等（編）（2010），《甲金篆隸大字典》。成都：四川出版集團。

47 取自楊寬（1938），〈中國上古史導論〉，載於顧頡剛（編著），《古史辨》，卷七（上編）：65-421。臺北：明倫，1970。

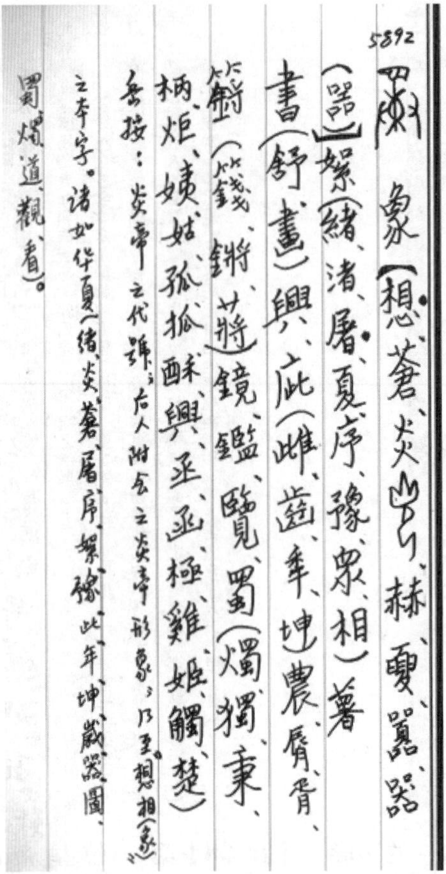

【圖 4-5】神話中第一位皇帝的名字是如何從「象」到「夒」；
一種推測 [48]

---

48 取自潘嶽（1999），《三千未釋甲骨文集解》。鄭州：中州古籍出版社。

「象」這個象形字本身不太可能自己就會演變成，或自行生產出「肖像」、「徵象」的意思，但從其他地方，我們可以推測得出一點點可能性。若從印歐語源學去考察，例如梵文，一頭大象稱為「aJjana」（雄象）或「aJjanAvatal」（雌象），而梵文的「近似」即「象（sign）」，或「象徵（token）」是「abhijJana」，其中「-Jjan-」的發音和古漢語中的「siong」、「ciong」以及現代漢語的「xiáng」等發音可視為相等。若果如此，那麼有沒有可能，英文中的「sign」與梵文中的「-Jjan-」（elephant）也共有古印歐語的相同根源？

　　在古代中國，居住於黃河中下游的民族，原本稱為「商」，後來也稱為「殷」的，當然會立刻吸引我們的視線。就是這個民族發明瞭最早的文字：甲骨文。這個民族也以能驅使大型動物以供耕田及作戰之用而出名，而且他們能夠使喚大象這件事也記載於歷史文獻當中[49]。從甲骨文，我們也可以發現一個用來表示「做」或「行動」的字（尤其是在重大的時機）：「為」。在古時候，這個字的樣子其實是由一個手的部件及象的部件以「指事」的方式組合起來的，如圖4-6。

49　「王國維先生也重新審視了《呂氏春秋・古樂篇》中「商人服象，為虐於東夷」記載的可靠性，認為「此是殷代有象之確證矣」……徐中舒先生則于1928年專門寫了《殷人服象及象之南遷》一文，他根據甲骨文中「獲象」、「來象」的記載，結合古史傳說，指出殷墟之象，「必殷墟產物」，並非「他處貢獻」而來。他又考釋出「豫」字為「象邑」之合文，得出「殷代河南實為產象之區」的結論。」以上引述取自王星光（http://economy.guoxue.com/?p=6404）〈商代的生态环境与农业发展〉。

《說文》：「為，母猴也，其為禽好爪，爪母猴象也，下腹為母猴形。」案：〈昌〉母猴象形。王育曰：「爪，象形也。」呂古文為，象兩母猴相對形，羅振玉《增訂殷虛書契考釋》：「（昌）從爪，從象，絕不見母猴之狀，卜辭作手牽象形……意古者役象以助勞，其事或尚在服牛乘馬以前。」

前五.三〇.四　後下二〇　昌鼎　盠伯鼎　郘䴒鼎　兔馬盟書　石鼓　中山王鼎

說文古文　說文·爪部　睡虎地簡 二三·一　泰山刻石　壽成室鼎　定縣竹簡 三　天文雜占 二·六　熹·易·益　史晨碑　說文古文

舜

【圖4-6】各種「為」的樣子；「為」：重要的行動[50]

50　同註46。

在此，有一個問題發生，就是音元（phonemic）及形元（morphemic）兩個系統之間的一致性。「為」的發音是「wei^2」，它的聲音接近於一個與象有關的字源：「豫」（yu^4）。「豫」在古代漢語中的意思是「大象」、「皇帝的巡邏衛隊」、「為了去做一件事而做準備」、「遊移不決」、「一個叫做河南的地區（就是殷人發達起來的地方）」等等，但只有最後兩個意思在當代漢語中保留下來。在漢語的演變過程中，形元書寫系統的變化並未與音元的變化之間形成良好的同步發展，儘管曾經出現過一些形音次系統，以協助每個字的發音，但這個系統比字元系統複雜太多，以至於它的造字法未能在保留聲音方面發揮有意義的功能。

當一個語言學家試著如圖 4-5 那般解釋「象」這個字是如何演變成「夒」之時，它的路徑確實是曲折的，而且需要很多考古學以及詮釋學的線索才能達成。簡言之，傳說中的第一位帝王（傳說這位帝王就是發明如何駕馭大象的人）的名字之所以能與最大的動物名字混搭在一起，其原因不是聲音，而是書寫的形式。我們現在所能確知的是，在西元前第五世紀時的老子[51]就已經神祕地將「象」與帝王關聯起來。他說：

道沖，而用之又弗盈也。

　（道強而有力地流動，能被使用卻不會過度氾濫）

淵呵！似萬物之宗。

51　《老子》，第四章。括弧中的文字是我的闡釋。

（真是淵深啊，像萬物的源起）

銼其兌，解其紛，和其光，同其塵。

（它將尖銳磨鈍，將糾纏的結解開，以光使其和合，以塵
使其混同）

湛呵！似或存。

（真是厚啊！好似曾在那兒）

吾不知其誰之子，象帝之先。

（我不知他是誰的兒子，像極了先帝先祖）

在此，「象帝之先」可讀成「像帝（王）的祖先」，[52] 但也
可讀成「描繪帝（王）祖先的模樣」，因此，成為帝王最初的
肖像。象這個字就是個偶像（idol 或是 icon），用來表示崇敬的
那位祖先——若將其視為**他的名字**（名稱），會更有道理，尤
其是當那個名字同時也在反映世界上所有東西的最高原則（即
「道」）的時候。

這會將我們帶回到原初的象，以及成象，並且有助
於 為 semiotics 打 造 出 整 套 的「 彭 」 過 程（sign process,
signification），讓一個現代漢語的新名稱「徵象學」由此誕生。

六、兩種，而不是兩階的型擬

我在討論徵象學的型擬議題時，其方式就如我先前已提到

---

52 事實上，現代漢語「帝王」在殷商的語言中分別稱「王」與「帝」
——生時謂「王」逝後謂「帝」。這裡的白話翻譯（現代漢語）有點
語義清亂，因為「帝」就是「王」的祖先。

的，並不必然基於初級以及次級的分別，而是源自於**用腳的型擬**（footing modeling）與**用指的型擬**（fingering modeling）之別。

當代漢語在翻譯徵象學相關的用語時，其中有兩個最讓我滿意。它們雖是從一堆可能性當中「站出來」（stand out）的，但它們其實與腳無關，反而與手指有關。這兩個是：「能指」（某種具有「指功能」的東西），相當於「signifier」；以及「所指」（某種被指出來的東西），相當於「signified」。這段演繹當然不是從漢語哲學的初級或次級型擬中自然演化出來的，而是從西方文化移植過程當中翻譯過來的。若非參考它們在西方語言的源出之處——不管它們是以「初級／次級」的階層方式出現，或它們其實是突然間一起冒出來的過程（就像索緒爾所提供的公式）——我們很難把這個文化移植當中的變形過程說清楚。

對於這個「用腳的型擬」，海德格提供了一個顯著的例子，他的用語可幫助我們理解這種型擬。海德格說「Dasein」（意即「在那裡」〔being there〕）及「Es gibt」（意即「在」〔there is〕；就我的理解而言，這是唯一能與之相當的英文）——確實可從古漢語的甲骨文當中找到與其相當的部分，就是空間上的「此」，與時間上的「是」，見圖 4-7。

這就是「此」，在這裡，一個腳的部件再加上一個人的部件，用來表示「走向一個人，並且與他／她在一起」（極可能是個女性）。我們無法直截了當地用「那裡」來表示「there」，因為漢語中的「那裡」與海德格的「there」相距太遠。相反的，「此」以及「與某人在此」（here-with）更接近或更相當於

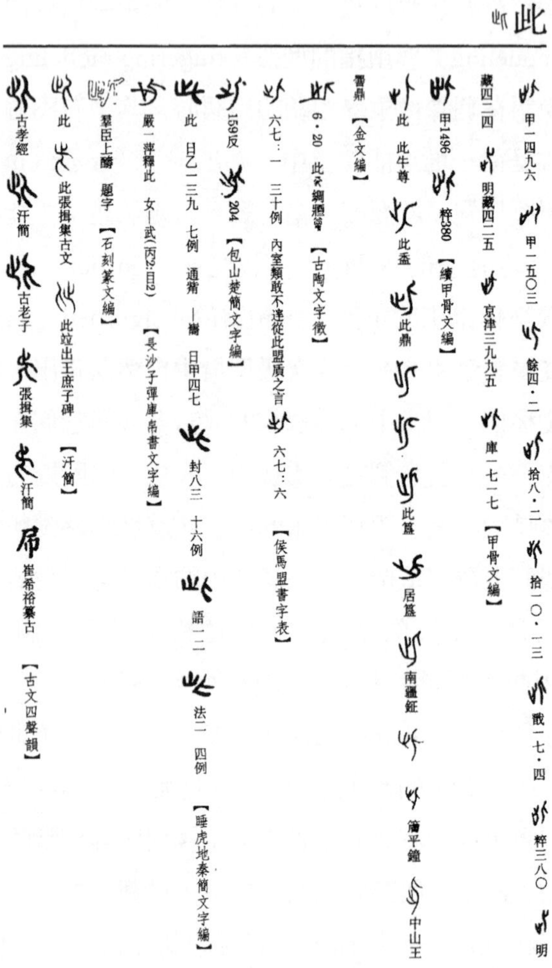

【圖 4-7】「此」：在這兒[53]

53 取自古文字詁林 委員會（1999），《古文字詁林》。上海：上海教育出版社。

「Dasein」。但這個「與某人在此」並非一個人站在那裡，就像突然被拋投到這個世界裡來，卻不知是從何而來的。這個「與某人在此」更像是在描繪人被生出來，然後被養育，然後在母親或阿姨身邊跑來跑去，生活在一起的樣子。同樣的情境也可用於時間上的在此，也就是「是」（being-in-time），如圖 4-8 所示：

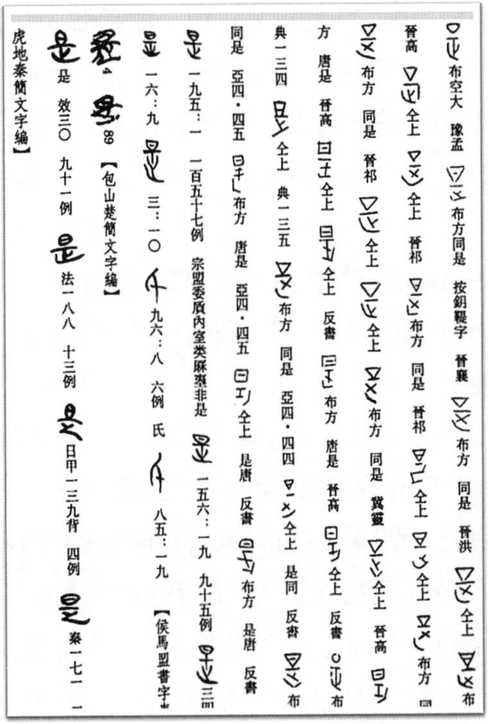

【圖 4-8】「是」：「在當下」或「是，好的」[54]

---

54 同註 53。

「成為」（to be），或是「出現，在此時此地」（to exist, to be present here and now）的概念總是被甲骨文的使用者透過用腳的型擬捕捉到，儘管它必須朝向一個正確的方向。然而，什麼是正確的方向？這難道不是暗含了一個型擬嗎？這個提問之所以發生，是因為甲骨文的第一個型擬是來自一個女人，一位母親。這是沒有疑問的，因為現代漢語用來翻譯「model」這個字的「模」，來自於「嫫」，也就是「第一位帝王」（也就是黃帝）的夫人。「嫫」不可與另一個字「莫」（暮）混淆，後者是音元的源起（就字面而言，它後來被用來表示「不可」；這是基於它最原初的意思：「太陽下山了──晚上」）。參見圖 4-9 及圖 4-10。

作為使用這個語言的後裔，我們很好奇祖先們當時為何未發展出一種用指的型擬。因為很明顯地，在甲骨文當中，雖有許多用來表示整隻手的字形，但除了拇指以外，在表示手指，尤其是食指時，它竟然不表示「指」的動作，而只是在勾食物來嚐味道，這也是為什麼它的字根「旨」是代表甜味。

在此，對於「型擬」（modeling）的源起有個相當易於明白的解釋：在「pro」的這件事上，用手，尤其是用手指，所需要的技巧比起用腳的「stat」高明得多。一個人用雙腳移動身體朝向他／她的母親走去時，並不需要刻意表示其中有任何抽象的思考或意向。這可能是所有「動物徵象學」（zoosemiotics）當中最基本的意思（senses）：「站在某物之前」。但這並不需特別「為了什麼」，除非這個站著的人同時舉起他的手，指向某物，

【圖4-9】「莫」（「暮」）[55]　　　【圖4-10】「嬳」[56]

55　同註46。

56　同註50。

或用他的手指做出某種抓取的姿勢。然而，僅僅這麼舉手一指的動作，就已太超過動物的初級能耐，太過於像人，太屬於次級（secondary），甚至遠遠超過人類開始紀錄母親之時的歷史能耐。到此，我們可以對這段紛擾的歷史下個結論了。

七、誰會認為我們都是「彰」，以及為了什麼？

> 經過仔細檢視之後，在人類所創造出來的所有東西當中，即便是最抽象的，都在揭示它們都起源於肖似（iconic）……這不只是可能而已，那些創造出**所有能指之物（signifier）的同種者試圖模擬她／他所感知到的聲音**……及聲音的來源……這種已經失傳的證據相當廣泛，它強烈地向我們暗示：**造字並非一種偶然，它不是一個亂無章法的過程，而是由一種初級的型擬系統**（PMS；primary modeling system）**所引領**。[57]

在談到這個初級的型擬系統時，西比奧克用了一個假想的人，並稱之為「所有能指之物的同種者」；此外，他還特別為我們留下一個無特定性別的第三人稱，以便讓我們往後能將她／他（S／he）指出來。我認為，西比奧克以這種方式來說這位不知是誰的祖先，是相當正確的說法。但關於這位祖先是誰的問題，普爾士提出了更具原創性及挑戰性的敘述，只不過在這段描述

---

57 Sebeok, T. & Danesi, M. (2000: 48-49)，粗體字是我標上的。

中，他可能犯了一個錯誤。

> 人所說的話，或人所使用的「影」（sign），就是人自己
> 本身……這就是人，**驕傲的男人**，對於他那燦爛透明的本
> 質，[58] 亦即最能確認他本身之事，卻最無知。

在先前的段落裡，我們已有了字源學的證據，說明型擬的最
基本型擬，或傳說中的最原初型擬，來自於最原初的母親（the
Original Mother）。在後來的人類歷史裡，很多「影」（signs）
必須轉成文字，而這項繁複及革命性的工程必須由一代又一代的
「能指之物的同種（創造）者」來完成。

在中國人的傳說當中，這些造字者有庖犧氏、神農氏及倉
頡。其中，庖犧氏教導人民如何使用火及如何煮食，神農氏發
明了農業，而倉頡則是一位為黃帝效命的歷史學家及占卜者。
在古代，所有這些帝王以及創造特殊功業的人都被稱為「聖」，
或是「聖王」。依據史前人類一些不難理解的狀態，許多證據
（或推論）都指出最初兩位帝王都是母系社會的領袖，所以他們
必須是「驕傲的女人」，而不是「驕傲的男人」。而且，這意味
著什麼呢？儘管我們無法真正知道他們的姓名，卻只將他們稱為
「聖」？就我們所知，在兩千兩百年的帝國歷史當中，「聖」這

---

58 Peirce, C. S. (Hoopes, J. ed.) (1868/1991). *Peirce on signs: Writings on
semiotics by Charles Sanders Peirce*. Chapel Hill: University of North
Carolina Press.

個字專屬於孔子。這個謙卑，卻也夠驕傲的人，是所有中國人的老師。但是，說真的，孔子本人不敢視自己為「聖」。他寧可將這個封號保留給古代傳說中的帝王，或給一個據說長得「像龍」的「某人」，也就是老子李聃。孔子於三十四歲時見到老子[59]，而依據最近的研究，老子被視為中國智識史上的第一位女性主義思想家[60]。雖然老子與孔子是同時代的人，但老子的哲學卻來自於更為古老的「某人」。從甲骨文的遺跡裡（參見圖4-11），我們看見這個人有一隻大耳朵，也就是一個偉大的善聽者；若以字面來理解，它的意思就是「最聰者」。同時，這種人有個特徵，就是帶著一個用來標示性別的記號「口」，在左邊或右邊下方。

就字源學而言，甲骨文中的「口」、「◇」、或「▽」等符號可能是嘴巴（一個用來說話的器官），也可能是女性的陰戶（一個用來交合及生殖的器官），但在此，必定是後者，尤其是當它被放在身體部件的下方時。後來，這個符號隨著父權的發展而演變，它的位置被提升到幾乎與耳相齊的高度，成為一個說話的器官；當然，也成為一個專屬於男性的器官，因為到了那個時

59　關於孔子求見老子的歷史事件，我所依據的是以下的研究：
　　高亨（1934），〈史記老子傳箋證〉，由顧頡剛（編著），《古史辨》，Vol. VI: 441-473，（臺北：明倫，1970）；
　　譚戒甫（1935），〈史記老子傳考正〉，由顧頡剛（編著）《古史辨》，Vol. V: I516-526.（臺北：明倫，1970）。
60　蕭兵、葉舒憲（1994），《老子的文化解讀：性與神話學之研究》。武漢：湖北人民出版社。

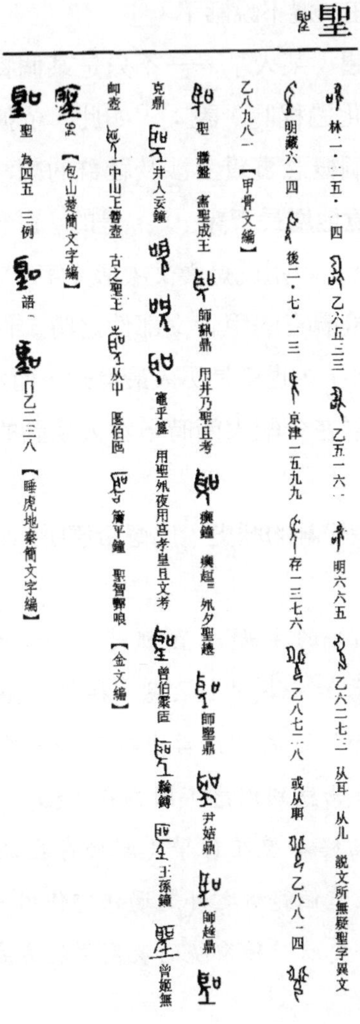

聖

【圖 4-11】「聖」：最聰者 [61]

林二·二五·一四
明藏六一四
【甲骨文編】
乙八九八一

乙六五·二三
後二·七·一三
乙五一六一
京津一五九九
存一三七六
明六六五
乙六二七三
乙八七二八
乙八八一四
從耳　從儿　說文所無疑聖字異文
或從耳

聖
耀盤　審聖成王
師艅鼎
用井乃聖且考
庚鐘
用聖外夜用喜孝皇且文考
外夕聖趩
師聖鼎
尹姞鼎
師趛鼎
曾伯聚匜
王孫鐘
曾姬無
【金文編】

克鼎
井人妄鐘
中山王響壺　古之聖王
从中
匽伯匜
蒲平鐘　聖智騂嗅

【包山楚簡文字編】
聖
為四五 三例
聖 語
乙二三八
【睡虎地秦簡文字編】

61　同註53。

代，女人都已跪在一邊不說話了。

　　普爾士在提起「某人」——不只是某個特定人的認知或意識——及其意象化過程時，說：「如此，依據最原初的現實概念，『某人』這個概念實質上涉及社群的想法。它沒有固定的疆界，且能無止境地增長智識」[62]。是的，社群意即「公開，共同，所有人都如此」，這就是漢文象形文字「公」這個字所表示的，尤其是當你檢視它的甲骨文部件之時。你無疑會明白這個「燦爛透明的本質」，也就是男人最無知，而女人卻最確定的狀況。這就是當社群在分配東西時，女人說話的方式（如圖 4-12 所示）。

　　那的確是一段紛亂的歷史，比德希達所估算的還要長：

　　……彰（sign）的主題一直都是……一個傳統的痛苦掙扎，執意將意義、事實、呈現、存有（being）等等從意指（signification）這個動作當中撤除……然後我們為了那些還剩下來的東西感到困惑，因為在「彰」（sign）這個概念之下——它始終不曾在哲學（關於存在的哲學）史之外出現，也不曾在這個範疇之外起過任何作用——那些剩下來的東西仍需由歷史以一種系統的及系譜的方式來決定。[63]

62　Peirce, C. S., ibid: 82
63　Derrida, J. (1974/1976). *Of grammatology*. Baltimore: Johns Hopkins University Press.

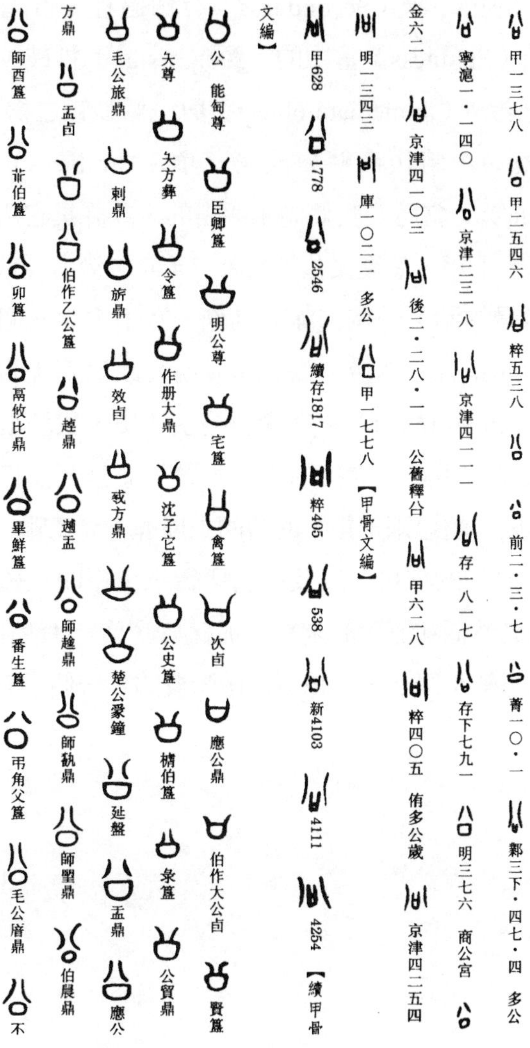

【圖4-12】「公」字的原始字形 [64]

圖中所列字形標註（自右至左）：

甲一三七八、甲二五四六、粹五三八、前二·三·七、菁一〇·一、鄴三下·四七·四　多公

寧滬一·一四〇、京津二三二八、京津四一二一、存下七九一、明三七六　商公宮

金六二一、京津四一〇三、後二·二八·一一　公舊釋谷、甲六二八、粹四〇五　侑多公歲、京津四二五四

明一三四三　多公、甲一七七八　【甲骨文編】

甲628　1778　2546　續存1817　粹405　538　新4103　4111　4254　【續甲骨文編】

【金文編】

公、能匋尊、臣卿尊、明公尊、矢尊、矢方彝、令篡、刺鼎、作冊大鼎、毛公旅鼎、宅篡、旂鼎、效卣、禽篡、或方鼎、次卣、楚公豪鐘、應公鼎、延盤、榬伯篡、象篡、伯作大公卣、公貿鼎、公史篡、賢篡

方鼎、師酉篡、孟卣、菲伯篡、卯篡、高攸比鼎、畢鮮篡、番生篡、弔角父篡、毛公层鼎、不

趞盂、師趞鼎、師執鼎、師聖鼎、伯晨鼎、伯作乙公篡、應公

<hr>

64　同註53。

普爾士的第二項（Secondness）有個過程，首先需花點時間將第一項（Firstness）當中的「彰」（sign）打破，使之區分成一個當下之物（immediate object）與一個動態之物（dynamic object），然後，將後者轉變成第三項（Thirdness），即言詮（interpretant）。當時，我們尚未明白的，或許是它所需的時間竟然會超過一千年，然後又花了另外一千年去激發（或動員，若用社群來考量的話）一個消除的動作，為了去除一個由母權建立的意義生成系統，然後，終於達成現今政治正確的父權言詮（patriarchal interpretant）。從漢語的演變史，我們很幸運能夠有證據來看見這段紛擾歷史的蛛絲馬跡，並且至少肯認了一件事：我們需要「超過兩千年」的時間去理解：究竟哪一個會告訴我們什麼是最初的型擬，以及由它所衍生出來的多種變型的誤擬；而我們既然活在歷史的末端，那就必然要一直活在由誤擬所主導的意義系統牢籠之中，重新開啟型擬的下一個千禧年。

【04.1 附論】
象論的餘音：
沉思兩則

　　「彰」的前身，在漢語裡曾經試圖以「象」來表現，惜因理解的缺失，「象論」在漢傳思想史上一直沒發展完成。如同在黎明的曙光中，我們也一直看見的是黑暗。在我和學生的讀書會上，我們圍坐討論這個千古話題，比較像是在黑暗中摸索，等待曙光來臨……。

＊　　＊　　＊

象論沉思（一）

　　再看一遍這句重要的引述：

　　已經超過兩千年了，人們為何一直把 Sign 這個字只用來代表一個現象，然而這現象其實應該分成三個範疇才對？

——艾可（Umberto Eco, 1984）[65]

65　Eco, U. (1984), *Semiotics and the philosophy of language*. Bloomington, IN: Indiana University Press, p. 19.

對於任何人而言，最初出現的什麼，亦即會引人注意的「什麼」就只是個 sign（Zeichen，sengo）。這個「什麼」絕對不可譯為「符號」。

　　「*Sign(s)*」——在當今的漢語文獻中絕大部分都將它譯為「符號」。我在我所有的著作中都曾反覆說明：這是個嚴重的誤譯。「符號」只是「*sign*」的多種意義之中的一種，並且只是一個下游概念，不能包含上游到下游的全體。譬如蛛絲馬跡、山雨欲來，這些「上游」都是 *signs*，但我們哪能在我們的語言中把它們稱為「符號」？把 signs，以及研究 signs 的科學（即 semiotics）一概譯作「符號／符號學」，這顯然是漢語學界相當偷懶的學術輸入法。

　　依據維茲畢卡（1992）所謂的「文化中的語意始元」以及它們在各文化當中的普遍性來看，在漢語的原生語彙當中怎麼可能找不到像 sign 及 symbol 這麼基本的、且可區別的語意始元？如果漢語當中不存在任何能表示 sign 及 symbol 概念及其區別的語詞，那麼，漢語的使用者怎麼可能討論它們？好在，漢語文獻裡確實存在一些關於此類基本語意始元的討論，姑不論是否能「包含上游到下游的全體」。但我們應該從這裡開始，而不是使用簡易速成的移植法，偷來一個沒頭沒腦的「符號學」，就可以悠遊其中。

　　我們先來看看王弼的〈明象篇〉——這應是漢語文獻中對此問題最早的闡釋，而其闡釋的標的則是《易・繫辭》：

夫象者出意者也，言者明象者也。

盡意莫若象，盡象莫若言。

言生於象，故可尋言以觀象；象生於意，故可尋象以觀意。

意以象盡，象以言著。故言者所以明象，得象而忘言；象者所以存意，得意而忘象。

——王弼：明象篇

根據這段最古典的討論，讓我們來重新想一遍：

對於那最初出現的、會引人注意的「什麼」，我們可以先看看王弼所謂的「象」：其所出者是「意」，使「意—象」能有所明者乃是「言」。「意—象—言」是指其「生」的前後因果；而「言—象—意」則是由果「尋」其因的方法。

但這段討論雖然說了「意以象盡，象以言著」，但其實就還是有未盡、未著之處。這是在《易・繫辭》中所以還要把探尋之道推至「幾者，動之微……君子見幾而作，不俟終日……」的地步，也就是說，在「觀象」之時，不一定可立即「尋象以觀意」，而是在「觀／尋」之中，會碰到比「象」更為意義不定的「幾／微」。對此，若能持續探尋而致知，就會使《易・繫辭》作者發出「知幾其神乎」之嘆。

我們常用的「符號」在上述的三段因果論中，就只是最後的「言」，而不能包含「象／意」，更不能包含「幾／微」。這是為什麼我要說：「符號」只是「下游」的產出和發現；而「符號學」若僅僅只能在這下游中游動，那就是現代學術的超級沉淪，

是致知的超級偷懶，是一門完全不值一學的學問。

由於「*sign*」只是意義的初動，因此我們要說它接近於「幾／微」，而還不到可盡可著的「象／意」，也就是說，雖有所動但不是人人可見，或即使看見也未必能說出那是什麼。

普爾士（Peirce）曾經強調：一個 sign 之所以能成為一個sign，一定是它經過了某種 semiosic（意義發生）的程式：「某種東西以某種方式出現在某人面前，而它之所以那樣出現，是因為對那人而言，它具有某種特性或能力」[66]

到此為止，我們可勉強把 sign 譯為「象」，即班固對於造字法（六書的前四書）所使用的名稱。這種說法強調了「象」的作用，實際上比「象形、指事、會意、形聲」更有利於討論本文的議題。但在此，「象」的意思更接近於「徵象」，即「物象」、「事象」或「意象」，因而還不是顯然可見的「對象」。我們既強調「徵象」的「幾／微」難見，因此在不得已時，我要不憚其煩地反覆說：我們需動用造字法來為它重新鑄造一個新字，就是「髟」。

在往後的漢語中，我們對於這個新字必須像開始認字的小學生一樣，重新學習，直到學會，直到能精練地使用。在「山雨欲來風滿樓」的處境中，我們必須學會說：「風滿樓」是個「髟」，我們若能見微知著，就會知道這個「髟」正指向「山

---

66 引述 Thomas Sebeok (1991). *A sign is just a sign*. Bloomington, Indiana: Indiana University Press, p. 17.

雨欲來」，而不會說我們看見的「風滿樓」是個「符號」。

* * *

象論沉思（二）

我曾讀到高達美（Gadamer）一段精闢的「髟」（sign）論，可用來繼續闡述我所主張的造字法，亦即如上圖中的那個新字。但由於電腦裡打不出這個字，姑且還是以「象論」來代用一下。高達美這樣說：

> （一個髟〔sign〕）不是每個人都可看見的某某事物，也不是人可加以指涉的某某事物，然而，假若能視之為髟（sign），則其中必有某事某物，殆無疑義。希拉克力圖有句話可將此說得非常明白：「德爾非的神既不顯示也不隱藏，而只是給個髟（sign）。」我們只要理解「給個髟（sign）」在此是什麼意思。它不可取代看見的某事物，因為它之不同於其另一極端（即靜默）的所有報告，就在於此一事實：可以顯現出來的東西，只對於為己而尋索者才可觸及，並且實際上他就會看見那裡有東西。
> 在此若不引入髟（sign）的概念，我們就不能夠確切地描述詩意言說與宗教言說之間真正的差別，尤其在基督宗教的歷史路向中已經顯形者，並且如何可導致其超出宗教脈絡而延

伸為「象徵」（symbol）的概念。[67]

　　在我們的漢傳思想中沒有可以與此等量齊觀的「象（sign）論」，即使有人主張「意象」在解經之時的重要性（譬如最早的王弼，以及近人譚家哲的《周易平解》[68]），但這概念還是太接近於「每個人都可看見，也可加以指涉的某某事物」，就用不著聖人來費工夫了。在我們的解經傳統中，這裡拿一位亦儒亦道的理學家邵雍，來談談某種走到半途的的混合論述。他曾說：

　　「夫所以謂之觀物者……非觀之以目，而觀之以心也，非觀之以心，而觀之以理也。聖人之所以能一萬物之情者，謂其能反觀也。**所以謂之反觀者，不以我觀物也……以物觀物之謂也。既能以物觀物，又安有我於其間哉？**」（取自〈觀物內篇〉）

　　「不以我觀物也……以物觀物之謂也」，這裡的「以物觀物」顯然是弔詭之說，既然不以我觀物，則在我與物之間，必有個「什麼」可用以觀物，但由於沒有引入「彭（sign）」的概念，邵雍只好根據前人的曚混之說，叫做「以物觀物」，並且也順此一步蹈入道家的玄虛公式，即「無我」，謂之「不以我觀

67　Gadamer, H.-G. (1986), *The Relevance of the Beautiful and other essays* . N. Walker tr., Cambridge University Press. p. 152

68　譚家哲（2016），《周易平解》，台北：漫遊者文化。

物」（「安有我於其間哉？」）。這樣的論述傳統，玄虛有餘，但已顯得詞窮。

「象（sign）的概念」在漢語中並非全然不存在，由《周易》玄學中確可看出一點蛛絲馬跡，其討論的對象就叫做「象」，但後來，「象」被等同於「喻示」、「譬喻」，只是個「可取代看見的某事物」，因而縮減了它的意義，譬如錢鍾書說：「《易》之有象，取譬明理也，『所以喻道，而非道也』（語本《淮南子‧說山訓》）。求道之能喻而理之能明，初不拘泥於某象，變其象也可；及道之既喻而理之能明，亦不戀著於象，捨象也可。」[69] 當然，錢鍾書對於「象」的理解還稍有比此更複雜些的，譬如他說：「故《易》之擬象不即，指示意義之符（sign）也；《詩》之比喻不離，體示意義之跡（icon）也。不即者可以取代，不離者勿容更張。」[70] 由此可看出他所用的「符（sign）／跡（icon）」已是在試圖消化現代西方之說，但仍不得其要而已。另外，錢還引述佛洛伊德所言：「描述心理，唯有出以擬喻。然必時時更易其喻，蓋無一喻堪經久也。」這多少是在說「以喻指象（sign）」有不即者，有不離者，但總是不足以說明「象（sign）」的涵義乃是在不顯不隱之外，卻定能有所指。

這只是一段簡要的筆記。用了一點稍微不同的提問法，也許

---

69 錢鍾書，《錢鍾書論學文選》，卷一，p. 67
70 同上註。

可以讓讀書會參與者的問題從丈二金剛那般摸不著頭腦的 ABC
比較容易跨向 XYZ 的境界。

【05】

穹窿：
重寫一個關於性的象徵初型 [1]

本文摘要

本文是在研究生涯的早期，在國科會研究計畫的補助下，自行構思的一篇研究筆記（research note），[2] 共分八節來闡述陽物中心觀（phallocentrism）之僵硬的「符號建構」如何偏失，以及佛洛伊德最初主張的「（libido，力比多）本即為男性的」之說，到晚年面臨雙性（bisexuality）概念及性的模稜兩可性質（ambivalence）時，如何成為無解的難題。欲解決此一難

1　本文原稿：宋文里（1992），〈穹窿：重寫一個關於性的象徵初型〉，《國科會研究彙刊：人文與社會科學》，第二卷，第二期，148-164。（本稿係最近的修訂版。）

2　本文原稿在投稿於《國科會研究彙刊：人文與社會科學》之後，碰到一個窘境：承辦的編輯打電話來告訴我，由於文題與文體的特殊性，他們在行政資源中找不到合適的審稿人，問我是否可推薦審稿人。我當時給的回答是：投稿人提名審稿人，恐有違學術倫理的原則，因此我不能提供這種資訊。幾經波折之後，那位承辦編輯告訴我：文稿業已審查完畢，由一位柏克萊的學者審稿，給了很高的評價，因此刊登已經不是問題。這是台灣專業期刊在建立審查制度的最早階段中發生的一則趣事，特為之誌。

題，在圖義學（iconology）的裏助之下，以及達利（Salvador Dali）、馬格利特（Rene Magritte）等超現實主義藝術家的洞見之中，就象徵與符號本身的改寫而獲得新義——作者以艾瑞克‧艾瑞克森（Erik H. Erikson）繪製的性心理發展模型圖為藍本，加上超現實主義藝術家的特殊見識，作成圖象誌（iconography）的改寫，並將陽物中心觀常用的符號涵義**翻轉**為具有女性涵義之物。**突出的陽物實為一伸出的凹洞**。以伸出的凹洞概念再來理解性的世界，將可發現，世界中的**有性之物**（sexual being）應有如一善納、可容且雙性兼具的**穹窿**。

一、序語

一直到接近不惑之年，關於「性」、「性別」、「男性／女性」這樣的語詞和相關的指涉，在我的體驗和了解上仍構成持續的困惑。如果說，這是發生在青少年時期的事，我想大家應該很容易體會與諒解。但到了此刻，還老說困惑、困惑，恐怕就要令人嫌厭了。

當然，在日常生活中，以一個成年人的身分，也可以說自己對於性事早已十分熟悉，並且也深通各式各樣的內行知識。男人、女人、多元性別者各就各位，並在自己熟知的領域內運作自如。但是，總括日常生活的知識來看，再怎麼內行，卻總是無法避免根本的盲點。

在構思這個問題，預備寫這篇文章的時候，我曾漫不經心地走進一個小酒館，在沒有意料的狀況下，和酒館的女老闆聊

起天來。她是個老於江湖的三十多歲女人，她開的酒館是專給「gentlemen」休憩之用。「女人在這裡能幹什麼？」我問她。她告訴我：曾經有幾個在這裡工作的年輕女人，陪客人喝酒，事實上就是擔任某種玩伴的角色。男客人玩女服務生，就算這玩法不一定立即涉及性行為，但這套內行知識中早已顯然區分了某種給定的性別角色與任務。

我要問的問題並不純然落在男人主體／女人客體的問題架構內。毋寧說，我是看到了一個知識盲點，然後聯想到了一種理解上的矛盾。所謂知識盲點就是：這位酒館女老闆可以悠然自得地和男客聊天，在關係性質上，她可以不是陪酒。他聊些什麼呢？小學時候和別的同學打架，或如何在台灣人之間維持泰雅族的驕傲，或酒店經營的一波三折等等，正是一般人閒聊常見的話題。她一邊聊還一邊起身去招呼別的客人。她是個自由的主體，至少在這個酒館裡頭。但她請來的女服務生可不可以這樣自由呢？這就是我的第一個問題：她們都像老闆那樣隨心所欲的和客人接近，聊任何話題建立任何關係而不預設著陪酒的給定任務，行嗎？老闆行，她們不行。老闆、服務生都是女人，但她們已分立在主體、客體的兩種地位上。我禁不住要想：她們是兩種不同的女人，或甚至是兩種不同的性別。老闆自行取用了人的主體性，通常，這就意指著「男性」，服務生則被老闆指派了客體性，通常這才是指女性——然則，服務生的主體性那兒去了？在老闆的內行知識中究竟有沒有包含「服務生的主體性」（如同她自己的主體性）這樣的觀念？而我們坐在一旁的人呢？

只因為老闆是超然於性（或與性相關）的關係之外，所以她可以用第一手的姿態展現她的主體性？為什麼在性關係裡頭，具有如此僵硬的給定任務？或是，為什麼在老闆的身分上，具有如此自由的運用方式？我一直在心中追問這些問題，但同時我也知道「老闆簡直是個男人」的想法是個活生生的錯誤——我是說，這是一種理解上的矛盾。閱讀日常生活的意思，並不表示在其中即可尋獲理解。我知道我無法在酒館裡和女老闆形成一個涉及上述盲點與矛盾的論述，因為在日常生活中的談話本不是這個樣子的，所以我決定另闢一個空間，一個有可能繼續提問、繼續作答的空間，譬如就在我所構思的文章裡。

二、論述與問題

文章的論述世界和文獻傳統有密切關聯。我們所謂的文獻，可以說，就是文字論述的總累積。而口語錄音、影像錄影或圖形影印所佔的份量似乎還只是整個文獻傳統中的一小部分。

文字／概念雖有很多保存和連貫上的方便，但也同時是人類經驗的一種硬化的侷限。在提及文獻傳統時，我必須立刻提醒我自己：人類經驗，或在人類生活中所產生的問題，在表達或回答的過程中，已有很多種非文字的材料被大量的遺忘或湮滅了。我要在文章中論述生活的問題，但願我能取得文獻傳統存留下來的那些精緻論述的一面，從而轉化我的問題，指示回答的方向，但同時，我也希望我不會只陷落在文字窠臼中，而對所有非文字的人類表達一概視而不見。

回到性、性別、男性／女性的問題上來。我們的根本難題即是日常生活中直接反映的文化本身的困境：我們用外來語來進入生活中早已綿延千年的問題。我們的文化傳統從不曾有系統的反省「性」、「性別」、「男性／女性」之類的問題，因此，在抽象語詞的層面上，我們必須仰賴外國語文來為我們界定問題的性質。我所說的「性」是指外文 sex 和 sexuality，看行文的需要而分別指稱；我所說的「性別」是指外文 sex 和 gender，也看情況來分別。至於「男性／女性」，我要指的不是日常語文中的男人／女人，而是特指外文的 masculinity ／ femininity。在這些問題上，我們自己的文字泰半是二手的衍生字，它常常需以後面附加的「括弧·外文」來界定它的字面意義，否則永遠都會令人摸不著它所言何指。不過，對於「性」字，我倒願意保留它在原始字源上的意義，也就是說，除了當它是 sex 或 sexuality 的譯名之外，它自己原有的「天命之謂性」、「食色性也」或「性者體也」（丁福保編：1478）[3] 等義，我都覺得可以容納在同一個字之中。

　　到此，我想，我只要從男性／女性這組語詞的意涵下手，就可以直接關聯到我原先所提起的問題。我並不打算漫無邊際地拿著這個問題進入文獻傳統。在我所熟知的論述文獻中，第一個被我選擇為起點的是佛洛伊德以及精神分析傳統。這是作為心理學的一種最直接切近本論題的論述，因為我們要討論的問題原

3　丁福保（編）（1985），《佛學大辭典》，台北：新文豐出版公司。

本就是由佛洛伊德引發的。有關佛洛伊德和人類學象徵符號間的關係，作為一個起點而言，我參考了柯恩（Cohen, 1980:45-68）的論述。其次，作為討論與解釋者，我選擇了一些繪畫作品，或稱之為圖象誌（iconography）論述也罷，再加上關於圖象的探研方式，稱為圖義學（iconology），我是取它在男性／女性這個問題上對心理學論述的補充與啟明之意，而不是廣泛使用它的各種其他意義。在這個交集上，我先用了艾瑞克森（Erikson, 1963）[4]的圖示，轉換討論的方式，然後，我舉出了達利和馬格利特的兩幅繪畫作品。更坦白一點，與其說是我選擇了它們還不如說是它們撞到了我。我若不是碰上這幾幅圖形論述，便絕不可能開頭寫這篇文章。最後，我還先後讀了幾篇討論女性之性（female sexuality）的論文。這些文章或是繼承精神分析的討論（Bonaparte, 1953；Mitchell 1974, 1982；Rose, 1982；Roith, 1987）[5]，或是利用人類學的角度反省（Ardener, 1987）[6]，或是

4　Erikson, E. H. (1963). *Childhood and Society* .(2nd ed.). New York: Norton.

5　Bonaparte, M. (1953). *Female Sexuality*. New York: International Universities Press.
　Mitchell, J. (1974). *Psychoanalysis and Feminism*. Harmondsworth, U.K.: Penguin Books.
　Mitchell, J. (1982). Introduction-I. In J. Mitchell, & J. Rose (eds.). *Feminine Sexuality: Jacque Lacan and the ecole frieudienne*. London: MacMillan Press.
　Roith, E. (1987). *The Riddle of Freud: Jewish Influence on His Theory of Female Sexuality*. London: Tavistock Publications.
　Rose, J. (1982). Introduction-II. In J. Mitchell & J. Rose (eds.). *Feminine Sexuality: Jacque Lacan and the ecole frieudienne*. London: MacMillan Press.

6　Ardener, S. (1987), A note on gender iconography: The vagina. In P.

從藝術史中重新觀看（Tickner, 1978）[7]，或是直接對父權體制（patriarchy）所做的批判（Turner, 1984；Brittan, 1989）[8]，這些閱讀雖並未直接引入本文的討論，對於性／性別概念的重新理解頗有幫助。[9]

男性／女性和男人／女人是兩組迥然有異的概念。後者無疑是指我們肉眼可見的具體人，以身體為基礎，加上各種觀念（看法、觀點）和文化的實際模塑，而呈現為帶有性別的造型。但前者則是抽離人身之外的一種通性，可稱之為形上的造型，它是用來做區分性別的指導原則或象徵形式。由於它的非具象性，所以很容易被歸為哲學或社會科學——特別是心理學——的課題。事實上，這兩組概念經常是互相重疊、循環定義的。只不過，象徵形式和具體人身之間也早已出現難以互相對應的裂罅。我們可以假定具體人身是先天給定的真實，而象徵形式則是後天發展出來

Caplan (ed.) *The Cultural Construction of Sexuality*. London: Tavistock Publications.

7　Tickner, L. (1978). The body politic: Female sexuality & women artists since 1970. *Art History*, 1(2), p. 236-51.

8　Brittan, A.(1989). *Masculinity and Power*. London: Basil Blackwell.
　Turner, B. S. (1984). *The Body and Society: Explorations in Social Theory*. London: Basil Blackwell.

9　在這些著作中，特別值得一提的是阿丹納（Shirley Ardener, 1987）那篇文章的體裁。她討論了民族誌中關於語言的材料，也討論希臘神話，最後再躍入當代藝術作品。這些討論看來零星如片簡，所以她採用了筆記的體裁來串連各節的討論。我想我是有意仿造她對文體的用法的。

的工具，用以鏡照真實——於是被鏡照的真實就取代了先天的真實，成為我們在日常生活中所經常看見的樣子。但事實上，一旦我們知道「透過象徵形式而鏡照事實」的觀念，我們同時也就知道：真實必是被某種難以言喻的障幕包圍，以致必須用工具去看它。換言之，我們至少面臨兩層難題：（1）象徵形式（作為觀看的工具而言）本身是否也充分，是否性能良好？（2）能看到的東西，也就是日常生活中，活生生呈現的男人、女人，除了接近於象徵形式之外，是否還接近那假定的「先天的真實」。

對於文獻傳統稍微熟悉的人，一定立刻察覺到，我所提的問題和纏訟長年的先天／後天（nature / nurture）公案有關。但是我要掀開的問題面不僅與文字論述的文獻傳統有關，還另涉及視覺徵象於符號的問題。像這樣的問題，我決定直接從佛洛伊德的一個基本命題開始說起。

三、佛洛伊德（一）[10]

佛洛伊德對於男性／女性的論述至少包含了兩個基點：1. 性

10　參：Freud, S. (1905). *Three Essays on the Theory of Sexuality* S.E.,VII: 123-245.

Freud, S. (1914). On narcissism: An introduction. S.E., XIV: 67-102.

Freud, S. (1915). Instinct and their vicissitudes, S.E., XIV: 109-140

Freud, S. (1925). Some psychical consequences of the anatomical distinctions between the sexes. S.E., XIX: 241-58

Freud, S. (1930). Civilization and its discontent. S.E., XII: 57-145.

Freud, S. (1940). An outline of psychoanalysis. S.E., XIII: 139-207.

及其心理初型，佛洛伊德稱之為「力比多」（libido），或性的本能驅力，2. 伊底帕斯情結，即為閹割情結，這是人類文化對具體人身作歷史介入的關懷。

我選擇佛洛伊德作為討論的根據，是因為佛洛伊德終其一生，不憚其煩地把問題的複雜面顯現出來，相對於此，則是一般人以接近於日常知識的簡易區分法來理解性別分合的問題，同時也把問題與問答之間的距離變得狹隘而僵硬，進而鞏固了日常世界中有關性別的難題與現狀。換言之，佛洛伊德與日常知識之間形成了兩種不同的理解界域，兩片落差極大的地塊，互不接壤，要想在街談巷議之間敉平差距，似乎毫無希望。但，反過來說，挾著佛洛伊德的理解與論述，回過身來，以精神分析的方式再進入日常生活的世界，似乎還可把原先問題再度鬆開，重新揉軟答問的可能性。

佛洛伊德曾說：「……關於男性和女性的概念，對一般人而言似乎毫無曖昧之處，但在科學上它卻屬於最混淆者」（1905,VII: 219）。這段話是在《性學三論》出版的十年後（即1915）補加在原文之下的腳註。十年之間，佛洛伊德從保守的男性中心論者演變為兩性分立論者，之後，又演變為雙性（bisexuality）或不確定（ambivalence）論者。上述三種理論／立場的轉變當然是環繞著上文所謂的兩個基點所做的反覆思索而然。

佛洛伊德文獻，包括佛洛伊德本人的著作，各種外文翻譯，以及各種討論，早已構成一個龐大的傳統。我不可能以這短短的

篇幅而自認為已在那個傳統之中，而只想從其中抽取一些問題的問法，然後用來合成一個既可以激發我去回答，又關聯於我在我所身處的生活世界中能據以採取立場的問題。

首先，從兩個基點談起。第一個基點是關於性心理（psycho-sexual）的設定，佛洛伊德用力比多理論來展開他的論述。他所選用的力比多（libido）一字，並沒有明確的定義。毋寧說，它的意義是隨著佛洛伊德的論述過程而不斷演化的。這樣的說法，一定會讓聽者感到不安。我們從哪裡下手去將它作停格處理——或至少讓我們看到它一下呢？佛洛伊德曾經用「驅力」（Trieb）[11]，或「本能」等字眼來談論和力比多相似的東西，這也許是個好線索。它和某種生物學的概念有關，但它卻「劈頭就和所有通俗的概念相牴觸」（Mitchell, 1982: 2）。我們可以試從通俗生物學的反面去了解它，然後找出它的造型來：它既不是一種預藏在人體內的先天程式，也不是碰到一定對象就會起一定反應的行為組型，所以，從質的意義來看，它是一種性的能（力），具有對象投注（object cathexis）的本質，並且會以身體器官和器官的功能而作種種不同的具現，成為性感區帶（erotogenic zones）。就能（力）而言，它是個借自物理學的觀念，我們不能說它有什麼造型。但談到對象和身體時，它又變得很具體了，所以，佛洛伊德說，它也可以用量的方式來理解。對

---

11 Trieb，英譯文作 instinct，或作 drive。我把這兩種意思合併起來，一則避免「本能」一詞之生物學涵意，另一則要傳達它是一種心理動力之義。參見 Strachey (1957: 111-116)。

於一個人來說，性的能力就是一種有強有弱的推力或壓力，它會冒出來，它會發生，它有目標，它指向對象，它在身體上顯現[12]——我們幾乎可以親眼看見它——所以我們就可以說它有個造型。佛洛伊德本人並沒有把這些造型畫出來，但他後繼者中有一個人卻做到了，那就是艾瑞克森。我們留到本文的第六節再來看看他畫的圖形。

根據這一基點，佛洛伊德提出他的第一種性別觀，他說：「說真的，如果我們有辦法將更明確的涵義賦予『男性』和『女性』兩概念的話，我們甚至可能這樣主張，即力比多的性質將一直是而且必然是男性的，不論它發生在男人或女人身上，也不論它的對象是男人或女人。」（1905, VII：219）可是，「男性的」究竟有什麼明確的涵義呢？前文已經提到，佛洛伊德在1915 年重新反省這個問題，便自行解除了「力比多必然是『男性』」的說法。因為他發現所謂男性／女性的概念，至少有三種用法，一是心理學，就是主動／被動，或積極／消極的意思；一是生物學的，就是產生精子與產生卵子的功能區分；另一則是社會學的，它是指實際存在而可觀察的男人和女人。由第三個用法來看，剛好否定的前兩種用法，因為「每一個人……都表現為性

12　質與量的解釋，見佛洛伊德（1915, xiv：123）。本文中引用的佛洛伊德皆出自 James Strachey 編譯的 *The Standard Edition of the Complete Psychological Works of Sigmund Freud*，由 London：Hogarth 初版於 1966-74，為徵引方便，僅標註英譯文的出版年份、卷號（羅馬文）及頁數。

格特質上的混合體，有屬於自身性別的，也有屬於相對性別的；同時也表現為主動性與被動性的組成體，不論這些性格特質是否與他自身的生物特徵符。」（1905, VII: 220）雖然佛洛伊德往後還在重複強調心理特徵和生物特徵之不可混為一談，但是在日常生活的世界卻有一種頑固的公式，就是把堅強、主動的東西稱為男性的，而把柔弱、被動的東西稱為女性的。它轉化成某種文化的符號系統，無孔不入地表現。譬如某些語文體系將所有的名詞派分為男性、女性或中性，其基本原則就是那套頑固的公式；又如我們所熟之的陰陽兩極之說，也是此一公式的運用。當我們在生活世界中面臨著人所秉具的混合體、組成體等現象時，我們的性別概念就難免變得非常尷尬。這個難題必須設法解決。

佛洛伊德認為文化有一種必然的歷程，能把人熬煉成一定的男人或一定的女人。這段熬煉過程及是伊底帕斯情結以及後隨的閹割情結。經過此一歷程，男孩、女孩才分別依照生物／解剖上給定的條件以及文化的強制要求而分道揚鑣，長成為男人和女人。這就是第二個基點。伊底帕斯的象徵來自於古希臘的悲劇。對於不曾閱讀或不曾在任何傳媒媒體上聽聞古希臘劇作家索福克勒斯（Sophocles）的人（譬如大多數的台灣居民）來說，這段文化熬煉的過程就不具有任何象徵意義，而變得全然不可理解。閹割的事件基本上也並沒有真正發生（除了猶太文化中的男童必須經歷割包皮的儀式性閹割之外），只是在每一個人幼年的回憶中模糊記得有愛戀母親、愛戀父親或愛戀家中其他長輩的經驗，然後加上某種來自長輩禁制的威脅，如此而已。在家庭神話的早

期記憶中，硬把人派定性別的那些威脅禁制，可能是很長的一段文化學習過程，換言之，閹割的威脅是一點一滴進入孩子的體驗中——這些威脅有個共通的焦點就是小男孩的陰莖。陰莖成為一個重要的話題，有陰莖／無陰莖的言說方式是用以區分男孩和女孩的最高原則；愛哭的男孩或不敢打架的男孩被說成「沒種」、「沒屌」。於是女孩子們才曉得，原來是因為她沒有陰莖所以她可以哭。

伊底帕斯那個遙遠的三角戀愛故事，或閹割的譬喻，無論如何不像佛洛伊德所期望地那樣把男人／女人分開。「純粹的男性和女性仍只是理論的建構，且其內容也不確定」，佛洛伊德（1925, XIX: 258）最後仍得如此承認。所以，對於性別區分，他本人真正存留下來的答案是：「人這種動物有機體無疑具有雙性傾向。個體可對應於兩個對稱半體的融合……其中一半是純粹男性而另一半則為女性。」（1930, XIX: 105）。更進一步說：「同樣可能的是：每個半體原本都是雌雄同體的。」（105）。到了這步田地，雙性或多重性成了每一個體的本質，性別的難題不但沒有解決，反而在一段漫長的探討之後，佛洛伊德這樣說：「性是個生物學上的事實，卻……難以用心理學去捕捉它；」「解剖學雖可指出男性和女性的特徵，心理學卻不能如此。」（106）所以，他的意思是，性是不確定的，「性別」這個概念所衍生的「別」，照精神分析的方式而言，無解。

四、佛洛伊德（二）

佛洛伊德對性別的難題並不是沒有解出來，或失敗了，而是在他的天鵝之歌中預告了一種**無解之解**。照他的說法，人的心理本質是雙性，或多重性，因此它必然會表現為不確定性。這種說法，一方面相當依賴生物學式的本質論，但在最後，仍回到心理學的本體論。我們已經談了很多次心理學、生物學及社會學，所以我們也該回過頭來再澄清這幾種「學」的涵義，然後才能從而理解「性的不確定性」究竟是怎麼構築起來的。

社會學，在佛洛伊德看來就是指當下存在於歷史建構的人際關係之中的意思。一個社會學男人或社會學女人就是你我在街上看見的男男女女。我們都知道，照這個意思來說，性就是社會文化在歷史過程中的產物，它的意義就在它呈現為「一般人」日常生活世界的樣態，我們除了觀察它、報導它或加入它之外，通常不能輕易為之置喙或任意改變。佛洛伊德的心理學不是直接在這個世界的狀態中進行論述的，反之，它似乎是等著論述得到答案之後，再傾注回去重新觀察，所以我們可暫先撇開它，等我們弄清楚之後，再試圖回過頭來介入他的論述。

生物學呢？我們早已知道：佛洛伊德窮其半生之力，就是在脫除生物學訓練的影響而另建一心理學的世界。他討論性的本能驅力時，都要幾番解釋道：「這個概念是介於心理與身體兩界之間……是源生於有機體內部的刺激之心理再現物（the psychical representative）」（1915, XIV: 121-2）。他並不直接取用生物學

的理解來看待人類的性。但為什麼我說他仍依賴著生物學的本質論？因為，他雖用了很多言語來說明：主動性／被動性是心理的性質，但他又會說「主體性／被動性（這種兩極對立範疇）是生物學的」（1915, XIV: 140）。

我們最好把這種搖擺的觀點拉回到心理學。關於雙性或多重性的說法，如果一直企圖尋求生物學式的證明，我想我們已經有不少胚胎學和解剖學的證據，可以相當程度地支持佛洛伊德晚期的說法。但關於人類的男性／女性或不確定性的問題，事實上並不一定由於先天傾向造成後天行為的混淆。要為佛洛伊德最終的心理學作一番辯護，首先得要從後設心理學（metapsychology）的層面出發，再進入精神分析語境，才能說清雙性／不確定性是個什麼樣的問題。

佛洛伊德在他的後設心理學中選定三組對立範疇用以描述人類的心靈生活，這三組範疇是：主體（自我）／客體（外在世界），享樂／非享樂，以及主動性／被動性（1915, XIV: 133）。當然我們知道這三者和性有密切關聯，但前兩者和男性女性的區分毫無瓜葛。那為什麼第三組對立範疇就會被應用來作為性別區分的原則？不為什麼，只因為當時的佛洛伊德尚未理解。

主動／被動之所以會被視為一種兩極範疇，實在需要補加很多說明。當佛洛伊德最初說：**力比多的本質是男性**時，他的意思原是指力比多具有主動性。既然力比多在根本的設定中就是一種能動的力，則說它是主動的，那就毫無問題。從「男性」到「主

動」到「能動」，這三個語詞，其實只有第三個才是力比多的本義。所以「主動性」一詞就「能動」的意義來理解，它的對比一極應是「不動」而不是「被動」。主動／被動這組兩極範疇中暗含著動／靜的對比範疇。所有能被稱為生物的東西，其第一前提就必須具有能動性，不論它是雄性有機體，或雌性有機體，也不論它是雌雄同體或無性生物。從心理學來說，我們若要確定心理世界的成立，則首先要讓這內在的能動性質成立。在這個階段，我們根本不需理會它是否具有性別。這就是不確定性的第一義。

接下來，我們如果一定要從心理學的邊界跨進生物學的話，我們至少可以知道：既然叫做性，即有性生殖，那就一定涉及兩個個體。在最基本的生物學定義下，這兩個體以性而接近，其目的似乎是在於使其中一個生產的精子和另一個生產的卵子有機會結合。但是性結合並不等於授精。從生態或演化的鉅觀角度來看，我們只能說：性有利於結合，而結合則有利於授精。[13] 但性、結合、授精卻不是首尾一貫的單一過程。它們各自分立，只在特殊的安排下，它們才會排成一列，依序遞轉，從自體的性轉到對象的性，再從對象的性轉到生殖的性。佛洛伊德在《性學三論》中，其實早就明白上述的生物學，所以他以性的快感區帶為基礎——說明了性的泛轉（perversion）、逆轉（inversion）現

---

13 這個關於性結合（sexual bond）的觀點，請參閱 E. O. Wilson (1978). *On Human Nature*. Harvard University Press.。中文譯本：宋文里譯，《人類本性原論》（台北：桂冠，1992）。

象。[14] 各種非性器官的性行為和自戀、同性戀等都是同居於性的屋頂下的房客。這種了解，只怕是被單一的性觀念——即異性、性器官結合的性觀念所扭曲，而致不斷需動用「性變態」、「性倒錯」等貶義語去拚命修理它們。佛洛伊德確是仰賴生物學的。但他從解剖學出發，進而預示了他和生物學或演化論的關聯。到了這一程度，我們就已能了解「性不等於生殖」，即不確定性的第二義。

第三義，進入精神分析中佛洛伊德拿手的辯證法。這是關於心理的性別如何在兩極對比間遊走的過程。一個好例子就是施虐／受虐戀（sadomasochism, S/M）。用通俗的解剖學知識來看，男人和女人是以性器官為根本的區分標準。男人有支能勃起堅挺、能刺穿、能射出精子的凸出物，陰莖；而女人則有個柔軟濕潤、能容納、能接收精液的凹洞，陰道。在性行為中，男人主動地攻擊，而女人則被動地接納，這便轉成了通俗版的性愛病理學——施虐／受虐的根源，或更清楚地說，就是「男人＝施虐／女人＝受虐」。但這永遠只是通俗版心理學的寫法。精神分析從來不是這樣理解的。受虐由施虐起動，受虐者即是施虐者反向的呈現，這才是精神分析的理解基礎。讓我們藉由佛洛伊德的說明（1915, XIV: 127）來看看這個曲折的過程：

---

14 泛轉（perversion）、逆轉（inversion）並不是目前漢語精神分析文獻中常見的譯名，而是作者自行鑄造的新譯。從英文的字面來看，這樣的譯法比較妥貼，而且可以避免一切不必要的價值成見。

1. 首先，要有個能成為主體的人，他[15]以性，或任何其他的攻擊，施之於另一個人，意即他的對象（客體）。

2. 其次，他放棄了對象而代之以自身為對象。放棄可能源自於喪失，至於以自身為對象則是人在幼年時即已自然發展的關係模式，此即為自戀。在這個轉折中，主體的主動性也隨之轉變為被動性——從施者轉變為受者。

3. 最後，還有一段完成的過程，即主體**再度尋找**一個對象，但這回，這個新的對象被放在主動的位置，亦即原先的主體自行轉化成該主體者的客體（對象）。

這段曲折的過程，最後的產物常被稱為受虐戀者（masochist），但我們可以看到其中真正微妙之處在於：這是一個主體，以主動運作的方式把自身變為一個被動的客體，而同時也製造了另一個主體，來取代原先的主動位置。那個被製造的主體固然有他自身的主體性，但在這個受虐戀者的關係樣態中，他（作為一個施虐者）只是個主體化的客體，或被動的主動者。如果心理性別是由主動／被動的對比範疇所劃定的話，則，很明

---

15 這裡使用的「他」字，以漢語原有的用法，可以指任何性別的第三人稱。除非有特別區分的必要，作者才會使用現代漢語中出現的「她」來指女性的第三人稱。「他」在漢語中原無性別之分，本文中的用法遵循古漢語的原則。「她」字當然是模仿外語而造作的新字。有些時候，這可能是有用的，但我們也得知道，有些時候，一旦使用此字，就造成了另一種累贅——君不見，在英語中，為了要達成性別平等，以致經常要使用「he or she」的兩字併陳，或甚至要造出「s／he」這種怪字來表達嗎？

顯的，一個人處在主動的被動態，或被動的主動態之中，他就已經是在模稜兩可、曖昧不定的狀態中。

所以，綜合以上三義，我們應可了解：1.能動的主體性和性別無關，2.從演化論來看個體的性，和生殖的性就可以分立，3.在精神分析中還可發現，主動性與被動性可做曲折的結合。性的不確定性既已如上所言，所以，有性別的性就不是必然的——除非那只是一種文化習慣，在文字、象徵中硬化成型。我們現在就該轉過邊來看看這些硬化的象徵。

五、圖象誌：陽物象徵

在一般人的世界，即在日常生活中，性別是一套反覆累積的知識，像陽光、空氣和水一樣自然無疑的知識。我們在圖形符號中，一眼即可看出其現狀的四處呈現。在很多指標性的圖象中，有一個最為我們熟知而不疑的，是關於公共廁所的標示，兩性並立以作區分，一目瞭然。這個硬性的區分法則，原是由拉岡（Jacque Lacan）所指出，而羅絲（Jacqueline Rose, 1982: 42）則為此作了一段精闢的解說：

> 性別的區分乃根據一個主體人之是否擁有陽物而定，那意思並不是指：解剖上的區別就是性的區別（其中之一方可嚴格地從另一方導衍而生），而是指：解剖上的區別所唯一能容許的代表方式——陽物乃於焉指明了：區別被減縮成一個可見的事例，一個看似如此的價值判定。

我很慶幸能用看的方式來接續精神分析的討論（事實上，當佛洛伊德以觀察症狀以及釋夢之作而確定精神分析之學時，我們也可以明白，他是個多麼仰賴視覺判斷的人）。談到陽物，我們不僅看到了一個具體可見的東西，也看到了一般人如何以眼睛閱讀人的解剖構造——並且在看一眼之後，就定型為一個牢固的意義。

　　人類的新生個體被眼睛作第一次閱讀時，確實是要在他的兩腿之間讀出一種有／無。這個新生嬰兒渾然無知，但他的家人卻已經以一陣習慣性的、帶著歡呼或哀嘆的宣稱而規劃了他（她）的性別。問題是：我們看見了一個凸出之物，稱它為有，而對於凹入之物，我們卻稱它為無。「唉，這個孩子沒有小雞雞」，我們就是這麼說的；而我們也都很容易知道，這只是眼睛的一種慣性，而慣性就以惰性來造成一連串的誤讀或錯表。

　　所謂陽物崇拜的文明，或陽物中心的邏輯（phallogocentrism），在我看來，並不只是看中了陽物，以陽物有無作為整套邏輯的第一公設，而是在看陽物的同時，因為不太會看的緣故，而把它看成了某物，譬如像古代文字（「且」，即「祖」的字根，還有「牡」字中的「土」字根），只看到它之為凸出物；又譬如在現代醫學（乃至整個視覺文明）中慣用的符號體系，則除了凸出物之外，另看到了它的射出，或刺穿性的功能。不論是「且」、「土」或「♂」，它們究竟是不是陽物本身確切的再現（代表符號）呢？我看不是。為了說明我的看法，我想借用米

謝爾（W. J. T. Mitchell, 1986）[16]對於維根斯坦（Wittgenstein）
的心理和語言意象（image）之論所作的闡釋。他稱之為圖義學
（iconology），並且做了一則圖示（圖5-1）。

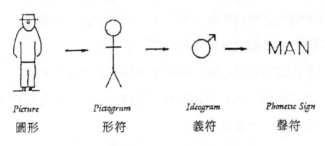

Picture　　　Pictogram　　　Ideogram　　　Phonetic Sign
圖形　　　　形符　　　　　義符　　　　　聲符

【圖5-1】從圖形經形符、義符到聲符的轉變
（取自 W.J.T. Mitchell, 1986:27）

　　這正好是指一個男人被圖形、符號所再現的過程：一個具體
的存在者（男人）被描繪成圖形，又轉成簡單的筆劃造型（稱為
形符，pictogram），後來，一種有意的選擇介入這符號化的過
程，使形符再轉成義符（ideogram），最後這兩種符號（形符、
義符）被聲符（phonetic sign）取代。這段說明與古老的漢語說
文解字法則（即六書之中的象形、指事、會意、形聲）其實頗可
相互呼應，但值得注意的是：維根斯坦強調了義符的形成之中必
然含有某種滑轉或錯置的成分。以米謝爾的圖示來看，從「♀」
到「♂」之間顯然有個特殊的選擇（很可能就是眼睛對人體的最

16　Mitchell, W. J. T. (1986). *Iconology: Image, Text, Ideology.* University of
　　Chicago Press. p. 7-46.

初閱讀經驗），用片面代表了全部（這在**喻示法**〔allegory〕中特別稱為 synecdoche）。但當聲符形成之後，這個特殊選擇的過程就很容易被掩蓋而遺忘。我們用發音來說「man」（男人），以為它指的是形符（ ），但卻不知道它是透過義符（ ）而指的形符。男人之所以叫做「男人」，並不是由於有頭部、軀幹和四肢，而是由於他的身體帶有陽物而然。

用上述的圖義學理解，回過頭來閱讀公共廁所的標示，我們看到什麼？先取三組常見的圖形（圖 5-2）──其實它們都是一些典型的義符──來看看：

【圖 5-2】公共廁所用以標示性別的一些典型義符

A 圖畫的是「穿長褲的人」和「穿裙子的人」，B 圖畫「短髮人」和「長髮人」，C 圖則是說「抽煙的人」和「穿高跟鞋的人」，都是很陳腔濫調的代表。難道穿長褲的女人，短髮的女人，或抽煙的女人，照圖面所指示的，就可以進入男廁嗎？沒有人會那麼天真地相信那些意思。A、B、C 三圖，其實都是指男／女，或更清楚地說，它們至少應是分別由兩句話構成：

「這間給男人如廁。」
「這間給女人如廁。」

這些義符只挑選了男人和女人的身體局部，或甚至某種象徵形式來代表，雖代表得不清不楚但也似乎不成問題——將它們都貼在公共廁所的門上，是廁所這個語境使它們的意思變得清楚。但這樣說還是不夠的——在如廁的行為中，小便、大便分開來說的話，尤其是後者，難道真需要區分男女嗎？在一般家庭中，為什麼同一間廁所，既可以給男人使用也可以給女人使用？好，我們就根據第一個疑問，把那兩句話修正如下：

因為是要小便，所以男人進這一間。
因為是要小便，所以女人進這一間。

根據第二個疑問呢？那就可以不管大、小便而不必區分了嗎？我們的日常法則明明不是這樣的。我在某一個公共娛樂場所看過廁所正使用了「♀」、「♂」的符號的標示，突然領悟了它的啟發性：男女公共廁所區分的要點，正在於男人女人都要暴露他（她）的性器官，它當時的功能是排尿，但它卻被理解為性的展現。在家庭內，因為性已被嚴格管制，所以可用約分法將性別的公分母消除，而同時它也消去了分別使用廁所的必要。然而在公共場所，對於性，我們得保留著難以管制的疑慮和警覺。所以，雖名之為「廁所」，但我們最在意的卻是「性別」。而分開

來，據說是為了保護女人。女人本身的暴露原不是任何問題，但當它是對應於男人的暴露時，那就另當別論——男人的陽物是像箭一樣的武器，有射出和刺穿的危險性——這樣強烈的恐懼，男人和女人都心知肚明，使我們甚至不願提到它，所以我們只說：「抽煙的，這邊；高跟鞋，那邊。」到此，我們終於回到了羅絲所闡釋的拉岡式理解。

六、圖義學：從艾瑞克森，向前一躍

　　問題再回到陽物。我們已知陽物是區分男／女性別的日常公設。這個可見的東西，是日常知識難以擺脫的思考原料。但即使如此，陽物也不是以它本身來被運用。它轉成一個義符，而其意義來源則是它原屬的生活脈絡中的一個切片，然而這個符號的使用者卻又轉而被義符中的片面意義所反控。這麼說，陽物原屬的生活脈絡是什麼——如果我們想把義符還原的話？我們必須回到佛洛伊德傳統。陽物的原屬脈絡是性。性別即是根據性而作的區別。在佛洛伊德的性心理建構中，性的意義緊貼著幼年期的成長過程而逐漸累積。性的諸快感區帶是這段成長過程的幾個里程碑。為了用看的符號來討論義符的問題，感謝艾瑞克森（1963），這位曾經是美術系學生的精神分析師，他把佛洛伊德的幼兒性理論畫了出來，正好幫我們搭起討論的橋樑。

　　艾瑞克森把佛洛伊德的「口腔—肛門—陽物」的快感區帶理論加以擴充。對他而言，思考的原料不只是身體的部位、器官，而是由身體延伸到心理的模式（mode）以及社會空間的樣態

（modality）。老實說，原先我們看慣的義符「♀」或「♂」，也不只是性器官的圖符。除了具有古希臘神話中關於戰神、愛神的涵義之外，「♂」也可看作由身體和射出的喻示法所構成，所以它已經包含了某種心理模式和社會樣態。「♀」則似乎是個比較呆板的義符，它只指涉子宮、輸卵管和陰道。如果我們也把它看成模式、樣態的表示，則至少得想像它是支唧管的喻示──子宮（身體）是個內凹的橡皮球，陰道則是由它延伸出來吸管。作為義符而言，「♂」表示了射出的模式，所以它隱含著射中、射傷對象的社會樣態；「♀」表示了吸入的模式：所以它隱含的樣態是招引和接受。艾瑞克森的圖示卻顯然比這些要細緻得多。

他先把幼兒的性成長階段與各個心理模式做成基本的圖示如下（圖 5-3）：

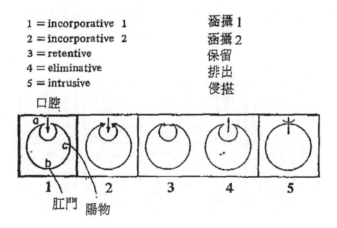

【圖 5-3】艾瑞克森繪製的幼兒性心理發展階段
（取自 Erikson, 1963:77）

三個區帶，即口腔、肛門與陽物，分由 a、b、c 代表。以三個區帶為基礎，發展出五種模式，即：

1. 口腔─涵攝 1（吮吸）
2. 口腔─涵攝 2（咬嚼）
3. 肛門─保留
4. 肛門─排出
5. 陽物─侵揳

　　取「涵攝 1」來看，任何一個人皆以為起點：身體以口腔為主要的表現器官，將對象涵攝到體內；性快感隨著涵攝的過程而產生。艾瑞克森作出的圖形和常見的義符「♂」幾乎正好相反。在「圖 5-3」第一階段和「♂」之間，實即包含了一段被忽略的內容和被遺忘的過程。在艾瑞克森的重建中，我們看到的是一個胚胎形成學（epigenesis）的表示（圖 5-4）：

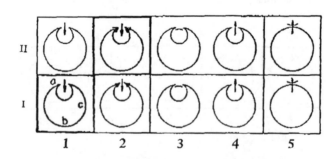

【圖 5-4】性心理發展模式的胚胎形成學表示法
（取自 Erikson, 1963:77）

在模式「涵攝1」的胚層之上疊生「涵攝2」胚層。成長的第一階段延伸出第二階段，而不是被第二階段取代。在此之後，層層疊到幼兒末期，在第五階段，出現男女區分的特徵。艾瑞克森還特地為女童的第五個模式畫出副型，即一種變形的涵攝模式，叫做挹攬（inclusive）。五個階段、五種模式全面舖展，就形成圖5的男孩型和女孩型。

艾瑞克森在什麼地方幫了我們什麼忙？他似乎只迴映了佛洛伊德的男女分立論而已；他甚至沒有闡釋雙性、多重性、不確定性的問題，或只把它看成青少年期發展上的病變（1968：186）。這些說法和艾瑞克森對自我的主張並不相符。我們從他手製的圖形中，其實可以看出兩個極為重要的特徵：1. 重疊相生的關係，2. 所有的模式、樣態，不論是施是受，都有個明顯的主體作為生發、承載、容受的根本。性器官不僅僅是陽物，它是由性感區帶在全身各處聯綴構成的網絡。性也不僅僅是性器官，而是有整體的動態關聯方式。到了這個地步，我們在男孩型、女孩型之間所看到的一點點差異，即第五階段的兩種副型 F 和 M，都可發現：事實上由於他們並具有相同的早期深厚基礎，所以即使發展出最後階段（階段 V）的副型，在男性、女性之間仍是完全可以相通的（見圖 5-5）。

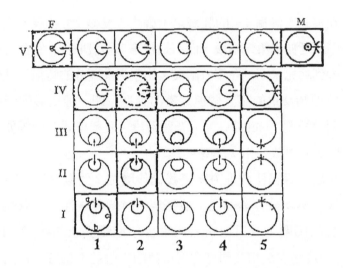

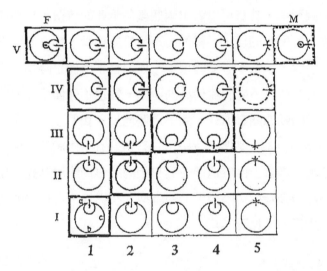

【圖 5-5】圖上半為男孩型，下半為女孩型（在上下的階段 V 兩端
皆出現 M 副型／F 副型）（取自 Erikson, 1963:89）

循著艾瑞克森的來路，往前作理性與理性之外的一躍，我甚至可讓 M 和 F 的兩種副型變得更為相似。我們先要注意圖 5-5 中的一個元素，我們可用如圖 5-6 的義符來加以表示：

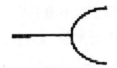

【圖 5-6】從 M 副型而得的一種義符

　　然後我們可以把 M 型先取出來做個修改，使它成為圖 5-7，也就是將侵攝模式變成抓取或掏取模式：

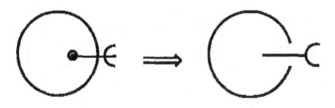

【圖 5-7】艾瑞克森的 M 型之修正

　　其中隱含的邏輯是說：它由涵攝模式轉變而來，總還帶有某種攝取的意味。我有個很好的理由，廢止帶有強烈攻擊性的叉、戟、箭一類的喻示——讓我們念茲在茲的回到義符形成的原理上：喻示是人類用以理解事物的造型法則。如果它可以造此型，它就一定可以造彼型。造型之能否定型而為人類共通的象徵理

解，端看它是否真能說得通。我的理由除了說它是源自涵攝、攝取而成為更凸出的抓取、掏取之外，更重要的是看出通俗陽物造型「♂」的錯誤切面。陽物自身體向外凸出，以它本身單獨來看，針對於另一個內凹的器官，它也許就是刺戟、戳入的工具。但是，既相連於身體，我們就不能不問「對自身的身體而言，它到底是為了什麼？」相對於本體，陽物之所以伸出去是為了要掏取的。假若我們能換用生理學的語言，我們就可以了解：陽物的頭部（即龜頭），含有眾多感覺敏銳的神經末梢，它纖細而脆弱，完全不像作為武器使用的角、爪、齒那般堅硬或「沒神經」。簡而言之，陽物只是個伸出去的受納器官。在造型上，以圖義學的邏輯（圖 5-8），我們可以這樣理解它：

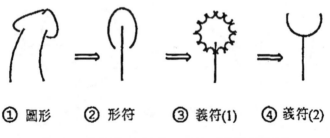

① 圖形　　② 形符　　③ 義符(1)　　④ 義符(2)

【圖 5-8】陽物之圖形、形符、義符的轉變

　　圖中的（1）是陽物的圖形，（2）是個形符，（3）則是取其含有眾多受納神經之義而做成的義符，（4）則是將（3）再予以簡化的結果。這個圖形符號變化的結果放回艾瑞克森的脈絡，就是對於圖 5-6 中的那個「⊣」的圖義學說明。

用同樣的方式，也可以改寫 F 型。理解的方式仍是將它放回身體這個主體系統的脈絡。陰道、子宮的凹入，對於身體而言，仍是受納、收取之義。它由身體發動它的收取，所以，由原先的挹攬模式來看，它和男性唯一的不同在於它凹入體內。我們可以給它改寫的結果就像是圖 5-9：

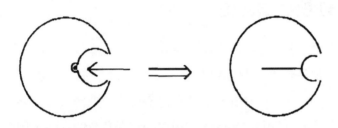

【圖 5-9】艾瑞克森的 F 副行之修正

　　到此，這意思已經很明顯了。M 副型與 F 副型，兩者之間只要加上一點點動態（伸出／縮入）的想像力（我想任何人都可以辦得到），就可以變得一模一樣。（圖 5-10）

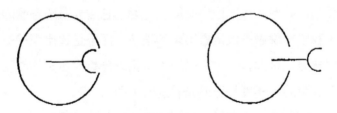

【圖 5-10】修正後之 F 副型與 M 副型之動態關連

凸出或凹入，只是主體對社會樣態的策略運用。當男人的性模式往內縮時，它就呈現所謂女性樣態；當女人的性模式往外伸時，它就呈現所謂的男性樣態。器官、造型並沒有寫定一個人的命運。男性、女性也者，除了作為次生的分類原則之外，只是個形容詞，而不必然是實物的真名。

七、超現實主義的觀點

對於事物的與否，對於名稱的意義，我不但不相信邏輯實證論，我甚至不是個現實主義者（realist）。對於所謂「空名」（empty term）的主張，我只能說，對於造飛機或登陸外星球而言，它是很有批判之用的。它用以否定獨角獸的存在，用以判定「方的圓」這樣的語詞了無意義。感謝它提供嚴密的思考路徑。但能通往羅馬的路，不一定到得了耶路撒冷；確定了真實，並不等於確定了意義，何況，真實和意義果真是一種能確定之物嗎？

如果容許我事後說明：「♀」造型（用以取代「♂」）究竟是怎麼來的，我想我不能說：「用精神分析理論和理論所衍生的義符脈絡，經過演算、推導而得」，因為它並非我所經歷的思考真相。我已經說過，這是**看出來的理解**，而不是**導出來的結論**。這種理解方式是圖義學，也已經不是精神分析學自然的產物。在這一節要說的，其實就是最先看到的東西。

今年四月裡，我在猶豫是否能參加當年的《兩性與社會研討會》。當時我覺得：對於原先擬定的題目，我並沒有充分的準備。同時，我正為清華大學藝術中心籌辦一個頗有超現實風格

【圖 5-11】達利《不可知論的象徵》（彩色圖請見附錄）

的畫展。為了和那位年輕畫家莊志輝作些藝術史式的溝通，我
寫了一則短短的評論，談超現實主義與日常知識之間的關聯。[17]
我翻了翻手邊的畫冊：達利和馬格利特。首先，是那幅《不可知
論的象徵》（Dali, 1932）（小倉忠夫，1974：27）[18]，對我撞
了過來。我在大約讀高三時就在畫冊上看過這幅作品。不論是畫
面或畫題都使我惶恐不安。在當時，我所有的知識中，沒有一絲
線索可讓我憑以理解這個怪物。但現在卻有些不同了。我是指年
近四十的疑惑，它已經變成了內在的導航器，四面八方地尋索任
何可以和疑惑連成一體，形成一個問答循環系統的可能。每當這

---

17 宋文里（1991），〈鬼魅與狗馬〉，《自立早報副刊》，台北，1991
　　年3月11日，以筆名「李坪溪」發表。
18 小倉忠夫（1974），*Dali*，東京：集英社。

樣的循環系統完成一次，我就會覺得這過程充滿意義。（我是說 meaningful，而不是說 meaning）我是說，它產生了真實的學問，而不是說，它就是真實。

《不可知論的象徵》究竟撞到了什麼？撞開了什麼？從前，我只看它是個形上學遊戲：一支無限長的茶匙，從遙遠的另一個空間浮懸著向近處伸過來，中間碰上一個瓷塊而作了點小彎曲。在茶匙的匙凹裡，有個小小的時鐘，解說者提供的詳細資訊是說：鐘面顯示著六時四分（小倉忠夫，1974: 105）。空間和時間構成一個不可解的謎面。在十八歲時，我一碰到形上學，除了肅然起敬之外，只有手足無措的反應。但現在，我的想法是：除了陳腐的形上學之外，達利這個人究竟是看到了什麼。或者，不如說，我究竟看到達利看到了什麼？──不確定性：性的曖昧不明，主動和被動的化合為一，以及起源和終點的不對稱性，所有這些，在一次的開視（vision）中顯現。

對達利這個人來說，如果一定要問他，透過什麼方法作出了這樣的成品？如同問一個寫文章的人，透過什麼理論，把材料處理成這樣的作品？達利給的答案是：透過妄想症的批判方法（paranoiac-critical method）──從詞面上看，已近似一種瘋狂。但達利對它卻有一番精神分析式的解釋：「妄想症的（心智）」活動對我們提供一種可能性，用以使誕妄、狂亂得以系統化。妄想症的意象乃源自於詮釋的狂亂。這種狂亂本在夢中，醒時即被拭除，但他實在會持續滲入這些意象之中，而且可以直接

向任何人說明溝通。」（引在 Ades，1982: 124）[19] 達利說他的方法是一種非理性的知識，它使藝術家具有特殊的能力，可在一個造形之中看出不同的意象。

再進一步問，給定之物，怎樣在它的造形中看出不同的意象？達利（1932）對此果然有進一步的回答，他在〈超現實主義者的物象〉一文中，提出個基本觀點：「每一個物體都被視為一個擾人而又任意的『存有』，而它之所以有權存在，是因為它完全獨立於實驗者的活動之外。」

> 觀看者（實驗者）不以預存的成見（管它叫理性、習俗、慣例都無妨）去看一個東西，那東西裡頭有一種讓人管不住的性質，隨時可以向你撲來，讓你手足無措。這個基本觀點預備好之後，接著你就該撥個鬧鐘放在口袋裡，任選的時刻，鬧鐘一響，你撞見了任何東西，立刻開始自問：這東西究竟是屬於：
>
> 「白天或夜晚
>
> 　父系或母系
>
> 　亂倫或非亂倫
>
> 　有利於愛情嗎？
>
> 　可以轉變嗎？
>
> 　當我們闔上眼睛時，它又會在哪裡（在前或在後，在左或

19　Ades, D. (1982). *Dali*. London: Thames and Hudson.

在右，遠在天邊或近在眼前，等等）

若將它丟進尿液、醋酸等等，

它又會發生什麼事？」

（Dali, in Chipp, 1968: 423）[20]

　　抖散、鬆脫你所有的成見，像個瘋狂譫妄的人一樣，重新面對擾人的、給定的存有，譬如像一把茶匙這樣的存有，你會看到既驢又馬，也男也女，既屬父系也屬母系的東西。它顯現成一個前所未有的意象，但對任何一個人來說，那真是可懂的。馬格利特，另一個超現實主義者，也有一個實驗的觀察，《紅色鞋模》（1935）[21]，我們只取這一個例子就好：穿鞋的腳，與被穿的鞋，合成一體；容受之器與內容之物以同一個意象顯現。它完全不是真實之物，但誰又不能看懂它呢？眼睛在眩惑中接納它，於是它就如其所是地存在（being qua being, being as it is）。

20　Dali, S. (1931). The object as revealed in Surrealist experiment. In H. B. Chipp (1968), *Theories of Modern Art*. Berkeley: University of California Press.

21　Gablik, S. (1985). *Magritte*. London: Thames and Hudson.

【圖5-12】馬格利特《紅色鞋模》（彩色圖請見附錄）

八、圖義學對精神分析圖象誌的改寫

我接納了超現實主義者如達利和馬格利特的造型法則，回過頭來看看令人眩惑的陽具、性、男女等存有，突然覺得佛洛伊德那最後的雙性、不確定性問題，實際上是可以有個理解方式的。

首先，就照達利的象徵那般，把它畫下來。畫的想法是：陽物，可以畫成陰性的嗎？而達利的茶匙提供了一個簡易又可解的雙面刀：用凹狀物，接上一個長柄，就是前半段的解；解了前半，後半也隨之得解。凹狀物，被動者，陰性；長柄，主動者，陽性。合成一物，它就既是陽物的象徵，也是陰道的象徵了。它原先是這樣的（圖5-13）：

【圖 5-13】陰陽兩可的形符

　　它是個性器，就是個受納器，加上柄狀的關聯器而接到主動的身體系統。其次，依此再作個變奏，以接合於艾瑞克森的圖形系統，就是這樣了。這就是造型的由來。

　　如果要看這個源自達利的性象徵取得性對象時的造型，那就是圖 5-14：

【圖 5-14】陰陽兩可的形符取得性對象時的造型

　　然後，如果是兩個主體，作性的交合，亦即互為主體，互得對象時，那就是圖 5-15：

【圖 5-15】性的交合：互為主體、互得對象造型

既然它秉具了又此又彼的特徵，所以它就不再只是一個戳刺、一個被刺穿，一個射出、一個中箭的模樣。它們兩個應是相撩相合的。

　　這樣的理解，從上一節改寫艾瑞克森，到本節轉換達利，以圖義學來看，其實並不特別困難，但為什麼在佛洛伊德筆下的所謂曖昧不明、模稜兩可的雙性概念會顯得如此難解呢？為此，我必須再給一節附筆，作最後的結尾。

九、結語

　　1938 年，佛洛伊德在他生命接近終點的年代裡，為精神分析作個總結的時候，對於雙性「大謎題」，他是這麼說：

> 我們在此面臨著一個大謎題，就是關於性的雙重性那個生物學上的事實：對我們的知識而言，那是個終極的事實，它對於我們之企圖將它溯源為另一回事，可說是全然不屑一顧。精神分析對於澄清這個難題，是毫無貢獻，因為它顯然完全落在生物學的領域內。在心靈生活中，我們只發現這個大矛盾的反映；而對於它的詮釋則長久以來被人疑為是越弄越糊塗，因為事實上沒有一個個體可被限制於單一的性別反應模式，而總會在相對的另一性別中，找到反應模式的餘地。（1940，XIII: 188）

　　佛洛伊德終其一生致力於建設精神分析知識，而他的學術目

標之一，就是在於脫除生物學的影響，完成心理學本身的詮釋體系。但這是一項艱困無比的使命——即使到了佛洛伊德謝世之後半個世紀的今天，「心理學詮釋」仍有個明顯的傾向，就是每當碰上大謎題、大矛盾時，總要退回生物學中去尋找庇護。但是，在我看來，生物學並不必然可成為心理學的基礎科學。生物學並不等於生物的自然存在之唯一反映。我們只能說，它是對於生物自然存在的一套詮釋體系，而且，同在此一體系中也已經包含了許多相互歧異的觀點，此時，他所屬意的生物學究竟是指什麼？「一個終極的事實」就是一個終極的詮釋嗎？

任何一個個體，一個具體的人，之所以在性反應模式上游走於兩種性別之間，這樣的事實為何會被稱為「大謎題」呢？我想來想去，最後發現，唯一可以作的回答是：佛洛伊德他自己把它弄成了一個謎題，但是，我們也不必要求佛洛伊德一肩挑起全部回答的責任，這責任應屬於父權社會，而米謝爾（Mitchell, 1974）曾經有力地指出：佛洛伊德並沒有製造或販售父權文化，他只是用精神分析去說出整個文化的難題。他的起點就是父權文化的起點，譬如他說：力比多無疑是屬於男性的，因為力比多具有主動性本質的緣故。後來他開始質疑，並且逐漸堅定了立場，反對「主動＝男性／被動＝女性」的公式。在上文中，我已經敘說過其中的道理。我們該進一步想的是：男人、女人是一回事，而男性、女性則是另一回事。我們習慣於把男人、女人這樣的生物存在歸入男性／女性的分類系統，我們用這套分類學來理解人的自然存在。「我們的習慣」事實上就是文化累積的日常理解習

慣。

　談到文化，我們姑不作西方／東方的分類，只消先看看它們共有的日常理解習慣。整套有關陰陽、乾坤、剛柔的理解方式都是藉著象徵喻示而建構的類比法。男人、女人，可能是基礎喻示的來源，但一旦被納入那套類比的理解系統之後，凡是與系統不相符的特徵便都被抽象處理，以完成系統本身的內在聯貫性，我們在這種處理過程中扎扎實實感受到人性的扭曲。但文化不是數學，不是生物學，它所成立的理解方式本無完整的系統可言，如數學然；它也沒有一事一物嚴謹比對的分類法，如生物學然。它只是運用喻示，在幾個不相連綴的要點上造成看似相互關聯的關係網絡而已。要在其中找出相互抵觸、相互矛盾的地方，只怕是太容易了——但我們都是在習慣中長大的人，文化的習慣就是我們的習慣，我們可願意一反常態地回過頭來翻檢我們反複使用到不假思索也可以反應的習慣嗎？「天乾地坤」是什麼意思？「乾道成男、坤道成女」是什麼意思？火山、地震照習慣的理解，應是女性的？但誰又能說它是女性的？覆蓋大地的蒼穹，又如何可說是男性的？在很多種語系中，對名詞採用性別分類法時，出現這種不知所措的狀況更是撿拾可得。你猜煙斗屬於什麼性別？我們的廁所上說它是男的，但德文、法文、西班牙文都說它是女的；靴子呢？德文說是男的，法文說是女的；收音機？德文說是男的，法文說是女的，西班牙文說男女都可以。茶匙？時鐘？喇叭？炸彈？學外文的人都知道，你不能根據任何系統、任何分類法則輕易記下每一個名詞正確的性別；你必須把它一一背下來。

文化在不能演算的時候就逼你背下來，你只是背久了，忘了它對你使用的暴力。達利在一幅畫裡告訴你一次奇特的頓悟：茶匙的性別是個矛盾，而時鐘也是。馬格利特甚至丟了一雙性別矛盾的鞋模給我們。在日常生活的脈絡中，你忘了它是個問題嗎？誰叫你不要問？誰說你不准問？

我們不能和歷史爭辯；我們把文化看成理所當然；我們在歷史和文化中過我們的日常生活。但佛洛伊德卻拿他的精神分析直向日常生活衝過去，它實實在在地是以唐·吉訶德的姿態向歷史文化的風車正面挑戰了。他設計一套分析的方法，從人性的根基之處著手質問文化的意義。他的難題也就在此了——第一個問題，也就是第一個設定：萬有世界的第一動因，使生命具有性的意義者，在定名為力比多之時，也被文化設定了它的性別為男。後來，無論怎麼設法推翻，但男性／動力的設定已經成了黏身的魔咒。他愈是發現雙性本質，愈是覺得人類的性別成為不可解的謎團。而我似乎可以很有自信地說，照佛洛伊德的走法，走到終極的窮境之後，在曖昧不明之處，你就可以找到柳暗花明的境界。

關鍵確實不在男性而在女性。佛洛伊德把女性的完成寄託於男性的相對面上——從具有主動意味的小陽物（陰核）轉到被動的陰道。女性的完成即是當她完全準備接受長成的陽物之時。對於這套生物學，在陰道之內，還有個更大的世界——子宮。它是陽物所永遠不能窺其堂奧之處。在什麼意義上，我們可以說它是被動的？從陰戶、陰道到子宮，它雖然是一層一層向內展開的空

間，但是當它完全展開時，一個陽物只怕是太渺小了，根本是不足以宣稱**穿透**，更遑論**佔有**這個空間。一個廣大的世界，一片浩瀚汪洋，邀請你去走訪她。而對於弱水三千，你只能取其一瓢，你穿透了什麼？佔有了什麼？

於是我們需要一個死去活來的佛洛伊德，從另一個設定開始，這是我們在更新整個文化的理解習慣時，比較能夠掌握的方式：力比多，**無疑的，是從女性開始**——不是用文化寫定的女性，而是以自然的女人，帶著她的整個身體，重新作為基礎喻示，於是它的象徵形式不再是個懸吊、割離的凸面，而是個主動的、聯繫於整體的凹面；它絕不是個有限的凸出之物，而是無限內凹的空間。以此而言，陽物只是個凸出的小凹洞；而天空，如在神話時代就得以據此改寫它的意義的話，你就必須說，它是覆蓋著大地的穹窿，如同子宮之孕育胚胎，如同母親之擁抱孩子。

然後，雙性會是個什麼問題呢？男人不需要再用一個看似為凸出物實即為小凹洞的陽具來界定他整個身體的性別。所以，不是只有剛好能用一個大凹洞來套住小陽具的人才是他的正當無誤的性對象。一個凹洞可以和任何凹洞接合——它們互相環抱。這種接合方式，適用於所有的人：女人和男人，男人和女人，女人和女人，男人和男人，而他們共有的目的是：接受與容納。以文化習慣來說，它是一種女性行動，而我則寧說，它就是性活動本身。

以這樣的一則圖義學和神話象徵的思考，我提議了一種改寫世界的方式，不論這個世界是否仍會以它日常的習慣繼續運轉。

物的意義：
以徵象學再論碟仙研究

寫在本文之前：以啟題探究法重寫碟仙 [1]

碟仙本係一種具有祕傳性質的占卜術，它的操作方式、內容以及背後隱含的鬼神與宿命觀念和傳統數術有許多異曲同工之處。校園內不少學子為此既著迷又恐懼，卻苦無理解之門。在以碟仙為題的計劃研究之初，我已有親身體驗，發現碟仙的問題性質就是和文化的深層邏輯有密切關係，但在表面上，它會以各種方式閃避解釋。從「宗教文本」的概念下手，就會發現它和各種傳統宗教文本一樣，係以「殘缺文本」的方式存在，因而重新理解的基礎就必然是「回到原初文本」，或說是對文本進行重新構作──而這就是「重寫碟仙」的意思。

1　本文原作係根據國科會補助之研究計劃（編號：0182-365RB）之結案報告《殘缺文本的復原：以碟仙占卜為例的啟題研究。》有關補助部分，特此聲謝。本文最初刊登的資料如下：宋文里（1996），〈以啟迪探究法重寫碟仙〉，《本土心理學研究》，六期，p.61-143。碟仙研究計畫最後寫成五萬多字的報告，對於碟仙的研究鉅細靡遺，堪稱史無前例。由於文長，不收入本作品集。為了方便下文的討論，在此僅印出摘要和全文綱要。

在「重寫碟仙」研究中，對論法（dialogics）是實際進行研究的方法，但在此之上，為了使重新論述能在師生關聯中展開，又以啟題探究（heuristic inquiry）作為研究設計的後設框架，因此而構成具有階序性的研究架構。本研究係在一個「工作坊」內進行，參與的主體有研究者本人所擔任的教師以及二十七名大學生，論述架構則包含三階的對論：1. 學生與原始碟仙文本的對論，2. 教師、學生在工作坊中與「碟仙問答」所作的對論，3. 研究者與學生報告的對論。對論所產生的各階文本就是對於碟仙的殘缺文本所作的層層修復，而對於本研究的師生主體來說，修復後的文本就是對於碟仙的多重改寫。

「重寫碟仙」研究報告的主文之呈現方式分為兩部分：第一部分（即第二節）說明研究開啟與發展的脈絡——在其中說明了「文本」如何成為研究的根本對象，以及論述構作方法如何奠基於提問法與對論法的使用而得以運作，在後設的層面上則說明啟題探究設計如何用以使師生的關聯和對論方法結合為一；第二部分（即三、四兩節）敘述研究行動的展開並以多種角度呈現論述構作的內容——即重寫後的碟仙和碟仙遭遇者的圖像。最後，在結語中，作者再討論本研究對於研究者本身的重要意義以及它和心理學研究的基本問題有何關聯。

以下列出原文的綱要，然後以「再論碟仙」來接續。

〈以啟迪探究法重寫碟仙〉全文綱要

一、前言：碟仙之為文化物項

在作完「重寫碟仙計畫」之後，我想以「碟仙」作為一個「文化物項」來例示我的研究行動，並且也對這重寫行動作了不少的反思。在此之後，我幾乎可說：對於任何東西，尤其可稱為「文物」（artifact）者，我們都可視之為文化物項，並對它進行重新觀察和研究。這想法使我覺得，像「碟仙」這種「文化物項」，我們即使對它進行重新觀察和研究，其實一直都還是言猶未竟。

1993 年，我曾在哈佛大學的 Carpenter Center 看過一個極有意思的展覽，它的題名就叫「物究竟是什麼？」（What is an Object？）我把展覽走完一圈，看見的每一樣被展出的「物」（東西）原都是日常生活裡常見之物，只是不曾用那種展覽表現的方式看見罷了。譬如，我記得有幾塊矽膠，連成一串掛在那兒。你說它是什麼？作為一罐建築用的接合劑，或作為一塊隆乳用的填充劑等等都可以，但若加上它們所連接的意義脈絡，和意義脈絡之間的再接合，那就會造成一個繁複的意義聯想。譬如：它可用來建築房屋，也可用來「建築」女體？它們之間的關係若即若離，但對這些東西提供這樣的連結關係，卻使得展覽會場瀰漫著一股像接龍詩般的氣味，繞樑三日，循環不已，引人遐思。

任何一個東西，總有它背後的脈絡（又稱「語境」）支撐它的意義。而脈絡和脈絡之間又有第二層以上的連結，造成意義的層層擴張，如是如是，使得一個意義的世界，似乎總隱藏著言不

盡意的奧祕，也使得我們在經驗中所看見的，常常只是它的一點點徵象兆頭或蛛絲馬跡。

二、從徵象到意義顯化

艾可（Umberto Eco）在 *A Theory of Semiotics*[2] 一書裡曾引述普爾士（C. S. Peirce）關於經驗和觀念之間的關係之論，他說，普爾士的意思是：「我們總在嘗試把觀念細緻化（elaborated）之後，才能知道它是什麼。」（p. 165）若用普爾士自己的話來說：「這些觀念乃是暗示此觀念的經驗現象之第一個合於邏輯的言詮（interpretant），而這些經驗現象，就在暗示之時，乃是些徵象（影，sign），[3] 並且又是它們所暗示之物的……言詮。」（p. 165）這段話所說的，就是把他自己的徵象學理論之中最基本的第一項（影，sign）、第二項（物，object）、第三項（言詮，interpretant）之間拉出個循環關係的說明：徵象來自於物的經驗，而一旦這經驗以影現身，它就會被推向言詮，並且即刻成為另一層次的影，且如是繼續衍伸。

徵象學對於一個長期浸潤在經驗科學（譬如心理學）研究之中的我來說，只要有這樣一點點不同的起點就好像頗能乍現靈

2　Eco, U. (1976). *A Theory of Semiotics*. Bloomington, Indiana: Indiana University Press.

3　在上文中，我曾建議把 sign 譯為新造的字「影」，因為常見的譯法「符號」太離譜了。但由於只有我的電腦裡可以打出這個新字，別人的不行，因此，在我們的字典收入此字之前，我們常需改用另一個可用的詞來說它──這就是本文常用的替換詞「徵象」。

光，但它的三項式知識結構的本身也同時是令人困思的，因為，就在翻譯這段短短的引文之時，我也發現：拗口的普爾士，他所要說的，原就是不容易望盡、不容易走完的彰（sign）到意義顯化（signification）之路。可是這條曲折的道路一旦得以打通，那就會一方面承接古代世界裡的知識處境，一方面開啟新世代知識。古代世界曾為了「天不言、地不語」的困境──這是金茲堡（Ginzburg, 1979）[4] 說的「占卜典範」所要面對的基要問題，它是和「科學典範」相對而言的──以致長久仰賴著占卜巫術來作為意義指陳和傳達的媒介，使神祕的意義來源（「天／地」）得以現身顯化。而我們在經過科學知識典範轉化之後，對於知識的期望則已發生根本的改變。占卜典範轉為科學典範之後，又有第三波的轉化發生，而這正在誕生中的第三類典範，也許就是被稱為「彰科學」或「意義顯化理論」的徵象學。

我在接觸徵象學的短暫經驗裡，也同時發現這是一種一方面看似很有希望，另方面又是弔詭無限的知識系統重建問題。我所經歷的經驗科學訓練，是一種看似必須熟習龐大系統以及操作方式的知識工作。它需要極其繁複的證據資料來構築一套又一套客觀的經驗事實，作為它運作的基礎。我長期陷落在瑣碎的資料處理技術之中，常自覺不見天日，但我也曾同時百般嘗試突破的可能，因而領會一種甚至在錯誤經驗之中也能學習知識門道的

4　Ginzburg, C. (1979). Clues: Morelli, Freud, and Sherlock Holmes, in U. Eco & T. A. Sebeok (eds.) . *The Sign of Three: Dupin*, Holmes, Peirce. Bloomington, Indiana: Indiana University Press, 1983, p. 81-118.

方法——現在也許稱之為「作者行動」比較恰當——而我就把徵象學視為一種作者實踐其職志的知識門道。若要對於這種實踐知識有所談論，該有的基本態度就是要把知識門道轉化成人人可解（從前或叫做「婦孺皆通」）的形式之後表現出來。我這就回到艾可，來說說這個意思。在 *A Theory of Semiotics* 中，艾可用了很簡單的幾段話來展開我所知的徵象學基本問題。以下就是一個例子：

三、文化物項

> 假若我正穿過一條黑暗的街道，瞥見街邊有個不清楚的影子。直到我能辨認它之前，我會想：「究竟是什麼東西？」但這「究竟是什麼東西？」也許會（實際上也常會）被翻譯成「到底是什麼意思？」當我的注意力調整好了之後，這組感覺素材經過更好的評估，我就終於認出那是一隻貓。我之所以能認出來，是因為我曾經看過其他的貓。於是，我就把一個文化物項（a cultural unit）「貓」應用到這組不清楚的感覺刺激上來了。我甚至可以把這次經驗翻譯成一段言詮（叫做：／我看見一隻貓／）。所以這組刺激對我來說，就變成一個可能意義的影載具（sign-vehicle），而這意義乃是我在這次知覺事件之前已經擁有的（意義經驗）。（165）

這個例子裡說：「我就終於認出那是一隻貓」，是在說：他

認出「貓」本身，還是「貓」的意思呢？是「貓」這個東西，還是「貓」的名稱呢？聽起來，有點像是古典哲學裡綿亙長久的爭辯題目，也就是實在論（realism）和唯名論（nominalism）之間，以及客觀實體論（objectivism）與觀念論（idealism）的爭辯。[5]近代經驗科學對於這個問題的回答顯然是偏向實在論和客觀實體論傳統的：在我們所談論的那個問題發生之時，首先必須設定有個「貓」的客觀物體存在，使得接續下去的所謂「感覺刺激」和所謂「意義經驗」的後隨項可以從而發生。在這個思想傳統的設定之中有一個值得特別討論的基點是：它已經明明擺著一種「預知後事」的觀點，也就是不受事態影響的抽離觀點。就像在福爾摩斯探案裡，案子開始時雖只有些蛛絲馬跡可循，但最後總會發現客觀的「事實」，而事實也就代表著「真相」的存在，因為，除了福爾摩斯尖銳的眼光和細密的推理之外，講故事的華生醫師也是個很值得信賴的紳士；或說，我們總是信賴化身為華生醫師的那位背後敘事者，也就是作者柯南‧道爾（Conan Doyle），因為不管原來的案情多麼曲折複雜，這位作者最後總是會把故事的原委一一道出。可惜的是，根據「徵象科學」的觀點，我們的文化處境在結構上就和這個預知後事的事實真相結構迥然不同──我們甚至得說，在很多方面是正好相反的：我們的處境比較像是福爾摩斯本人，他永遠只能站在一堆徵象兆頭之

5　艾可（Eco, 1976:166）就明白說：普爾士事實上是遵循著一個非常古老的哲學傳統，也就是奧坎（Ockham）的唯名論。

中，而我們的好朋友華生也只不過是個普通的醫師，不是個無所不知的天使。更糟的是：我們根本找不到背後的敘事者——所以我們就只能活在故事裡，並在其中用線索來編織知識。所以，透過徵象的意義顯現，它的問題設定方式可以肯定是不屬實在論的。反過來說，普爾士的「言詮」之論是否比較傾向於另一極的觀念論呢？「在故事中」的意思其實也不是這樣。因為言詮所指的不是一種本質的名稱（觀念），而是一種能對任何影載具（sign-vehicle）所載之物而作的命名。一條視覺影像的線索可以被命名為「貓」，使得故事中的人相信他們在談的是「貓」，但並不指涉著「貓」這個東西的存在。到了這個地步，我們已經否認了言詮具有實在／實體性質，也否認了它的觀念性質，因此我們只好像蕭特（John Shotter, 1990）[6]那般，說它是屬於一種「第三類知識」。

就承認我們是活在故事之中也罷，那麼，什麼是「福爾摩斯處境」呢？——在此例中，應該就是指他「瞥見街邊有個不清楚的影子」。如果我們要進入的是懸疑小說般的故事，那就不妨再增添一點很可能會發生的懸疑情節：「聽說這附近鄰居有隻黑貓，才剛被一群混混的少年仔吊死……你說你剛才看見一隻貓？黑貓？會不會是……？」就這樣，那個不清楚的影子現在接上的言詮就是個不折不扣的文化物項，而在福爾摩斯所活動的那個國

6　Shotter, J. (1990). *Knowing of the Third Kind: Selected Writings on Psychology, Rhetoric, and Culture on Everyday Social Life*. ISOR/ Unioversity of Utrech

度裡，它很可能會叫做「九命怪貓」。福爾摩斯看見的明明是一閃而過的影子（感覺刺激），而不一定是什麼貓，但如果與他同行的華生醫師提起在附近鄰居發生的事，那也是他很難避免的聯想。否則除了說「不知道」之外，對於這個瞥見某物的經驗你還能說什麼？

被徵象學轉化過的心理學語言就會這樣說：「這組刺激對我來說，就變成一個可能意義的影載具。」這「影載具」（能承載徵象的框架），就是普爾士所說的「暗示（某）觀念的經驗現象」，所以，「就在暗示之時，乃是些影（signs），並且又是它們所暗示之物的……言詮（interpretant）。」也就是說，那黑暗街道所閃過的影子到底是不是貓，我們仍然不得而知，但我們最終卻難免要把徵象推到某個位置才能獲得意義的安止，那就是把它推送到一個被過去文化經驗所寫就的意義系統裡去。即使最後你可以肯定它是一隻貓，其實那也只肯定了一種被個人經驗接受，以及被對話者們共同接受的「貓的某種意思」。於是在這樣的意義世界裡，人所能了解的（或確實有以了解的）就只是言詮而不是物本身，而物的存在與否（以及它是否重要）就端賴它是否能對人顯現為有意義的徵象而決定了。所以艾可才說：徵象學本不是在乎物的存在與否的學問，而是一種在影出現之後，在乎能不能把話講出來的學問。我認為，這就是徵象學的一條重要門道：

一個徵象（影）就是但凡能被認為可以有意義地取代它物

的東西。這個它物並不一定要存在,或在該徵象代表它的時刻實際上存在於某地。所以,徵象學原則上就是這樣一門學問:它要研究的是每一種可用來講謊話的東西。一個東西如果不能用來講謊話,那麼相反地,也就不能用來講實話:事實上它就是什麼也不能「講」。(p.7)

從這裡跳接到關於「碟仙」或其他占卜巫術的討論時,這樣的知識基礎非常重要,也就是說:透過徵象學的轉化,我們可以重新和古代世界的知識基礎互相銜接,但當然也會形成全新的理解。怎麼說呢?當一只小碟子被人的手指按著而在紙上移動並指出一個一個字時,這整個行動不必視為一種事實,而要改看做一種徵象,即它所指向的不再是一個確定的物,而變為一個文化物項,也就是叫做「碟仙」的言詮。這樣一來,我們就不會被迫在文化之外去尋求一種名為「超自然存在」的客觀實體。以「文化物項」和「客觀實體」這兩種不同的理解來談論碟仙,會形成兩種互相水火的認知,和兩套不同權力形態的論述,除非談論者們都認為所謂「超自然存在」也只不過是一套言詮。我們有必要從此進入有關文化物項背後的意義體系去展開有別於客觀物體的論述。

四、意義體系

文化的地盤是語言,也就是由象徵、符號加上它們的用法所圈圍而成。意義的生滅只在文化之中才有可能。我們研究文化,

難道只是為了得到文化之中的「物自身」嗎？或者，更極端地說：我們有什麼途徑可以獲得語言之外的知識？譬如說，我們可不可以先肯定有個自然的世界，而後才說：語言只不過是用來將它再現或重播而已？這樣的主張雖然接近於常識，但卻和文化的現實相左。我們再來看看艾可給的一個例子，這次他問的是：女人是什麼？

> 讓我們來想想（關於）「用女人作交易」（這回事），這裡是根據李維 - 史特勞斯（Levi-Strauss, 1947）。以何種意義來說，我們可以把這問題理解成一種象徵（symbol，符號）[7] 的歷程呢？在這種說法的脈絡中，女人看起來好像就是個物對象，只要通過身體操作的手段就可加以使用（也就是說：可以像食物或其他物品一樣被人消費）。然而如果女人真的只是個物理的身體，而她的丈夫只要和她進入性關係以便生個孩子就好，那就根本不能解釋：為什麼不是每個男人都可以和每個女人交媾？為什麼男人必須遵照某種習俗來娶一個女人（或幾個女人，看當地習俗為何而定），並且只

7 　這裡用的字是 symbol，漢語對此字可譯為「象徵」或「符號」，但在普爾士的徵象學體系中，在此語境更精確的譯法應是「符號」。值得注意的是：本地使用的「符號」一詞又常用來作「sign」字的譯名。這種辭彙混亂的局面應是緣於對徵象學的理解不清之故。我現在要澄清的是語詞的用法──我再說一遍：徵象（sign）是一種意義未明的顯現，而符號（symbol）則是一套用來確定意義的表示，譬如一個辭彙、一個號誌。

能遵照非常確定不變的選擇規則？因為那正是女人在該習俗系統中的象徵（符號）價值使她和別的女人之間構成對立關係。女人，一旦她變成一個「妻」之後，就不只是個物理的身體了：她是個徵象，而在此徵象背後隱涵著一個社會義務的體系。（p.26）

　　女人在文化的現實中不可能只是個「物理的（或自然的）身體」，而是個文化物項，以徵象現身。所以，男人或任何人也都莫不如是。首先，在此值得強調的是：在徵象出現之時，它（她／他）的背後所隱涵的並非自然，而是一個意義體系。這個意義體系決定了這個徵象和其他徵象之間的關係，也決定了我們和這個徵象之間的關係，因為我們也以徵象的方式存在於這個體系之內。其次，就身體而言，包括醫師看病時所處理的任何患者的身體，在醫師的訓練過程中都必須先透過解剖學、生理學、病理和藥理的符號體系來加以重構，之後他才能對這個體系化的身體來作醫學的處置，所以這套知識之中重要的並不是什麼「自然」。用徵象學來理解的「自然」，就是一種徵象體系的名號（象徵／符號），換句話說，只有在文化之中的自然，而沒有自然的自然。所以，容我再問一次：如果我們不是要在文化的背後找到客觀自然，不是要在文化物項的背後找到物自身，那麼，研究文化者，究竟又是所為何事？

　　葛爾茲（Clifford Geertz, 1973: 24）說得好：「對文化採用徵象學取徑，其全部要點就只在於……幫助我們獲得一條門徑，

以便進入我們（所研究）的主體所生活於其中的概念世界，以此我們才能夠（以很廣義的方式來說）和他們交談（to converse with them）。」我們（研究者）需要和人交談，以便能夠獲得理解、形成社會關係，換言之：我們本來要問的就不是什麼「東西」；我們之所以需要不斷交談，是為了要維持著文化地盤上各個意義系統之間的暢通處境。我們透過交談而獲得理解，所談的內容無非都是物物物物（指涉和關係），但這些物卻又都只是言詮。我們把這叫做什麼理解呢？根據葛爾茲（Geertz, 1973: 28-30）的意思，文化分析（也就是這裡說的「文化研究」）是要做出一些（葛爾茲借用高利〔W. G. Gallie〕的話來說）「essentially contestable」（「基本上可以競論」）的作品，用來加強論題中的可疑之處，惹惱那些參與競論的人，以便維持一場又一場精緻化的爭辯（refined debate）。我認為這樣的爭辯和「（文化間）暢通處境」是一體兩面，也算是我為「理解」和「社會關係」所下的一個社會科學定義；而其終極意義則是我對於作為「文化研究者」的唯一安身立命之計（雖然我一定需要再進一步反身自問：「『安身立命』在意義系統中究竟又是什麼意思？它是什麼東西的名號呢？」）。

五、在故事中

　　我曾經用實作的方式作過將近五年的「碟仙研究」（1989~1994）。後來寫了〈重寫碟仙〉（宋文里，1996）一文來作為一次階段性的結案作品。在此同時我也留下了一些研究過程的記錄資料和參與的學生所寫的心得報告。但是每次我拿這些東西來和討論者競論一番之後，參與討論者最後還是會忍不住「私下」再問我：「老實說，到底有沒有碟仙吶？」

　　所以，我終於知道，在這場關於研究的故事裡，我被期待扮演的不只是福爾摩斯，而是包括華生醫師，和後面那位作者道爾所共同構成的三位一體角色。但是，當我和前後兩批學生一起進入碟仙工作坊時，那期間學生和我一度擔驚受怕的經驗使我相信：要跳開故事本身，談何容易，除非我們能在反思之中自覺到：我們就是身處在故事結構裡。於是這反思的我們才能和故事裡的我們區分為二。可是，這樣的自覺並非撿拾即得，因為，福爾摩斯故事的作者很容易在圖書館裡找到，但碟仙故事的作者何

8　*The State of Things* (*Der Stand der Dinge*)，1982 出品的電影，由 Wim Wenders 導演。

在呢？「請別賣關子」、「請乾脆告訴我結局是什麼」這樣的問法在文化處境的經驗上終究不可能有令人滿意的答案。在碟仙的例子中，我們很清楚的是：我們和碟仙照面時，絕對不是在結局的位置，而總是在故事的當中。我們的整個文化也就是位在照面的當中，因此要想獲得結局，也就是和故事本身的脈絡斷裂為二，在目前是理論上不可能的。在〈重寫碟仙〉一文裡，我曾經提過：1989年上學期的課程中，一位參與研究的同學在工作坊之前去文具店買碟仙道具，老闆娘一面拿東西給她，一面好心警告說：要小心，以免惹來血光之災。這種話難道不是正挾帶著文化（特別是叫做「傳統」的那個意義系統）的全部重量而現身的？老闆娘難道不是活在故事之中的最佳寫照？「碟仙是什麼」的問題所反映的，顯然不是「碟仙之為自然物」，而一直是「碟仙之為文化物項」。

我曾企圖一探碟仙的歷史源頭，也嘗試作科學文獻的追索，但是圖書館的典藏系統似乎對這個論題很不友善。所以我參照了幾種常見的社會研究、文史研究和行為研究文獻，發現了三種常被應用於解釋碟仙現象的說法：

1. 「祕傳文化」（esoteric culture）：在公共的文獻當中很少記載碟仙，乃因為這是屬於祕傳文化的一部分。碟仙的造型和它的祕教操作（occultism）規則非常接近於西方國度裡流傳的扶乩板（ouija board），[9] 但這些都是從古代世

9　扶乩版（Ouija board）是在玩具反斗城（Toys R Us）這類玩具店都可

【圖 6-1】 扶乩板（**Ouija board**）

界（東西方皆然）裡普遍流行的占卜術而來，殆無疑義。
只是碟仙在漢語世界裡出生時，被套上「科學」之名，好
像是要消除它的祕傳性。它的流行範圍雖然和「科學」沒
有直接關係，倒是和傳授科學的場所，也就是學校，以
及接受科學教育的學習主體，也就是學生，有很親近的關
連。

2. 碟仙故事的主題結構：關於碟仙的正統記載或官方說法雖
   然近乎無跡可循，但坊間有些靈異雜誌偶爾會出現些報
   導，電影也拍過這樣的主題，一般人則是靠口耳相傳和實
   際參與而得知。傳述中的碟仙故事率都不出碟仙的一般主
   題結構，也就是由「求告─探問玄機─解謎─靈驗─爽約

買得到的扶乩板（見圖 6-1）。「Ouija」這個字是由法文 oui（相當
於英文 yes，讀音如英文 we）以及德文 ja（也相當於英文 yes, 讀音接
近於英文 yah）構成，也就是 yes-yes 的意思，但美國小孩把此字讀成
「wi-ji」。其中的 ji 發音疑是來自中文的「乩」。

一報復」的情節所構成。這套結構比起占卜傳統的靈驗說法多出了一段報復情節，也許是使碟仙更接近於「黑色巫術」之處。

3. 「下意識」[10] 與催眠暗示：碟仙的操作者（「玩碟仙」的人）和其他種類的薩滿巫術參與者一樣，可能會進入某種出神狀態（trance），因此容易發生催眠暗示作用，對於碟仙問答產生下意識「應驗」的基礎。

這三種說法，對於想要理解碟仙之為物的人來說，一方面已都不是新論；但另方面卻都是隔鞋搔癢，不能切近經驗過程的實情。徵象學的心理學（semiotic psychology）是在此之外的另一條研究出路，因為它可以直接切入問仙過程，也就是可以進入徵象出現和意義顯示的過程。徵象學在此之所以受到很高的期待，是因為它似乎暗示我們可以在過去的知識習慣之外找到意義：即 semiosis（意義發生過程）。回到先前的話來說，就是找出故事背後的故事。

六、語言（la langue）和講話（parole）

為了找出碟仙那玩意的名堂，我在大學的研究環境中，採用最可能進行的探究方式來提問題和找答案。我使用的方式包括實驗設計、情境操作、論述分析、文本重建等等研究技術。可是

---

10 這裡用的「下意識」一詞是指十九世紀以前已經流行的 subconsciousness，與精神分析的「無意識」（unconsciousness）是不同的概念。

我對於起點的問題卻總覺得還沒來得及好好處理就輕易跳過。這問題是出在各種研究技術之前，而不是之中，也就是出在提問法上面。目前我所乞靈的徵象學究竟可以怎樣有助於回到心理學的提問法上去呢？我想是在索緒爾（Ferdinand de Saussure）語言學的基本設定上：語言（language, la langue）和講話（speech, parole）是兩個不同的體系。它們之間的差距一旦被發現，就會使很多語言文明的文本變得必須改寫。用在碟仙上面如何？〈重寫碟仙〉一文已經是個例子，但為了讓未曾經歷過碟仙的讀者也能有起碼的知識，我就再扼要重複一次：碟仙的道具由一個小碟子和一張紙構成；碟子是平常在餃子館常見的那種用來沾醬油的小瓷碟，其凹面有黑墨畫的一張簡易的鬼臉圖樣，凸面上則畫有一條由碟心指向碟緣的箭頭；至於那張紙，上面分為兩欄，上欄（約佔六分之一的版面）寫著標題「新科學扶乩」、作者「游路和尚石世木」、三行指導語，和另外幾行警語。下欄（叫做「萬字玄機圖」，見下圖）則是中央圓形畫著一張臉孔圖樣，周圍寫滿漢字，作同心圓的輻射狀排列，另外在四個角落還有手寫的字跡「好、不好」；「是、不是」；「對、不對」等等。玩碟仙的人先把小碟子放在中央的臉孔圖上，每個人用一隻食指輕放在碟子邊緣，然後開始默念：「碟仙碟仙請降臨……」。碟子移動後把箭頭所指的字拼湊起來，以便看出碟仙的意思。好了，這裡面可有什麼索緒爾語言學？

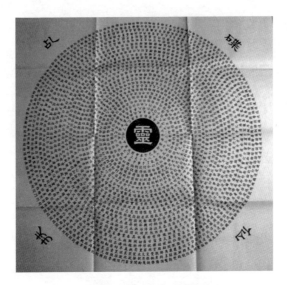

【圖 6-2】萬字玄機圖

　　有的：看看這幅萬字玄機圖，它代表著語言，箭頭所指到的字拼接起來就是講話。在人類所有的講話中，我們都知道其中的意思是必須經過理解才能完成的──而所謂「完成」也只是完成一次談話脈絡中的意思交換而已。講話永遠是從語言中擷取部分的潛在意義而加以拼湊的偶然結果，但是「潛在意義」本身卻只能說是沒有意義，因為它沒有任何可以「出現」的脈絡，因此也不會有任何時空中的具體結果。不過，碟仙的講話還有一個特色，那就是，在拼湊時因為語意斷裂之故，所以它的脈絡會顯得漫漶難尋。把這個條件反過來看，也就是只要努力加以拼湊的話，它可以同時暗示許多不同的脈絡。我們可以從碟仙研究所得的問答記錄中取出一些例子（取這些例子是因為留有其他有用的

資料之故，下文會再說明）來看看：

1305： 我現在就讀什麼學校？
碟仙答：「嫩妹浙大頭妣」

1306：現任女朋友的姓名？
碟仙答：「高乃乏脫士石」

1313：我的生肖為何？
碟仙答：「欲良」

1315：回答完了？
碟仙答：「任情緩委米珍鹽鑿貲俞余，不是」

1318：我幾歲結婚？
碟仙答：「八十二」

2204：我服兵役時的軍階是什麼？
碟仙答：「車甫」

2205：發現萬有引力的科學家是誰？
碟仙答：「肖二蘋者」

3205：在經濟學中新興古典學派的領導者是誰？

碟仙答：（無反應）

　　這些例子除了有一點點可以解釋的表達意圖之外，[11] 大概可以看出：字串的形成都是近乎任意的，嚴格說來，這些字串很難成為有意義的語句，譬如求問者用它自己的現狀（事實）考問碟仙（「現在就讀什麼學校？」、「現任女朋友的姓名？」），結果碟仙所指的字串（「嫩妹浙大頭妞」、「高乃乏脫士石」）連求問者都百思不得其解。因此，要在這樣的字串中認出「意義」的話，就表示必須在其中藉著語義聯想或填補句素空檔來尋找意義。結果，如眾所週知的是，有很多玩碟仙者就是在尋找意義之中才玩上癮的。在他們和碟仙的對話中，究竟能獲得什麼東西呢？這樣的問題似乎就是碟仙占卜術裡最有意思的部分。

　　由文字符碼的排比（juxtaposition）而產生某種的意義脈絡，這似乎是占卜術從古以來所仰賴的意義生成法則。從索緒爾語言學來看，就是把能指（signifier）推向所指（signified），也就是把占卜中的條件項（protasis）和結論項（apodosis）之間的

11　意圖和操作者有關。1989 年上學期有個實驗小組發現某次實驗時，碟仙的回答都一直十分切題，他們懷疑這樣的結果，便利用攝錄影機拍一段碟仙問答過程，然後倒放回來仔細觀看，發現每一次碟仙找到字好像都有「先通過某字，再回頭停在該字上」的運動軌跡。這就暗示是有人的眼睛在為碟子的行動導航。後來有人建議把玩碟仙的人都蒙起眼睛，結果該碟子就不再有切題的回答，也不再有「先通過，再回頭」的運動軌跡出現。

關係藉排比而產生。馬內蒂（Manetti, 1987/1993）[12] 對於古代美索布達米亞人占卜術的研究，從其中看出，從卜象（omen，就是條件項）到占辭（oracle，就是結論項）的關聯之形成，有三種連結的法則，這可以說是占卜術徵象學的普遍基礎：

1. 歷史性的占辭：是占卜的經驗論式連結，指過去確實曾發生過這樣的關聯——某種卜象（譬如動物肝臟的右側出現兩個數碼）的出現確實曾和某歷史事件（譬如敵國來霸佔本國領土）相聯，通常必須用過去式書寫。

2. 聯想性的關係：在條件項中的某些因子和結論項的某些因子（譬如發音或詞藻）產生可互通的聯想關係。譬如卜象狀若矢（"ti"），而其發音恰好和「生命」（"ti"）同音，故「生命」自然就是它的占辭。

3. 系統性的演繹：透過符碼化的抽象系統本身之內產生的演繹邏輯，也就是先前已敷設整體之內各個因子的關係法則，然後推論而得其個例。譬如數碼「七」被系統內定為代表「完美」、「至善」之義，則當它所欲占卜的對象是為國家，而在動物肝臟中出現代表數碼「七」的卜象時，那麼「國運昌隆」就是它的占辭。

在碟仙工作坊中，我們曾經零星做過一些翻譯碟仙的嘗試，就是前面所舉的幾個例子。我問玩碟仙的學生，能不能嘗試讀出

12　Manetti, G. (tr. by C. Richardson) (1993). *Theories of the Sign in Classical Antiquity*. Bloomington, Indiana: Indiana University Press

碟仙的意思，他們各自就自己所問的問題來解讀碟仙的回答，我們就這幾條例子來看看他們如何無師自通地解讀卜象、作成占辭：

卜象（碟仙的回答）	占辭（解讀）	占者對占法的說明
1. 車甫	輔導長	「車」加「甫」成「輔」
2. 欲良	狗	「我前天夢見一隻狗泡在水裡，狗欲涼（良）嘛」
3. 肖二蘋者	牛頓	「不就是看見蘋果掉下來的那個牛頓嗎，他模擬了兩次」
4. 八十二	二十八歲結婚	位數顛倒

以上的例子裡沒有第一法則（也就是歷史性占辭）的應用，而前三例應用的都是第二法則，至於第四例，假若在玩碟仙之前已經有「把數碼用位數顛倒來解釋」的法則存在，那麼它就屬於第三法則。

雖然在碟仙研究的過程裡，占辭的給出者（就是參與工作坊的學生本身）多少帶有些玩笑的成份，但其中卻隱藏著一個不變的堅持，那就是：必須在卜象出現之前先肯定那些暗示性的「能指」裡隱藏著很重要的訊息。這幾乎是上述第三法則成立的基礎。我們再遵循普爾士所說的法則，就可以肯定這樣的意義生成原則：「一個徵象除非可使它自身被翻譯成另一個更完整發展過的徵象，否則它就不是徵象。」（Peirce, 1898: 5.594, quoted in

Liszka: 1989）[13]。我們唯一需要再加詮釋的是「否則它就不是徵象」那句話，因為對於一個認真相信的玩家來說，碟仙的回答裡沒有所謂「不是徵象」的，因為相信碟仙就意指相信碟仙背後所存在的「完整發展過的徵象」，也就是占卜術所暗示的意義系統本身。只有在這個前提之下，才會使人力排萬難、無所不用其極地去翻譯那堆看似毫無意義的文字徵象（亦即「符號」）。我們有個生動的成語叫「穿鑿附會」，對於這樣的翻譯方式似乎更為寫實。這是說：只要承認有所謂徵象的出現，它總是可以透過暗示而在文化提供的意義系統內找出一條路，走到（翻譯到）它的言詮那裡去，哪怕是須經過困難的穿透和挖鑿工作。而所謂第三法則，就是把這條路的走法予以精細地抽象化和系統化而已。

可是，這樣的說法如果拿來和艾可所說的「女人」那個例子做個比較，就會顯現其間的矛盾關係。「女人」當然是言詮，也就是把女人的身體徵象作文化翻譯而成的結果──但是聽起來它卻不像碟仙的翻譯那麼自由和任意，因為當它（她）被譯成「另一個更完整發展過的徵象」時，也就是它的系統化的結果，我們所見到的無非是一夫一妻制，或關於男尊女卑，或關於三從四德、貞烈節操之類的性道德體系。在碟仙翻譯時難道沒有類似於此的僵硬結果嗎？──文化的言詮不會只發生在真空中，只要它是屬於任何重要的事物，它就難逃某種被權力所貫穿和宰制的命

---

13 Liszka, J. J. (1989). *The Semiotic of Myth: A Critical Study of the Symbol.* Bloomington, Indiana: Indiana University Press. p.23

運。在碟仙裡，到底重要的事物是什麼？它又是被什麼權力所貫穿和宰制？到這裡，我們才真正碰到了問題的關鍵。我想先來談「重要的事物」，然後再來回答權力的問題。

七、重要的事物

范德勞（G. van der Leeuw, 1986）[14] 曾引述列維 - 布呂爾（Levy-Bruhl）的意思，對於占卜術裡最重要的事物可謂一語道破：「……所以，占卜術所產出的預言雖是和未來有關的，但那只能以附帶的意義來看待。因為求問者想要知道的並不是將來會發生什麼，而是他本人所慾求的究竟會怎樣發生。」換言之，重要的是求問者本身的慾望，而不是問題和回答，並且問題的提出也不是在真空中開始的——他是帶著一套背景而來，他的背景就是他的慾望，因此當他開始求問時，答案已經被慾望的邏輯所設定。所以，對於每一個問題，他所得的答案當然只有「是不是如我所欲」而已。真正的答案，其實只有「好、不好」、「是、不是」、「對、不對」等等就儘夠了，至於萬字玄機圖則只是這種回答方式之外的一些加料變化，而稍稍不同的只在於其過程中所產生的任意性，也就是避開同一邏輯的單調反覆而已。其中所拼湊的文字符號基本上和任意發生的字串沒有什麼不同，至於為什麼又會被轉譯成有意義的徵象，那道理也和慾望背景、設定答案

14　van der Leeuw, G. (tr. by J. E. Turner) (1986). *Religion in Essence and Manifestation. Princeton*. N.J.: Princeton University Press. p.379

的邏輯一樣——有意義也者，就是合乎我意也。

　　如果我們再往後面追問，就會發現碟仙裡頭隱藏的「我意」（慾望邏輯），如果不加以創造轉化的話，其實都會是一種自體繁殖的循環邏輯，或是回到本文一開始時提到的普爾士：他說徵象會被推到「第一個合於邏輯的言詮」。並且在其他地方，他也說：「符號乃是指涉某物的徵象，而這樣的意指乃是通過一種法則，通常是由一般觀念的聯想而來，在這樣的操作中，符號就被詮釋成和該物有關……所以，一定有某種存在物件是符號所指涉的，雖然我們還是要這樣理解『存在物件』：它存在於可能的想像宇宙中，而符號就是指涉著這個宇宙。」（Peirce, 1933: II. 143-44, quoted in Silverman, 1983: 20）[15] 法則也者，一般觀念也者，和「可能的想像宇宙」，這些東西在碟仙的案例中，是指什麼？我在前幾年的觀察和思考中，對於「我意」的問題一直無法突破的原因，是我把「碟仙之為物」和「碟仙的施作情境」分開來看，把碟仙的文本和語境脈絡（text and context）分成兩個議題來思考之故。後來我終於發現這樣的錯誤，簡單地說：我發現碟仙裡最重要的邏輯在於碟仙施作的語境脈絡中所一再肯定的關係功能，而不是碟仙所回答的文本在字面上對於求問者而言有多準確、多靈驗的問題。思考「我意」為什麼會扯到「關係功能」呢？要回答這樣的問題，就必須再躍一步進入徵象學主體

15　Silverman, K. (1983), *The Subject of Semiotics*. New York: Oxford University Press.

（semiotic subject），或意義生成的主體，也就是從對話關係來理解主體的意義。

八、意義的主體

首先，一個物，作為「客體」或「對象」而言，它的定義是從主體而來的。用現象學方法為物所作的定義乃是「that which confronts the I」（和我遭逢者）（Bochenski, 1968）[16]。而威廉斯（Raymond Williams, 1976）[17] 說，物就是「as thrown before this（the subject's）consciousness」（被拋投在此一主體的意識之前的東西）。艾可（Eco, 1979）[18] 則說：物是作為「積極經驗（所肇致）的場合和結果而存在的」──他解釋道：「發現一物，就意指發現一種方式，使我們得以向世界運作，而那個世界就是產生物或產生對於物之實踐用法的世界。」

在漢語的世界裡，「對象」一詞說的是和主體對立，而「客體」則是指和主體遭逢的關係。碟仙這個文化物項是在文化的脈絡下和文化的主體遭逢的，而它所特有的遭逢方式則必然會使得主體的概念獲得進一步的條件化：碟仙是一種挑出文字的設計，文字組合之後形成語句的形式，於是，我們可以說：碟仙就是個

---

16 Bochenski, J. M. (1968). *The Methods of Contemporary Thought*. New York: Harper & Row.p.20.

17 Williams, R. (1976). *Keywords: A Vocabulary of Culture and Society*. New York: Oxford University Press. p.261.

18 Eco, U. (1979). *The Role of the Reader: Explorations in the Semiotics of Texts*. Bloomington, Indiana: Indiana University Press. p.94.

給出話語的講話者，它和人遭逢在講話的關係中，所以它是個講話的主體（speaking subject）。我們都是以講話主體的身分而和另外一個講話者互相遭逢。當然，碟仙所講的話究竟是來自他者或來自玩碟仙者的自身，這曲折的問題仍然有待探討。我們在此應先釐清的是幾個關於「主體究竟何謂」的問題。

（一）講話的主體

徵象學主體的第一個面相就是「講話的主體」（speaking subject）。什麼是講話的主體？這和心理學報告裡常用的「subject」一詞有什麼關係？波特和韋若雷爾（Potter & Wetherell, 1987）[19] 曾經檢視過心理學裡對於主體的三種理論模型和它們所據以發展的基本隱喻——人格特質理論（trait theory）的隱喻為「誠實的靈魂」；角色理論（role theory）的隱喻為「舞台演出者」；而人本理論（humanistic theory）則為「浪漫主義式的人類潛能」。但他們認為這三種隱喻都只能導致對於主體的局部理解。在經歷了一世紀封閉性發展之後的心理學，需要根據社會建構論（social constructionism）的觀點，加上徵象學的理解，來使之更加「社會化」或「文化化」。僅從徵象學的觀點，很弔詭地來說：心理學的所謂「subject」和文化的主體截然不同，就連在本體論的基本設定上，他們兩者也有不同

19　Potter, J. & Wetherell, M. (1987). *Discourse and Social Psychology.* London: Sage. p.95-115.

的關切。我這就來為此作一番闡釋。

在仰賴心理計量學（psychometrics）而建立的心理學理論之中，所理解的「subject」究竟是什麼？在初步譯介西方心理學的漢語翻譯者，用他們天真的理解，就把它叫做「受試」，而此一譯法一直沿用至今。「受試」所指的乃是個被動接受測量而且能在標準化、程式化的問答設計上給出自陳回答或流露出可觀察行為的個體。特質論很能代表這樣的理解方式，而它的理解之產品就是「人格」，也就是一套有關特定性質的描述語詞所組成的物件。這套人格物件和真實的人以及人類社會脈絡都有極大的差異。它只是在特定情境下可用來把人作定性歸類之用的描述法，譬如在學校、軍隊、工商機構、醫院等等。離開特定情境後，它們都會表現出低程度的預測效度。受到紛歧社會建構機制所型塑並且能在不同的意義脈絡中遊走的文化主體戛然消失，代之而呈現的是單面向、定性化的側面圖。在這樣的理解下的「受試」顯然不是任何意義下的「主體」，而是絕對被動的「客體物」，並且也和這個字眼在其發源地的封建時代用法——即「臣屬」之義——遙相呼應。服役和納糧的人民被稱為「丁口」，其義和「受試」差可比擬。從掌握測量工具的一方來看，受測量者和被觀察的自然物本來不必有別，因此對於離開觀察脈絡後的同一對象是否還可能有其他表現，常常並不在意。心理學之非社會性的本色可以說基本上就是源自於此一理解。

（二）講話、對談與聯手行動

其次，在徵象學關照之下的講話主體確實具有遠超過心理學所理解的一個「行為個體」之外的多重涵義。因為講話之中包含著對話關係，於是從講話主體到對談者之間就形成主體性的兩重涵意。

主體作為一個文化脈絡中的發言者，或和發言者相對的對談者（interlocutor），以及這對談所形成的共同意義之型塑者，它所承載的主體是一片社會空間，或是一套意義生成與意義複製的關係。用我們熟知的例子來說：一個「發言人」通常是為一個機構發言，於是這發言現象的主體就是透過那個使用語言的個體所藉以呈現的那個機構，但這當然並不等於機構本身，因為機構本來並不會用這樣的方式現身，所以最好的說法是：發言人和它所代表的機構形成一次聯手行動（joint-action），於是這裡的發言主體就是指在這個聯手行動的關係中所呈現的整體，它的代名詞不是一個點狀的個體——「我」，而是由眾多的點、線、面所集合而成的社會空間——「我們」。再進一步，當發言成為對話時，我們先用一個機構的代表人為例來開始說明：當他向另一個機構的窗口交涉事務時，他所面對的對談者也不只是一個櫃台辦事員，而是通過辦事員所顯現的機構規則。同樣的，這個人和他自己所攜帶的機構規則便和他所面對的辦事員之間因對話而形成第二度的聯手行動現象，如果要再一次用代名詞來指稱，那就是「咱」，一個包含著對談者的主詞。這些例子其實並不一定非用「機構代表人」來開頭不可，因為任何一個人都是一

套社會體制的代表人，也就是說，任何的對話其實都是像這樣的兩套社會關係網絡的交集。交集形成交集的主體，這是理所當然。發現這種主體性的理論家很多，他們分別為此訂下不同的名稱：譬如「超有機體」（the superorganic）[20]、「超個人主體」（transindividual subject）[21] 等等。要之，當我們能明確認知主體的性質時，我們便無法再用單一個體來作為心理學研究的單位——這也使得用個別人分別計分的心理測量學，如同不連續的粒子（particle）理論碰上連續性的波（wave）理論一樣，在基礎上變得搖搖欲墜。

（三）意義的生成與複製

再其次，主體既是透過講話而成為意義交換的起點，那麼，在意義交換關係中，最基本的意義複製（如同「語法」所暗示的語句重複現象，以及辭彙符號所暗示的再現現象），和意義生成（如同「講話」中的發聲〔utterance〕，以及發聲所涉及的社會過程），都在在指向主體所具有的一種時空範疇，就是在空間中運動的性質。就拿這個符號主體所參與的意義空間來看，霍奇和克雷斯（Hodge and Kress, 1988）[22] 就對於它的兩種運動形

20　Kroeber, A. L. (1917) . The Superorganic, *American Anthropologist*. 19(2), p.163-213.

21　Goldmann, L. (1981). *Method in the Sociology of Literature* p.91-110.. Oxford, UK: Basil Blackwell.

22　Hodge, R. & Kress, G. (1988). *Social Semiotics*. Ithaca, N.Y.: Cornell University Press.

態以一種一體兩面的方式來理解，並稱之為「意義複製平面」
（mimetic plane）和「意義生成平面」（semiosic plane）。在
「意義複製平面」上，歷史的實在「就在那裡」不斷重複再現，
如同語言系統；而對於它的辭彙和句法，人只能牙牙學語，且必
須依樣畫葫蘆，不容差錯；但說來奇怪，在「意義生成平面」
上，如同講話的情境，卻沒有什麼只是現成、給定的，在句法允
許的範圍內，辭彙的選擇性之高仍會到令人無法預料的程度，而
一句千篇一律的招呼問好都必須由發聲去完成，並由對方去聽
取──發聲的抑揚高低就會被接收為講話者的「有心」或「無
意」。換個方式來說，在「意義複製平面」所生產的語言樣本就
是文本（text），而在「意義生成平面」所進行的社會過程就會
成為論述（discourse）。文本仰賴著既有的符號系統來複製它的
每一次事例；論述則在交換文本的同時使文本之間的聯絡關係改
變──於是文本就會被拉到它所隱涵的脈絡裡去進行語境的重設
（recontextualization）。假若說：文本是傳統的現身，那麼論述
則是當下的發生，是傳統之有物可傳的基礎。這兩者之間的關係
恰恰構成歷史辯證的基本形式。

（四）神聖的主體

最後，在有關宗教問題中有關主體的討論，最不能忽視的是
奧圖（Rudolf Otto）關於主體的論點。奧圖（Otto, 1950）[23] 說，

23　Otto, R. (tr. by J. W. Harvey) (1950). *The Idea of the Holy*. New York:

對於神聖對象的談論，若從理性的屬性去設想，即便窮盡了神的觀念，也不能說出「祂」的意思。不過，「雖然祂總是逃開了觀念上的理解，祂總還是以或此或彼的某種方式而可以被我們所把捉，否則我們對祂就會絕對無從肯定。」因此，奧圖對於這個「祂」的說法是「非理性或超理性的主體」（a non-rational or supra-rational Subject）。「我們必須賦予祂一個主體的位置，也就是祂的性質所難免的，但在更深的本質上，祂並不是，也確實不能夠被人理解。我們必須用非常不同的方式去理解祂。」

關於碟仙這個特定的文化物項是否可以用「神聖性」的範疇去談論，也許還有些模糊之處。我們知道碟仙在鬼神範疇中確實不是個強有力的例子，因為它的存在情態已經逐漸類似於玩具。巫乩板在美國的販售管道確實是玩具城（譬如 Toys 'R' Us），而台灣的碟仙在玩具店買不到，在文具店卻可以。文具店是學童們經常進出的場所，裡頭也經常會陳列些玩具類的物件，所以它和玩具店是有些接近的。不過，我在一項語意測量中有過這樣的發現，就是它的鬼樣的涵意在我們的語言系統中仍然很清楚。[24] 而主體之「某種鬼樣的陳顯」（a sort of ghostly presence）正好是艾可（Eco, 1976:314）提及行動中的主體（acting subject）之徵

Oxford University Press.

24　宋文里（1997），〈不信之信：超自然象徵與情感意義叢結〉，《國科會研究彙刊》，人文集社會科學類，第八卷第一期，頁 84-100。這是個關於語意空間（semantic space）的測量研究，其中有個項目就是碟仙，從受試者的表現來看，碟仙在語意空間裡比較接近於鬼，而不是神。

象生產（sign production）功能時，所用的一種驚嘆的隱喻。我無法說以上這兩者之間有必然的關係脈絡可循，但這只是提醒了一件事：像碟仙這樣的東西，不論是作為客體物件，或作為被主體所遭逢之物，或「使我們得以向世界運作的方式」而言，它是一個文化的交會點，意義會在此以某種難以預料的方式匯聚。而當奧圖說：任何神聖之物必然具有令人驚怖而又著迷的神祕性質時，[25] 用在人和碟仙之鬼樣的存在密切遭逢的時候，也是令人難以否認的。

九、意義與理解

我一直在說，碟仙研究的發現就是發現碟仙是個講話主體，而在這樣的主體上，我們要重新思考對話關係，這樣的說法，會不會變成一種完全只是埋首在理論文獻之中的人所作的自說自話？「玩碟仙」這回事引起很多人（特別是學校裡的老師們）的疑慮，我的說法會不會變成一種對於非理性和巫術的推波助瀾之舉？在常識的世界裡，這樣的問題總是要求簡單的回答，但在理論的論述中，我還是要回到社會建構理論、徵象學和文化心理學的講話平面。蕭特（John Shotter, 1993）[26] 對於聯手行動這個概

---

25 奧圖（1950）在《論神聖》（*Idea of the Holy*）一書中對於「神聖」的基本定義是「令人驚怖而又著迷的神祕」（mysterium tremendum et fascinosum）。

26 Shotter, J. (1993). *Cultural Politics of Everyday Life: Social Constructionism, Rhetoric and Knowing of the Third Kind. Buckingham.* UK: Open University Press. p.4.

念所可能發生的疑慮做了如下的解釋：和他者交談所構成的聯手行動，其要點既不只是一次「行動」（action），也不只是一次「事態的發生」（event），而是介於兩者之間；交談不只是給「出」話語，而是「講『入』一個非我自身所作的語境之中」（speak "into" a context not of our own making）。所以，文化心理學變成一種研究「介於兩者之間」的學問，而這中介狀態一方面並不是個真空狀態，而是被文化裡的語言埋好管線、鋪好地面的狀態；但另一方面，它也是個範圍不定的意義場域，對於身涉其中的人來說，沒有什麼是可以具體講明的。就在這個理解的難關上，蕭特舉了一個例子來說明聯手行動以及它被人理解的後果：

確實的，聯手行動的結果……會被視為「來自無何有之地」（out of nowhere）──說實在的，人們對於巫乩板（"Ouija" board）的經驗正是典型的聯手行動的結果。既然不能把行動歸之於任何一位個別的行動者，則它對於任何一位參與者都是開放的。於是，根據它所發生的情況來看，它一方面可以被視為創造性的事件、意外的發生、互動的非意料後果；另一方面也可以被視為只是湊巧的發生；最後則可以視為非人的事件，只可歸之於「外在的」原因或行動者……。（4）

沒錯，蕭特的例子是巫乩板，也就是西洋版本的碟仙。在他

的說明中，和文化的常識層面可以發生關聯的應該就是所謂「來自無何有之地」（out of nowhere）的問題，以及關於究竟是具有創造性，還是只可歸因於「外在的」原因？蕭特到底作了什麼具體而又切實的回答呢？當然沒有。他正如任何一位文化心理學家一樣，是站在社會建構理論的觀點上回答這個問題，他說，這個問題對於參與者（也就是玩碟仙的人）而言是「開放的」，它可以有兩種結果：第一種是變成非人的、異化的操作，也就是變成被外力所左右的局面，而第二種則是成為富有創意、可以引發不在意料中的變化──我認為這可以說是：它會出現令人驚異的局面。

關於「來自無何有之地」的說法，比較嚴重的本地文化論調就會解為玄祕異數和神靈鬼怪。關於碟仙復仇和血光之災的報應傳說，就是碟仙語境裡的一些歷史積累的言詮，幾乎難以避免，而這也是碟仙能夠長久流行不墜的魅力所在。人在遭逢碟仙之時，就是掉入這個語境之中。所恐懼的不只是碟仙，而是那神聖傳統排山倒海的重量。就此而言，碟仙的脈絡似乎毫無開放性可言，它確實早已在故事的傳統中和所謂的「外在原因」或「外在行動者」緊緊相連。有一種「外在行動者」，亦即常識中慣稱的「超自然存在」，就是一種自然化的客體，只是帶著日常生活的手段所不可觸及的性質而已。那就是普通問法「有沒有的碟仙」裡所一直希冀予以肯定的「碟仙」。

然則，假若有建構論者所謂的「開放性」，也就是創意的可能性，那究竟是在哪？首先，就「不可意料」的性質來說：摩爾

（Moore, 1979）[27] 曾詮釋北美 Naskapi 族人對於原始占卜術的用法，藉此來說明開放性的一種面相。他說：因為在捕獵野牛時，對於野牛出沒的時間地點所用的猜測方式有一定的限度，並且還可能因為猜測的形態被一定的規則所限，因此使用占卜術本身的隨機性，就可以在規則之外增加不規則的可能性。利用隨機性來形成的決策形態雖是徹底非理性的，但它卻可能是最好的選擇，因為理性的計算有時而窮，在計算而得不到答案時，難道一定就只能留下束手無策的結局嗎？在人類經驗之中，任意的選擇至少可以導致下一步行動，for better or worse，而不會停留不動，所以這可以說是「開放」的第一種意思。

其次，更令人難料的是，在碟仙這樣的講話設計中，因為文字已經出現，而且拜漢語這種語言文字系統之賜，它很容易因排比、附會而成為近似於可讀的文本，所以，它的「可讀性」會大過於隨機的文本。它對於求問者的問題雖會給個牛頭不對馬嘴的回答，但是把這些半像文句、半像胡謅的文本和求問者所期望的意思結合，就會形成接近於超現實主義藝術的效果。我可以舉個例子來說明。譬如讓學生試解「1305：我現在就讀什麼學校？／碟仙答：嫩妹浙大頭妯」那個例子。一位平時好寫詩的學生看了看，就說：「我想祂不是在說『你讀清華』，是在說清華會和浙江的一所大學結合成姊妹校，或妯娌校。」「那『嫩妹』又是

---

27 Moore, O. K. (1979). Divination – A New Perspective, in W.A. Lessa & E. Z. Vogt (eds.). *Reader in Comparative Religion: An Anthropological Approach*. New York: Harper & Row, p.376-379.

什麼？」有人在旁問道，他就繼續說：「你的嫩嫩的學妹啦，就是從中文系開始去結合的意思。」而如果我們聽到下一句對話轉成語帶感嘆的結論：「我倒真希望可以去大陸的姊妹校留學幾年呢！」那就很可以理解了。像日常對話一樣，碟仙的對話本是如此不拘文脈、隨意進行的。這是不待虛構，撿拾即得的「超現實手法」之一例。

第三種開放，要進入更大的對話脈絡去說明，就是說：如果有人再問「碟仙究竟是什麼？」或「碟仙究竟是怎麼回事？」時，我們該看它的意義脈絡可能連結到多開闊的語境去。我用實例來說。第一例是 1991 年碟仙實驗之後，一位學生寫的回顧報告，另一例則是兩年之後我陸續和學生通信聯絡所獲得的回函。第一例的作者在回顧報告上說的是：「聽說玩碟仙會折壽……這學期為了碟仙大家都折了不少壽，不過倒是過了上大學以來，最快樂的一個學期。突然想起有人這麼說：『人不必活得很久，但是要活得精彩』，信然也。」為什麼碟仙實驗使他過得快樂呢？這和第二例有關——和他同組作實驗但後來出國去的一位女同學，後來和他結婚了。碟仙對話竟會跳入這樣的語境，絕對不是什麼匪夷所思，反倒是再自然不過的。有人能說玩碟仙時除了碟仙以外，不會發生其他的「重要事物」嗎？它不會成為碟仙語境的一部分嗎？

十、綜述與結語

在開始預備進行碟仙研究的時候，也就是成立碟仙工作坊之

初，參與的學生就一直被當作潛在的「受試者」，也就是研究的某種被動的「主體」看待。研究對象其實不是碟仙而是參與工作坊的學生，研究的目標就變成要從他們的反應中推知「碟仙」對於他們的影響。事實上，一般的態度研究也都一直採取這樣的方式——於是所謂的心理學就因此變成一種以實驗工具所能及的個體為中心的探討，而遠離了原要探討的文化物項。雖然態度的對象，也就是個「他者」，可以指涉任何事態或物件，表面上看來，這是個具有廣泛包含性的研究策略，因為指涉的對象可以近在眼前或遠在天邊，可以是實際的（actual）存在或只是想像的（imagined）、隱涵的（implied）存在。[28] 換句話說，採用傳統的社會心理學來作碟仙的研究似乎應該是綽綽有餘，但是，作為客觀的研究而言，社會心理學還是有明顯的盲點——「指涉的他者」和「交談關係中的他者」截然不同，如果只停留在指涉的觀點來獲取意義，那就永遠只能把興趣固定在可觀察的個體上，只隔岸觀火而不在相互關連並且發生意義的文化事態之中，譬如不能直接理解「和碟仙發生對話關係」，以及如何透過一個看似極不確定的（指涉的）存在而竟然會被置入整個關於仙（鬼）的神聖脈絡之中，不可避免地陷入驚懼、著迷與疑惑。這「非理性的」行為為何值得我們直接涉入去理解，只是因為它激引起了對

28　這是阿爾波特（Gordan Allport, 1985）的社會心理學基本定義。
　　Allport, G. W. (1985). The Historical Background of Social Psychology. In G. Lindzey & E. Aronson (eds.). *Handbook of Social Psychology* (Vol. I: Theory and Method). New York: Random House. p.1-46.

話，而只有透過這樣的對話，才能如奧圖所說「以或此或彼的某種方式而把捉」了一個不能在客觀上定義為物、只能視為文化物項的神聖他者。

〈重寫碟仙〉一文對我來說，雖是從經驗科學傳統和實證研究的典範向外邁開的一大步，但我必須承認，那只是一種方法論上的嘗試。從更根本的，亦即本體論的層面來說，我還不敢很肯定我所作的究竟是什麼意思。所以，在寫完該文之後，我對於碟仙的問題其實仍然耿耿於懷。我最想說的是：在我們的講話習慣中，任何東西（物件）都只是一點點徵象的閃現，如果深入到語境裡去，我們就會發現那是個文化的黑洞，我們不可能窮盡它的意義；更何況，我們和那東西碰上了，在那裡我們開始說「咱們」，在對話之間，意義更不知會有多少永無停歇的變化。可是為什麼一個文化物項卻總是會有某種慣性，好像它的意義可以停留在一定的傳統之內，也就是停留在某種看似合理的言詮之中？而這樣的問題，放入研究的脈絡，究竟又該如何看待？

我緊盯著「碟仙」作研究已經有將近十年歷史，碟仙徵象所閃現的文化意義已經拉出無可限量的內容，使我一直看到它的生成與複製、停留與變化。我當然不會說碟仙本身是多麼重要的一個文化英雄，而是因為這個小玩意裡頭（或後面）似乎可以看見有關占卜巫術文化的無數意義脈絡在此輻輳。它還是鮮活存在著的巫術信仰，是屬於占卜典範時代的心靈經過一點點現代轉化而在眼前出現的活化石（living fossil）。一個研究三葉蟲的古生物學家要知道的是那個時代的生態，而不只是要知道一隻特定的

三葉蟲；同樣的，研究碟仙要知道的是心靈和意義的脈絡關係，而不只是要知道一種特定的占卜術。只是，心靈和意義似乎不會因為我們使用了斷代法則來記錄歷史，就一定得遵守斷代的邏輯——它的歷史連續性似乎比我們所期望的要更為堅韌不斷。

至於置身在這樣的文化脈絡中，我們到底能知道什麼？或說，在知識上我們究竟能有什麼行動？作為人類而言，我們確實是徵象和意義的動物——我們活在各種徵象兆頭和它們所組成的故事之中。至於在這樣的處境中我們能幹什麼？回憶葛爾茲說的話，在此就變得十分明白：因為如此接近它們，所以我們能夠持續和他（它／祂）們交談。

研究與實踐：
理心行動所為何事 [1]

楔子

在開始之前，先從一個問題事例談起：學院中的人走出校外沒幾步，就可能發現「自我」是怎樣的一個「動詞」：

自我的第一種現身方式，以理心術的觀點而言，該理的心就是「良心」，而良心即「是且唯是」自我的行動。對於「良心」這個問題，就道德哲學而言本應會纏訟不休才對，但很多教育工作者寧可相信這種問題在學校中央走廊的「每週德目」上已有行動的樣板可循；只不過，當我們回到日常生活的實踐中，總是每次都還需要從打柴生火來開始——發現新的問題和重新論述的必要。我的發現，就理論而言，可稱為「衝突下的辯證實踐」以及「矛盾對立的認知」，但在我的日誌 [2] 上所作的描述則是這樣：

---

1 本文原係一篇演講稿。最早一次於 2006 年講於台東大學，之後經多次修訂，也將刊登在《心理傳記與生命敘說》期刊。但本文是最新的修訂版，與刊登的版本稍有出入。

2 這種「日誌」我稱為 Notes，不是寫日記，而更像是日常的研究筆記，把生活場域當作一種田野，除了記下當天發生的事情，也記當天回想起來的過去見聞。

有一天中午，我和兩位（清大）同事要到校外用餐。我開車進了一條小巷，看見路邊沒有黃線、紅線，就在那裡停了車。下車後，看見車子擋在一個包子饅頭的小舖前方。舖裡賣饅頭的一位老先生，一看就知道是位俗稱的「老芋仔」。他說我的車擋住他做生意，要我把車開走。我就回他說：「這裡沒有禁止停車的標誌，而且路也不是你的，你怎麼能叫我把車開走？」他聽了，頸子一橫，脫口說：「你憑良心吧！」我聽了這句話，突然覺得雙腳一軟，然後，我二話不說，鑽進車裡，把車開走了。[3]

這是日常實踐的一則記事，但就在其中，我們可以發現兩個和本文有關的命題，也就是在此產生的「啟題」：

1. 置身在對立的緊張關係之中，會引起動態的（道德／良心）辯證，這就等於有某種自我反思的行動發生。

2. 社會／文化研究不會只是學院裡的研究，而是在任何地方都可能發生的反思，只是在發生後，必須以研究行動（譬如把事情記下來）才可能形成此反思的命題。

一、前言：從行動研究說起

在本地從事社會／文化研究的圈子裡，多半的人都以為「行

3　這是一段經驗的記憶，當時未曾留下任何記事文本，故在此只是記憶的重述。

動研究」就是指實驗研究傳統之外新典範的總稱。我很有興趣來參與這個為樹立新典範而吹號角的運動。也許可以說：從過去的研究史來看，社會／文化研究的領域中有很多人在對於實驗研究的種種限制有了許多體認之後，終於被逼得非另尋出路不可。這就是我所知道的社會／文化研究史發展至今的梗概。我想探討的問題就是以此為起點的，但是，當然，我不是只想為已經出現的研究成果作錦上添花，而是必須對此提出一些問題，來為新興的研究方法謀求精益求精的探索之道。

關於研究史的問題，也可以從另一個字眼的發生來看：相對於把實驗研究稱為「量化研究」，和量化傳統相對的另類研究就常被稱為「質性研究」——雖然這個字眼已經逐漸成為一個廣被接受的學術用語，但我仍覺得難以採用，因為它所包含的範圍過於含混龐雜而常無法討論之故。事實上，「行動研究」這個名稱也有類似的弊病——參照幾本相關的導論作品[4]，我先把我所讀

Carr, W. & Kemmis, S. (1986). *Becoming Critical: Education, Knowledge, and Action Research.* London: Falmer Press.

McNiff, J. (1988). *Action Research: Principles and Practice.* London: Macmillan Education.

Elliot, J. (1991). *Action Research for Educational Change.* Bristol, PA: Open University Press.

Stringer, E. T. (1996). *Action Research: A Handbook for Practitioners.* London: Sage.

Altrichter, H.; Posch, P. & Somekh, B.（1997），《行動研究方法導論－教師動手作 研究》（夏林清等譯），台北：遠流。

到的東西做個簡要的綜合摘述：

> 「行動研究」一詞所指的是一個包含很廣的研究方式之總
> 名，它的特徵是：
> 1. 研究者身處於問題情境之中，
> 2. 問題情境所牽涉的人常成為研究的協作者（collabo-
>   rators），
> 3. 對於問題的界定和回答是不斷反覆嘗試的過程，
> 4. 研究的目的不是為了滿足求知慾，或為了增添學術研究的
>   文獻，而是為了造成研究者本人及其社會／文化處境的改
>   變。

　　但以上所列的幾個條件特徵在研究行動的過程中卻會造成無
以數計的變形，並且牽引出很多迥然不同的哲學反思。我想，在
這樣的典範興起過程中，雖然大家正如大旱望雲霓般殷殷企盼著
新典範的誕生，但這樣的典範（至少在我們的學術環境裡）看來
仍只像一片模糊的烏雲，因此，會有很多像「學術氣象預報員」
那般的人出來發言。我在這裡所要做的事情，也不外乎此。但我
既已說過，不想用龐雜含混的語言來談論這種問題，所以我打算
以我自己的研究經驗所形成的理心術觀點，提出幾個實際上已經
付諸行動的研究來作起點，談談一些具體可能的行動研究方式，
藉此引發一些關於「理心研究所為何事」的討論。而在提出那些
例子之前，我要先就「行動」這個幾乎只等同於日常行事的概

念，來說說我對於其意義的理解。

二、題解：行動與實踐

很多年前，我就發現，本地的研討會非常習慣使用「理論與實務」這一組詞彙來作為各種社會／文化研究的總稱。「實務」（有人把它翻譯為「實踐」）一詞本來是指「practice」的意思，其中富含多種值得細思的意義，但它的意義卻慢慢被僵化、窄化、弱化並且滑轉而為行政事務和公文處理的代名詞。更不知伊於胡底的是：有一次看見一篇研究報告，其作者把一所大學和中學合作的方案稱為「理論與實務」，並且不假思索地意指其中由大學教師負責的部分叫「理論」，而中學教師負責的部分就叫「實務」。還有另一個常見的問題是：不論是談理論或談實務，都太像是文本剪貼的報告，因此不管它是叫「理論」或叫「實務」，實際上都變成了「理論報告」和「實務報告」，顯得隔靴搔癢，只是說說嘴而毫無行事實踐的意義，並且和上文提到的命題毫不相干，也就是說，那既非行事，也不能期待其中能有所作為。

本地社會／文化學術發展史的問題大抵上可以和民國五○、六○年代發起的「社會科學中國化」運動一併考察。學術的殖民狀態曾經被認真發現並試圖掙脫，不過，歷經半世紀的運動成果，卻並不很令人樂觀。事實上，社會／文化研究圈子對於此一運動的問題意識相當淺薄，因此貢獻也相對微弱。直到最近二十多年來的另外一波「本土化」運動興起時，社會／文化研究

者也開始加入。聽起來，我們總算可以舒口氣說：這是遲來的正義──但我卻還不作此想，因為對於知識理論和實踐的關係，我們的認識並沒積累出深厚的底子，因此在本土化運動之中，有很多實務工作都還沿用說嘴和剪貼的老套（只是剪貼的文本從西方現代讀物變成民俗文物或傳統老書），還是沒有真正貼近問題情境。

　　我所謂的「問題情境」，也就是研究者必須「置身在境」者，究竟是指什麼？我想，只要加上一個形容詞，應該會很容易明白──我說的是知識所需面對的「社會／文化問題」，並且也涵蘊著：在此一問題意識的前提下，必然引出「知識就是社會／文化行動」的理解。換言之，問題情境就是指：「問題─問題意識─針對問題而發的解決行事」這一連串關係所組成的現場行動。和這個問題情境相關的實踐行動，我想換用「praxis」而不用「practice」來稱呼，為的是在語詞符號的層面上就具體標明其意義的差異。

　　關於用字的討論，我們首先要從教育的文化著手。選定一本夠份量的著作，是巴西教育哲學家軋都提（Moacir Gadotti, 1996）[5] 的 *Pedagogy of Praxis* 一書。該書的第一篇導言是美國批判教育學的代表人之一麥克拉倫（Peter McLaren）和軋都提的對話，其中麥克拉倫幾番追問軋都提為什麼用「praxis」而不用

5　Gadotti, M. (1996). *Pedagogy of Praxis: A Dialectical Philosophy of Education*. Albany, NY: SUNY Press.

英文更常見的「practice」？軋都提除了表示 praxis 一字來自馬克思主義傳統之外，還強調了這個字眼和衝突及辯證概念的關係。他說：「Praxis 的概念在傳統西方哲學中是比 practice 或衝突的概念要更具有分析上的複雜性。說真的，對於意圖把理論和實踐的關係融合起來的人來說，praxis 這個辯證的觀念是更有吸引力的。」（Gadotti, 1996: xvi）對我來說，它的吸引力正在於此：因為我們所使用的漢語沒有讓 practice 和 praxis 發生有效的區分，因此，如果都用「實踐」一詞來表達其義，那麼我就希望把 praxis 特別稱為「在衝突（尤其是意識衝突）情境中的辯證實踐」，簡要一點就可以說 praxis 不只是在行動實踐，而是在**行事**，並且必定要**有所作為**。加上這樣一段性質條件說明語（qualification）之後，我終於可以說：「行事」才是我心目中最能和「行動」研究搭配成一體兩面的概念。過去在實用主義和功利主義的傳統下，「實踐」裡的「真實」之義常被轉換成「有用」或「實際」（這也剛好是英文「practical」一字最常用的漢語譯名），因此也就接近於我在上文中所說的那種意義僵化的情況。毋寧唯是，我們更需要討論的是：「有用」和「實際」的概念還有更值得翻檢探究的層面，那就是它把行動的目的都改用工具化、技術化和物質化的語言加以表述，而在骨子裡（或在後設層面上）則不由分說地傾向於和社會現況之間維持高度的一致性，因而使知識淪為權力保守者（也就是維持現況者）的工具，而全然不能導向通往理想的改革和變化。

三、意識衝突的圖像

我知道我在這篇寫作上的任務並不是要檢討關於「何謂知識理想」的觀念史，可是我也必須在此將觀念衝突以及它在知識實踐上所造成的齟齬狀況用最精簡有效的方式加以陳顯，這樣才能讓我們所企盼的新典範有個堅實的 *raison d'être*（存在之理由）。我要先提一下布迪厄（Pierre Bourdieu），他是一位對於知識的教育體制很有獨到見解的社會學家，他說：「……教育理性的整套詭計就在於：它所強求的正是本質，但它所命令的，看起來卻全是枝微末節。」[6] 而這話的意思在以下一段引文中說得更清楚：

> 假若所有的社會，以及，特別是所有的「全控體制」（total institution，用高夫曼〔Goffman〕的話來說），都會企圖用「去文化」（deculturation）和「再文化」（reculturation）的過程來製造一個新人，也就是設立一些看來毫不起眼的細節規則，譬如穿戴、配飾，或身體和言辭上的禮節等等，那是因為：當他們把身體視為一種記憶（的載體）時，他們是使用最簡練和最實際的形式（也就是記憶本身的形式）來把「文化立基於任意內容」的根本原則托付給身體。用這種方

6　Bourdieu, P. (1977). *Outline of a Theory of Practice*. Cambridge, UK: Cambridge University Press. p.94-95.

式所體現（em-bodied）的原則會被放置在超過意識所能掌握的地方，因此就不能被自由意志和精細的思考所觸及，甚至還不能變成顯在可說之物。沒有任何東西會比這個要更為不可表達、不可溝通和無可比擬，這也就是說，具體呈現在身體上的，就具有至高無上的價值。透過超實質化（transubstantiation）的過程來打造身體，之所以能成功，是因為它使用了潛在教育的隱藏說服術，點點滴滴將整套宇宙觀、倫理學、形上學、政治哲學都植入身體之中，而它所通過的手段竟是像「站好一點」、「不可以用左手拿刀子」那般瑣碎的命令。（1977: 94）

像這種瑣碎而又深入本質的命令，我們耳熟能詳的還有「頭髮不可以太長」、「裙子不可以太短」、「襪子不可以太花」、「胸口的扣子不可以不扣」等等。為什麼說：這裡頭有所謂的「觀念衝突和教育實踐的齟齬」呢？讀者如果有可能的話，請回想（或用網路回顧）解嚴前夕有一次關於教育的解放論述。當時的台北市議員趙少康曾向教育局長陳漢強提出質詢，問道：「為什麼不能解除髮禁？」陳局長回答說：「每一個地方都有自己的文化傳統，不必強向（西方）學習。」趙議員便問道：「你說的是什麼傳統？」我記得在電視上看到的畫面是：這位教育局長竟然張口結舌答不上話來。這個鏡頭有如文化意識衝突的一個高潮，對於企圖了解我們教育文化真相的人來說，真是具有無比重要的涵義。從前（西元九〇年代以前），我們的男生短髮乃至

光頭，以及女生的清湯掛麵髮型，究竟是什麼傳統呢？在我們的意識邊緣裡，其實我們大多數人應是知道的，但後來卻被弄到近乎遺忘，遺忘了這些東西乃是來自於一種矛盾的政治選擇：向日本學習。為了建國強兵，我們學習了一整套軍事極權的國族主義體制。這套政治學習的影響究竟有多深遠？除了在剛才提到的身體文化規則之外，我們還在看到學校建築之軍營化（漢寶德，1980）[7]，學校作息儀式之軍令化，以及校園倫理之軍階化等等，並且這些還都沿襲著「傳統」或「正當」之名義，上上下下指導著我們所有的教育作為，連大學生的團康活動都還常要由批掛著三色彩帶的值星班長，用軍令來整隊，所以我認為它的影響確實已經點滴滲透到難以洗除的程度。諸位可曾見過油輪事故所造成的汙染嗎？整個海岸每一塊石頭、每一片沙灘都是油汙，而傷心的環保人士在拚命洗刷的同時，也不免感嘆道：洗它幾十年也洗不掉了……。我們在政治上的解嚴和教育政策上的鬆綁都只像是天際一片美麗的雲彩，在基層工作的教師們一定都知道：我們還不太能期望它對於地上的花草樹木造成春風化雨的效果。我們的教育陷落在如此衝突的文化／社會條件之中，因此如果知識發展的目的就是為了解決這樣根本的衝突，那社會／文化研究可以下手之處就多至不可勝數了。進入具體的生活場域來說，我們確實面對著許多歷史所造成的包袱，而我們站在「知識環保」

7　漢寶德（1980），《建築、社會與文化》（再版），台中市：境與象。

位置上的人，正需一塊石、一灘沙地去洗刷整理和解決。

談過衝突之後，以下要談的是和研究有關的辯證實踐問題。我想分幾個段落來談：研究、研究者、被研究者、研究中的關聯或關聯的認識論。我在前言中所承諾的幾個實例，將會擺在後面三節的問題中。

四、研究的危機及其「後社會／文化」的轉向

接下來，我要提的是另一位當代批判理論陣營的大將哈伯瑪斯（Jürgen Habermas）。對於行動研究，他幾乎像個先知般提出了他的警告。我們既然期待行動研究可以為我們打開一條通往知識理想的真實道路，但是，我們在方法論上會不會有個盲點呢？我們以為新典範已經來臨了，但是我們有沒有注意到：過於早熟的擁抱會有什麼危機呢？譬如我們已經長久習慣於一種實證主義和實用主義式的思考方式，對於研究，我們一直相信一種單向尋找真理或發現客觀答案的研究哲學，也就是說，研究者的自說自話主導著研究的活動，以致被研究的對象不論是被冠以何種堂皇的名號（譬如叫做 subject，其原義是「主體」，漢語譯作「受試」，算是一種老實招認），都難免於被物化的命運。這樣的研究思想鋪天蓋地的瀰漫之下，所謂「對話式的研究」或「辯證思考」幾乎都在異端的汙名之下被貶謫到邊緣蠻荒之地。雖然我們現在可以在世界性的風潮影響之下也高舉起「行動研究」的大纛，但哈伯瑪斯就提醒我們：「現在流行倡議的某種『行動研究』（也就是把政治啟蒙和研究行動合併為一）忽視了一件重

要的區別：對於研究田野採用非控制的形態，和同時在該田野裡蒐集素材（collecting data），這兩者其實是互不相容的。」[8] 因為，根據哈伯瑪斯的說法，在「蒐集素材」時，我們一定是在使用某種形式的測量工具（measurement instrument），而所謂「測量工具」就是對於種種行為的徵象透過某種語言表達所作的系統觀察，但這些不同種類的觀察無論使用何種技術之助（譬如像多變項分析這般複雜的統計學技術）都不能使之納入一套完整的座標之內，進而獲得協和的描述意義。換句話說，研究主體在田野裡所獲得的任何東西都不能在這套技術處置之後就不證自明地「代表」被觀察對象的整體，而只能再經過詮釋來產生對於對象的某種拼湊的理解。這樣一來，資料素材的意義就一定會被還原到技術處理之前的狀態。更有甚者，所謂主體和對象的關係，其實就是理解的主體（即研究者）和相逢而相異的主體（alter ego，即被研究者）之間的關係。既然有此理解，則「對象」一詞在實際的研究行動中應屬方法論上的謬誤，因為在兩造的主體之間，並不是永遠只有一方能成為觀點的基礎，其間的關係連到底誰會站在上風都不可逆料，更遑論使用自以為是的「控制」法了（譬如使用「標準化刺激」之類的實驗設計）。

這些考慮促使研究者對於知識的目的產生一種「第三類的自覺」（knowing of the third kind），和哈伯瑪斯在《知識與人類

8　Habermas, J. (1973). *Theory and Practice*. Boston: Beacon Press. p. 11.

旨趣》[9]一書中所倡議的第三類知識旨趣相當，使得社會／文化認知必須發生「後社會／文化」的轉向。這種轉向的自覺對於研究的目的和研究行動的方式一定會發生根本的影響。為了說明之便，我要提出比較容易理解又不失其深度的作者蕭特（John Shotter, 1990/1993）[10] 來做個幫手。蕭特說過，在主體與主體對話的當下情境中，我們所需要的知識既非「knowing-that」的理論知識，也非「knowing-how」的技術知識，而是「knowledge of the practical-moral kind」（屬乎行事道德類的知識）——這是怎麼說的呢？就蕭特（1990: 21-26）提供的說明，我把它分成兩個要點，分別用來解釋「行事」和「道德」兩義：

1. 日常生活行事之中的事態以及其中所包含的知識，若就其經驗事實（empirical fact）來說，乃是奠基於人的關係，也就是人和人的口頭交遇（oral encounter）以及來回言談（reciprocal speech），而不是在於單方面的書寫或事後的沉思；「換言之，我們所過的日常社會生活乃是在會話、討論、爭執、商議、批評、和辯護所形成的氛圍之中⋯⋯」（p.26）；

9 Habermas, J. (1971). *Knowledge and Human Interest*. Boston: Beacon Press.

10 Shotter, J. (1990). *Knowing of the Third Kind*. ISOR ／ University of Utrecht.
Shotter, J. (1993). Cultural Politics of Everyday Life: Social Constructionism, Rhetoric and Knowing of the Third Kind. Buckingham, UK: Open University Press.

2. 這個「氛圍」裡有個堅實的「根基」（rooting）是和言語之是否可懂（intelligibility）以及是否具有正當性（legitimacy）有關，而要維持這樣的根基，就必須在加入交談的各造之間維持著一種相當程度的「能講理」（sensibility），否則就不免會陷入無謂的混亂。

由此觀之，能夠包含這些交談、理解和判斷活動內容的科學，就應該叫做一種「道德科學」（moral science），而絕不是一種「自然科學」。[11] 在蕭特行文中所說的「科學」原是指心理學，但在經過這番轉化（所謂「後現代轉向」）之後，這門科學是否還能再叫做「心理學」那就很可疑了，因為對於研究者而言，最重要的對象已經不是「心靈之理」，而是交談中的語言以及交談中所隱涵的社會／道德關係，而在其中，有關「心靈」的形上推想或演繹而得的「經驗」就變得偏離研究的題旨，乃致和知識的目的毫不相干了。我們之所以要另造出「理心術」的知識

11　蕭特（Shotter）在 *Knowing of the Third Kind* 一書的序言（Preface）中說道，他從 1984 年起開始談日常生活中所具有的「道德生態學」（moral ecology）——「宛若人（都是）在道德所定義的地景（landscape）之內取得一個立足的所在（place）而後得以行動。」（p. 7）。這個簡短的說明在後面的第三章（p. 35-46）才有較為詳盡的發揮，也就是對人的心理生活所作的後現代科學必須具有的後設方法論（metamethodology）叫做「以接觸為之」（by getting in touch）；相對之下，科學心理學的傳統方法論都是建立在「以旁觀為之」（by looking）的基礎上。由此可知，「道德科學」的要義是要研究者投入接觸關係，在其中有所作為，這正好跟「自然科學」所標榜的「客觀」（也就是「旁觀」但無所適事），是站在對立的位置。

型態，也是為了要把知識導入轉向之道的緣故。

　　社會／文化研究和心理學的關係非常挨近，光從其研究報告的寫作體例之大量遵循 APA 格式就可以看出端倪，尤其是受到北美學術文化影響之下的台灣社會／文化研究（尤其是教育研究），其仰賴心理學研究的發展模式，更有清楚的歷史軌跡可以追溯。如今，當心理學可以轉變為道德科學乃至理心術的時候，社會／文化研究是不是更應該先此而轉變呢？知識本是最不能離開社會關係，也最不能缺乏實踐／道德知識的一個行動場域，但是社會／文化研究卻因為對於本身當下的活動發生自我誤解而致陷入反知識和反道德的泥淖中。以教育研究為例，托伯特（William R. Torbert, 1981: 141-151）在感嘆「為什麼教育研究會是如此地反教育？」之時曾經提到：六〇、七〇年代的教育研究所襲用的「單邊控制模型」（model of unilateral control）研究哲學有幾個根本的錯誤：1. 缺乏研究過程之中的反思性；2. 既不能消除研究者主體對於被研究主體的影響，又不能對此影響加以研究；3. 研究的關係形成一種威權專斷的社會關係。台灣的社會／文化研究主流，除了一些思想史研究之外，其他的經驗研究大抵上仍然非常依戀托伯特所指的「單邊控制模型」。我們已經檢討過方法論和研究目的上的根本問題，所以現在應該談的就是托伯特的第三點，也就是「威權專斷的社會關係」。我這就開始來一邊報告我自己的研究心得一邊檢討這個問題。

五、潛在的威權專斷者

在我的「後現代轉向」發生之前，我曾作過一系列的宗教心理學研究，我也一直遵循著「單邊控制模型」作問卷調查和系統性的測量研究。可是在 1989 年開始進行碟仙研究之後，就發現那個模型實在因為一直未能觸及碟仙問題的核心而難以為繼。這是我在下一節要談的問題。不過在本節要先提的是：在碟仙研究中清楚發現了哈伯瑪斯（1972）所謂「殘缺文本」（mutilated text, or corrupt text）的問題，也就是和占卜宗教傳統有關的各類宗教操作都含有潛在的溝通斷裂現象。後來從 1995 年開始，我就根據這套理解而繼續進行一貫道扶鸞儀式和借竅儀式的研究。我很抱歉要用這些研究對象作為研究的名稱，事實上，那只是一種稱呼上的方便之計，真正引起我研究興趣的並不只是儀式的表象，而是其中種種外顯的或隱涵的社會關係，以及這些關係形態的種種行事在知識上的意義。

我們的知識論述對於宗教的理解一直都有很大的限制。根據憲法，我們所用的基本理解叫做「宗教自由」，但是在所謂「詐財騙色」的宗教事件中，常用的理解概念就會轉變為「正信／迷信」。而後者這組相對概念和「宗教自由」的概念已經發生根本的矛盾，也就是說，「宗教自由」的基本假定是宗教的自主性，但「正信／迷信」的基本假定裡卻必須先有個高於宗教的判斷者存在。假若一個宗教既沒有詐騙之嫌，也沒有陰謀通敵的罪行，那麼我們的知識論述大概也就只好說它是「勸人為善」、「有助

社會安定」。既然如此，那為什麼我們的學校不能好好和宗教結盟來進行「善的」和「安定的」教化？為什麼其間的關係仍然曖昧乃至互斥？學校究竟是要繼續對宗教採取避忌策略呢（那又如何解釋避忌的理由）？還是選擇性地歡迎宗教呢（那要由誰選擇、怎樣選擇）？

一貫道在台灣曾經被視為違法宗教，而政府禁令在 1987 年解除之前，這個宗教團體在台灣曾經有三十六年被明令查禁的歷史。但無論是陰謀通敵或騙財騙色之類的指控都和這個宗教的教義或組織規訓的方式大相逕庭。充其量只能說：它的教義是極端的傳統主義，而在財色的問題上，它則是相對而言相當乾淨的一個宗教。我選擇進入一貫道的田野，除了和其他研究者一樣有些機緣的因素外，這些背景上的考慮也是很重要的起點：再乾淨的傳統主義信仰也有可能會不自覺地陷入反知識、反教育的意識形態之中。

我在進入借竅儀式現場之後，所受到的衝擊遠超過我在草擬研究計劃之時的想像。在各種衝擊中最重大的莫過於發現儀式中對於「降壇顯化」的「仙佛」都稱作「老師」。這種稱呼並不是沒有意義的諢名。事實上，這個宗教團體的活動帶有極高程度的學校教育形式。它的法會儀式和它的例行活動幾乎都是以各個不同程度班次的上課方式在運作。課程內容則以點傳師的講經、讀訓和學員的心得講說為主。我在這個研究的田野裡，常覺得和教學觀摩的處境幾乎沒有兩樣，也就是說：**我以一位老師的身分在看另一位（或幾位）老師的教學表演**。就在此時期中，我對於

批判理論者阿多諾（Adorno）和哈伯瑪斯的閱讀才變得愈來愈有啟發的感受。譬如說，阿多諾（Adorno, 1994）[12]在一篇討論報紙占星術專欄的著作裡，引述一句羅馬的俗諺說：「一位巫師看見另一位巫師作法，他就會忍不住發笑。」（An augur laughs when he sees another.）這句話雖然聽來像是笑話，但其中卻隱涵著和哈伯瑪斯（1973）一樣的知識論概念，那就是自我反思（self-reflection）。作為研究者的我，因為看見了另一主體和我的相似性而加倍理解其中的雙向關係。我一方面對於對象發生強烈的揭穿衝動，另方面也就了解到我自己所從事的教育工作中所隱涵的危機。

　　法會儀式是在一間一貫道的道場裡舉行。而我所要談的一次借竅儀式是 1995 年 4 月底法會裡的最高潮。它是在大殿上發生的──根據教內慣用的語言來說，仙佛降壇的事只能等待而不能事先安排──這個說法有其「神學」上的必然性──所以我們只能稱它是「發生」而不叫做「舉行」。不過道場上的點傳師們其實老早就知道它會「發生」，這算是我所要談的問題的一個重要伏筆。這個大殿的面積約為九百坪，而其型制就是一間佛堂和大教室的混合體──除了和一般民間宗教廟宇裡有一樣常見的神龕之外，正前方也裝有三面可活動的大黑板；另外在觀禮席前側偏右則設有一座相當考究的大講台，其主架構是一張大講桌，桌

12　Adorno, T. W. (ed. by Stephen Crook) (1994). *The Stars down to Earth and other Essays on the Irrational in Culture*. London: Routledge. p.34-127

面上佈置有相當大的花盆。當仙佛降壇時，她（就是「天材」所演出的仙佛角色，我所看過的天材都是年輕女性）會叨叨唸出很長的「聖訓」，而在一旁幫手的「人材」就會把訓辭密密麻麻地抄寫在黑板上。這些訓辭所用的不是白話文，用字也多少有點特意造作成古文的模樣，因此從一般人的語言習慣來說，就會顯得意義隱晦難懂。舉一段例子來看看：「德慧術志存乎疢。已有志士德行培……跬步不離居善。處事力行。行深道髓……。」[13]再加上板書對於在座將近五百位觀禮者來說，距離都太遠，所以大多數的人其實是看不清楚的。後來這些寫滿三大塊黑板的板書還經過複雜的「訓中訓」處理，讓字堆裡頭橫看斜看又顯現另一層次的訓辭。限於篇幅，這裡就不再詳述，值得一提的是，這一大段冗長的訓辭，念一句寫一句，加上臨場的講解，用了將近四個小時。然而在這麼長的時間裡，它的所作所為不但不是在誨人諄諄，反而是在刻意在眼前製造讓人「看不懂」的經驗。這樣的反智操作手法，在我看來實在是昭昭在目。美國人類學家喬登（David Jordan）在他 1979 年 [14] 的田野報告裡已經說過：扶鸞宗教所顯現的聖訓內容乃是一種「智性的媚俗之作」（intellectual kitsch）。可惜他只點到為止，沒有再繼續作批判性的發揮。但是把這意思說出來卻非常重要，因為這是護衛傳統主義的人所難

13　取自該道場所印發的聖訓，1995 年 4 月 30 日。

14　Jordan, D. (1979). *Chinese Pietism: Syncretic Movements in Modern Taiwan. Folk Culture.* 5: 49-67. Published in Cuttack, India: Institute of Oriental and Orissan Studie.

免的知識盲點，將它點出的結果，必定會和扶鸞宗教所宣稱的
「神道設教」理念（即透過神明的某種介預而達到教育的效果）
形成扞格不入的矛盾關係——任何一種宗教，或是其中所包含的
社會教育作為，怎麼可能使用反智操作的手法，而竟能達成任何
知識的目的呢？或者，作為一位有經驗的教師，如果自己捫心自
問：當我在像借竅儀式那般地呈現教材的時候，我的用意是什
麼？以此反思出發，我對於這樣的矛盾甚至還要進入更根本的質
疑：這種宗教，透過這樣的儀式教化，它意圖達到（或實際達
到）的目的和它所宣稱的目的究竟有什麼關係？

　　對於這樣的問題，當然需要有一篇詳盡而具有批判理解的
研究報告來回答才對。[15] 我在這裡就不打算作這種越俎代庖的事
情，不過，和本文主題有關的部分還是應該在這裡提出：行動研
究到底和這個教化議題有什麼關係？回溯我在前面說過的，行
動研究對我而言最重要的意義乃在於：它使研究行動成為一種
「在衝突之中有所作為的辯證實踐過程」。當我站在儀式現場
裡頭，我的所在位置是個觀禮者（observer），而我發現「觀禮
者」本身就是個矛盾的位置——一方面那就是信徒們遵守儀式
程序的位置，也就是 observance 的位置，但另一方面它也同時
是個局外人作觀察的位置，也就是 observation 的位置。作為信
徒或同情此一信仰的人來說，感同身受的道理就是最高的參與

15　即改寫的本書下一章。請參宋文里（1999），〈負顯化：觀看借竅儀
　　式的一種方法〉，《台灣社會研究季刊》，第三十五期，p. 163-201。

原則；但是作為一個觀察者，不管是教外人士或是教內的另一個深通門道的點傳師（或如上文提到的另一位巫師），他所看見的就未必只是儀式主持人希望信徒看見的東西而已。儀式的語境脈絡自然會廣泛延伸到儀式文本之外，這道理在當代社會語言學中已經有了充分了解——在語意學（semantics）中有所謂外延／內涵意義（denotation / connotation）之間的連續性；在語用學（pragmatics）中，也有所謂言說（locution）／言外之意（illocution）兩層發言結構之間的差別。我因為身在儀式現場之中，被當時的儀式作為所衝擊而致被逼出自我反思，也同時發現儀式外的廣延文本。有許多從我到它之間的來回過程，造成了很特殊的比較性問題，譬如我所熟悉的教室，和這個儀式所刻意裝扮而成的教室，兩者之間究竟有什麼異同？

不問則已，一問之下，它的答案其實是盡人皆知的：這個道場和教室最大的差別就是它一味宣示真理，卻禁止發問；它用溝通的斷裂來保障它的神聖性。不論它在教義中宣稱的是什麼善意，原來它所不能通過的就是這麼根本的程序正義問題。所謂反教育也者，如果根據這個新發現的判準來重新檢視，定能釐清很多宗教和教育之間糾纏千年的老問題。

這個發現值得大書特書，但我在這裡並不打算繼續發揮下去，只是要藉此說明：辯證實踐和行事作為的方法論有這樣的潛力，對於我們所身處的社會情境可以造成撥雲霧見青天的重新理解之效。不過，光憑一個例子可能還不足以說盡，特別是：辯證實踐就等同於批判研究嗎？我想也不盡然，所以，讓我換個角

度，從被研究者下手，再來繼續闡述。

六、被研究者是誰？──莫名的他者

　　接下來要再一次回顧我的碟仙研究。蕭特所說的「巫乩板」就是和碟仙相同來源、相同性質的西方碟仙。他提供的兩面性思考，亦即「它一則可以視為創造性的事件、意外的發生、不可逆料的互動後果；或則也可以視為湊巧的發生、非人的事件，可歸之於『外來的』原因或行動者……。」（Shotter, 1993: 4）也許就是碟仙研究的一種結論，不過我還是要從計劃草擬到實際進行研究之時所經歷一段尷尬過程談起。

　　上文曾經說過，很多人對於自己究竟是在研究什麼，通常都會以研究對象的普通名稱來回答，譬如說：我研究「兒童」、我研究「青少年」、我研究「課程」、我研究「李白」、「杜甫」等等，好像這樣說的合法性已經俱足而無疑。我很不幸和這樣簡明易懂的語言愈來愈沒有緣份。在碟仙研究裡，我碰到的第一個問題當然是像「碟仙是什麼？」，然後是「玩碟仙的是什麼人？」等等。這些問題能夠用對象的普通名稱去回答嗎？我的發現是「不行」，因為在名稱裡常已經隱涵著成見或甚至嚴重的誤認成份。我的整個研究計劃後來竟被逼得變成去改寫它的名稱[16]。讓我來說說這是怎麼回事。

16　該文在發表時不叫「碟仙研究」，而是改稱「重寫碟仙」。見：宋文里（1996），〈以啟迪探究法重寫碟仙〉，《本土心理學研究》，第六期，p. 61-143。

「碟仙是什麼？」這樣的問題要怎麼回答呢？用一本 1987年編訂的《國語活用辭典》來看，它的「碟仙」條目下的說明是這樣的：「類似扶乩的請神術，將一磁碟覆蓋在雜寫文字的紙上，碟底畫一箭頭為記號，三人各以一指按碟，碟就會自己轉動，再看箭頭所指的字，來推測它的意思。這是利用人的下意識心理作用來進行的。」在最後一個句子之前，它是在描述碟仙的「一般狀況」，或甚至有人認為那就代表碟仙的「客觀描述」。其中的「碟就會自己轉動」一句其實並不是像描寫道具那麼簡單，因為碟子也常常是不會動的，所以一旦根據傳說而說它「會自己轉動」，那就難免要加上最後一句「下意識心理作用」來作一種科學（心理學）的詮釋。只是這裡的科學出現得非常勉強，因為「下意識」一詞可能是指詹姆斯（William James）所說的subconsciousness，而這說法究竟能有多少人了解它的意思呢？我的疑問就從這裡說起也罷。但我要藉助於一個更簡單的例子。

　　在解釋賭徒的賭博行為時，有人請問數學家的意見。數學家說：根據一般規矩，下注者和莊家得分相同時，算是莊家贏，如果不論賭場的作弊行為，光用期望值來計算就會知道：玩的次數多到一定程度時，賭徒的勝算一定少於莊家。這樣的數學其實只是高中程度，賭徒們難道都不了解嗎？為什麼還是無法克制自己的賭癮？為什麼還屢敗屢戰？雷芙（Jean Lave）作了個關於日常行事中的數學用法研究，間接回答了這個問題。[17] 她的發

17　Lave, J. (1988). *Cognition in Practice: Mind, Mathematics and Culture in*

現是：生活實踐中的數學和數學方程式所包含的東西並不一樣。光拿計算的動作來說，就會牽涉到各種情況脈絡間的拿捏，譬如在超市買蘋果該買多少個才好，則冰箱容量、孩子的吃食習慣、蘋果的貨色等等都會和數算的動作發生互動，而最後究竟決定買多少個，並沒有一個簡單的公式可循。反過來說，複雜的數學又常常對於充滿特殊規則的日常生活不盡相干，譬如在保齡球館裡的計分，它的數學只是簡單的加減法，但卻有一個特定的規則，非要進入規則之中去熟習不可，否則對於一個從未見過計分板的數學家來說，也一樣會顯得難以理解。總之，關於計算的數學知識和在生活行事中的計算並不是同樣的行事。用數學方程來再現（represent）生活中的計算，其實常會變成一種知識上的誤現（misrepresentation）。

那麼，回到比計算更複雜的文化操作，譬如像碟仙的占卜行為，到底有什麼因素牽涉在內？有多少不同的脈絡意義穿透其間？我們若沒有這樣觀察過碟仙，也就不會有這樣複雜的知識。可是，當我們仍躑躅於方法與概念的模糊狀態之時，卻會發現文化傳統早已先此不知幾步為碟仙備好了各種說帖，隨著碟仙的流行而散佈於所有可能的論述場域中。報章雜誌廣告電影等等傳播媒體也會如水載舟般強化且固化了這些傳說論述。我們無法測量這個傳說論述的空間到底有多廣，但是，你若有機會去作研究，就會發覺你早已經被包圍在它撲天蓋地的論述氛圍中。舉三個例

Everyday Life. Cambridge, UK: Cambridge University Press.

子來說：

> 有一位參與碟仙工作坊的同學在作實驗之前，去了一家書店
> 買碟仙道具。老闆娘好心勸她：玩時要小心，以免惹來「血
> 光之災」。
> 有一組學生為了加重小組的「陰氣」，除了邀請兩位女性組
> 員參與之外，還特地在半夜十一點多爬上公認陰氣最重的清
> 大人文社會學院頂樓，說是去請仙。
> 另有一組學生在尚未買到碟仙道具之前，先拿出一個十塊錢
> 鎳幣來玩「錢仙」。玩過之後，沒人敢把那個鎳幣帶回家，
> 就決定把它丟進一個販賣機去，不要了。

對於這三個例子，我現在有很多種不同的解讀方式，不過其
中一種確實和傳統論述有關，那就是：關於「陰魂」和「腌臢」
的傳統理解可以直接依附在碟仙、錢仙之上而融溶無間，並且幾
乎已到了無人不曉的地步。換句話說，如果你問這些人：「碟仙
到底是什麼？」你會得到什麼回答呢？不就是和「陰魂」、「腌
臢」等傳統理解一併現身的「碟仙」嗎？這裡頭包含著很多日常
實踐的知識，其理至明，可是，這不也是在田野裡獲得的客觀
真相嗎？我們若用「下意識心理作用」去解釋它，那不就和使用
加減計算法去代表超市裡買蘋果的計算過程一樣不準確嗎？何況
「下意識心理作用」的理論還是從來沒有獲得確證的知識呢？所
以，對於「碟仙是什麼」的問題，我的答案是：有很多文化論述

在這個地盤上交遇，一定要我一言以蔽之，我只好說：我不知道，因為我無法把它說盡。

至於「玩碟仙的是什麼人？」這樣的問題，讀者既已領教過我的「辯證實踐」論述，以及「行事知識論」，可能不太會想繼續投入這般迷霧般的解構辯證。我可以把講法縮減成比較簡短的幾句話，但我仍認為值得參考。

我作過比較不令人絞腦汁的測量研究，[18] 其中包含一點和碟仙有關的部分。那是個語義區別技術（semantic differential technique）的應用。大致的結果就是：用「碟仙」和「鬼／神明」兩個概念作比較，結果發現「碟仙」顯然比較接近於「鬼」，而和「神明」完全不同。這是用北部、中部幾所大學的 173 名學生作樣本所測得的結果。在測量之前，根據我對文化語境的了解，我早已猜到結果會是這樣。那麼，大學生在碟仙問題上，除了接近於傳統論述之外，或表現了語義區別技術所提供的意義區別之外，就無甚可道了嗎？我想不是的，請先看看這些人：

有一位同學在選了我的「宗教心理學」課之後，聽了一次導論，就決定退選。她很靦腆地告訴我說她不能參加碟仙工作坊，「是因為家裡有宗教信仰的緣故」。你知道她是什麼意

18　宋文里（1998），〈不信之信：超自然象徵與情感意義叢結〉，《國科會研究彙刊：人文及社會科學》，第八卷，第一期，p. 84 -100。

思嗎？你怎麼知道？她最後不是壓根兒就沒出現在「樣本」之中嗎？

有四位電機系高年級同學早在碟仙研究之前就曾邀我以及另兩位心理學教師和他們一起玩碟仙。我們特地選在晚上十點半開始，玩了將近兩個鐘頭，但碟仙自始至終都紋風不動。在預備離開之前，這幾位同學之中有人對我們撂下狠話說：「碟仙不喜歡你們這些讀心理學的……」，你可又知道他是什麼意思？他是屬於碟仙的虔信者吧？（你可能會感嘆道：「他們是電機系的耶，啊怎麼會這樣？」）

有位虔信基督教的女生這樣回我的信：「現在如果要我說一說碟仙到底是什麼，老實說，我會很想說那樣的討論蠻沒意思的，在這樣的事情上，信和不信，永遠只是選擇的問題。」

有位後來在美國進修心理諮商的碩士生，他告訴我說：「三年來，一次又一次的有不同的朋友問我：碟仙是什麼？我的回答大概是：……我會邀他一起玩玩（碟仙），但大部分的人都會說會害怕而做罷。」

有位女生，在畢業三年多之後，從北美某地來信，談起當年的碟仙。她說：「事隔三年半了，以為「碟仙實驗」早已告一段落，沒想到老師今天又舊事重提，要來個「後續報告」，說實在的，這真是一件吃力的工作。……針對老師問的第一問題，即：在「碟仙實驗」之後，一直到今天，我是否曾經歷過生活中比較重大的事情？那些事情和碟仙

是否有任何關連？（或者在事情發生之時、之後，我最關心的是什麼？）我至今不假思索，直接反應的一個答案——『Love』。」（因為後來她和碟仙實驗時同組的男生結婚了。）

舉這幾個例子，是想說：以上每一個人都曾有過和碟仙交會的經驗，但他們各自所牽連的世界可能比文化論述還要更為紛歧。我能說他們「是」什麼人嗎？（換句話說，他們之間的共通性會比個別差異更值得我們認識嗎？）又能說他們是什麼「對象」嗎？（換句話說，他們都是生蹦活跳的主體，為什麼能以被動的形式呈現？）我否定以上兩種提問法的正當性，對於我自己先前草擬的研究計劃實在是自打耳光——我原以為我可以像從前習慣的做法，選用一些學生樣本，把樣本視為「受試者」，也就是達到「通則」的工具手段，而在獲得通則之後，狡兔死走狗烹。但後來我覺得我沒辦法這樣作，因為我和學生們發現，光是「碟仙」這一名稱，就暗暗地指稱著一團莫名的他者。因此我被逼得決定半途改寫計劃。也因此在實際研究的過程中，學生們搖身一變而成為我的協作者（collaborators），很像民族誌研究中的報導人，探馬四出地展現出他們和文化交關的論述；而在作完碟仙研究之後的三年，我還和他們之中的幾位通信，至少我關心一件要緊的作為——我曾經對他們承諾過：「有任何問題，叫祂（牠）來找我。」我這是認真在他們面前說的——真的和假的，都包在我身上。只有這樣，我才能讓碟仙研究以文化脈絡之中所

允許的終極關懷形式，亦即良心的發動，來繼續進行，直到能夠暫告一段落為止。

七、關聯的位置（心靈關聯或關聯的認識論）

在推動台灣的行動研究方面，夏林清的學術貢獻功不可沒，她以〈尋找一個對話的位置〉[19]一文來努力企圖表現那個既是對話者又是行動實踐者的位置。可是，我發現：在該文中，最多的篇幅仍然顯示那是個理論論述者的位置——怎麼說呢？一言以蔽之：作者在實踐行動中所能動員者（也就是勞工教育的對象，以及工運和公娼抗爭的夥伴們）恐怕是不耐煩閱讀這些東西的。所以說，真正的對話者應該還是理論閱讀者，也就是作者自謂她所「側身」於其中的學院中人——包括學生和學者等等。

不過，我不會只從字面上解讀夏林清寫的東西（和她講的話）。當她把自己這樣的站立「姿態」（是從 stance 這個字翻譯而來）說成一種「側身」的行事，我又看到，她在理論論述中說自己在實踐與閱讀之間所採取的作為是「平行參看」。由於我對於批判研究裡所謂的「位置」、「立場」以及一個人「涉足」於某一戰場、在其中「參一咖的方式」等等，早已培養起知識的敏感帶，於是，在讀完全文之後，我對於夏林清姿態所聯想到的樣子就是：一位西班牙鬥牛士，揮灑著紅色布塊，以一寸之隔而

19　夏林清（2002），〈尋找一個對話的位置〉，《應用心理研究》，第 16 期，p. 119-156。

「側身」於巨大的野牛身邊。那隻野牛,一忽而是虎虎生風的勞工運動,然而下一刻,牠就變成龐大的學院帝國。所以,雖然這一忽兒、那一忽兒很少會在同一時空出現,但那位鬥牛士實際上是被夾在兩頭野牛中間的。然後我就想到:這樣結局會是什麼呢?在競技場上勝利的神鬼戰士,最後是不是必然會敗在帝國手下?而在帝國裡左右逢源的人,是不是都得成為佞臣奸宦?

對於這樣的聯想,我也會反思到兩個問題,一是關於喻示法使用,二是關於行動和知識之間的空間,也就是說,我從喻示法要談的是敘事法的問題,而在行動與知識之間則是意識的問題。我要先談前者。

(一)

競技場、鬥牛士,戰場、帝國,這些喻示法和邊縫百衲被邊講故事的老祖母,以及聽故事聽得入神的小女孩,當然會牽連到很不一樣的符號系統。我記得我在 1995 年寫的一篇關於批判教育學(critical pedagogy)的文章[20],提到批判教育學的健將麥克拉倫(Peter McLaren),他用「戰場」喻示法來談文化實踐的問題:「文化是個斷裂、爆炸、矛盾的場域……它是個多元異相、延展不已的地帶,是個被多條戰線作不均等盤據的戰場。」(宋文里,1995:9)這段喻示法文字,也使我想起麥克拉倫這

20 宋文里(1995),〈「批判教育學」的問題陳顯〉,《通識教育季刊》,二卷,四期,p. 1-15。

個人：一個高大的漢子，一頭海盜般的棕黃色亂髮批到肩頭，穿黑色皮夾克，皺皺的長褲，和黑色長統靴——至少這是他受邀來台灣的那一週裡所現身的模樣，也和他在書上出現的照片[21]大致相同。他和他那些擅長爭取各種計畫來豢養一大批研究生的同事們，竟然互相視同陌路，連個招呼都懶得打一下。這種屌樣子，和鬥士的形象實在很吻合。但我和他談過一個小時，才發現他是個講話率直但語調溫和的學者，孤單的騎士，常常待在咖啡館裡孜孜矻矻地寫作，而把大學裡的研究室讓給學生去弄成一座馬克思和契·格瓦拉（Che Guevara）的神龕。他會寫些文體自由的作品，但是他說，他寫的閱讀筆記和註腳，一條都不能漏。我認識的基進教育論者實在不多，所以，夏林清和麥克拉倫會被我拼貼在一起，一女一男，構成一張很特別的神譜。

事實上，夏文所標舉的「基進教育」（radical education）和我所理解的「批判教育學」（critical pedagogy）在理論和實踐的層面都極為相似。夏文把批判教育學和基進教育論述幾乎視為同一，這大致是不錯的，不過，我還是要特別指出它們的相融之處，譬如它們都常引用保羅·弗雷勒（Paulo Freire）的論點來闡發教育的文化政治觀點，它們既是知識之學也是行動之學；而基進教育背後的批判心理學（critical psychology）[22]，也和我

---

21 見：McLaren, P. (1995). *Critical Pedagogy and Predatory Culture*. New York: Routledge. 麥克拉倫的作者近照出現在這本著作封面裡。

22 我所說的批判心理學，除了夏文提到的托爾曼（Charles W. Tolman）之外，有一套叢書叫《批判心理學》（*Critical Psychology*）收錄十幾

目前正潛心鑽研的文化心理學（cultural psychology）頗有淵源流轉的關聯。不過，我和夏文的對話基礎是特別建立在辯證法（dialectics）、對話邏輯（dialogic）的重新理解，以及對後設反思（reflexivity）的強調之上。

（二）

我參與過的「社會運動」實在不多——假若社會運動真能有個通俗定義的話。每次碰到來自各種抗爭運動份子的邀約，我總是說：我的運動場在研究室而不在街頭。換句話說，在討論各種有關社會實踐問題的場合，我總是會被歸類為某種「學院派」。

記得有一次，當時在清華任教的一位藝術史專家，也是非常實踐性格的徐小虎教授，她為了要出國，填寫一張申請表，需要有位職務代理人幫她簽名。她對我說：「我不懂人事室為什麼把這叫做『植物代理人』？我要的是動物！」根據這靈感，我就發現學院派的職務至少有兩種作法：有些人會把它作得很像植物，而我為了要維護我的動物姿態，所以就避之惟恐不急。但這些說法實在無法澄清任何問題。唯一能澄清的辦法是：請你在討論（任何）問題之時，表現一次看看吧。

本有關女性主義、新馬克思主義、後結構主義及後現代主義的心理學（大多數作者為歐洲人），值得參看。另外，我曾經摸索過的相關作者還有 Klaus F. Riegel, Joseph Rychlak, Edmund V. Sullivan, Allan R. Buss, John Shotter 和 Michael Billig 等等，由於作品眾多故不在參考文獻中一一列舉。

你瞧，我正要和夏教授討論這篇文章。假若文化心理學能聲稱它是對於意義的研究，則對於文章，它也必有個特殊的讀法——它一定得從文章的「意思」和「意謂」這兩面交乘起來而開始解讀。「意思」是指向文本，「意謂」則包含語境（或上下文、文化脈絡）。至於為什麼是「它」而不是「我」呢？我的「學院派」會選擇這樣的回答：能用來解讀任何文本的文化工具，總不是我的發明，而是來自層層討論所積澱出來的語言。只不過，從文本要推到語境，這樣的工具使用法卻常會逸離工具本身的功能——碰到一個不太清楚的問題情境時，你在說明書裡常常看不出哪一項功能可以讓你拿來對付問題，這時候，使用者畢竟仍是用上了，而這使用者所聲稱的「我」主體，其實仍是個用法的 agent（行事者／代理人），用法和 agent 交乘而成為一個模糊不明的「它」，來源曖昧卻是水量豐沛的「它」。

　　這說法究竟是在「表現」什麼呢？讓我說明白：這是在表現某一種基進的方法論。對於習慣用普通話來思考的人來說，可能很難懂，不過，也有些人不會覺得這樣的語言有什麼困難。「基進」這個辭彙原是譯自「radical」，意思是要「徹底回到根部」，不過，我在上文提到的「植物／動物」之別，會使得這個「根部」變成冬蟲夏草。

　　請不要時時刻刻都在乎每一句話的意思，因為你無法在短促的閱讀中，就把所有的文本都推到適當而飽足的語境。聽聽我的意謂吧——我是在說：學院派的語彙裡充滿了特定的術語，和江湖黑話沒兩樣，不在其中的人常不易聽懂，但這問題不是誰的

錯——我就常會看不懂抗爭型的運動者們手持的標語牌，聽不懂他們呼喊的口號。到底誰的話比較黑，我們需要慎思明辨之。

讓我們回到對話。「學院派」其實不是個簡單的歸類。在這裡，我要把它說成「另一個對話的位置」，而我挑中的焦點話題就是「敘事」與「意識」——從日常語言的角度來說，這兩個詞彙都是如假包換的黑話，因為普通人要是沒進入學院派的語脈中，一定不會沒代沒誌去提它，而我相信，關於這兩個話題寫了很多東西的夏教授，她自己也曉得。

（三）

「敘事法」、「敘事探究」在目前的社會／文化研究方法論之中儼然已經是一座新燈塔，但有些時候所謂的「敘事」卻是個可怕的黑洞。弗雷勒在討論教師／學生關係的時候曾經說：「認真地分析師生關係，不管在任何層次，不管在校裡校外，都會發現其中含有根本的敘事性質（narrative character）。這關係裡包含著一個敘說的主體（教師），和一個耐受聆聽的客體（學生）。其內容……傾向於在此過程中被敘說到變成僵固死硬。教育正在苦受著敘說之病。」[23] 顯然弗雷勒對於敘說的方法，和由此而得的故事，並沒有好感。他把語言和意義的希望放在對話溝通（communication），並且把那單向的敘事稱為詔告論

---

23 Paulo Freire (1993). *Pedagogy of the Oppressed*. New York: Continuum. 原書出版於 1973，我用的本子是「修訂二十週年紀念版」。

命（communiqué）——同樣的字根，卻是指完全對立的兩種姿態：從市井小民相互間親和的開講（kai-gang），到千軍萬馬的帝國對手無寸鐵的百姓發令。

我會發現敘事法之中的矛盾，其實就是在讀夏文之時才聯想起來。老祖母講的聊齋或包青天故事固然可能非常引人入勝，挑激起一個小女孩日後豐富的遐想；但很不幸的，它也可能是另一種結果：我的外婆故事雖然不多，但每次都是人鬼蛇妖故事。外婆不是用諧謔逗弄的姿態講鬼，而是用恐懼；小孫子們則在同樣的恐懼中吞聲苦受：「女鬼一轉身，掀開了長髮下鐵青的臉孔，她怒睜吊眼，伸著血紅的舌頭，露出尖銳的獠牙，正向你逼近……」我總是聽得毛骨悚然，以致在走回家的黑暗小巷裡，只好拔腿狂奔。當時聽故事的我，是完全沒有招架能力的。這故事的霸道，除了是經由老人的口中敘說，也還因為故事的來源就是鋪天蓋地的民族信仰——這類扭曲至極的女鬼形象，正如虎姑婆故事一樣，真的可以摧殘每一個小孩對女性長者自然的信賴。

但敘事法之所以能構成啟明性的探究之法，仍然有個清楚的道理。敘事法就像喻示法一樣，是把異質之物融合為一的方法（a synthesis of the heterogeneous）。我最近翻查有關敘事法的簡明定義時，找到了這種說法。這是討論呂格爾（Paul Ricoeur）後期作品的一篇文章，作者是梅廷格（Serge Meitinger）[24]，我只是採用了這種文學研究的前提——敘事法

---

24 Serge Meitinger (1989). Between 'Plot' and 'Metaphor': Ricoeur's Poetics

和喻示法 [25] 中都含有「語意革新」（semantic innovation）的意謂。梅廷格根據呂格爾的意思說：喻示法把一種原創（但不一定容易被隨手理解）的屬性壓進文字裡，儘管那種文字本來對這樣的新屬性是有抗拒的；原來的文字所傳達的形象本身並不接受這個新屬性。所以，我就看出：喻示法的產生不是來自於日常語言中的語法規則，而是來自詩意的創作——講話者如詩般的主體活動。假若讀者們對於這樣的「語意革新」可以理解的話，那麼，我們就可以進一步看敘事法又是如何進行類似的語意革新：「敘事法（就是）發明一段情節，把純粹給定的事件（按：就是一般所說的「事實」）之中的幾個異質元素，以及不連貫的元素，都結合起來，從而能圖繪出一個統一而易懂的組態（configuration）。」[26] 要之，我引述這一點點對於呂格爾的討論，是要強調：在討論文學美學的人看來，敘事法的顯著性質是要「把未說的、未寫的新東西給拿出來」[27]。敘事探究是給詩人或故事作者使用的手法，而不是給查問「事實」者使用的方法。敘事的矛盾最後能得以解決的，是在於能改用喻示法來敘事，而

Applied on the Specificity of the Poem. In T. Peter Kemp and David Rasmussen (eds.). *The Narrative Path: The Later Works of Paul Ricoeur.* Cambridge, Mass.: MIT Press, p. 47-64.

25 梅廷格（Meitinger）所說的是「喻示法」中的一種特例：隱喻（metaphor）。

26 Serge Meitinger, 1989: 48，引文係我的翻譯。

27 Serge Meitinger, 1989: 49。這個引號內的文字是作者引述呂格爾（Paul Ricoeur）。

不是重複使用調查真相的方式。

更進一步，我要說說我對於心理學、教育學以及其他社會科學研究者的一些牢騷了。有很多宣稱使用敘事探究的研究者，其實只是在採訪故事。這種「研究法」最大量的使用者就是無以數計的「跑新聞工作者」。每天每天，我們在各種各樣的「傳播媒體」上看見、聽見這些數以噸計的報導垃圾。然後，我們的研究生乃至學者們都在模仿這種垃圾製作法。其中，除了在標題上搬弄些簡單的一語雙關俏皮話之外，常常沒有任何「新東西」。沒有喻示法，也沒有敘事，而最沒有的就是任何方法論。採訪報導本身並不是方法，而我更擔憂的是：聽故事也常常不是方法。

（四）

唯一可能的方法是對話，然後，更重要的是，不要把作者權讓渡給那個原始的說故事人。研究者參與對話的理由是要重新抓取故事，為它鋪陳一個「語意革新」的情節，而不是要把「事實搬上銀幕」[28]。我知道夏林清有一個基本立場，就是對於故事採取 interventionist（介入者，按：這通常是以心理諮商的工作方式為範本）的方法，一般叫做「聆聽」，或是「傾聽」。但這方法最後的流行式樣就是被撿便宜地轉變成採訪，或是被動接受訊

---

28 我忍不住想起前教育部長黃榮村教授的名言：有一種笨問題，當大學生問我的時候，我真的會不想回答，那就是問我如何把「事實搬上銀幕」，或搬進報告裡。換言之，「搬」的動作如果不是創作，那就一定是抄書或抄人家講好的現成話語。

息，然後只要作些文字轉搬工作，剪剪貼貼就變成報導（或是學術界裡叫做「報告」的陳腔濫調）。當然，還有不撿便宜，也很不容易的方法，夏林清是這樣一位力行實踐者，可是在她的寫作中，卻還是不容易看出來，所以我要幫她多說幾句。這個「不容易的方法」，賴克（Theodore Reik）把它叫做「用第三隻耳的聆聽」[29]——各位讀者可知，此公就是佛洛伊德寫《外行分析的問題》（*The Question of Lay Analysis*）一書之時，所要傾力為之辯護的一位精神分析作者[30]。

對於心理治療之類的工作者而言，精神分析是多數人不會沒聽說過，卻很少人仔細研究過的東西。如果翻閱過精神分析的各種個案研究，當會發現精神分析直到今天甚至都還不鼓勵使用錄音機之類的資訊保留工具。他們都只用耳朵聽，然後憑記憶寫報告。這和採訪記者常會吹牛說他們有多麼先進的 SNG，真是迥然不同的思維方式。我要強調的也是這種思維：需要記下的，乃是對話的意謂，而不是每一句話的意思。於是這樣的聆聽只有被重述，而沒有「原原本本」記錄的可能。參與對話是方法的第一步，但重述對話就變成不可避免的第二步。這位重述者必須成為一位*作者*，而不是報導者。在他的重述之中，分析的第三隻耳朵

---

29 Reik, T. (1948). *Listening with the Third Ear: The Inner Experience of a Psychoanalyst*. N. Y.: Farrar.

30 說雷克（Theodore Reik）是一位「精神分析者」而不是「精神分析師」，他因為主張從事精神分析不必接受精神醫學訓練而成為一宗醫學案件的被告。當然這事說來話長，我們可以為此另闢討論園地。

所聽到的東西早已悄悄溜進他的「記錄」裡。接下來，方法的第三步——咱們回到參與對話的原始動機來說——分析師非但不是要採訪什麼事實，而是根本知道不可能有事實存在，他要的是參與共同回憶的故事，也就是說，他要引發的乃是一場「故事的共同建構」。說到這裡，我才可以回到我說的什麼「另一個對話的位置」。

我曾經仔細閱讀過夏林清等人的〈翻牆越界〉一文，[31] 是為了找尋更多她說的故事。在她的主持之下，性工作者和性工作的介入者都站出來說話。而最驚人的是，當夏教授在討論會的開場白中，為了表示她要和她所愛的革命夥伴一起工作（這是夏文裡引述霍頓〔 Myles Horton 〕和切·格瓦拉〔 Che Guevara 〕說的話），讓實踐能扮演引導性的角色（這是夏文裡引述葛林〔 Maxine Greene 〕說的話），她說：「我也是個賺吃查某。」——咱們就取出這麼一點點的故事來分析好了。

首先，「性工作」是個喻示法，就如同「娼妓」也是個喻示法一樣。我們最早的語言所說的「倡」和「伎」是指賣歌舞的人。幾千年的演化，變成賣笑賣淫。在談買賣的時候，所謂的性交易，好像只是一手交錢一手交貨，而沒有牽涉到勞動過程。但是用「工作」來理解，那就不同了。人可以用原始本錢來換成金錢，其中的價格是被市場所再生產（reproduced）的，而不是被勞動者。很多工作都是以原始本錢為基礎，加上勞動過程，就

---

31 夏林清、王芳萍、周佳君（2002），〈「與娼同行，翻牆越界」論壇報告實錄〉，《應用心理研究》，第 13 期，147-197。

變成大家賺吃的方式。但是，我們必須回到語言的問題：把「娼妓」變成「性工作」，這種喻示法轉換不是工作者能作得出來的。千年以來，工作者對於其工作之汙名，除了苦受之外，休想要轉變。所以，「性工作」這名字已經表明了那是一種外力介入——有人在幫他們說話。語意革新就是這樣造成的。

接下來，「我，一位大學教授，也是個 Tàn-jia Za-bòh（賺吃查某）」，雖然只是一句話，一個命題，由簡單的「主詞—謂語」（subject-predicate）所構成，但這已暗示了一個基本的敘事結構。有一位老練的知識人以敘事者的姿態硬把「賺吃查某」的被壓迫屬性壓進「教授」的身分之中，而我們都知道這兩個語彙之間的排斥性會有多強。她說：我們也是在勞動——雖然常常很不情願，但為著要賺吃，還是得用原始本錢咬牙忍著去做。在學術的全球帝國壓迫之下，學者們常常就是用「腦筋」這種原始本錢，鋪陳在紙上，或鍵入電腦裡，反覆忍著做不情願的勞動。這意思並不難講，但是要把這講法維持到和性工作者一樣的社會水平，那可就常會令人難信了。在高尚的知識圈子裡，很多責難就會如浪潮一樣準時地撲捲而來。要這樣講故事的人，好像自行跳入競技場，在講野牛故事之時，分分秒秒都必須避免往左或往右多傾斜一寸，以免被暴衝的牛角戳得粉身碎骨。[32]

32　在本文寫作時，尚未發生「輔大性侵事件」，但後來夏林清以院長身分捲入了該事件後的介入處理，竟造成糾纏難清的責難，導致校方對夏祭出「停職」的決定。這是學院中發生的某種「運動」，但行動者竟也無力抗爭了。

我講這些，不是說我感同身受，而是說我能在語意中揣測夏林清故事的困難。我還是只能在紙上、電腦上流汗喘氣，不能去鬥社運的野牛。然而我要說的是：這故事不只是聽來的，而是得要去作出來——正如能和野牛一起狂舞，才能去平行參看。但是，在此，夏文很自覺地提到葛林（Maxine Greene）所指出的難題：壓迫者並不是只要和被壓迫者站在一起，就能夠轉變壓迫的意識。說真的，老師和教授比起其他的勞動者來說，怎樣有可能輕易地轉變意識？

八、學校研究或社會／文化研究？——意識的問題

　　對於這個大哉問，我想要再給的一點點回答是：1. 要在行動與知識之間的縫隙裡找尋，以及，2. 為什麼那「是意識的問題」。這要從文化心理學談起。如果要講得細一點，如夏文所說的，是維高茨基（Vygotsky）、列昂捷夫（Leontiev）、盧里爾（Luria）那個俄國傳統的心理學更好。它有個基本前提（對於盎格魯 - 撒克遜傳統的心理學來說，就叫做「基進的批判」），就是認定「意識」並非發生在人的內心，而是散佈在人的周身四處。從智能的問題到知覺的問題，都可以全部改寫成社會關係的問題。所以這裡所說的意識就是指社會／文化作為意識的整體。在此之外，再增加一個所謂「集體意識」，則是完全多餘的。「在行動與知識之間的縫隙」難題就會轉變成社會／文化論述的問題，而不必陷溺在個體的心物二元之分裂與矛盾之中。

　　人怎樣從保守者轉變成革命者？怎樣從死硬的壓迫者轉變成

柔軟的解放者？這樣的問題一直有個現成的答案，叫做「意識提升」，而這是來自弗雷勒的「意識醒覺」（conscientization）。但我們千萬不要以為這個「提升」所需要的是個人的頓悟。不是的，我們需要的是重新敞開溝通對話的關係。可是我們不能用大眾心理學的方式說：「讓我們每一個人來重新敞開吧！」不是這樣的。我們需要的是一種社會行動，經過一些分工的安排，讓溝通對話容易發生，讓阻撓對話的障礙得以排除。在這樣一組的社會行動（那就是「產生一種活動」，或簡稱「生事」）之中，有一個關鍵，就是作為「介入者」的那種人在中間的策動。不是由上而下，也不是由下而上，而是在中間向兩旁擴散。在助人的心理學中，這種介入者常常是諮商師、輔導員，而在教育工作中，那就是老師—當然，這種老師和諮商輔導工作者都是指轉型變化而來的那種，而不是現在常看見的樣子。從保守的教育行政主管到下一代的新希望之間，是半大不小的老師們；從死硬的社會壓迫體制到苦難的受害者之間，是熱心奔走的助人專業者。所以，我們說的轉變，以及意識醒覺，不是指一個人突然從一種狀態轉到另一種狀態，而是說，經過中間人的引導，意識的右方和意識的左方終於能聯繫起來。當然，聯繫的關鍵還是會回到喻示法的發明，敘事法的使用，等等工作。

可是，中間的策動者，他們的動力來源又是什麼？她可以像夏林清所說的一樣，在中間向右側身，找到一個對話位置，向左側身，又找到一個對話位置嗎？不不，這回，我要真的拉出另一個對話位置來：在精神分析運動中所發明的社會行動結構裡，有

一個人擔任的工作叫「督導」（supervisor），是分析師的分析師。這是我們想像的教育解放行動結構裡一直沒發展出來位置，或說，現在已經發展的督導（督學）制度，多半也只是虛幌一招，假假的，但大家都直覺地發現那是極為重要的位置，所以，目前這位置多半是被一些法師、上人和「背後高人」所卡位。但分析師的分析師不是要用灌頂、加持等等的巫魔之術來變出意識改變的戲劇場景。他只是個追追不休的詢問者，只是直言無隱的批判者，只是個願意傾聽你的任何瘋言瘋語的聆聽者，並且，只因為是你肯自願去找他，他才能獲得這般言語的對話位置。我想，這樣的說法，也許可以對應上托爾曼（Tolman）所說的某種「真實聯繫的思想之社會形式（societal forms of thought）」——我要為此再加一條註腳：societal 和 social 之不同，就在於前者是具體化的社會，而後者只是關係或想像的、隱含的關係；前者是成為體制而存在著的，後者則可能只是個思想規劃。

這些說法都只能算是大綱。要仔細進入其中，還得要仔仔細細去看社會實踐的過程。一個大學女生怎樣從「賢淑端莊」、「靜若處子」的意識型態中醒覺過來而成為「聰明刁鑽」、「動若脫兔」？答案是：第一，「她必須有機會去參與社會運動」——但這樣的機會百不一得；第二，「要有真正解放意識的女性主義課程讓她學習」——但我們的女性主義在教育的陣地中又常常被「兩性關係」之類的保守課程所攻剋，所以，意識提升還需要再經過一世紀嗎？這答案令人心碎。以此而言，不管知識是否跟得上，革命式的社會運動還得繼續挺進。運動者們不可停

歇，也不能因喪志而撒手，那麼，誰是他們的幫手？是各種居於中間的介入者；那麼又是誰使得介入者們不懷疑他們自己所策動的行動？這就是我說的另一個位置的對話者了。好，那麼，他們在哪裡？

我會說，他們就隱身、藏身並且至終要立身在「學院派」裡。有些時候，她（他）的姿態還真是非常嚴峻的樣子，以便把學院陣地固守住，譬如他會在和你對話之前，要求你先寫好論題的綱要，把參考文獻排出來，一條都不能漏。這算是我對於夏林清式「側身」的最確切註腳，也是我自己對研究行動作行動研究時，作為作者所需遵奉的第一條無上律令。

九、結語

文化心理學的研究本意指置身於文化情境中，以行動實踐來解決文化意識的問題。因此這個問題情境相關的實踐行動應換用理論與知識合一的「praxis」，而不能只用強調實務工作的「practice」，來稱呼。

本文在此前提之下，對於目前風行於國內的「行動研究」採取了一種批判詮釋的重新理解。從最為基進（根底）的層面開始談起：研究理想中所忽視的意識衝突，在意識中包含著許多不可用概念言說的細微體驗，但每一個細微體驗都具體而微地反映了文化中的意識（或「意識形態」）全貌。

當我們在意識與體驗中進行「研究」（即本文所針對的「行動研究」）時，這種研究行動已經包含著一些研究傳統所遺留的

方法論盲點，譬如美名為「客觀」實則為控制而服務的方法論，以及合法化了隱含在此方法背後的潛在控制者。我們必須採用解構的（「後結構」的）轉向，來揭露這些方法論對於學術研究目的所造成的危機。

值得跟教學研究做平行對比的議題是宗教研究。由於我曾有長期的宗教研究經驗，故在本文中，以再詮釋的方式呈現了先前兩個不同議題的宗教研究，說明了研究行動如何達到批判詮釋的目的：1. 某一宗教法會道場的「教育」行動中充滿了潛在控制甚至洗腦暗示的意圖，藉此敘述提出研究行動必須成為一種「在衝突之中進行辯證實踐過程」的主張，亦即必須將隱藏在背後的控制者予以揭露。2. 卜卦起乩的行動中，看來平凡無奇的求問過程，實則包含著「莫名的他者」（即「仙」或「鬼」），在這種信仰敘述的包裝下，人很容易淪為知識誤現（misrepresentation）的奴隸。

上文的五、六兩節談到的兩則行動研究，使用了多種角度的敘事法，包括當事人所作的敘說，因為主要的問題是要描述人的「意識」過程。通過這些描述，才能進行下一步的研究反思，亦即研究者與研究對象之間有「關聯位置」的問題，也是個認識論的再出發。這段反思同時也是一種批判的對話，是在我與力推行動研究的同事夏林清之間，就實質的問題來進行研究行動與關聯位置的對話。這段對話曾以夏林清論文的回應文形式刊載於《應用心理研究》期刊，經改寫而編入本文，主要是針對敘事法問題再作一輪深入的探討：社會運動的批判論述有時還是不夠徹底

（基進），以致在敘事中淪入不自覺的自我矛盾——強化了被批判的問題，而不是擊破問題的核心結構——在敘事中缺乏「語意革新」的意圖，因此會在主體與客體之間反覆呈現同一語意相互加乘的混淆現象。

　　行動研究與研究行動，在意識過程的問題中，必須透過敘事法的分析與批判反思才得以看出其中的混淆。而這種敘事法必不可免的行動就是以重新觀看來展開層層的敘事與對話：包括讓研究的對象重新呈現，以及研究者與研究對象間的對話，最終目的就是要展開行動研究（一種研究方法）與研究行動（一種作者現身）的對話。有此對話的發生才能保證「研究」是饒有意義的知識行動，而非以報告量產來交差的學院濫調。

療遇時刻
理心術的漢語行動

第八篇在宗教文化的研究上，相對於碟仙研究而言，是一個大題目，就是把自稱為「中華大道」的教派一貫道拿來作研究主題。但研究方法仍然一貫地鎖定在一個具體的切片上──得由此而啟題者，就是其中的「借竅儀式」。從儀式細節的每一關鍵延伸出來的「問題」，正如碟仙研究一樣，都會從小器延伸到大道。並且，最重要的是：這種研究所用的「觀察法」會像攝影術裡將負片（底片）沖洗成正片那樣，以反身觀看的方式看出「負顯化」的過程，亦即一個祕教之所以為「祕」，以及一個大道何以總是要用小動作來顯化的緣故。這種置身在境的反身觀看會產生一種批判的反思，也是對於文化處境進行療遇的預告。

　　第九篇和第十篇原是一篇長文，現分成前後兩篇來呈現。其中前篇的大部分曾經刊登在《哲學與文化》月刊上，目前所見的則是經過調整後，再續寫出了後篇。寫作的用意在於把多年參與「人文臨床論壇」的心得作個總結。因此在文中會以評論余德慧、余安邦的一些研究作品作為起頭。首先就要把我們都已慣用的「心理治療」（psychotherapy）這個概念用漢語重譯為「療遇」（也可倒翻回英文 healing encounter），然後展開一段漢傳思想史對這種問題的處理或實踐方式的討論。思想史家余英時說過，漢傳思想史中沒有發展出神學；我也接著說，在儒學的高峰，即吸取釋道融會而成的思想中，也沒有可對等於「心理治療」的論述。但若要談的是「療遇」，那我們就可能很有話說。至少在「巫傳統」裡有很多治療法可以和以上兩者產生關係，只是我們要能明辨「大巫／小巫」之別。然後才有可能為「巫神

學」催生。在此之後，我認為心理治療作為學問，實係傳統存養修身之學的根本，但在這個傳統的本身中，其實只能忸忸怩怩地發展，而我們卻必須把它實踐為一套可以陳顯的意義系統及方法。當代心理治療的理論，除了少數例外，都是濫觴於佛洛伊德的精神分析。我們至少要知道：精神分析如何應以一種根本的學問來與我們的傳統學問接合。

第十一篇是用語錄體寫下的臨床實踐紀要，討論如何能具體把療遇社群的活動納入文化心理學，並以此觀點來重述「療遇時刻」的實踐課題。我把它稱為「臨床／本土」的心理學問題，而其前提是：我們（作為一個具有自主性的研究社群）可以從心理病理學和心理治療實踐的根本之處談起。我的主張是：對於這個根本問題的敘述，不應是回到傳統漢語來尋求解決，而是要從思索傳統漢語如何翻譯成現代漢語來著手，於是「臨床／本土」的問題（經過翻譯）就變成「臨在／自身」的問題。從文化的心理病理學來說，當代漢語世界患著嚴重的失語症和新語症，也因此構成了講話、行事和意思的根本難題。從臨床實踐來說，正因為以觀察法為基礎的客觀心理學完全忽視了人在面對面的情境中可能發生的「存在之交互參與」的本質為何，所以如何以解構的方式來離棄觀察法，乃成為一個心理學自身的方法論問題。當我們自己要來為臨床／本土（臨在／自身）的問題講話時，會發現講話所涉及的言／語有兩個階序：講出話來，以及在回話時對於語言本身的注意，而使得文化的發生轉變成文化的**理論**問題——失語症的問題將在如新語症般跌跌撞撞的嘗試中尋求解決。文末提

出兩個臨床實例，說明「自我」和「他者」這兩個根本的語詞如何在摸索中出現。此兩例的臨床實踐過程和結果是交互參與的分析和討論。其實踐性質頗類似精神分析，但又不盡然如此。我們要用怎樣的心理學來重新吸收它？我們在「本土心理學之後」所當發展出的文化心理學應該是這般模樣嗎？

＊　　＊　　＊

本卷這幾篇文章編在一起，是要給個明證，說明早年開始接計畫做研究時，我已經打從心底裡不打算要服從「國科會」之類吏治體系對於「主流研究」的期待。

當然，主導研究計畫補助的機構不會明言它所「期待」就是「主流研究」。但對於稍有一點知識社會學（sociology of knowledge）常識的人來說，關於研究典範（paradigm）的這種「主流設定」，起碼都是心知肚明的——在填寫計畫申請書表格時，那種「典範」不就具體呈現在每一位申請者的眼前？作計畫研究的人最後要繳交的成果是一份「結案報告」，而不是一篇文章——這樣的研究者並非一個作者——最能引發這種疑點的證據在於：報告裡的研究者第一人稱都得稱為「筆者」（是個「他」）而不是「我」。一字之差，差以千里，這才是我們的心知肚明。我在序論裡已經聲明：在好一陣子對研究工作不適應的掙扎之後，我才決定：該作的研究都應是和主流無關的自行研發工作——**自行擬題，用自覺最合適的方法，並且，最後的成果是要寫成一篇文章**。現在就可以回顧那些計畫是以何等方式寫出的非主流成果。

負顯化：
觀看借竅儀式的另一種方法 [1]

前言

　　這篇文章是在一段時日的田野觀察之後所作的總結報告。報告的主要對象一是我所任教的研究所師生，另一則是參與本地社會學社年會的成員。報告之後經過修訂才投到本刊發表。從一個比較普通的言談情境來說，這是一篇「宗教研究」的論文，但我認為本論文更好的歸類是「文化研究」，而其立場特別是屬於文化批判的。因為文化批判是在後結構主義蔚然成風之後才成為一種學術工作的方式。這樣的基本立場應用到宗教研究上來，

1　本文刊載於《台灣社會研究季刊》，三十五期，p.163-201。本研究在觀察期間曾接受國科會計畫補助（編號 NSC85-2412-H-007-002），特此申謝。在研究進行期間，協助完成觀察記錄的助理有林谷達、黃士鈞，協助謄錄文件和蒐集文獻的助理是黃雅惠和張安佳，另外研究生林芝安的短期工作也對我很有幫助，在此特別向他／她們致謝。本文初稿曾在清華大學社會學研究所、花蓮師範學院多元文化社會／文化研究所以及台灣社會學社宣讀，特別要感謝的是吳泉源教授、吳介民教授、李豐楙教授、瞿海源教授、莊勝義教授、游家政教授以及博士生許甘霖先生的種種指引和評論，其餘在各討論會場上參與討論的諸君，也一併致謝。在此也感謝兩位審查人所給的種種審查意見。

在本地的例子並不多見，其中有個原因是：宗教研究的領域傳統上是屬於歷史研究、教義註解和人類學研究的範圍，而比較常見的研究立場是描述法和文本詮釋法，或至少不常運用基進詮釋（radical hermeneutics）的觀點來從事。因為宗教題材本身的性質和研究觀點之間會有相當基本的立場衝突，這在本文的例子裡應該可以看見。為了說明研究觀點，以及研究者立場的出發點，本文的呈現方式也就成為一種三段式的結構體例，也就是構成本文主幹的二、三、四節：第二節交待理論觀點，第三節交待研究主體本身的條件，和觀點出現的脈絡，第四節才呈現田野研究所針對的對象以及研究發現。由於理論觀點的部分不只是一般的文獻探討，而是要把觀點的特殊之處予以闡釋，特別是對於我所要面對的對象來說，因此，我覺得有必要分別用幾段文字來說明，而把這些文字綜合起來的概念乃是社會學的詩學（sociological poetics），或是美學（aesthetics）。我這就慢慢道來。

另外，有關本文的文題，在文稿未發表之前的討論場合，一直有參與者反應說是「聽不懂」、「看不懂」。[2]其實，「負顯化」這個漢語字眼算是一種混血的產物：一方面是傳統字眼「顯化」，也就是「顯靈」、「顯聖」這組造詞法的衍生之詞，在一本一貫道辭典上說是「顯出靈驗、變化出神奇……」，或說是「仙佛為了渡化有緣人，因而不得已顯示法身或奇妙佛光。」

2　最顯著的一例是：在本文投給台灣社會學社年會的籌辦單位時，就有審查人表示看不懂文題的意思。

（蔣國聖，1992）[3]在我所進入的田野裡，此詞幾乎是掛在人人嘴上，特別是在仙佛臨壇的借竅儀式舉行前後，有人拿各種神、鬼、靈、魂顯現的視覺圖像來向我們的研究群隊展示，就說那些都是「顯化」的證據，所以它的意思還包括一般人所說的「見鬼」經驗在內。因為在西方宗教裡也有意思相近的詞語，叫做epiphany（顯現），或theophany（聖顯），而在我讀過蘇珊·桑塔格（Susan Sontag）的著作後，發現她在討論攝影術所顯現的真實之時，有一個由她自己所鑄造的新詞，叫做「negative epiphany」，非常適用於表達本文的觀察發現，因此決定採用來作為篇名。我之所以把它譯為「負顯化」，是因為epiphany在本文裡所表達的就是「顯化」之義，至於「負」字，在最早的初稿中，我稱之為「反面」，但桑塔格原是為討論攝影術而成文，她所用的字眼當然都隱含有攝影術語的意思，譬如攝影用的軟片直接沖洗的成品就是「負片」，所以我就把「反面」改譯為「負」，於是，「負顯化」一詞就這樣誕生。

一、引言兩則

（一）

米爾斯（C. Wright Mills）的《社會學的想樣》[4]一書對於六〇年代以後作社會研究的人來說，像是一塊專業精神的里程

3　蔣國聖（1992），〈一貫道道學術語詞典〉。台中：國聖，p.216。

4　Mills, C. W. (1959). *The Sociological Imagination*. New York: Oxford University Press. 中譯本：張君玫、劉鈴佑譯（台北：巨流，1995）。

碑。他說：社會學要達到學藝精湛的地步，其精進的歷程就會像是一種「craftsmanship」，該書的漢語譯者管它叫「藝師精神」，而我覺得更好的譯名應是「意匠」，其義接近於我們在用「匠心獨運」，或日本人在用「大匠作」時所想到的「匠」意。一位 craftsman 的工作就是要完成藝品，他對於「理念」、「精神」、「意境」或「方法原則」之類空洞的語言通常是毫無興趣，相反地，他沉迷在手觸與目視的工作細節中，在作品的任何必要之處都會作出微妙的選擇和果決的判斷，以使整個工作的最後成品能顯出令人驚思的精巧。在我看來，這樣的美學過程，對於社會研究的工作者來說，並不只是個言不及義的比喻。

印第安那大學的社會學教授布朗（Richard H. Brown）沒有受到社會研究者足夠的注意，真是一件憾事。他有幾本淺顯易讀而非拮倔聱牙的理論著作，其中有一本值得為社會研究者推介，書名叫《社會學的一種詩學》[5]。他的不同之處是採用文學的原則來進行社會學的理論思考，因此他在討論社會學理論建構的概念時，使用了幾個文學範疇，而在本文裡，我將會特別運用的是關於隱喻（metaphor）和諷喻（irony）兩者。在運用之時，布朗確實給了我很多思考和寫作上的啟發。

斯溫吉伍德（Allan Swingewood）的《社會學的詩學》[6]

---

5   Brown, R.H. (1976).*A Poetic for Sociology: Toward a Logic of Discovery for the Human Sciences.* Chicago: University of Chicago Press.

6   Swingewood, A. (1986). *Sociological Poetics and Aesthetic Theory.* London: Macmillan.

一書也回顧了一些社會美學作者，譬如馬庫塞（Herbert
Marcuse）、阿多諾（Theodore W. Adorno）、布洛赫（Ernst
Bloch）、布萊赫特（Berthold Brecht）、巴赫金（M. M.
Bakhtin），和一些東歐徵象學者。對於期望打開「美學向度」
的社會學學生來說，非常值得參閱。

　　上述的詩學或美學方法，就其最精要的一點來說，就是誘練
法（abduction）。「誘練法」這個詞是我自己根據「歸納法」、
「演繹法」的漢語造詞原則而撰作的譯名（因為《辭海》裡沒有
現成的譯名）。[7]和「歸納法」、「演繹法」一樣，這也是一種
基本的「科學方法」，原由美國哲學家，也就是當今徵象學兩大
巨擘之一的普爾士（Charles Sanders Peirce）所提出。根據謝夫
（Thomas J. Scheff）的說法，誘練的意思乃是「在觀察與想像
之間的快速穿梭來回」[8]。說得更清楚些，就是：

　　　在有效的社會互動與思維之中，一個人並不只是在觀察（歸
　　納）和想像（演繹），而是不斷地（以微秒的速度）[9]相互

7　我最早把 Abduction 譯為「轉練法」，後來看到古添洪所作的另一種
　　譯法叫「設誘法」，頗有可觀。後來我把兩種譯法結合為一，是為
　　「誘練法」。

8　Scheff, T. J. (1990). *Microsociology: Discourse, Emotion, and Social
　　Structure.* Chicago: University of Chicago Press. p.30-31.

9　有些讀者曾向我反應說「以微秒的速度」很難理解。這裡提供一種簡
　　要的理解之法：這是借用原子物理學的說法，因為所有的微粒子都
　　必須至少是「以微秒的速度」而運動。人類的意識活動正可以此來擬

核對。我的建議是說：誘練乃是這樣一個過程——它可以使得參與者將那看似不可思議的「在語境之中理解其意義」這樣複雜的程序得以完成。（Scheff, T. J., 1990: 31）

而文化心理學家許威德（Richard A. Shweder）的闡釋是這樣的：

「誘練的官能」乃是想像的官能，它是用來補救感官和邏輯的，而它的方式是提供一種知識的手法來把經驗看穿，並跳躍到空洞的三段論和套套邏輯之外，而達成把底層的實在予以創意再現到可以把捉、可以有所反應的程度，即使這樣想像的實在不能被後續的歸納或演繹規則所發現、證明或否証。（Shweder, 1990: 38）[10]

美學方法既是一種透過誘練而實踐的知識手法，則其目的無非是要達成許威德所謂的「創意再現」，也就是指要對於研究題材「提出一個隱喻、一個前提、一個類比、一個範疇等等，並藉

喻。

10　Shweder, R. A.(1990). Cultural Psychology: What Is It? In Stigler, J. W., Shweder, R. A. & Herdt, G. (eds.) *Cultural Psychology: Essays on Comparative Human Development.* New York: Cambridge University Press. 本文的修訂版另刊於 Shweder, R.A. (1991) Thinking Through Cultures: Expeditions in Cultural Psychology. Cambridge, MA.: Harvard University Press.

此而得以重新生活，或重新安排體驗，並得以重新詮釋這樣安排過的體驗。」（Shweder, 1990: 38）

（二）

在開始作本研究時，雖然「宗教研究」是我主要的研究旨趣，但在一段時日的觀察之後，我決定把論點重心擺在美學方法論上。只是，從一般人常用的歸類法來說，我的研究題材確實是一貫道，特別是關於發一崇德的陳大姑（陳鴻珍）支線。根據宋光宇（1983）[11] 的估計說：「陳大姑這一支線除了道場大、廟宇多之外，更吸引了許多大專青年加入。至今，信奉一貫道的大專青年之中，有百分之九十五是集中在這一支線。」我的了解是，從 1983 年至今，大專學生或專上教育程度的信徒又陸續參與一貫道各支線的「學界」活動，因此這種信徒在整個一貫道來說應該是有增加的趨勢（參閱楊弘任，1997；吳靜宜，1998）[12]。

對於「學界」的強調，在教派的發展來說，一定會掀起一個基本的問題，那就是：宗教和知識之間的關係。我把這個問題轉設為話語（word）和作為（deed）之間的關係。如果拿民間信仰的靜默不語來做個比較，我們從很多地方可以看出：一貫道實

11　宋光宇（1983），《天道鉤沉：一貫道調查報告》，台北：元祐。

12　楊弘任（1997），《另類社會運動：一貫道的聖凡兼修渡人成全－以實光建德天一宮員義區與天祥聖宮學界區為例》，國立清華大學社會人類學研究所碩士論文。
　　吳靜宜（1998），《一貫道「發一崇德」的制度化變遷》，台灣大學社會學研究所碩士論文。

在是個急於說話的宗教，但問題是它卻不在乎把自己說對——和很多宗教傳播者一樣，他們在乎語言裡的道義，卻無從注意語言的說法。我把「說法」的問題放在作為的範疇，這樣就使得儀式成為問題的一個可能的焦點。對於作為要有任何理解的話，我們必須根據行動文本，於是觀察成為不可避免的方法。而對於觀察法，我認為那是一個很容易被稀釋的問題，因此為了重新翻開討論的角度，在本文中我有些來自於美學的意見。

一貫道本不是原始宗教，不能用討論原初部落文化的方式去討論它；也不能單純地將它歸類為目前宗教研究所慣稱的「民間信仰」，其道理如前所述。[13] 對於宗教，我們可以使用的分類方式很多，也會因分類範疇的不同而形成不同的話題，譬如說根據它的三教（或五教）合一而說它是宗教混合主義（syncretism），或根據它所崇拜的彌勒佛而說它是彌勒信仰等等。但在本文中，我打算討論的毋寧是根據另外一些範疇，譬如說儀式主義（ritualism），老母信仰，以及在儀式現場發現的新範疇：「活佛信仰」。這個宗教雖然積極宣稱他們是「孔孟大道」，是在發揚中華道統，但他們的宗教作為所構成的圖像卻更需要從反文化（counterculture）的角度來理解。這就是我期望用

13　雖然篠原壽雄（1990: 396）說一貫道是一種「民眾宗教」，但他的意思也不是指民間信仰，而是和道教一樣，已經「形成為如此龐大的宗教集團」，而這樣的形成過程「不能認為儘是由無名、無知的樸素民眾的努力能獲得現在的狀態的。」

參考：篠原壽雄（1990），〈關於道教和民眾宗教‧一貫道〉，收在鄭志明主編，《宗教與文化》，p.395-419。

本文來作的說明。

二、關於觀看

(一)否定的觀看

是觀看把我們在世界包圍之中的位置建立起來，我們用話語
解釋了那個世界，但話語卻永遠不能解消這樣的事實：我們
是被世界所包圍著。「我們所看見的」和「我們所知道的」
這兩者之間的關係也永遠未曾被安頓。每一個傍晚，我們看
見日落。我們知道 地面正慢慢轉離太陽。然而這種知識，
這種解釋，卻永遠未曾貼合於我們的視覺。

——John Berger. *Ways of Seeing*, p. 7[14]

一個人第一次和攝影所詳載的極端恐怖遭逢，乃是一場天
啟，是攝影的現代天啟：一場負顯化。

——Susan Sontag. *On Photography*. p. 19

伯哲 [15]（John Berger）確實是在談藝術批評的美學問題，可
是當他跳開自然景觀的場面而進入人世時，他開始舉的第一個例
子就是宗教經驗。他說：

14　Berger, J (1972). *Ways of Seeing. Harmondsworth*. UK: British
　　Broadcasting Corporation.
15　很多人誤讀這個名字為「伯格」，事實上他本人就曾對著鏡頭聲稱他
　　的名字讀作「伯哲」（/Ber-jer/）。

我們觀看事物的方式乃是被我們所知道者或所相信者影響
的。在中世紀，當人們相信地獄之確實存在時，他們對於火
的視覺必定和今天的人所看見的火有不同的意思。毋寧唯
是，他們對於地獄的觀念也泰半是由他們對於被火焰所吞噬
之物和殘存灰燼的視覺而來⋯⋯。（1972: 8）

　　這意思是說，中世紀歐洲人的視覺被宗教觀念引導，因此他
們可以從眼前的火焰和灰燼而看見地獄之火。可是，眼睛真能看
見的東西遠比當時正引導著人的觀念更多，或至少是還有非常不
同於該觀念的其他內容。我們很容易想起宗教的例子，是因為宗
教裡的視覺似乎特別容易被觀念所限定。

　　伯哲這位「看的專家」背後其實還有另一位高人指點著他的
看法，那就是桑塔格（Sontag）。在伯哲的另一本名著《關於觀
看》（*About Looking*, 1980）[16] 裡頭收了一篇文章〈攝影之用〉
（Uses of Photography），就是題獻給桑塔格的。桑塔格較早的
一本著作《論攝影》[17] 對伯哲有極為明顯的影響。在該書中，桑
塔格說：攝影已經變成當代人的一種強迫症，「它使經驗本身轉
化成為一種看的方法（a way of seeing）。」也就是說，攝影把
經驗停格在一張照片中，猶如觀看行為的一個切片，但這種看
的方法最後竟爾取代了經驗本身，而成為唯一具體存在的記憶。

16　Berger, J (1980). *About Looking*. New York: Vintage Books.
17　Sontag, S. (1977). *On Photography*. New York: Anchor Books.

所以桑塔格才感嘆說：就像十九世紀詩人馬拉美說的，世上每一事物的存在最終都是為了要死在一本書裡，那麼今天每一事物存在的目的則是為了要死在一張照片中。（Sontag, 1977: 24）但是，有眼睛的人對於他所身處的世界不會只有這麼一種看的方法。在攝影上，桑塔格說：必須發展出另一種的攝影術；那麼在看法上，也必須發展出另一種看的方法。怎麼才是另一種看的方法呢？只把攝影機顯現的影像看成真實是不夠的，因為攝影機所能顯示的真實遠不如它所隱藏的多，攝影的記錄「正是理解的相反——理解的起點應是不把世界接受成像它看起來所是的樣子。理解之所有的可能性乃是根植於說不的能力。」（Sontag, 1977: 23）所以，透過攝影美學，或是關於看的美學，我們就能清楚知道，我們果真要用觀看來理解世界，那就是必須能以揚棄顯現之物的方式，來揭露它所隱藏之物。

這篇文章要談的問題可以一言以蔽之，說是關於宗教對於自身的錯認（misrecognition）。在貝爾（Catherine Bell, 1994）對此一概念的討論中曾提及阿圖塞（Althusser）的「oversight」（bévues，暫譯作「忽視」）。阿圖塞對於「見識」（sighting）和「忽視」之別有極為精闢的洞見，但貝爾卻未曾詳說。根據我的了解，阿圖塞原意是說：亞當·史密斯的政治經濟學所沒看見的，馬克思卻看見了。而「馬克思常常解釋道：這些刪除（omissions）是由於史密斯的注意力分散，或更嚴格說，是由於他的不在場（absences）：他沒看見那些……睜眼盯著他的臉的東西，他沒抓住那些……就在他手裡的東西。」

（Althusser & Balibar, 1979:19）[18] 而這麼顯然的視覺失誤乃是起因於一種知識的鏡照迷思（the mirror myth of knowledge）——以為知識可以像一面鏡子般映照出實體，並且只能看見給定的實體對象，或只能閱讀已經建立的文本。（同上：19）

> 所以，忽視就是指一個人沒看見他自己之所見，他的忽視（使他）不再關切對象而只關切自己的視覺……政治經濟學所沒看見的並不是什麼預存的對象，不是它原先可以看見卻沒看見的東西——而是在它自身的知識運作中所生產的對象……。它的盲點和它的「忽視」乃在於這樣的誤解，在於它所生產者和它所看見者之間，在於這樣的「代換」（substitution），而馬克思在別處說過是一場「文字遊戲」（Wortspiel），而那些文字作者本身竟爾無法看透。（21-24）

對於阿圖塞的洞見，我們只消把「政治經濟學」換成「宗教」就完全可以理解了。宗教變得只能看見它自身所生產的教義而看不見眼前的東西。它自身所玩的文字遊戲構成了像天羅地網一樣的文字障，而在文字之外的東西即使「睜眼盯著他的臉」它也看不見了。

---

18 Althusser, L & Etienne B. (1979). *Reading Capital*. London: Verso.

（二）觀點的美學

阿多諾的美學是拿藝術作品來作為一種引發認知判斷的課題（Adorno, 1984）[19] 他有一句名言說：「『藝術上的壞作品』其意思本身就是個矛盾措辭法。」（The very idea of a bad work of art is an oxymoron.）[20]（1984: 236）就像「寂靜的喧囂」、「冰冷的火焰」或「聰明的呆子」這些修辭的例子一樣，矛盾措辭法同時暗示了兩種東西：要麼是詩，要麼是廢話——但阿多諾對於「壞作品」的意思顯然是指後者。對矛盾措辭法的知識延伸到社會文本上也一樣會存在，譬如當我們把很多種社會再現（social representation）看成社會劇（social drama）時，在解讀之同時也會產生美學批判的向度。

美學批判的觀點是一種知識建構，但它當然和一般社會科學知識有其不同之處，因為它相當敏感於觀察者觀點的設立，反之社會科學則常會不自覺地把觀點隱沒成一種叫做「客觀」的模糊狀態。在和本文相關的議題上，阿多諾曾站在美學觀點對於社會文本提出一番鞭辟入裡的解讀，其中之一例表現在一篇解讀現代祕教（報紙上的占星專欄）的文章（The Stars down to Earth），在該文中，他曾用了一句拉丁諺語來寫意地傳達美學批判的觀點如何設立：「一位法師看見另一位法師（作法時），他會忍不住

19　Adorno, T. W. (1984). *Aesthetic Theory*. London: Routledge.p.22.

20　「矛盾措辭法」對於「oxymoron」這個字實在是不得已的意譯，看不出這個措辭中所包含的不屑和貶抑意味——如果照字面來說，譯成「氧化白癡」更能表達此義。

發笑。」（An augur laughs when he sees another., p.36）[21] 這句話最有意思的是它提醒我們：站在信徒觀點去看巫術（或魔法）的施作，只能看到熱鬧場面而看不見內行門道；反之，如果設身處境成為另一位法術施作者，則你將會因為看見和觀眾所見不一樣的東西——或是看見自己太熟悉的東西——而忍不住發笑。

這個觀點的提議，對於一個從事社會觀察的人來說，究竟有什麼重要性？我將在下文裡陳述一個參與觀察的例子，但我確實因此而了解到：正因為我的專業身分是個教書匠，於是在進入觀察的脈絡時，這個觀點竟然發生了一種原先未曾預期的作用——我是以一個「老師」的身分在觀看另外一些「老師」們的表演。我可以同情地了解他們的表演方式，但同時我也確實忍不住發笑。這意思是說，我一方面覺得：「你這也叫教書嗎？」另一方面則同時覺得：「我不也就是這樣教書的嗎？」所以這種笑法就像精神分析學的藝術研究者克里斯（Ernst Kris, 1952）[22] 所說的，是含有來自對於競爭對手之鄙視的成份，以及來自認同上的尷尬而然。

（三）儀式的閱讀

閱讀並不只包含對於語言或書寫文字的解碼；相反的，在它

---

21 Adorno, Theodore (1994). *The Stars down to Earth and Other Essays on the Irrational Culture*. London: Routledge, p. 36.

22 Kris, E (1952). *Psychoanalytic Explorations in Art*. New York: International Universities Press. p.173-188.

之前以及在它之中已經糾纏著世界的知識⋯⋯。對於文本作批判的閱讀而獲得的理解就隱涵著看見文本和語境之間的關係。

——弗雷勒和馬賽多

（Paulo Freire and Donaldo Macedo, 1987）[23]

　　弗雷勒（Paulo Freire）說的閱讀是同時讀到話語（the word）和世界（the world），並且也是同時讀到文本（text）和語境（context）之間的關係。這樣的說法對於一個社會研究者可能有特別的啟示，譬如對於「觀察」這樣的閱讀行動來說，就會把看到的平面延伸而成為一個具有景深的透視法空間。

　　儀式讀者是怎樣誕生的？當然是因為參與儀式，並在其中觀看儀式而然。環顧當代的文學世界，「讀者」早已經從讀印刷品的人演進到讀電影、讀電腦資訊、讀無線電廣播、讀劇場舞台、讀街頭表演，進而到直接閱讀身邊發生的社會事件，所以在這個脈絡下，對於宗教儀式的閱讀，毋寧說是一個活在當代社會中的讀者所有可能的閱讀行為之中，自然會包含的一個項目。格萊姆斯（Ronald Grimes, 1990）[24] 所作的儀式研究之所以會發展成「儀式批評」（ritual criticism），正是根據這

23　Freire, P & Macedo, D (1987). *Literacy: Reading the Word and the World.* South Hadley, MA: Bergin and Harvey. p.29.

24　Grimes, R. L.(1990). *Ritual Criticism: Case Studies in Its Practice, Essays on Its Theory.* Columbia, S. Carolina: University of South Carolina Press.

樣的社會演變邏輯而然。但是，對於宗教人來說，要迎接這種讀者的「誕生」可並不容易，因為那就表示要在他所固有的讀法之外迎接另一種讀法，並且承認了信徒與儀式施作者之間的矛盾。在儀式研究的傳統裡早已創制了一套對於儀式知識的光譜，大意是說：在神學觀點的一極總是認定儀式之全部所為即是神祕化（mystification），而社會科學觀點的一極則傾向於看出儀式本身的神祕化背後另有他義，也就是傾向於去神祕化（demystification）。閱讀儀式的意思總是可以同時包含這兩極，而不會只像神學家或社會科學家所期望的那一單極。

信徒參與宗教儀式，有一大部分的行為就是觀看，所以我們會把這樣的參與叫做「觀禮」，其相對的英文就是「observance」。從這個英文的常用字開始談起，其實我們很容易導出儀式觀看行為之中隱涵的內在矛盾。我們大多數人從小學自然課就開始學習的觀察法，就是「observation」，它和「observance」用的是同一字根，就是動詞態的「to observe」。確實的，在《美國傳統辭典》（*American Heritage Dictionary*）[25] 裡，observe 一字至少可以有兩個意思：1. to watch attentively（注意觀看）和 2. to adhere to or abide by（附和或遵從）。對於觀禮者來說，重要的是遵從儀式進行的步驟，並且進一步附和儀式所敷設的情感氣氛；對於觀察者呢，他雖然要很注

25　Morris, W. (1969). *American Heritage Dictionary of the English Language.* New York: American Heritage Pub. Co.

意觀看，但卻不一定會涉入他所看到的場景中。於是在從事參與觀察之時，我們進入的第一層辯證就是關於「參與」程度或層面的問題。

我們當然都知道，即使具有信徒的身分者，他們參與宗教儀式的動機仍然會有許多不同的成份，同時，儀式通常是由一組過程所形成，其中究竟哪一部分（或哪幾部分）吸引了信徒的參與，也很難一語判定。所以我們可以說：信徒們在附和儀式（觀禮）的同時也在觀察儀式。信徒本身原就不是一個單一性質的個體，因此信徒們的集合也不是同質的集體，更何況在信徒的對面還有個儀式施作的機構團體存在，因此可以確定的是：儀式舉行時必定是會形成一個利益多元、旨趣各異的現場。

不過，我想先透露一個屬於下文的問題，那就是：在我所觀察的道場中，信徒被儀式施作者視同為一個同質集體來對待，是相當明顯的事實。這或許也同時透露了問題本身的性質：認識宗教到底是要從哪個觀點來看才對？

回到儀式的參與觀察來說，這項參與的辯證至少涉及兩種在性質上迥然不同的主體，也就是觀禮者和觀察者。雖然過去的文化研究者一直強調要用所謂的「從在地人的觀點」（from the native's point-of-view）（Geertz, 1983）[26] 來談他們所看見的。但「參與者觀察」的邏輯卻不會受限於觀禮者觀點的同質性，而會像任何一個觀察者一樣，看到儀式現場裡和正常狀態並存的異常

26　Geertz, C (1983). *Local Knowledge.* New York: Basic Books.

狀態（anomaly）[27]。布洛維（Michael Burawoy）進一步解釋這種觀察發現的原因說：「參與觀察的好處是在於不只能直接觀察到人們的行為，而且能（知道）他們如何理解和體驗那些行為。它使得我們能把『人們說他們在做什麼』和『他們實際上在做什麼』放在一起作個比對。」（Burawoy, 1991）[28] 也就是說，在比對之下，「人們說他們在做什麼」和「他們實際上在做什麼」之間如果存在著不一致之處，觀察者應能把它看出來。而既然看出來之後，對於一個現場就不能說其中只有一種「在地人觀點」，而其中的氣氛也不會只是一團和氣，而應是充滿各種觀點和不及言宣的矛盾。

雖然如此，「觀點的異質性」或「觀點之間的矛盾」卻成為一個不容易表達的問題。儀式的讀者確實不像一本書的讀者那麼容易表現讀者的主體性。在崇拜禮儀的氛圍中，恭敬的姿態是起碼的要求。讀者沒有任意詮釋的自由，或必須假定沒有這種讀者的存在。我們只要進一步問：這氛圍究竟是什麼東西？既然干涉讀者的自由，那麼它是不是一種監視或管制的權力？這是特別值得觀察的問題之一。

三、觀看者：研究的主體

「研究」行動的意思，只單純地說是人類都具有的「反

---

27 Anomaly 在英漢字典上一般譯作「二律背反」。

28 Burawoy, M (1991). *Ethnography Unbound: Power and Resistance in the Modern Metropolis*. Berkeley: University of California Press. p.2.

思」功能或意識的二階組織之發揮就已俱足矣。因為人都會講話，而講話、對話本身就含有足夠的反身自省性質。關於反思，我會在下文討論分別討論意識上的二階組織以及社會關係上的二階組織，但在此要先說的是我自己和我與研究助理所組成的研究群隊，也就是說，我必須先在此交待我們的研究條件，以及研究者本身的文化視框。這種交待的必要性在於：上述的美學觀點、立場以及對於研究對象形成否定性的語境重設（recontextualization），其中最重要的方法機制毋寧更是屬於本體論的問題，也就是說：這個主體必然不只是個自我，而是以交互主體（intersubjectivity）來呈現的。如果不是因為研究者在本身的體驗以及在研究群隊的社會關係裡發現這種反身自省的二階組織，則光是引述各種理論文獻的說詞也無法構成任何批判理解的行動。我們所身處的文化在表面上並不是很自然地呈現著反思的功能，而文化文本裡頭如果有反思的可能，那都是由人和人的關係去讀出來的。所以，我們必須先談談這樣的讀法到底是怎樣發生。我要談的就是我本人，以及我和幾位協作者（collaborators）在文化體驗的脈絡之下的交互主體觀點如何發展出來。

（一）「我」：第一觀看者

這次閱讀行動的發動者在本文中叫做「我」。他和此刻坐在

發言台上講話[29]的「我」有個起碼的差別，那就是：他是被這個報告所建構的一個實體。他只在回憶中現身。提起這個差別，在理論上非常重要，因為我們必須避免阿圖塞所說的「不在場」難題。然而為了行文上的簡便（這是大家都慣常這麼作的），以上兩個「我」要暫時在敘述中統一，並且把引號刪除。必要的時候（當差異的意義必須被密切注意時），我會再提醒讀者。

在童話中，眾所周知的那個小孩之所以能看見國王沒穿衣服，就只因為他是唯一的在場者之故，而其他人之所以會沒看見國王沒穿新衣，則是因為他們都因為許多語言所敷設的氛圍而陷入不在場狀態。如果我們能把這個「理論難題」放在目前這個研討會現場來應用一下，也會立刻發現它的重大意義：我們在場的人裡頭一定不乏經常參與宗教儀式，或甚至主持儀式的人在內。儀式和研討會構成兩個性質極端差異的社會空間，而當我們理解一個人可以在兩個不同的社會空間中來去自如的道理，我們就更可以理解儀式本身的性質——特納（Victor Turner）說儀式之中必然包含著「假設法語氣」（subjunctive mood），是因為我們可以拿它來和日常生活裡的現實性作對比而然。對儀式投入得再深也不會完全脫離這種對比的管制。這個對比在下文中談起道場和教室差異的部分將會有更詳細的討論。

有一位朋友告訴我他母親參與某種儀式的經驗，她說：進入一個求神儀式，雖然會不自覺地掏腰包挹注一些金錢（就是「添

29　本文最早為宣讀稿，詳註1。

油香」），但是一套儀式值多少錢，卻總有個定數，譬如說可以丟下五百者，未必值得捐出一千。這個掂算的機制對大多數人來說都不難使用，而它正好可以說明儀式框架所構成的一套假設法語氣，而根據我們對語言的了解，我們就知道，在這種語氣的背後還應該有個能夠使用語法規則而說話的假設者存在。我在此直接把他稱為「講話主體」（speaking subject），這就讓我們回到「我」的問題。

作為一個講話主體的「我」，他永遠能夠意識到講話和被講出來的話語不同。我要提醒大家注意我講的故事，因此也就同時在提醒大家注意任何人講的任何故事。我必須要講一點關於我這個說故事者的故事，因為每次參加研討會總有人會問：你的宗教立場是什麼？你可算是個宗教人？你憑什麼在這裡講宗教的故事？

【故事之一】

我先從祖先崇拜的背景講起。

大約剛讀大學時，我曾參加大伯的出殯禮儀。對於我們家人來說，參加近親家屬的殯葬是極為重要的事，就像參加每年一度的掃墓儀式一樣，不能隨便缺席。我在那裡拈香祭拜，但同時我看見幾位女性家眷在靈柩抬出房間時，一邊狂亂地哭泣一邊向著靈柩抬出的方向拼命掃地。家中的長者告誡那些姑嫂們要把東西掃乾淨。可是我看見的哭泣似乎還有不甘

把大伯送走的意思。也就是說：在這掃地出門的行為中，就同時包含著兩種很不一樣的成份。在我的經驗中，有個無法避免的聯想，和這個場景構成很鮮明的對比，就是那位大伯的孩子之中的老么，我的堂哥，在之前十幾年所發生的事情。我曾經親眼看見堂哥在這同一個房間中抱著他所寵愛的狗（狗屍，我應該說）痛哭不止，我被勾起的回憶是：那隻狗和大伯一樣是被車撞傷而致死的；當時堂哥抱著他所摯愛卻遭橫死的狗，躲在那裡哀悼哭泣，久久不肯離開房間，但現在大家所摯愛的大伯和靈柩卻像什麼可怕而不可理解的東西一樣，被抬出那個房間。回想起來，我就是看見人對於死亡有兩種截然不同的態度，同時模模糊糊地覺得：有些時候人只是留戀不捨或恐懼排斥，但有些時候人會又留戀又害怕。我當時還不了解的是：人的情感除了會自然流露之外，也還會被文化所給定。一旦文化和人交會之後，我們的情感就會變得相當曖昧模稜，甚而至不知「自然」為何物。

【故事之二】

在說完了第一個故事之後，接著要談文化如何在反思中被自我所認知。

這是屬於另一個普遍的信仰背景。不久前有一天晚上我開車趕赴某地，為了想抄捷徑，結果迷了路，開到一個四下無人的荒郊野地。我知道繼續往前開一定會愈走愈遠，於是決

定掉頭。就在倒車時，我發現車後有一座小廟，在黑暗的林子和一陣陣寒風的襯托之下，我不禁猛打了個寒顫，渾身疙瘩四起。我寫過論文說：即使有人自稱「不信」也很少是真的——大多數人都會陷落在「信」的文化之中難以自拔。（宋文里，1997）[30] 我說的是特別關於「鬼」的信仰。怕鬼是屬於我們的文化傳統之中很基本的一條文法。而我們所謂的「宗教人」其更寫實的說法應是「信鬼者」。

這則故事並不是到此就算結論。我在恐懼之餘，突然豁開來想說：到底我在怕什麼？於是我停下車來，搖開車窗，往車後仔細瞧瞧。結果除了小廟和黑暗的背景之外，當然沒看見別的東西。可是我剛剛經歷的恐懼是切膚的真實。所以我怕的是什麼？我沒有看見鬼，而是看見鬼場景；我怕的不是鬼，而是鬼故事。在那當下我確實曾經飄離現場，而陷在某種歷史敘述之中。我的那陣驚悚之情所見證者，就是我自己身不由己的陷落。可是，我也會因為反思而發現這種敘述法和這種故事與我的處境之間的距離——我的意思是：我發現沒有鬼，並不表示鬼故事不存在。

那麼，在距離的背後又是什麼？我能不能再往後退一步，想說：那個豁開來、搖開車窗往後觀看的，究竟又是什麼人？當時他又在什麼敘述法之中？在研討會裡大家都可能順著我的思維而

30　宋文里（1997），〈不信之信：大學生對超自然物之情感意義叢結〉，《國科會研究彙刊：人文與社會科學》，8(1): 84-100。

這樣提問。但我不打算直接回答，只願說：那就對了，反思會把人拉出歷史敘述而拋回思維的現場，然後這個現場中人就只能憑著當場的觀看來回答現下的問題。真能這樣的話，提起「我」這個話題的意義就算起碼達成了。

（二）「他們」／「他們之為我們」——第二觀看者，或可以被觀看所及的觀看者

這份報告的另外一些發言者，我稱之為「他們」，大抵上，可以區分為兩種。第一種在寫作的習慣上，就是這一份報告所要陳述的對象，其發言情形會呈現在另一部分的文脈中。因為只有成為「他們」，才會在觀看行動裡浮現為「焦點意識」。可是另有第二種的「他們」，必須稱為「他們之為我們」，作為我對於「支援意識」的交互主體自覺（Polanyi & Prosch, 1975）[31]，必須在此專闢一節來談，那就是我的研究助理們，以及其他一些難以歸類的協作者（collaborators）。

在一般的研究行動中，助理和協作者像是研究者的延伸，或像作畫者所使用的畫筆，鮮少成為可資談論的對象，更遑論有機會上台發言。然而在這次研究（也就是我一直說的觀看行動和閱讀行動）中，他們的發言卻形成了與我之間的重要對話，因此增加了「他們之為我們」的反思辯證性。如同我對於自己的行動可

31　Polanyi, M. & Prosch, H. (1975). *Meaning.* Chicago: University of Chicago Press. p. 22-45.

以有所反思一樣，對於我的延伸行動，也一樣會產生和反思相類的行動。我依上一節的例子，舉兩個故事來說。

【故事之一】

這裡要先提的一些不特定狀態之下的協作者，大都是我身邊的研究生，包括兩位幫忙把儀式過程轉抄成文字稿的女性助理，一位男性研究生，他正在修我的課，以及一位女性研究生，她曾經修我的課，後來因為興趣而作我的短期助理。她（他）們沒有發生特定的故事，只是三不五時地來找我談談她（他）們的「靈異經驗」。兩次借竅儀式，她（他）們大都參與。其中有一位常常來找我談談她自己像「女巫」一樣的本事，可以看到別人的未來，還有一位在 4 月 30 日的法會借竅儀式中上台和仙佛一起批了一段訓文。我要談的是另外那位短期助理，姑稱她為 ZA。

ZA 最困擾的問題是有過「邪靈附身」的經驗。她遍尋法師幫她解決問題，當然就是希望能「驅魔」。對她而言，這個世界和法師們說的一樣，就是充滿邪靈和神仙。她會說：

> 我對於鬼呀神呀……我比較有興趣的是對於靈魂的……那個……
>
> 因為我後來又想到……小學五年級的時候，有一次到老師家……去補習，然後……那時候大概有二、三十個人在客廳裡面，那時候才下午大概四點多喔，只有我看到……我一直問有沒有人看到，他們都說沒有，我真的看到每個人的那

個、那個、比如老師你現在這樣坐著對不對、那我就看到、有一個很像是……光人、光環的人，可是是你的那個……對對對，我都看到，而且那個輪廓可以跑出來，在這個場域遊走。

——我對 ZA 的訪談記錄（1994. 12. 29）

她說的附魔是因為「（神壇的）那個人就跟我媽媽說……我……可能跑去什麼……不乾淨的地方……然後就被附這樣……」而要對付附魔的問題，就要收驚，要了解「魔由心生」的道理，但是也不要忘了靠修練、稱佛名和服藥方等等方法來解決。

在後來（1995 年的 4 月 30 日）我們去道場參觀的當天，竅手（天材）出場的時候，她顯得相當緊張地在會場裡跑動。後來，她跑過來滿臉是汗地告訴我說：她偷偷過去摸了一下那位天材的手，覺得她「冷冰冰的，真的，真的。」

我對於借竅的了解，必然包括這些圍繞在我週身的人對我提供的所有資訊在內。

【故事之二】

接著是另一組研究助理，他們是兩位剛從我所任教的大學電機系畢業的男生，姑稱他們為 SJ 和 GD。他們倆都曾選修過我開的課，所以和我仍保持著師生關係。他們協助的項目是用錄影機拍攝兩場借竅儀式以及其他一些進修班次的過程。在拍攝之

餘，我也要求他們作些指定的訪談，和寫田野筆記。

　　有一晚在錄製一個「行德班」的上課情形之後，他們在現場找到一位林姊作訪談。根據兩人的田野筆記（1995.6.8），林姊拿出三張照片以及一份文件來，文件有個標題叫「車禍顯化略述」（隔天他們就把這些資料傳到我的手裡）。她說照片是車禍後保險公司人員拍下的，乍看只是一輛汽車側後方損壞情形的記錄，但把照片倒轉一百八十度，就會看見有一張大大的人臉。GD 說：「我依她話將照片放倒，赫然是個人頭！」而 SJ 則說：「狀似一個惡魔的兩個眼睛出現在地上！」GD 描述說：「林姊接著說，……是個人頭咬住輪胎，代表了車禍當事人前世的業障……。」訪談結束，他們倆一起開車回校。之後，GD 的筆記如下：

　　外面下個小雨。一路上，我們談著今晚的田野心得。車子上了高速公路，想著不久就可以回到新竹了。這時 SJ 卻說車子的油一直加不上去，過不久又說車子有奇怪的聲音。我感覺出他在害怕，因為不像平常說話的口氣。我說，是不是因為那三張照片的緣故，他說，不要再提出照片的事，一想就覺得害怕。

接下來一段，SJ 的記載比較簡潔：

　　車子進了學校大門，GD 想到要一個人進入社院，突然反胃

了起來，我趕緊把車停在路旁，陪他在路邊一起大聲罵髒話……

而 GD 很詳細描述了他的恐懼：

我掙扎著要不要將器材拿上去，獨自拿上去，因為 SJ 肯定是不會跟我去的。我不想帶那三張照片上人社院，因此我把它們丟在置物箱中，心想這樣應該會好點。車子駛進校園，然而，身子卻不聽使喚的直打哆嗦。車子經過蓮花池，準備上坡了，SJ 問我要不要上去，這時我渾身打了個大寒顫，毛孔都豎起來啦。我感到一陣噁心，並想嘔吐，我急忙搖搖手叫 SJ 不要上去。不久，我們在蓮花池畔停了車，並下來走走……但從池畔開始，我們的三字經卻是沒停過。

一個禮拜之後，我們再度去了那個道場看看行德班的上課，也把照片拿去和兩位負責的點傳師聊聊「顯化」的問題。其中一位點傳師的同伴拿出一疊有關顯化的照片大談起來。鬼神論正瀰漫在談話之際，經理邱點傳師卻評論說：當然有些照片是可以作假的。我就趁勢接著說：只要有一點點暗房的常識，就不難看出來，譬如其中一張說是仙佛顯化時在頭部出現光圈狀的佛光，就可以明顯看出暗房裡的粗糙加工痕跡。另一張則是由超現實主義

畫家馬格利特（René Magritte）的畫作（半人半魚的圖像）³² 翻拍而成。

【圖 8-1】馬格利特作品《集體的發明》（見附錄彩色圖）

　　有趣的是，SJ 和 GD 兩人都在旁聆聽。我的田野筆記（1995.6.15）說：「這些說明當然都是針對 SJ、GD 兩人說的。」「我」針對「他們」說的，還不如說是我對自己說，因為在那晚的對話之後，我就對這篇論文的主題大致拿定了主意。認出照片作假並不困難，譬如先前的三張照片，我第一眼就看出那只不過是簡單的重複曝光而已，但我的問題反而是兩個：1. 這樣拙劣的合成技術，為什麼他們看不見？為什麼他們比較容易看見林姊的說法？2. 當他們陷入鬼神論述的文本（嚴重的恐懼即是明證）之後，來找我談談，又跟著再去道場尋找進一步的理解，這過程和我自己在恐懼之後搖開車窗往後觀看的意思，不也是一

32　原作是一幅油畫，馬格利特（Magritte）作品，題名為《集體的發明》
　　（*The Collective Invention*, 1934）。（見附錄二彩色圖）

樣的嗎？反思確實可以發現文本形成的兩個階序（order），而反思在自己之內發生，和在人與人的關係之間發生，也有其相似之處。這個一閃而過的念頭，後來果然和我所亟欲加以討論的「二階組織」問題領域密切接壤。

四、「絕妙的景觀」：儀式的場景，以及所看見的

> 最後，我們終於面臨了如此一個絕妙的景觀：那不可否證者被不可拒斥者所支持，因而產生了無可置疑者，並由茲而使得那些種種曖昧的、任意的、和習俗的，都轉變成了確定的、必要的、和自然的。此一結構即是……人類生命之道所立基之處，而它的實現則俱在儀式之中。
>
> ——拉帕波特（Roy A. Rappaport，引在 C. Bell, 1992）[33]

在交代過方法論和研究主體之後，我們就可以進入對象的觀察。1995 年 4 月間，我去頭份鎮的一座一貫道道場參觀一場法會，在其中，我認為借竅儀式乃是整個法會的最高潮，也構成整套一貫道儀式裡最耐人尋味的「絕妙景觀」。我有十足的理由選擇一貫道的借竅儀式來作為觀察的對象。其中的一個起點應是在閱讀一貫道的各種文獻時，發現了一個問題，可以直接和我一向關切的「知識人的信仰」這個問題連上線。但在觀察之中也

---

33 Bell, C. (1992). *Ritual Theory, Ritual Practice.* New York: Oxford University Press. p.108-109.

衍生更多其他的問題，使得儀式本身凸顯了它的多元涵義：儀式確實做出了許多難以言表或多於言宣的事情。相對的，有關這個儀式，或有關這套信仰的護教論述則對於儀式裡真正發生的事情常常視而未見。而我認為，正因為對於宗教傳統、宗教活動的描述，或教義討論的宗教研究都已經表現了明顯的理解限制，我們的宗教研究本身亟需在此擴大它的視野，加深它的透視景深。

我的焦點是當年 4 月 30 日下午一場排在法會課程表上叫做「天命明師之印證」的借竅儀式（以下簡稱「四三〇」）。為了對整個道場活動多些脈絡性的了解，我另外也觀看了同年 6 月 28 日起在該道場舉行三天的「學界法會」，其中第一天也有一場借竅（以下簡稱「六二八」）。在這中間則是由上文提到的兩位助理去該道場錄製平時的各級進修班上課情形，再交給我看錄影帶。我曾抽了幾次和助理一同前往。在那一串的實地觀察之後，我持續蒐集與一貫道研究相關的文獻，同時也把過去觀察童乩、扶鸞等儀式的資料都整理一遍。經過長達四年的反覆思索，我覺得我若要對宗教研究有所貢獻的話，就必須一面檢討既有的（給定的）文本，一面提出另一種見識，以下就是我所作的三則嘗試。但在此之前，我要先給讀者一段儀式始末的梗概──這是攝影機的觀點。

【儀式始末梗概】

借竅儀式是民間信仰裡早已存在的一種乩占儀式，其特色是用人來代替神靈說話，和童乩類似，在一貫道裡把神靈叫做仙

佛，其來臨就叫「臨壇」或「降壇」，臨壇批訓的仙佛被尊稱為「老師」，而「老師」說的話就叫「訓」。由於這些臨壇的神明都是因皇中（母）之命而來，所以那些訓文就都是「聖訓」或「慈訓」。

儀式究竟是何時開始？我們曾經問道場的經理，但他表示不知道，或說是不一定，因為不曉得仙佛何時會臨壇。「天命明師之印證」道壇是排在二樓的大殿，但我坐在一樓廂房的辦公室裡等待。經理暗示我應該上二樓去時，整個道場四處走動的人似乎都已騷動起來。

二樓大殿已經擠滿了人。這個大殿的大小約有八十二坪。工作人員說，平常坐滿的話應該是四百五十人左右，但座位擠一擠可以容下五百人。

大殿前方中央供的是彌勒祖師；正對彌勒祖師的話，右手邊供的是濟公活佛，也就是師尊張天然（張光璧）；左手邊則是月慧菩薩，也就是師母孫慧明（孫素真）。

法會的講課就都在一樓和二樓的大殿裡舉行。講師的講台位置是安排在前方右側，但這場的講台則已撤走，只在前方用了三塊活動黑板，一塊大的，在最右側；兩塊較小的，在中央和左側。

以仙佛臨壇入場為儀式的開始，而以退乩出場為結束。在四三〇的借竅儀式中，首先入場的仙佛是李鐵拐大仙，由一位年約二十的女性「天材」借竅，她的打扮是穿灰色長袍，拄著手杖，腰間配著無線電麥克風的發報機。她講的國語腔調完全不

像在台灣長大的本省人或外省人，而像是大陸人。接著出場的天材也是一位不到二十歲的女性，台灣腔。她穿白襯衫黑長褲，胸前有塊藍底紅花斑的圍兜。她是哪吒三太子。李大仙在批示訓文時，三太子在旁側的黑板邊批示幾首調寄流行歌和校園民歌的有韻訓文。有時她會走進觀禮群眾之中，散發一些糖果，作作鬼臉搞笑一下。第一層批訓完畢後，三太子先退乩下場。李鐵拐留下作白話訓，之後她搖身一變而為濟公活佛，旁邊的助手上來幫她把長袍捲至腰的高度，手杖拿開，換給她一支蒲扇。她開始批示第二層次的訓中訓。批訓完畢後，帶觀禮者們起身做做軟身操，活動一下筋骨，再坐下來聽些關於修道方式和做人道理的白話訓。最後將近結束時，仙佛邀請座中人也上台來批訓。有三位回應了這個召喚，上前合批了幾句似韻非韻的即席訓文。

在仙佛批訓時，由幾位講師擔任的「地材」負責把訓文抄寫在道壇前方的三塊活動黑板上，而在黑板和觀禮者之間則有兩位點傳師拿著麥克風擔任像主持人一樣的串場角色。譬如會場還在整頓之中，他會說：「要用心體會，到底這裡面的奧妙在什麼地方？是不是人可以作得到的？假如我們人作不到的，只希望我們大家可以用追求的方式來研討，但是不可以用輕視或不好的念頭去想。希望我們大家用心的來參與……」，又說：「雖然仙佛不一定能親自，因為天不言地不語，仙佛沒辦法來講話，怎麼辦？借用這個小女孩，他能說得這樣清楚，因為她的靈，合靈哪，使她能達到一般人所沒辦法達到的境界。非常難得仙佛不棄，來躬臨盛會……」由於場上有兩批不同來源的觀禮者，一批講國語，

另一批講客家語，所以兩位點傳師也分別操持兩種語言，互相翻譯。

儀式現場的觀禮者除了坐在場中的大約五百名參加法會者之外，還有十幾位講師和點傳師列隊站在前方兩側。這裡的兩側分別叫做「坤道」和「乾道」，意思是女眾男眾分開就位。另有一些道場的工作人員站在道壇後方以及側後方的場外。

我和助理以及當天前去參觀的學生也站在後方。助理獲得經理的同意，在側後方裝設了一架攝影機，由始至末全程拍攝。

在事件始末的梗概之中，處處都隱藏著曖昧的矛盾。不過，雖隱藏如是，用眼睛看總是可以看見的。

（一）第一景

儀式開始之前的騷動，在「四三〇」和「六二八」都是很明顯的。原本秩序井然、氣氛和諧的道場突然變得人聲鼎沸。有人趕著奔上二樓去，上樓的步伐急促，好像遲了就會錯失什麼似的。但這裡有什麼見識可言呢？我可以說，參加法會的人是把仙佛臨壇看成一件不同凡響的大事，特別是對於第一次在此開眼界的人來說。在四三〇有兩位受訪的大專學生，其中有一位說他覺得「好緊張」，另一位則只說要「趕快趕快去看」。但在看過之後，六二八的另一位受訪的某醫專學生說：

什麼樣的感覺？……我想大部分的人都存著一種半信半疑，像學長、學姊他們兩個看比較多次，他們有他們的見解。我

們可能是第一次看，我們是覺得還有一些疑問存在，不過我是覺得，不要去看，不要去看那種，訝，不要把問題放在仙佛到底……（訪者：真的還是假的？）真的還是假的，而是針對她所批下來的訓文，她給我們的講解，大道理啊，去針對那些大道理來反思自己。

他說的是「半信半疑」，以及如何應該把「疑」扭轉為「信」的方法。這種講法其實並不只是一個特殊的個案，因為學界道親本來都很普遍會有這樣的態度表現——這必須把歷史往回拉才可以看得更清楚。

關於大專生參與一貫道後發生「民國六十九年信心危機」，這在一貫道歷史上是相當重大的事件。宋光宇（1983：135）在他的調查報告裡曾有簡單幾句話說：「民國六十九年九月底，發生了一次信心上的危機，懷疑仙佛借竅的真實性。台北的道場大受影響，半年後方才穩定下來。從此以後這支線的發展方針就不再完全仰賴仙佛的臨壇批訓，轉而注重對三教經典的研習和闡釋。」宋所指導的碩士生林榮澤（1992）[34] 在九年後發表的一貫道研究（碩士論文）也提到：「民國六十九年，發生了一場信心危機的大考。由於一貫道在初期道務的推展上，相當依賴扶乩及仙佛的顯化，以經過特殊訓練的小女孩擔任媒介，來傳達仙佛的

34　林榮澤（1992），《台灣民間宗教之研究－一貫道「發一靈隱」的個案分析》，台灣大學三民主義研究所碩士論文，p.108。

旨意。此一作法……對知識分子而言，就產生了問題，於是一場大的考驗即起於對仙佛借竅之真實性的懷疑，台北的道場大受影響，半年後才穩定下來。」對於此事件，宋光宇（1996）[35] 在最近一本關於一貫道發展史的著作中還再度提起，但對此並沒有增加新的資訊。

從以上的敘述，可以看出，對信心危機事件主要的報導人就是宋光宇。雖然林榮澤（1992：43）曾經在他的論文中承諾說：「有關這次信心危機的考驗，在第四（五）章『伙食團的組織』中會有詳盡的探討。」不過翻遍全文並沒有看見更「詳盡的探討」。從兩人都有「台北（的）道場大受影響，半年後（方）才穩定下來」的句子，可以看出：林榮澤在書寫時應只是把他的指導教授的文字抄了一遍而已，他探討了很多別的事情，但對於此事，他自己的探討不知何故沒有出現。

兩位談論信心危機事件的作者後來都樂觀地強調此一危機成為後來道務轉往經典研讀方向發展的轉機。最近一篇研究發一崇德的碩士論文（吳靜宜，1998：23-24）再度提到信心危機事件之後，也仍引述前人陳大姑和一位點傳師的說法，強調此一「轉化」、「轉捩點」的意義。在 1995 年 10 月間，我曾打電話到台北一貫道總會詢問：是否可以有機會參訪三才訓練？接電話的一位總幹事聲稱：總會的立場是不重視神道設教，不能回答有關借

---

35 宋光宇（1996），《天道傳燈：一貫道與現代社會》（二冊），台
　　北：王啟明。p.131，341-2。

竅儀式的任何問題。他的說法可以拿一本《一貫道總會會訊》[36]
來作為佐證，該刊物內從頭至尾不但對仙佛臨壇一字不提，甚至
沒有一句慈訓在內。但是，有兩件事卻使我無法相信這種轉化就
是整個一貫道現有的態度。

首先，當我看見號稱擁有最多「學界道親」（大專在校生及
畢業生信徒）的發一崇德，在紀念韓雨霖道長歸空的特刊《光明
季刊》[37]上，還特地登載活佛恩師「分六個段落，在國外，悄悄
臨壇，含淚批述」的〈慈語一○一則〉全文，而發一崇德的領導
前人陳大姑在天元佛院春節團拜的講話，也隨時不忘引述活佛師
尊的妙訓（見上引《光明季刊》p. 125）。

其次，根據一位負責編輯《發一崇德雜誌》以及一些經典教
材的講師說：在崇德學院裡，研讀三教經典都有最高權威的版
本，就儒教經典來說，那就是《證釋本》，譬如已出版的有《易
經證釋》和《中庸證釋》[38]。什麼是《證釋本》？就是由隱藏的
作者以「列聖齊釋」之名而作的經典注釋本，以《中庸證釋》
為例，其中的「列聖」包括「宣聖」（孔子）、「復聖」（顏
子）、「宗聖」（曾子）、「述聖」（子思）、「亞聖」（孟
子）、文中子（王通）以及「孚聖」（宗主，指的是張天然）。
這些列聖對於《中庸》一書的各章各節所作的注釋當然都必須是
降壇批示的（否則孔子怎麼能對子思的作品有意見？）這就說明

---

36 中華民國一貫道總會（1995），《一貫道總會會訊》（第42期）。

37 天元佛院（1995），《光明季刊》第一期。

38 作者不詳（慈慧編校）（1993），《中庸證釋》，台北：圓晟。

了為什麼《證釋本》會成為眾多經書版本中最權威的一本，因為它是根據批訓的方式而產生。批訓的最高地位也可由此而確定。順便值得一提的是：這個版本在出版時所登記的發行人李玉柱就是當時一貫道總會的秘書長。

從上述事例可以看出：訓詞代表了一貫道最基本的教義，而批訓則是訓詞產生的唯一途徑，換句話說，只要仰賴訓詞，就不能不批訓；而既要批訓，就一定要使用扶鸞、借竅、降壇、顯化等等技術。這是一貫道教義生產的根本邏輯。雖說種種神道設教的技術都「只是勸人成道的工具」，而「修道還是要靠古聖先賢留下來的經書」（宋光宇，1996：131），但是，從神學理論來看，這樣的說法對於仰賴仙佛慈訓的一貫道信仰來說，已經構成不可自解的矛盾。

關於訓文和經書之間的矛盾，我要提出更進一步的觀察發現，而這可能會讓一貫道的「神學家」（假若有的話）更為頭痛。

在六二八法會裡，借竅是在當晚發生。到了第二天，前人陳大姑蒞臨道場。經理和一位陳姓講師都希望引介我去見見她。陳大姑先講完一堂課《孝道》，然後我們上樓去，站在她的休息室門外，原先說是等一下就好，但卻等了二十幾分鐘。隨從人員出來向我們道歉，說：前人正在批閱聖訓。我們只好暫先離開。「前人正在批閱聖訓」這句話在我的神學腦門上可是敲了一記重鎚。要替他們著想的話，我應該勸他們守守口風，不要這樣講，但是，他們已經說溜了嘴。上面說過：經典要用仙佛批示的

注釋，所以仙佛才是聖人之上的最高權威，但是，在仙佛的背後還有更高權威，那就是可以批閱訓文的當家前人。這三層權威關係，在神學上可怎麼安排才是？

這問題也許比六十九年危機時由學界道親們所提出者更為複雜而敏感。我因為無法讀到詳實的歷史檔案，只好用自己親身的觀察來為當時的問題作一次當下的重建。不過我至今仍沒有看見一貫道神學家正面討論此一問題——也許他們正是因為無法對此提出有效的解決，因此除了在文宣上作態撇清之外，只能讓這些教化工具和修道目的停留在二而一的「合靈狀態」以便奉送給信徒，並且，對於背後的（高而又高的）權威則另外保留著相當一致的姿態——恭敬的迴避。

（二）第二景

四三〇的借竅儀式從入場到退場一共用了四小時多。我站在後頭，腳痠難耐，所以不時會到場外走動一下。我從窗外注意到場中的男女分座的情形，而在上樓來觀禮之時，經過他們的寢室區，也標明著「乾道」、「坤道」。後來再回道場幾次，參觀晚間的各進修班次，在各教室裡也都有男女分開的座位區劃。這些區劃的根據應都是來自一本重要的禮書《暫訂佛規》，因為其中說道：「乾道行禮未完時。坤道切勿參入。坤道行禮時。乾道亦不得參加。此謂男女有別。」[39] 看起來這是一種依循古禮的意

39　張天然（1939／1944），《暫訂佛規》，崇華堂，p.9。

思。

使用「男女有別」的邏輯來區分空間或規劃行為，在本地社會裡，特別是在和宗教及教育相關的場域，毋寧是司空見慣的習俗，為何需要特別討論？但是當我們把男女之別放在遵循「古禮」的儀式性概念架構內來再看一遍，就會顯出它特別的意義。

在 6 月 15 日晚上，我參與的是行德班的一場試教會。上課的教室裡坐著大約三十人。氣氛很輕鬆。帶班的講師先帶領誦讀《彌勒真經》，稍稍說明講話的技巧，然後她坐在一側的佛像旁邊，鼓勵學員們說：「上台會怯場，大家都會發抖的……。希望大家都能勇敢踏出阿姆斯壯的一步。」之後幾位被點名的學員依序從她（他）們的坤道座位和乾道座位站起來，走上台去試講自己的讀經心得。有一位年輕的乾道道親講完後很不好意思地下台，向坤道那邊走去，一位坤道座位上的大姊拍拍他的肩膀，他也和她拉扯了幾下，講幾句自怨自艾的話，然後才回他自己的座位。

在空間區劃的形式之外，我真正看見的是眼前實踐的空間動力學：男性與女性之間的關係流動實情和教條上所規定的大不相同。這就是生活世界裡的情景，而一貫道本身的各種道務活動也都由男女道親共同合作操辦，他（她）們之間的關係其實也都是依循這樣的實情而流動，譬如在處理文書的辦公室裡，我就看不到乾道／坤道的區別。所以將儀式性的性別區隔放回教義的框架裡，才會看出那是一種裝模作樣——在有排場的時候強調男女有別，其他場合則否。我的疑問是：性別區隔和求道修德有什麼特

別的關係？而無生老母信仰對於性別的問題難道沒有不一樣的態度和實踐方式嗎？

一貫道的最高神明是明明上帝皇「中」娘。[40] 這「中」字，張天然說是「先天賦予靈性之母……中字即陰陽具備萬靈之真宰也。」（張天然，1939：6）在道場裡，皇「中」娘沒有聖像，只有一個像篆體「母」的平面美術字掛在正殿中央神龕上。把「母」字旋轉九十度就成了「中」字（但讀音仍是「母」）。所以，這個文字符號就是從女性的「母」字轉變而來，卻具備陰陽兩性的中性。但這只是教義錯認的說法，它的來源和實踐狀態並不這麼單純。

神明的性別對於信徒來說常是不容易意識到的問題，只能在實踐中用不同的趨近關係來辨認。在作為「宇宙萬化的本源」、「萬靈的真宰」等等最高神聖的對象來參拜時，他的形上性質更會使性別意識消彌。有些本地的田野調查資料顯示：女性神祇的性別（譬如媽祖），對於信徒而言，常無法辨認，或無法談論。[41] 這意思是說，信徒和女神（特別是母神）的關係猶如幼兒與母親的關係，其性別範疇只有無意識的實踐，而沒有可言說的性質。幼兒的母親只是母親而不是女人。要在意識上做出「女性」的辨認，勢需

---

40 此字由於在電腦文書軟體中無法打出，特此附上圖片。

41 根據清華大學人類學研究所學生周明慧在台南地區作的田野調查報告（未出版），受訪者對於「你覺得媽祖是不是女性？」的問題，只說不知要如何回答，只好改以敘述媽祖傳說來回答。

經歷一段漫長的成熟過程。讀者應可聽出，這是屬於精神分析的理解方式，限於篇幅，在此暫不多言，但我要回到一貫道研究既有的文獻來討論。

關於無生老母信仰，有兩種值得討論的研究，一是宋光宇（1981）[42]，一是鄭志明（1985）[43]。鄭著的副標題「明代羅祖五部六冊宗教寶卷思想研究」顯示：他的主要論點是評介羅祖的《五部六冊》。其中有云：「羅祖以為無極聖祖是真身，無男女相，是男也可為女……但是羅祖偏重於『母』相，以為只有母才能生育子女。所以強調『母』的創生功能……」，但全部論及無生老母的篇幅在全書三百頁中只佔五頁不到，也沒有再發揮母性論點，反而一轉成為：「『母』字實際上是『虛空』一詞的代稱，是宇宙萬化的本源……」[44] 換句話說，鄭志明的理解，就性別範疇來說，和一貫道現有的正統教義一樣，還是傾向於中性的。但是宋光宇較早的論文則看到一點不一樣的性別辨認難題。他說：羅祖為了達本尋源而反覆參悟，行也念、坐也念，不肯放參，參得煩惱傷情眼淚紛紛，他的《苦功悟道寶卷》說：「忽然間，參一步，心中大喜。不歸有，不歸無，我是真空。娘是我，我是娘，本來無二。裡頭空，外頭空，我是真空。」（羅祖／林

42　宋光宇（1981），〈試論無生老母宗教信仰的一些特質〉，《中央研究院歷史語言研究所集刊》，第五十二本，第三分。

43　鄭志明（1985），《無生老母信仰溯源：明代羅祖五部六冊宗教寶卷思想研究》，台北：文史哲。

44　羅祖（林立仁整編）（1994），《五部六冊經卷》（上下冊）。台北板橋：正一善書，p.111-112。

立仁，1994 上：51）所以到了《巍巍不動太山深根結果寶卷》又說：「諸佛名號，藏經名號，人人名號，萬物名號，這些名號從『一』字流出。認的這『一』字，為做母，母即是祖、祖即是母。」（羅祖／林立仁，1994 下：258）這裡清楚說明了一段苦參，也就是困難的辨認過程。

所謂的「辨認」和「承認」是直接來自查爾斯‧泰勒（Charles Taylor, 1994）[45]「承認的政治」所論述的概念。他說，錯認（或「誤認」）的結果銘印在錯誤的自我認同上，會形成意識上的自我壓迫。一貫道信徒所秉信的無生老母信仰實踐裡，確實含有一種特殊的母性成份，譬如在《皇母訓子十誡》和《無生老母十指家書》[46] 中，其訓誡所採用的方式是哭勸，這是和所有「以父之名」的訓令告誡經典大異其趣之處。哭勸是動之以情的軟性說服，沒有強迫性和條件性的懲戒，但是，在一貫道的教義論述上卻錯認這種母性的特徵，致使母性成份浸假消融為中性（無性別），最後自然也就容易被父權的規訓方式所襲奪。「嚴別男女」的規訓就是它被收編後所表現的症候群，因為男女區隔的宣稱，在人類歷史上的目的只有強調「男先女後」、「男尊女卑」以及「男性保護女性」的權力關係。在意識上，它就是男性中心觀點，根本容不得母性的發揮。我們必須注意這樣的文化邏輯之反覆使用，結果一定會造成女性的扭曲。在宗教文化的

---

45 Taylor, C. (1992). *Multiculturalism and "The Politics of Recognition": An Essay.* Princeton, NJ: Princeton University Press.

46 《皇母訓子十誡》、《無生老母十指家書》作者、出版地均不詳。

林林總總形態中，至少有些宗教的根本動機是和尋求「另類」救濟方式有關。母神信仰（無生老母信仰應可歸為此類）可以說是替信徒提供了這樣的出路，用來和圍繞著父權而建立的現實相對，也和道統相對。但在一片經典化和道統化的聲浪中，老母信仰的母性特質已經被湮沒到漫渙不清的程度，也變得必須被代換成父權教義。但是從這個教派之發展出孫師母、陳大姑的女性領導，以及竅手的女性化來看，雖然有教義上的錯認和不肯承認，但在行為實踐上，老母信仰應該還是有其潛在的驅力。

（三）第三景

在仙佛臨壇的驚異感消褪之後，剩下冗長的批訓，會讓人不耐煩，或覺得被戲弄不放。

用大黑板記下訓詞是要做什麼用？這是老師在講課嗎？在現場觀看，立刻會知道這作為雖貌似講課，但其實不然，我們應該認清這個行為真正的意義。

大多數在場的人都無法立刻聽懂訓文，甚至因為大廳的距離而根本看不清板書。一位坐在中間偏前方的男性觀禮者（大專生）在受訪時原是要回答「訓文內容當場能了解嗎？」的問題，結果他笑著說：「訓文喔，對……因為我看不清楚啊！」而訓文內容呢？即使能看得清楚，像以下的例子：

【例一】德慧術志存乎疢。已有志士德行培。伸屈自如從容舉。操履守一定發揮。跬步不離居善。處事力行。行深道髓。

這樣的句子也顯然不是要讓人看懂的。至於訓中訓，我們再看一個例子：這是把「寧靜致遠」四個大字所蓋到的訓文抽出來，其中的「遠」字底下的訓中訓是說：

【例二】無為心之源。詞妙兮舉無。我詞敬禮。道滔滔流傳久已。靜水識衡量。平常般若現。虛久建樹。

這是完全不知所云的文字拼揍，和碟仙裡出現的隨機字串可以比擬。（宋文里，1996）[47] 在前文中，我曾提過，美國人類學家喬登（David Jordan, 1979/1986）[48] 對於他所觀察的開沙儀式和鸞書文字作品就曾評論說：那些拙劣的模仿和裝模作樣堪稱是一種「智性的媚俗之作」（intellectual kitsch）。不過他只說對了一半。

根據坦拜亞（Tambiah, 1985）[49] 的定義，「溝通中的人們必須相互理解。但在儀式裡，語言的用法卻顯得違犯溝通的功

47　宋文里（1996），〈以啟迪探究法重寫碟仙〉，《本土心理學研究》，6: 61-143。

48　Jordan, D. (1979). Chinese Pietism: Syncretic Movements in Modern Taiwan. *Folk Culture* 1979(5): 49-67. Cuttack, India: Institute of Oriental and Orissan Studies.
　　Jordan, D. & Overmyer D. (1986). *The Flying Phoenix: Aspects of Chinese Sectarianism*. Princeton, NJ: Princeton University Press.

49　Tambiah, S. J. (1985). *Culture, Thought, and Social Action: An Anthropological Perspective*. Cambridge, MA: Harvard University Press. p.22-23.

能。」因為儀式語言大抵有三種類型：1.話語被傳播出來，但無人能解，2.話語被傳播出來，也被人理解，3.語言是私密的，原就無意讓人聽到。以此來看，借竅儀式的話語顯然不是第三種，而是第一、第二兩種的混合物——換句話說，就是「既要人懂，又要人不懂」——讓我回到上文所舉的兩例來說明。

從例一可以看出：典用《詩經》、《孟子》、《禮記》的句子，然後由文書人員在文末加上註解，所以它的用意是明知信徒不懂而故意表現的（一種屬於「國文老師」特有的）威力展示；例二則除了幾個道教、佛教的一般用語之外，沒有特別的典故，只是把仿古的文詞堆在一起，這用意就不是示威，而是任意戲耍。我們可以採信喬登的「智性媚俗」之說來理解第一例，但加上第二例之後，則除了說它是裝模作樣之外，還應該說，那是一種戲仿之作（parodying）。

如果再加上儀式之中的觀察，看見一個以濟癲和尚傳說為範本的仙佛正在主導全場，我們不得不注意這個以逆反習俗規範為能事的狂禪角色是要做什麼：我們看見活佛老師跳上場中央的太師椅，以傲岸的姿態站著，一邊搖搖蒲扇，一邊調侃站在兩旁的講師和點傳師，拿這樣的光景來和正襟危坐的傳統神像相比，其叛逆和嘲弄的味道就太明顯了。[50] 而它所要嘲弄的對象當然是

---

50 關於一貫道訓文對於經典傳統的模仿，除了喬登（David Jordan）之外，也有其他作者表示相似的看法（楊惠南，1982／1987）。但對於模仿的性質，則值得進一步討論。精神分析的無意識剽竊（unconscious plagiarism）之說很值得注意。泊森（E. S. Person, 1989: 57）說：在無

知識的道統所玩的文字遊戲。她嘲弄在場的學生，嘲弄經典的讀者，但這些人只要成為信徒，和她站在同一立場，則她就可以一轉而成為信徒所投射的認同——一種侮慢的認同——用來貶低傳統的高不可攀，因此而能立刻贏過他們所一向畏懼的道統知識。

傳統經典對於一貫道雖然看似重要，但觀察到這種目前仍存在但已經潛隱化的對抗姿態，則對於一貫道所宣稱的對待經典傳統的方式，應會有更清楚的理解。我所說的「姿態」是一種視覺的證據，雖然和教義上的宣稱頗有出入，但還好在儀式現場有些其他遺留的徵象足資旁證：1. 儀式中間穿插三太子之類的儀式丑角，用顯然不正經的方式在道場上玩「與民同樂」的遊戲，2. 儀式裡甚至容許觀禮者上台和仙佛對論，也可以批出他們自己的即

意識剽竊中的人，會相信他自己乃是某些（從他人取得的）意念或發明之作者。她也引述多伊奇（Helen Deutsch, 1965）的說法，認為無意識剽竊和普通的模仿學習或創意的借用有三點不同：（1）取用的來源被刻意遺忘，（2）取用的動機則和欽羨或妒恨有關，（3）取用後的表現並非具有創意或昇華的性質。我所說的「叛逆和嘲弄」，和這裡說的「欽羨或妒恨」，應是一體的兩面。

參考：

楊惠南（1982），〈我所知道的一貫道〉，《聯合月刊》，7: 43-49。

楊惠南（1987），〈一貫道與佛教〉，《當代》，11: 54-63。

Person, E. S. (1989). Plagiarism and Parallel Process: Two Maladaptive Forms of Cultural (or Interpersonal) Transmission. In Arnold Cooper, Otto Kernberg, & Ethel Spector Person (eds.). *Toward the Second Century of Psychoanalysis.* New Haven: Yale University Press. p. 52-69.

Deutsch, H. (1965). *Neuroses and Character Types: Clinical Psychoanalytic Studies.* New York: International Universities Press.

席訓文。看到這些看似零零星星卻真實地吸引信徒的玩法，就會使這個「對抗正統的姿態」得到更充分的解讀。

五、綜論與結語

雖然不是什麼普世性的經驗，但祖先崇拜和鬼信仰是我們共同的信仰基底，或至少是我們容易理解的信仰語言。作為一個研究者，特別是一個宗教文化的批判者，我至少先要弄清楚我們是否有個共通的語言基礎，然後我們才能開始像在生活世界裡評價什麼好吃和什麼不好吃一樣，也就是像對於品味有個口舌的語法一樣，能自然地開始評價宗教世界裡的信仰語法。

但是構成批評的條件並不只是共同的經驗或語法，而是語言裡的反思性。語言不是只有說出來的話語，而是包含著它的說法在內，共同構成講話這回事。正因此故，布洛維（Burawoy）所作的區分，即「人們說他們在做什麼」和「他們實際上在做什麼」，才會顯得有意義。話語是被說法說出來的。我們的語言都有這樣的後設官能，而當我們在自己的意識裡發現這樣的二階組織時，在我們的宗教信仰經驗上，就會發展出如同希克（John Hick）說的「第二階的宗教語言」，也就是本文中所說的「神學」。希克（1991: xi）[51] 如何區分這兩階語言呢？他說：

51 Hick, J. (1991). Foreword to Wilfred C. Smith. *Meaning and End of Religion.* Minneapolis, MN: Fortvess Press, p. xi.

第一階的宗教語言，如同我們在禱告、預言、佈道時所用的，或在悔罪、愛情和喜悅之當時所作的自發言語，或當神明臨在時用以表達敬畏之情者，率皆屬之，而它就是信仰本身的表達。至於神學的語言呢，乃是第二階的語言，它拿第一階的表達來當作素材，以便能就之作出系統理論的詮釋。

這裡所說的「神學」當然不是專指猶太—基督宗教傳統裡的神學，而是在任何具有宗教傳播歷史的宗教裡都會產生的，其典型的語言形態就是教義問答。譬如在一貫道裡，張天然（1940）[52]所著的《性理題釋》[53]就是一種不折不扣的神學作品。神學隱含著宗教和知識之間的辯證關係，也因此在神學裡會開展出各種辯證法。《性理題釋》裡的辯證法還太簡單，因為其中對於問難的人採用很簡單的設計，沒有真正困難的提問，而張天然的回答也就傾向於不證自明，沒有發生「辯證性」的火花。但是這種語言形態一旦開啟，我們就可以預知它會繼續發展下去。從內容上看，可以舉《性理題釋》裡的一例來說：

> 大道既是性理心傳……為何信者都是平民
> 這是一時一機，一時一運，三代以上，道降帝王之家，三代

52　張天然（1940），《道義疑難解答》，台北板橋：正一善書。
53　《性理題釋》在後來的出版上改名為《道義疑難解答》。正一善書版用中英對照，其英文標題為 *Ninety Questions Concerning the Great Tao*。其作為對外傳教之用的意思毋庸置疑。

以下，道降師儒之家，時至今日，道運是應在俗民小子身上，時機如此，絕非人力所致也，況且道規，不聞時事，不問政治，不許暗有作用，不許藉道活動，所以都是平民。

　　這種教義問答形式碰上「學界」道親的話，很難不引出宗教社會學式的二階語言：譬如他們總可能問說：從帝王到師儒到俗民小子，是否意謂有上升的階級（ascending class）？這是一種社會進化史觀，為何說是「絕非人力所致」？「不聞時事，不問政治」到底應該到什麼程度？選舉時，投票可以嗎？等等。

　　再從教義問答的實際發展來說，這一趨勢也無可避免，譬如出現另一本同樣性質的作品《修道百問》（郭明義，1992）[54]，以及教義宣傳刊物上同類的文章。不管問答形式是否具有足夠的辯證性，但此道一開，除非使用鎮壓的方式，否則就不可能關閉。

　　既然有話語和作為的不同，為了理解之故，我們必須從研究方法上的可能性來考量。我們都知道，前者可以用聽、用讀來獲知，但後者卻屬於看的領域。我們能怎樣看呢？過去在實證科學壟斷之下的「觀察法」和歸納法之間具有一脈相承的關係，使得觀察變成一種記錄，其功能幾乎與錄音機、攝影機無異。但是在攝影美學上，桑塔格卻告訴我們說：這種記錄只能負面地告訴我們真相為何，而為了理解之故，我們必須向這樣的記錄說

54　郭明義（1992），《修道百問》，台北板橋：正一善書。

「不」。我們就在觀看的當下，必須使用足夠的想像來跳開看到的場景，然後「用微秒的速度」來使想像和實景交互查核。保持這種恆動的心思，是為了避免一踏進場景就陷入它所敷設的道理和氛圍之中。

在我所進入的觀察裡，真正看到的儀式作為，綜而言之，就形成一幅曖昧的三折畫（triptych）圖像：第一折是信心危機和莫名熱衷所指向的經典／訓詞矛盾；第二折是儀式性的性別區隔和潛在發揮的母性實踐所指向的父權／母權矛盾；第三折是講道說經的表象和嘲弄戲耍的玩法所指向的智性／反智矛盾。這三折矛盾圖像很難用清楚的教義去捕捉，因此教義傾向於採取最容易被理解和接受的方式來傳播和發展，質言之就是採取「道統化」的路線。但就在這樣的發展中，才益發顯現其不可刪除的異端本色。

我們唯一需要的「理解」（用桑塔格的意思），就是每次它在這幾組矛盾間跳躍來回時，都記得要對它說「不」。而一場借竅儀式實際上就是把這些說不清的矛盾都合攏在一起。如果仙佛降壇的目的是要把天道顯化，那麼借竅儀式在我們眼前真正給出的卻竟是一場負顯化。如同英格爾（Yinger, 1982/1995）[55] 說的反禮儀（counter-civility）一樣：「在其進行過程中，那些與社會公認的規矩相牴觸的祕密慾念可以偷偷得到滿足。」只是那樣的滿足，對於上百萬的信徒來說，恐怕仍然無法轉成其他更容

55　Yinger, M.（1982/1995），《反文化：亂世的希望與危險》（高丙中、張林譯），台北：桂冠。p.20。

易表達的形式罷了；而「傳統」和「經典」也者，怕也只是「社會」所逼出來的最簡易藉口了。

　　最後一句悄悄話：如果一貫道的儀式設計者們都能了解借竅儀式具有這樣不可思議的魅力，並且還能繼續讓它在矛盾間遊走而存在的話，我相信我們還會看到更多其他的東西。我們還都巴望著顯化的出現。

【09】
療遇時刻（一）：
理心術與療癒的兩種文化交叉論述

楔子

For man, for the object, an acceptable name. For the invisible, a name that cannot be pronounced.

——Edmond Jabès[1]

當李歐塔（Jean-François Lyotard）在作他的知識狀況報告時，[2]為了說明什麼是「在陳顯的本身中推出其不可陳顯者」（puts forward the unpresentable in presentation itself），他用了一組對比，就是普魯斯特（Marcel Proust）和喬伊斯（James Joyce）兩人的作品。同樣在捕捉（或「典用」，allude）追憶，普魯斯特使用了小說敘事現有的形式，而喬伊斯卻在他的書寫本身中把不可陳顯者推到可見的眼前。他的這個說法，後來更大規模地用來說明前衛藝術相對於寫實主義藝術時的知識狀況——這

1　Edmond Jabès (1993). *The Book of Margins*. Chicago: The University of Chicago Press, p. 14.

2　Jean-François Lyotard (197/1984). *The Postmodern Condition: A Report on Knowledg*e. Manchester, UN: Manchester University Press.

是對於後現代知識狀況的一種反身自覺以及後設論述[3]——我因此而半自覺、半不自覺地墮入一個有關古今與東西，以及陳顯與不可陳顯，之交叉敘事的後設時刻。

一、前言

（一）

　　當現代／西方文化中產生的心理治療（psychotherapy）敘事形式，伴隨著整套治療行動的社會體制條件移植入我們這個漢語社會之時，我們用以承接它的方式，正如我們所承接的大量其他種種文化敘事，到底該如何來稱呼它才是適當的？我們都知道漢語系和印歐語系之間存有極大的鴻溝，任何在歷史上出現過的翻譯（包括歷史上最大規模的佛教經典——即梵語譯為漢語，以及在現代化之中仍然進行著的各種西方語文譯為現代漢語）在意義上都不能視為「對等」或「相當」的。具體而言，就語源學而言，我們能在漢語中找到的印歐語源，至多不過幾百個詞彙（並且都還不無可疑之處），相較於我們所使用的幾十萬漢語詞彙而言，實在微不足道。正因如此，我們對於習以為常的翻譯都必須重新留意，而在我們目前所要面對的所謂「心理治療」，我們也許可以根據漢語本身的遣詞造字方式，給它一個新譯名，叫做「理心術」，[4] 然後，根據這個新的漢語所可能座落的語境，我

3　Jean-François Lyotard (1988/1991). *The Inhuman: Reflections on Time*. Stanford: Stanford University Press.

4　此詞已出現於宋文里 (2018)《心理學與理心術：心靈的社會建構八

們要來對它進行一場介於 presentable ／ unpresentable（即「可陳顯／不可陳顯」）之間一種知識交叉的敘事活動——這活動稱之為「覺察」恐怕還太早，正如在曙光初露的時刻，在周遭一片黯濛濛的氛圍中，你要說它是天亮了，還是天沒亮呢？那真是「天曉得」。

雖然我們的起點是文化敘事，但我們必須從所謂「現代性的體制條件」開始論起，而我們已知和理心術關係最密切的體制條件至少有兩種，那就是醫療體制和教育體制；但我們也必須討論另一種和現代條件相關的**前現代的條件**，那就是基本上立足於巫術之上的**民俗療法**（folk healing），因為除此之外，我們並沒有在知識傳統中建立過足以和當代心理治療相提並論的理心術。我們可以用歷史回顧的方式來檢視民俗療法和現代心理治療之間的關係，但也可以從當今的心理治療者受到民俗療法的影響有多深來開始設問，那就是：理心術所要處理的問題，亦即意義的病理與療癒的道理之交叉碰撞，究竟是發生在何時／何處？

不是所有的**理心士**（或及現代術語所謂的**心理治療者**）都能承認這種問題的「發生」——他們甚至在意識上還傾向於否認此一問題的存在，因為他們有兩種理由可以不討論我們所提的問題：第一，他們總是從「接案」作為開始，因此那已經就是個 presented 的給定狀況，而沒有 unpresentable 的問題；第二，根據現有的體制，他們總是使用體制術語而自稱「心理（治療）

講》台北：心靈工坊。

師」，而不會承認「理心術士」的稱謂。但基於對意識的歷史結構觀察，和我們對於文化惰性理論的熟知，我要設法針對此一充滿問題感的「偽意識」而進行翻盤。

我們現有的民俗治療法在基礎上其實都屬於從先秦時代開始奠基，到秦漢帝國而大盛，然後傳下來的神道設教巫術，而不是屬於遠古時代聖巫不分的傳統，更不是一種和自我成長有關的現代鍊金術──精神分析以及由此而衍伸的種種心理治療。我們所知的民俗療法基本上是以提供某種撫慰[5]、某種神話想像的社群支持為目的，而不是以人自身的革面洗心為目的；人是以接受撫慰的身姿進入（或被接入）巫術靈療場域，而不是以發下奮戰誓願的態度，自行殺進鍊金術的自我戰場。

我的這整個研究方案（project），其目的不是要例示另一個 occultation（巫關係形構），而是要作一次 disoccultation（解除巫關係）和 reenchantment（重建巫情懷）的嘗試。而在此之後，我們才有可能擘劃出一條新的理心之路，讓我們不會胡亂陷入毫無道理的神話與祕教巫術之中，任人（或即掌握舊神權的巫者）操弄而不自知；也有可能在一定的道理傳統之中，以我們的身分來掌握具有遠古傳統真髓的聖巫知識之重新建構。

在此，有幾個漢語本身的用語需要先行交代，這也是構成本文新問題意識的主要關鍵詞。第一組語詞就是「**病理**」和「**道**

5　余德慧對於此一概念的用詞是「膚慰」（此詞散見於余德慧的多種作品。）

理」。我要先談談「道理」，然後才能用它來反面證成什麼叫做「病理」。在此所謂的「道理」決不是什麼「道學」和「理學」的產物，而是一個屬於日常語言中的詞彙，它有久遠的淵源，而且，最有意義的是：它不是來自於翻譯的西方語詞，它是道道地地的本土語——雖然有些當代思想史家都覺得有種強迫症式的語彙非用不可，就是把它稱為「儒家」傳統，[6] 但我們如果知道那是早在「儒家」誕生之前就已經在漢語裡變成了意義的根基，那麼稱它為「儒家」根本是不對的；而在此同時，我們也不必為它找到一個英文、德文或拉丁文、希臘文的相對語源——它就是在漢語中已經存在五千年以上，而且你我至今還經常在使用的詞彙，但今天，這個「道理」卻要轉身一變，如同歌仔戲進入國家劇院去上演一樣，為我們保障了一種「精緻敘事」的意義根基。「有道理」不等於「有道」或「有理」，但你我皆知什麼叫「有道理」，並且，在碰到「沒道理」的情事之時，我們就更知道它是如何以否定的認識而確定其「沒道理」了——這種否定的認識還有兩個極有意義的相似詞：「不義」、「沒天良」，在我們的日常生活中，像是一支永恆的南針般，對於我們的善惡是非判斷提供了明確無誤的表陳方式。要理解「道理」這個語彙，事實上對於經歷過語言現代化的我們來說，都知道它是建立在一

6　這特別是指當代的所謂「新儒家」思想史工作者（錢穆、徐復觀、余英時、杜維明、林毓生等人，以及他們的眾門生）還包括不太認同此說，卻也無法脫身而出的批判者在內（包括郭沫若、李澤厚等人）。

個文化深厚的「共同知識」（sensus communis）之上[7]——說到這裡，我們當然就有義務從現代化的脈絡中尋找這種後設理解的根源——在此，我該說明的是：為什麼要引用義大利哲學家維柯（Giambatista Vico）的用語，以及它在當代**文化心理學**之中所發展出來的意思，來支撐一個漢語詞彙的正當性。

每一個民族文化都會產生某種用以維護其基本價值信念的語彙。在漢語裡，你可以發現一組**道術話語**，譬如「道德—道義—德行—品行—品德—品格—良心」和一組**智理話語**，譬如「有理—有知—說得通—講得成—是個說法」等等的詞彙，而在這裡，我要特別強調，其中有意摒斥了先秦諸子和宋儒特有的（哲學）語彙，譬如「天理人欲」、「良知良能」、「性善性惡」等等，因為能使用這些語彙的人口在這個文化中非常有限，並且一旦使用就有陷入學究圈子裡自說自話的危險，很難說它能代表什麼「民族文化」——我曾經親耳聽見一位當今的思想史學者這樣說：關於那些天理人欲、心性善惡還要加上太極兩儀、四象八卦來解釋的學說，真能理解的人，他伸出手掌作了個手勢一比，「在整個思想史上，大概只有七、八個——不，大概只

7　Schaeffer, J. D. (1990). *Sensus Communis: Vico, Rhetoric, and the Limits of Relativism*. Durham: Duke University Press. 李澤厚在他的（《歷史本體論 己卯五說》（增訂本，北京：三聯，2003。）一書中把這稱為「深層結構」，或說是「漢民族的一種無意識的集體原型現象，構成了一種民族性的文化 - 心理結構。」（p.272-273）但李澤厚對於「深層結構」這個用語的出處未嘗提及，而對於「無意識」、「原型」等詞彙的使用也只是在套用精神分析的話語，未嘗深論。

有五、六個人。」[8] 然而，假若我們用相對的觀點來看，具有相當程度泛文化觀點的語意學者維茲碧卡（Anna Wierzbica）卻會說，沒有一個文化對於那麼重要的觀念會沒有一些「語意始元」（semantic primes）去表達它，[9] 而這些語意始元都會成為一個文化之核心價值的關鍵詞（key words）。在此暫先不談這些關鍵詞如何發現的方法論問題，要之，拿這些關鍵詞來當作研究的焦點，則整個文化界域會在其週遭組織起來：「透過對這些焦點作深度的探索，將可使我們看出概括整體的組織原則，並使其中的結構與連貫性如何將一個文化界域變成一個整體。」[10] 是的，「道理」或「沒道理」是以某種「語意始元」的關鍵詞來表達了我們這個文化對於善惡是非的某種「共同知識」和整體結構。我們要在這種知識基礎上來開始討論，而不是要在「道學」或「理學」的渾水中作個自身難保的泥菩薩。我們並不透過體制來「接案」，而是要在任何人與人的關係中發現被「沒道理」的處境所困，因而讓我們有可能用理心術的「道理」來開始對他進行脫離困局的協助。

8　這是我對於余英時教授在清華大學演講時的所作的一段「田野筆記」，而不是出自文獻探討。

9　Wierzbica, A. (1992). *Semantics, Culture, and Cognition.* Oxford: Oxford University Press.

10　Wierzbica, A. (1997). *Understanding cultures through their key words.* Oxford: Oxford University Press, pp. 16-17.

（二）

其次要談的關鍵詞就是有關「**心理師**」和「**理心士**」這組關於專業身分稱呼的問題，而我是要以平行觀察[11]的行動來陳顯這個身分立場的方式。我的用語所對應的語境位置不只是治療法，而更像是從**施療者**（therapist，以下簡稱 thpst）到**求癒者**（therapant，以下簡稱 thpnt）之間的關係（舊說即是「醫病關係」）之生成，但後來這談法必須延伸到上述兩者的遭逢，乃至一個人文療癒社群的形成，而談論的焦點當然就會落在施療者與求癒者交遇的發生時刻。既然我們在學院裡關切的首要對象就是施療者的養成，那麼，我們必須真切了解在漢語的文化境遇中，這種人的身分首先就是個「士」（譬如大學畢業生叫做「學士」），而未必能濫稱之為「師」，因為這兩者顯然有身分意義的高低之別──「士」在現代化的教育體制施行之後，是普遍存在於民間的，而「師」則總是稀少的──他必需位居聖人的高位，能以言教身教而創立文化的楷模，總之就是在人間不易發現、不易接觸的。所以我們要談的身分養成應是指「士」的養成，至於他究竟該稱為「術士」還是「儒生」，我們可以不必陷落在秦漢之際的語境中來自尋煩惱。我現在認為，以現代漢語作為討論的張本，我本該給他取個簡易而合理的新名，那就應是個「療士」──在撇開證照體制之後，你我都應了解，「治療師」

11　「平行觀察」一語係借自夏林清的用法，見夏林清（2002），〈尋找一個對話的位置：基進教育與社會學習歷程〉，《應用心理研究》，16 期，119-156。

（諮商師、臨床師，或總稱「心理師」）的稱謂確實可以保留給那個自以為是的半調子體制去繼續濫用。[12]

由於我們所要討論的「療」和「癒」是以兩種不同立場的主體之自省、自覺、自發行動，以及在此行動中的交會，來作為立論之基，所以這個引發交會行動立場的狀態須稱為「療遇」，而這裡所謂的「行動」則不只是一兩個人之間的行動，而應是一整個行動社群之自我維護的行動總稱。

一個踏實的學術作法是從評論具體文獻開始入手：不是針對一些一廂情願的宗教文宣，而是由兩個行動者的心得報告談起：余安邦、余德慧；[13] 然後加入我自己的一些臨床心得，再做綜合討論——這是必須從 2003 年由兩余所主導的「本土臨床與倫理療癒論壇」這個敘事行動開始說起的。

余安邦所觀察的慈惠堂個案是我心目中的一個本土療癒社群的範例，雖然不見得能盡表此義，但卻是非常值得討論的一個

---

12 「半調子」之說，係因在歐美各國，這種可以授證的專業身分只能授與拿到博士學位的人，而在本國卻授證給取得碩士學位者。這些有證照的「心理師」顯然都是在理論與實務上都屬訓練不足者，卻被準備不足的體制給趕鴨子上架了。

13 這兩個研究案例所參閱的作品是：（1）余安邦（2008），〈以 M. Foucault 的觀點為核心論述倫理主體的構成與裂解、消融與轉化：慈惠堂的例子〉，載於余安邦（編）《本土心理與文化療癒：倫理化的可能探問》，台北市：中央研究院民族學研究所。在本文之外，余安邦在論壇初期的報告中都還會配合此一研究而放映一部他所拍攝紀錄片。（2）余德慧（2006），《台灣巫宗教的心靈療遇》，台北市：心靈工坊。

起點。在這案例中，觀察者既非 thpst 也非 thpnt，但在他的報告中，我們可以看到他所報告的這個社群中人如何使用神話的、巫形構的話語來自設立場、進行互動，以及維護他們的行動關係。

余德慧早年即曾提出台灣的本土民俗療法無法避免和乩童、桌頭聯手的治療方式脫除關係。他曾以接近報導的方式談過乩童的治療法，近年來他發展出「巫現象」的理論和描述，說明「成巫」的社會情懷在社會倫理結構中的必然性。我對此一敘事發展深有同感，但也同時發現我對此的態度是既接受也排斥的，因為他所陳顯的是個成巫者的自白，同時合併著療和癒的雙方。這個令人難解的矛盾首先導致我的批判自省。

二、問題的發端

有道是「天不言、地不語」，而「本土」這片天地亦然。所以本土除了由我們（斯土斯民）來予以陳顯（to present）之外，再沒有其他的本土可言。我們對本土的討論必須奠基於某種的本土陳顯（presentation），而不是本土本身（itself）。在這樣的前提之下，將我的問題簡潔一點說，就是這樣：從兩種本土陳顯的研究案例出發，我們以文化理心術的角度予以重新檢視，要怎樣才能由茲而建構出我們的療遇社群？

余安邦以一部影片向我們陳顯的慈惠堂個案是個具體的起點。研究者隱身在鏡頭後面，選擇、整理、編輯出每一位參與者自身宛若真實的敘事，於是構成了由一位具有巫者身分的施療者，帶領著一群求癒者，在他們所承襲的神話和巫術敘事之中，

所互相推移的一場療遇關係。在這段影音陳顯的故事之中，作者盡量避免表示應然的規範，但總還是帶有一種「當如是也」的復古敘事意味——他宛如在說：文化遺產的復甦當如是也！

余德慧則更進一步。他發現「巫現象被隱藏在社會沒有語言可以顯露的地方」，於是他以現象學作為描述的話語，在殘酷人生的背景之中，為成巫的社會情懷道出其必然性。做為研究者的余德慧和巫者（師姑）合作關照臨終病患及其家屬，研究者在此跳開巫術的脈絡而採取「為巫者道」（乃至「巫者自道」）的方式重建了民間最原初的「善」話語，也就是關懷疾苦的基底語言。

再提一次我的問題：如果我加入了討論——我與他們兩位所陳顯的巫現象交遇——我們會形成甚麼樣的療癒敘事？

我從未相信自己會是個巫者。一直到重新追查「聖」字的原義，才了解所謂的「成聖之道」事實上就是原始儒家版的巫史之道的來源——至少在《左傳》的記載中就可看見：「周史有以周易見陳侯者，陳侯使筮之……」其後就在文中出現爻卦的內容，以及這位名不見經傳的周史對此爻卦的釋辭，而在西晉時的杜預所作的注中就說：「易之為書，六爻皆有變象，又有互體。聖人隨其義而論之。」[14] 這也就是說：在史傳的傳統中，將一位能用《周易》卜筮並且能對於爻卦能作出其「論」的史官，就可以跟

14　《左傳》（杜預注），莊公二十二年（672B.C.）。《左傳》約成書於403-386B.C.，杜預（222-285A.D.）所注的《春秋左氏經傳集解》作於西晉時代。

「聖人」視為等同。根據顧頡剛的說法，到了秦漢之際，儒生最大勁敵就是方士。所以他說：連司馬遷都不免發了「文史星歷，近乎卜祝之間」的牢騷。[15] 作為我們一向以為是的「儒門子弟」之外，加上作為現代主義的信仰者，我們必須知道，我們目前所繼承的文化遺產確實從裡到外都好像在排斥「巫現象」。但我們卻絕對不會在任何教育敘事中排斥「聖現象」──頂多是將它高懸而不論罷了。不過，我們有必要把這種「陳義過高」的認知在教育中重新拉回到我們所能知、能學的合理位置。這是在談完我們將要碰見的兩個案例之後，必須接續的敘事工作。

話說，關於我要評論的兩余，在第一次進行的論壇中表明了我的立場之後，余德慧看到我寫的有關「自由素描」（後稱「任意圖」）的兩篇文章，[16] 他說他一看就忍不住大笑，因為其中所陳顯的整套教學方法和他所知的巫術幾乎分毫不差。我這才記起，某一位社會學的先進曾批評我所作的宗教研究幾乎可說是沉迷於「邪教」。我曾有幾年教大學生玩碟仙，也有兩年帶了好些研究生去觀察一貫道的借竅儀式，讓他們有機會和幽冥的存在交談，[17] 後來又換以任意圖（即融合自由素描、積極想像、詩意

---

15 顧頡剛（1972），《秦漢的方士與儒生》，台北：啟業，（此出版物當時因為是禁書，故被盜印者改名為《漢代學術史略》）。

16 宋文里（2009），〈意義的浮現：自由素描與意識的探索〉，《應用心理研究》，44 期，p.25-52；宋文里（2007），〈臨床／本土／文化心理學：尋語路（錄）〉，《應用心理研究》，34 期，p.35-112。後者見本書第 12 章。

17 宋文里（1996），〈以啟迪探究法重寫碟仙〉，《本土心理學研

遐思而成）的方法教他們讓潛隱的心思在意識中浮現。我認為我是要他們進入幽冥之界，認識那些他者，從而能使自我和他者以交換人質的方式，去維持某種必要之惡，即恐怖平衡。我把這個行動方案稱為「disoccultation project」（「去祕計畫」），但余德慧認為那只不過是另一種 re-occultation（重新入巫），或 re-enchantment（重新入魅）的方案罷了。

為了把這套高來高去的交談拉到婦孺皆知的平面，我現在要把我的問題作第三次的重述：

已然生活在現代性系統中的我們，如何能夠把那看似矛盾的巫術系統包含進來——不是以相互否定的形式，而是維持著互為主體的狀態？

我說的現代性系統，實際上與我們這個討論社群最接近的，無非就是指高等教育和學術研究的機構體系。而我所指的本土陳顯，也是由大學教授或研究機構成員所作的研究成果。所謂的民間文化、民俗醫療都是在現代陳顯中被製作而現身。我們已經很難說什麼是它的「原汁原味」——尤其當這些原汁原味都已經被「古法傳承」、「祖傳祕方」所包裹時，我們仍需要透過手藝

究》，6 期，61-143。

宋文里（2001a），〈物的意義：關於碟仙的符號學心理學初探〉，《應用心理研究》，9 期，p.189-214。以上兩篇見本書第 6、7 章。宋文里（1999），〈負顯化：觀看借竅儀式的一種方法〉，《台灣社會研究季刊》，35 期，p.163-201。見本書第八章。根據葛爾茲（Clifford Geertz）的文化詮釋理論，我把這些行動詮釋為「To converse with the other」（和他者的交談）。

傳承來拆解所謂的「古法」和「祕方」,但這和當代的知識狀況之中的其他問題還不都是一樣?——上文已經提過:根據李歐塔(Lyotard)的看法,我們在當代知識狀況之下的任務,應該是要「陳顯那不可陳顯者」。而德希達(Derrida)對此說得更明白:

> ……它反覆顯示為深淵一般的問題——涉及自然的興現(φυσις),涉及存在,涉及出生之中的呈現,開端之中的呈現,哺育和生長之中的呈現,被動創造之創造活動的呈現。這不就是生命嗎?這就是生命為了獲得承認而受思考的方式。[18]

余德慧所謂的「沒有語言可以顯露」者,庶幾與此同義,而這正是我們當頭的問題。

三、施療與求癒

我首次接觸「療癒」兩字時,覺得詞義難解。和「理心術」作個比較,漢文「療」字是特指醫療的行為,而「癒」則是指病情(往康復方向)的轉變。但後來知道這個敘事社群之所以使用「療癒」一詞,原意就是要擺脫現代醫療體系所用的「治療」觀

---

18 德希達(Jacques Derrida)(2006),《友愛的政治學》(胡繼華譯)及其他。長春:吉林人民出版社。引文見 p. 5,譯文稍作修飾。

念，並且也是意圖翻譯「healing」這個詞彙的意思。所以我願意把我的漢文語法習慣向他們妥協，但我的理解是說：施療和求癒的兩種狀態合併簡稱叫做「療癒」，但若要把兩者合而為一，我們也可以逕稱之為「理心術」，而不能把「療癒」直接拿來當個名詞，尤其不能當作動詞來使用。

療癒是兩種狀態的合併，那麼，哪兩種？怎樣合併？曰：「intersubjectivity」，交互逼現的主體——這是我們在講道理時所必須植入的一個外來語，[19] 使得我們原有的語意始元獲得一種有如神話般的一片「息壤」。[20] 讓雙方的互動在我們的語言中可以成為「一個」過程：在時間序列之中的相互推移過程，於是，問題就只在於這相互推移都只是針對著人的心而起作用的，至於那應該是誰的心，在漢語中確實不必區分所謂「主體」、「客體」或甚至是「交互主體」。「心／性」、「性／命」的這套關聯體系中所需要的，只是同一的一套「理心術」，而在理心的同時，它也就意指了「理性」、「理命」。但這些語意上的說明並不等於我們在現實世界可以看見它的對應施為或行動。因此，我們必須從經驗上的案例來下手再作仔細的考察。

19　值得注意的事實是：到目前為止，我們的心理學教科書及心理學辭典中，還未曾出現「intersubjectivity」這個字詞和條目。

20　大禹治水神話中，對於鯀或禹所敷下的土方稱為「息土」（《淮南子》）或「息壤」（《山海經》，見：楊寬（1938），《中國上古史導論》，載於顧頡剛等編《古史辨》第七冊，p. 65-415。

（一）

　　余安邦的慈惠堂研究及紀錄片作品是個典型的現代性個案。關於其中的療癒關係的陳顯剛好是把當前世俗的日常生活脈絡切開而重新組成的一個「他方」（elsewhere）——在范德勞（Van der Leeuw）的宗教現象學之中所指的宗教世界。[21] 他方原是日常生活中的不在場或闕如（the absent），也就是不可陳顯，但拜現代傳播體制之賜，以及傳播科技的便利，余安邦以田野報導的方式，很俐落地了推出一幅巫術靈療團體的圖景。行梅師姐和她的徒弟們一個一個在這報導中如實現身，然而我們都知道當你在街上、在家裡看見這些人的時候，他們其實都另有模樣。行梅對著鏡頭講的話，是在向研究者交代她的所作所為，這種講述的方式如果不是在「採訪」的報導形式之中，不在採訪者的引導之下，通常不能順利出口。行梅不會對徒弟們這樣說話。而每一個徒弟對者鏡頭講話時亦復如是。他們道出了一個不可道的世界，而後被剪接、編輯成一部典型的民族誌影片。所有的事實都圍繞著慈惠宮這個主題樂園而發生，但，一旦人去樓空，那裡其實是什麼也沒有的。在他們不集會、不作法的時候，你若踏進那個地方，你看不見任何巫的行事。進出的香客和訪客講的只是普通話，沒有神話。

　　行梅到底怎樣打理她自己的柴米油鹽？徒弟們回到家之後到

21　G..van der Leeuw (1986). *The Essence and Manifestation of Religion.* Princeton: Princeton University Press.

底怎樣過生活？那隻前世受傷的鳥，那位前世的判官，在此世的生活樣態是什麼？因為這些問題都在影片的脈絡之外，所以我們都不知道，但是，一對著影片中出現的鏡頭，你我都很容易意識到影片外的脈絡其實離你我更近，因而更是不言可喻。

相對於日常生活，他們到底發生了什麼轉變？這才是我們的療癒主題，我們要這樣談他們。但魔法師和她的門徒[22]對於自己的行事自有他們的談法。當他們談過之後，收錄在影片中成為一套自成一格的話語。我們會把它典藏起來，想看的時候調閱一下，如同看到一顆文化的結晶體，堅硬發光的鑽石，再也不會消失。

但是，除了一場片斷時間的存有之外，他們真的還有什麼呢？我們可不可以保有他們，好讓子子孫孫永寶用？我們可以在現代性的教育體系中把他們複製下來，好讓世世代代傳香火？余安邦沒有幫我們想這些。不是他的錯，是因為他使用了民族誌影片的陳顯形式，自然導出了這樣的結果。這個療癒團體本來是為了對抗世間困厄而產生的，後來報導的興趣集中在他們找到了「有法可對」的法門，至於是什麼困厄，似乎已經逸離了這個主題樂園。

（二）

余德慧的情形比較難說。他帶著幾位研究生一起在兩個現場

---

22 這是在典用杜卡（Dukas）的音樂作品 *The Sorcerer's Apprentice*。

分別與兩位師姑合作，坐在一旁喝茶的他一時不知要說什麼。有一天，他終於說：「在臨終病房，很多人的心都變得很柔軟，沒有批判的『眉角』，主要是因為有一種完全不同於俗事的氛圍，彷彿有一種新生成的生命價值在醞釀著……」[23] 這「批判的眉角」在我所知的批判心理學中稱作「知識的距離」（epistemic distance），不是要區分臨終的氛圍和俗事的氛圍，而是作為研究者的行動者總是能意識到兩種氛圍的同時存在。在此當下，什麼話語會浮上心頭？不只是療者和癒者的同一，而竟是療癒情狀和語言的區分。當余德慧在回想那臨終場景時，為什麼會想到「批判的眉角」（雖然是以負面的形式）？因為他有研究者的語言緊臨著他當時的意識，「論述並不等於現象自身」，他們這班研究者都很清楚，所以他們不會「跟著牽亡的現場給出的靈魂論述或是宗教論述起舞」；也所以「心變得柔軟」確實只是一種退讓，而沒有被覆蓋、被取消，特別沒有取消研究者的知識距離。

在療者和癒者之間，一直都有第三方（the third）的存在，它取用的身形是話語或象徵，其具現的方式如同一隻會講話的鸚鵡，站在一旁的樹枝上，雖然你翻身去看牠的時候，牠不一定會在那裡。我最近一直想要參透現象學裡的懸置法（還原法），想要了解為什麼會有這種存而不論的力量出現在任何主客相對或交融的關係中，後來只要想到這隻鸚鵡，牠之會不見，不就正像會

23　余德慧（1999），〈從巫現象考察牽亡的社會情懷〉，載於余德慧《台灣巫宗教的心靈療遇》，台北市：心靈工坊，p. 178。

閉嘴也會隱身一樣，會取消話語以及身形的參與？這個第三方，它既會現身，也會隱身，等到必要時再出現；它既會說話，也會停止說話，也就是會暫時閉嘴，等到必要時再說。在離開現場之後的回憶和重新注意，亦即在反思之中，它自會現身也會迴盪出它所帶來的話語。

然而，余德慧的存而不論卻出現了一種新語言——是一種超過小巫的、悲天憫人的大巫之言，[24] 他就稱之為巫的「社會情懷」，說是寄託在母娘的神性和師姑這位巫者的面對面之間。惦記的世界確實是被喻示地喚起，但師姑不會這樣說，她說的是母娘，所以，在神話敘事被懸置之後，這些東西應該都不見了，只有在一旁觀看的研究者會知道這只是一種喻示：師姑的展演就是社會情懷所給出的一種行動話語而已了。當研究者轉身離開牽亡的現場，他未必能一直和巫者認同，所以，大巫的姿態頂多也只是另一種演出罷了，而最大的「演出」其實就非那「存而不論」的力量莫屬了。不講之講，其道大矣哉。[25]

四、求癒者、巫者和當代知識人的關係

巫者的引導未必是把「療」導往「癒」的力量。求癒者之所

24　《太平御覽》卷七三五，方術部：「巫」下引莊子：「小巫見大巫，拔茅而棄，此其所以終身弗如也。」

25　阿多諾（Adorno）的發現：胡賽爾（Husserl）所謂的「超越的自我」事實上正是由「存而不論」這個行動本身的力量所締造。見 T. W. Adorno (1983). *Against Epistemology: A Metacritique, Studies in Husserl and the Phenomenological Antinomies.* Cambridge, Mass: MIT Press.

以得到療而癒之，比較像是原始儒家所謂「求仁得仁」的道理。然而巫者永遠不會這麼說，她沒辦法使用這種道理，而只能說是神靈的力量。但是至少有一位往古之士，他的聖明使他知道神力的說法沒有必要，他不語怪力亂神（或至少不語「怪力」與「亂神」），然後說：「我欲仁斯仁至矣」。他的門徒當然會問他：那你是什麼？他說：「述，而不作」，亦即為師，而不必為巫（他連「聖」都不敢自居）。他只是還講不清楚「仁」和「神」的區別在於我們和語言以及象徵的關係，而他的弟子們則以「子罕言性與命」來描述他的語言。他說的是詩書藝禮，譬如說：「祭，如在」，是在談禮，而不在談神，而這種語言應是只差一步就可到達「存（神）而不論」的說法。我們知道，他到了晚年終究是說出了：「聖人……觀象繫辭而明吉凶，」以及「精氣為物，遊魂為變，是故知鬼神之情狀……」之類的話來，並且也和他的入室弟子分享了他五十以學易的成果。[26]

我知道在離開巫術現場之後，我們不可能把巫術搬到大學裡複製出來。關鍵如果會是需要一套大巫的情懷，那就和後來需要的儒釋道之學一樣，都不是巫術的問題，而是需要一套超過巫術

---

[26] 本段中引述了一些《論語》和《易·繫辭》裡的章句，應是我們這些互相交談的知識人耳熟能詳的東西，故不再註明出處。關於孔子對於子貢所謂的「子所罕言」，即性與天道的問題，在帛書《易傳》的〈要〉篇中，就明白記述了孔子和子貢討論《易》的數、德、義和卜筮的關係。參見郭沂（2001），《郭店竹簡與先秦學術思想》，上海：上海世紀初版集團；楊朝明（2007），《出土文獻與儒家學術研究》，台北：台灣古籍出版公司。

又能繼承原始大巫的悲憫行動論述。我，或說，我們，都是在大學裡工作與學習的師生，即使有再多的巫興趣，也只能透過現代教育的方式讓它再現，否則，我能在大學裡再生產巫的什麼呢？若只是學學那些動作和聲音，那就只能叫做裝模作樣，而不是學習，所以我們無法避免要連帶學學那套「靈魂敘事」或是「因果敘事」，之後我們就會曉得，那套東西和大學裡的現代性知識系統根本就是互不相容的話語，從阿爾法（Ａ α）到歐玫佳（Ω ω）皆然也。所以，相容性的重新發現，就是我們在大學裡將要面臨的最大挑戰。

所謂「超過巫術又能繼承巫者的悲憫行動敘事」究竟要從何講起呢？我們可以從教育所傳承的道學，或說，從兩千五百年儒學的道統餘緒中找出什麼？「蓋道合於一者，聖也；其分而屬者，儒也。」這是黃宗羲在《宋元學案》中的說法。由儒而進於聖，應該就像小巫會變成大巫一樣。但我一直不知道余德慧的大巫情懷除了說是薩滿殘餘之外，其「大」者究竟典出何處？我只知道當代儒學的討論──雖然殆無疑義地認定他們是在繼承聖人之道，卻很少人知道（或肯承認）所謂的「聖人之道」，其實就是「大巫之道」。

上文已經提了一下顧頡剛所論的儒生與方士之爭，然後提到余德慧有大巫之意，現在我就要說說，我怎樣發現自己所繼承，但早已漫漶不存的「聖人之道」，實際上就是一種仍在民間存留的大巫之道。我們需要從宗教研究談起，但目的是要連結到關於「聖人之學」，然後再談當代的臨床、諮商或廣義的

psychotherapy——亦即「理心術」——又如何和聖學傳統連結的問題。

我參與過宗教研究。最早的時候是和李亦園先生的合作。李先生是在人類學界研究宗教問題的前輩代表，我們可以從他的觀點來談起。翻閱他的《宗教與文化》一書，可以發現他知道占卜巫術可「用以表達安慰心理與情感」（李亦園，1998：197）也表示巫術應該「納入體制、藉機改進」（李亦園，1998：198）。

李亦園對於巫術的接受，其唯一的王牌就是知道它「對若干人的身心（會）產生穩定和解脫的作用」，但很快地，他會修正自己的接受度，就是他會一再要求這些巫術必須「合理化」。譬如他說：「在取締禁絕那些迷信（巫術）之前應該考慮到有沒有更『合理』的方法可以代替轉移之，有沒有更『合理』的辦法來作為他們心理需要上的憑藉，有沒有更『合理』的辦法可以作為他們整合群體的象徵。」（1998：46）讀到這些地方，我很快發現，他所說的「代替轉移」、「心理需要的憑藉」、「整合群體的象徵」這些問題基本上都不是「合理的辦法」可以產生的問題。包括他，和心理學家楊國樞，對於「合理的辦法」，事實上都是在想有關教育的問題，但他們一談到教育，就會馬上轉彎去談「反教育」的問題，也就是說，事實上他們還無法想像巫術如何能夠納入教育體制，而同時對於其教育的可能性毋寧是根本懷疑的。不過，當李亦園對於神話展開討論的時候，倒是表現了神話材料作為教材的可能性，甚至也展現了如何「藉機改進」的問

題（如吳鳳傳說研究的那一例）。所以我們先不要對於前輩們完全失望。

在李亦園的《宗教與文化》一書中，有一篇是以我為第一作者的合作文章。[27] 我們迂迂曲曲地使用耗費人力且耗費時間的調查分析，最後得出的結論也只不過是說（在台灣的）國人至今也離不開傳統信仰的窠臼。我們所談的「巫術」，其實就是這個傳統信仰的核心。所以當我讀到韋伯（Max Weber）所說的「中國是個巫術的花園」這樣的「世界圖像」時，會覺得這是一針見血而且入木三分的理解。（關於此一「世界圖像」，請見下頁的圖 9-1）如果我們接受韋伯那個世界圖像，說不定不是只能往他所主張的資本主義倫理那個世界圖像發展下去，而是可以另闢他途——有一種可以正面發展的新世界圖像，而不是只能一邊挨打一邊急忙走避。

對於韋伯那本《中國的宗教：儒教與道教》一書，當今的漢學家們當然是不敢忽視，並且也會對它議論紛紛。但是我們可以看見一種基本的態度，就是只作選擇性的反應，譬如余英時只反應了它如何啟發有關儒家和商人精神的討論，對於巫術的部分隻字不提。又譬如較早的社會學者楊慶堃（C. K. Yang），在他那本書的導讀部分也只強調了儒家如何維護正統的治理方式，對於巫術的部分只有蜻蜓點水般稍稍一提，沒有花心思討論。可是該

---

27 宋文里、李亦園（1988），〈個人宗教性：台灣地區宗教信仰的另一種觀察〉，《清華學報》，18(1): 113-139。

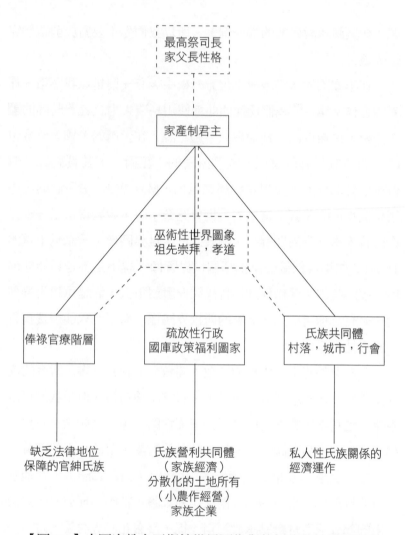

【圖 9-1】中國宗教之巫術性世界圖像與整個政體結構的圖示

（取自韋伯（Max Weber）《中國的宗教：儒教與道教》一書，由譯者
康樂製圖）

書中譯本的譯者康樂就很不一樣：他為韋伯所建造的那個世界圖像畫了一幅結構性的示意圖，而「巫術」正是座落在這個示意圖的中心位置。我的意思是說，我們不要迴避，而是要利用這種理解的方式來創造我們的轉機：即便在西方和近東的宗教史上，我們也看見兩位大巫創教的過程，那就是使徒保羅和先知穆罕默德。巫的問題在世界宗教史上不但不是一個汙點，反而正是我們憑以探問神聖的契機所在。我們知道，漢語文化曾有一段歷史，巫與儒的身分各異、各司其職，沒有互相牽連，這樣的一段歷史可能始於周制。儒者出於司徒，[28] 卜者出於史官。儒者、卜者的身分地位與功能執掌完全不同，因此兩不相干。至少在周代的早期情況是如此。但在春秋戰國之後，這關係就因為社會功能重疊（譬如都為人執行婚喪之禮）而輳合起來，他們兩者都被當時人稱為「方士」、「術士」。只是其中有些對於「禮」較為嫻熟的佼佼者被帝王重用，但由於他們的養成教育確實是陽儒陰卜的，所以這樣改頭換面後的儒，就變成儒家的正統，此後歷兩千多年而不改。

關於巫儒相混的問題，一個基本關鍵就是在《易經》；而這種相混關係中，最重要的難題就在於：《易經》原是六經之末（是到了漢代才加入「經」的行列者），後來卻一直被稱為「六經之首」（近代哲學家熊十力語）。我們必須對這個難題稍作討論，才有可能再把聖巫二道牽連起來。

---

28 《周禮》地官有「大司徒」，為六卿之一，「掌建邦之土地之圖與其人民之數，以佐王安擾邦國。」（《大辭典》，台北：三民，1985）

在儒家之前，如前所述，「聖人」本就同於「貞人卜者」，到了儒家所說的「聖人」，首先是孔子弟子的認定，孟子述及此事時說：「昔者子貢問於孔子曰：夫子聖矣乎？」孔子本人就回答說：「聖則吾不能，我學不厭而教不倦也。」子貢聽出這是孔子的謙詞，所以立刻有了進一步的反應：「學不厭，智也；教不倦，仁也。仁且智，夫子既聖矣！」後來孟子總結這段議論時說：「聖人之於民，亦類也。出於其類，拔乎其萃，自生民以來，未有盛於孔子也！」（公孫丑上）但是，《孟子》書中未曾出現有關《易》的任何討論。在孔子的百年之後，儒者之教裡頭，恐怕只有一小撮人（大約最早是和顏淵的弟子有關，較晚則是從荀子才開始）在經營編撰後來（漢代）所見的《易傳》，[29]而在先秦儒家中可以肯定者，就是根本沒有《易經》的顯在地位，亦即「聖人」完全可以不必仰賴《易經》來為之定義。

孔子曾說：「假我數年，五十以學易，可以無大過矣。」（述而篇）。而在《子路篇》中記載，孔子說及南方人「人而無恒，不可以作巫醫，善夫！」並引用《易·恒卦》中《爻辭》的「不恒其德，或承之羞」來作這句話的詮釋（有如「斯之謂矣」的意思），但孔子接著就說：「不占而已矣。」如眾所周知，這是《論語》中唯一引述《易》之例。在此之外，所有的儒學研究者都知道，子所雅言的是「詩書執（藝）禮」，至少在《論語》

---

29 請參閱郭沫若（1945），《十批判書》，重慶：群益出版社；吳龍輝（1992／1995），《原始儒家考述》，台北：文津出版社。

一書中確實未曾見到孔子以《易》教人。不過，明清之際的哲人王夫之曾說：「語學而有云『祕傳』『密語』者，不必更問，而即知其為邪說。」[30] 這個論點嚴重加深了孔子為何不與學生論《易》的難題——然而，我們知道，王夫之曾深研《周易》並為之作了三部不同的著作，在其中的《周易內傳》，他說：

> ……孔子又即文周象爻之辭贊其所以然之理，而為〈文言〉與〈象、彖〉之傳；又以其義例之貫通與其變動者為〈繫傳〉、〈說卦〉、〈雜卦〉，使占者、學者得其指歸以通其殊致。蓋孔子所贊之說，即以明〈彖傳〉、〈象傳〉之綱領，而〈彖〉、〈象〉二傳即文周之象爻，文周之象爻即伏羲氏之畫象。四聖同揆，後聖以達先聖之意，而未嘗有損益也明矣。[31]

可見他確信孔子沒把《易》作為祕傳，反而在學《易》之後「述」出了許多贊易之說。

現代學術史中出現過一次相當雄渾的疑古派，從清代延燒到二十世紀三〇年代，其最高潮可用顧頡剛所集結的《古史辨》為代表。在該書的第三冊，有一半篇幅討論《易經》和《易傳》，總括地說，就是《易經》原只是卜筮之書，還有，在《周易》

30　王夫之，《俟解》，頁八。

31　王夫之，《船山易學：周易內傳發例》，台北：廣文，1974: 605。

的卦爻之下所附的簡單爻辭只是歷史上的一些占卜紀錄,有很多證據可看出:《易傳》(也就是《十翼》)實係後來漢代的諸作者們所衍伸出來的玄學意義,而在《周易》之中並沒有把這些玄學和爻卦的繫辭接在一起的。顧炎武便說過:這完全是王弼注《易》時的造作,其中即使有玄學,或看似玄學的文詞,也是語多舛亂和自相矛盾之處。這類的懷疑,在唐代就有柳宗元、宋代也有歐陽修等學者先後提出過,而《古史辨》其中一位作者是胡適,他更指出宋代大儒朱熹雖然端端正正地寫了一本《周易本義》,但是每當學子要向朱熹請教《易經》問題時,朱熹總是先回答說《易經》本是卜筮之書:

> 今人須以卜筮之書看之,方得,不然,不可看《易》……聖
> 人要說理,何不就理上直剖判說?何故恁地回互假託,教人
> 不可曉?又何不別作一書,何故要假卜筮來說?[32]

所以,朱熹應是覺得《易》當中沒有什麼完整的大道理,如果學生覺得有何難解之處,他就會教他們只看簡單可解的地方就好了。朱熹自己就花了很大力氣,要糾正王弼所犯的錯誤,讓《周易》恢復聖人原意,並且在總結這份詮釋《周易》的工作時,很無奈地說:

---

32 黎靖德(編),《朱子語類》,卷六十六。台北:華世,1987: 1622-
  1623。

如《易》，某便說道聖人只是為卜筮而作，不解有許多說話。但是此說難向人道，人不肯信。向來諸公歷來與某辯，某煞費氣力與他分析。而今思之，只好不說，只作放那裡，信也得，不信也得，無許多氣力分疏。[33]

非常可惜，朱熹的那份廓清之作竟然失傳了，後世流傳的《周易本義》仍然是以王弼的版本來編排的。所以王夫之看出朱熹的這種思想矛盾，在《周易內傳》一書中對他作了很嚴厲的批判。至於王夫之相信孔子傳《易》的說法，在近二、三十年間，由於有些先秦古文獻先後出土，[34] 已證明其大抵不差，只是孔子與學生論《易》是發生在孔子晚年（自衛返魯之後），而這些討論先後由弟子們記錄下來，中間加上傳抄失誤以及後人添加的內容，因此確有文意駁雜的問題。

至於道家又怎麼談聖人呢？老子曾說：「大道廢，有仁義；智慧出，有大偽；六親不和出孝慈；國家昏亂出忠臣。」可見當時老子對於仁義禮樂的這套道統觀念早有嚴厲的批評。莊子也曾說：「聖人不死，大盜不止。」「仁義者，先王之蘧廬，可以一宿，不可以久處。」而在《老子》、《莊子》書中完全沒有提過《易經》，也就是根本不去理會這些來自《易經》傳統的「聖

---

33 黎靖德（編），《朱子語類》，卷六十六。台北：華世，1987: 1623。
34 這些出土文獻是指馬王堆帛書、定州漢簡、郭店楚簡、上博竹簡等。與本文較有關係的部分可參見郭沂（2001），《郭店竹簡與先秦學術思想》，上海：上海教育。

人」。不過，我們也可以反過來說，古道術在道家中的流傳和發揚本來就是早於《易經》，因此他們不需仰賴這後起的經典。

有人想舉例證明《莊子》和《易經》的關係，就用某種亂扯的方式來穿鑿附會，[35] 其實就是漢代之後，拿老莊和陰陽家的觀點來解《易》，並且在《易經》之外發展出讖緯之術的人常用的伎倆，其中，王夫之最常提及的就是唐宋以來廣為流傳的《火珠林》這種「陋術」。在上引的同一段文字中還有一例：「去以六月息者也。野馬也，塵埃也，生物之以息相吹也。」這句話是指「『坤厚載物』的特質……而《易經・坤卦》的『牝馬地類，行地無疆』卦文，不是和《莊子》『野馬（牝馬）也，塵埃（地類）也。』的意思相似嗎！」這不就可看出，這類比附之論只能說什麼和什麼「相似」，而完全沒有孔子所說的「其義例之貫通與其變動者」之「理」，而且那類陋術雜說中既然要引用

---

35 很容易翻到的穿鑿附會大抵如此，譬如說：「《莊子》，翻開第一章〈逍遙遊〉看見『北冥有魚，其名為鯤。鯤之大，不知其幾千里也。化而為鳥，其名為鵬。』『鯤』可能就是『坤』，『鵬』可能就是『朋』。《易經・坤卦》的爻辭說：「坤……西南得朋，東北喪朋。」注釋說：『坤者，順也，陰之性也。……西南，坤位，是陰也。……東北反西南，即為陽位也。』《易經》（說卦傳・十一）則說：『坤……其於地也，為黑。』『冥』正有『黑』的意思。鯤化為鵬之後，從北冥（東北喪朋之位）飛往南冥（西南得朋之位），就是從東北具有陽性的方位，飛往西南具有陰性的方位。『鯤之大，不知其幾千里也……鵬之背，不知其幾千里也。』說的都是坤『德合無疆、行地無疆、應地無疆』的廣袤特性。」見陳秋松，《奇妙不可思「易」的一本書》，收於遠流出版的容乃公撰《生活易經》。這段引述的文字取自網頁 http://www.bakwa.com/yjlife.htm。

《莊子》，卻也從來不能解釋為什麼《莊子》整本書裡何以從未提過或未引過《易》這本古老經典。[36] 事實上，莊子那時候的有些「知識分子」，特別是道家，對於《易》的道理，我們再說一遍：他們要不是從未聽聞，那就是另有所本！

在道家看來，連儒家所稱的「聖人」還是屬於小巫的境界，而大巫則另有其名，曰「至人」、「真人」、「神人」等等。這些大巫絕對不是什麼占卜者，而是某種神話意象的超人，譬如說他們是：「至人神矣！大澤焚而不能熱，河漢沍而不能寒，疾雷破山、飄風振海而不能驚。若然者，乘雲氣，騎日月，而游乎四海之外。死生無變於己，而況利害之端乎。」還有他們能「乘天地之正，而禦六氣之辯，以遊無窮」。果真如此，我們就必須把這種人物歸入神話，或介於神話與古道術之間的傳說來讀，而不是我們現在所要討論的屬人的（人文主義的）聖人之學。

要之，《易經》是儒者之經，在秦漢之後大量吸收了道家和陰陽家的玄學而後產生了一套基於黃老之術（亦即古道術）而編撰的《十翼》。但儒就是儒，他們該讀的是儒者之經，因為，這種身分無論吸收了什麼別的思想技術，仍然要以儒的身分自居。要言之，這種身分已經成為政治上的主導階層，而先秦其他各家所產生的一些知識人，如果不納入儒的身分系統中，就只能剩下自生自滅一途了。儒就是知識分子的正統身分，韋伯對於中國兩

36　這點證據是根據蔣致遠（主編）（1986），《漢學索引集成：諸子引得──老子、莊子》（台北：宗青）一書查閱的結果。

千年的綜觀完全正確，但他同時看到這個正統是和異端絞揉糾纏到難分難解的程度。他所看出的是：「（在韋伯看來）每一個文明自有其獨特的理性內涵，並且由其政治體制、社會結構、經濟運作等機制及活躍其間的主導階層及異端份子所擔綱的倫理信念等，交融體現出來。」[37]——這個交融體現出來的就是個「巫術的世界圖像」——我們必須抓緊這個命題，並且要用來和其他當代新儒學自說自話的「世界圖像」作個非常批判性的取代，以便能真正開啟我們對於這個「巫術的世界圖像」的新敘事法。

37　康樂（1989），〈導言：韋伯與《中國的宗教》〉，收錄於馬克思·韋伯（Max Weber）（康樂譯），《中國的宗教：儒教與道教》，台北：遠流。p. 3-4。

【10】
療遇時刻（二）：
批判自療社群的展開

一、儒學與動力心理學接合的起點

上文所談的主旨，除了開宗明義說要承擔起後現代知識狀況的「to present the unpresentable」這個任務之外，接著，我的第一個具體問題是從批判的回顧（critical review）開始的：我拿出余德慧、余安邦兩位巫神學研究者各自的重要研究為對象，發現他們對於「巫」的概念雖然都有寬廣的發揮，但他們的起點都是指薩滿巫術，而我懷疑從這些「小巫」作為起點，到底要怎樣才能展開而能成為「大巫」的悲憫情懷。

這一次，我要先回顧前兩次的論題，但我的用意是要加深我們的「巫神學」，或「巫玄學」，並且讓這種玄學和某種特別的詮釋學、徵象學以及療癒行動之間的關係變得更為堅確。我要說的就是從佛洛伊德的精神分析而來的動力心理學如何一方面能納入我們的傳統（道統）中最大號的「巫神學」——也就是《易傳》的玄學傳統，並繼續讓它維持在「六經之首」的位置上，且仍能圓融地吸收這種動力心理學——就像它曾經以千年的歷史而圓融地吸收西來的佛學，或能夠維持著和佛學平起平坐、互相交

流的地位。

《周易》、《易傳》或甚至其前身的「古道教」[1]給了我們一個明確無誤的圖像，就是古代的聖人其實就身兼著大巫的角色。他們在關切著「天地、人、自然」的廣大世界之同時，還為人民發明了以占筮來斷事稽疑的理論與技術。所以，集聖巫於一身的這種民族智慧之起源，我們必須對它重新作認真的探察、思索與敘事。[2]

對於《周易》的批判，在易學傳統上有兩個重大的關鍵，一是五四的現代化之後，以《古史辨》集團為首，認為《周易》中一向被視為最重要的《十翼》都不是聖人之作，而是漢代良莠不齊、巫儒不分的學人的托古偽作，對於《周易》之為「六經之首」作了嚴厲批判和否定。其中有一個代表即是留過洋的胡適，他特別引述宋代大儒朱熹，說他雖然遵循儒者的傳統，作了一大本上文提過的《周易本義》，但他不斷向學生強調《周易》只是

1　這「古道教」的說法原是指春秋戰國時代出現的道家有其來自巫信仰的來源，可參見葉舒憲（1992）《中國神話哲學》，北京：中國社會科學出版社；葉舒憲（1997）《莊子的文化解析》，武漢：湖北人民出版社。另一種討論的取徑則說是可能和《殷易》有關，但對此的考據還未獲得定論，參見：梁韋弦（2002）〈王家台秦簡"易占"與殷易《歸藏》〉，《周易研究》，第 3 期（總第 53 期），38-43；程二行、彭公璞（2004）〈《歸藏》非殷人之易考〉，《中國哲學史》，第 2 期，100-107。

2　我在寫著本文時才發現李澤厚《歷史本體論·己卯五說》（北京：三聯書店，2006）一書中有兩篇文章討論「巫史傳統」的問題，值得參看。

卜筮之書，其中的道理沒有討論的價值，因此胡適認為：朱熹超越時代的批判精神直到現代化之後的中國才被重新肯定。

　　另一個關鍵在於傳統本身的內在批判，就是前文提過的明末清初那位特立獨行的學者王夫之，他也花了很多工夫研究《周易》，並寫了自己對《周易》的《內傳》和《外傳》，以及《周易稗疏》等作品。他批評朱熹（當然是根據那較差的版本）只強調易的卜筮面向而輕忽它的義理面向，他說：「朱子學宗程氏，獨於《易》焉盡廢王弼以來引伸之理，而專言象占。謂孔子之言天、言人、言性、言德、言研機、言精義、言崇德廣業者，皆非羲文之本旨，僅以為卜筮之用，而謂非學者之所宜講習。」[3] 這個批評當然是和《古史辨》作者們的意見不太能湊合的。但是，我們來看看王夫之對於「羲文之本旨」所提出的正面理由：「至哉張子之言，曰『《易》為君子謀、不為小人謀。』……《禮》：筮人之問筮者曰義與志，與義則筮，志則否。文王、周公之彝訓垂於筮氏之官，守且然，而況君子之有為、有行、而就天化以盡人道哉？」他強調對於《易》的態度應該是「學、筮二道，不可偏廢」，他說：「故占易、學易，聖人之用易，二道不可偏廢也。故曰：居則觀其象而玩其辭，學也；動則觀其變而玩其占，筮也。」[4]

　　王夫之的這種占易、學易二道不偏廢的詮釋，使得易學之復

3　王夫之（1976），〈周易內傳發例〉，載於《周易內傳》，收於《無求備齋易經集成，76卷》，台北：成文。p. 986。
4　同前引書，p. 989。

興獲得了足夠的正當性。但這位王夫之先生的學說，在我們的國學傳統裡，到底有多少人認識？

關於國學傳統的認識，我得談談我的求學經驗。自從進了大學以後，我在學校附近的地攤上買到整套《古史辨》，讀了以後如獲至寶，終於吐掉了許多關於國故、國粹；正統、道統的許多鬱氣。但由於我是個心理系的學生，根本不會有機會和任何同學老師繼續討論：在這些清理國故的問題之外，是否還有重建精神信仰的機會——唯一的例外是我的同門師兄弟，當時讀台大中文系的熊自健先生。而我們的所謂「同門」就是指高中時同為哲學作者史作檉先生的學生。我們在高中畢業後，幾十年來一直和史先生維持著亦師亦友的關係，而最近——在《古史辨》之後多年——看了史作檉兩本重新刊行的《中國哲學精神溯源》、《極現與統合》，[5] 才重新回復了我對於古代聖王之道的信服：他們在樸拙的心智狀態下創造出精確無比的爻卦之「三劃」的形上理論架構。史作檉認為原始的「三劃」並不是所謂「天、地、人」的「三材」，而是指「自然（含天地）、人、文明或數」的三種無限性之原始圖示。這談法比起許多以「陰陽變化」來談《易經》的人不知要高明多少！

---

5 史作檉（2006），《中國哲學精神溯源》，台北：理得。
   史作檉（2009），《極現與統合：新藝術與科學十六講》，台北：台灣商務印書館。

二、重回巫神學

　　對於儒學道統的求問經驗有了以上的交代之後，我就可以接著談上文中起了頭但尚未仔細發揮的問題：**我們要怎樣才能開始把巫神學（當時說的是「鬼神論述」）搬進完全浸淫在現代性知識系統的「大學」裡頭來？**我不是說我們可以在「中文系」、「國文系」或「哲學系」、「宗教系」裡繼續拿著《易經》文本來死 K，我說的確實是針對我們現在的問題，就是如何把我們在《易》的道理和方術實作之中的發現，結合到我們現在所要展開的「人文臨床」這個問題上。

　　佛洛伊德的玄學（後設心理學）對於整個廣義的心理治療專業者而言，具有從象徵到具體意義的「正統性」。他在《釋夢》一書的第二章曾經稍微說明為什麼他對於像夢這樣古老的巫術材料不能再繼續使用舊的巫術，而必須發明新的理解方式來對付它。他的說法大致是這樣的：1. 古代雖然有人能對於夢進行占卜式的理解，從夢的象徵中推出它所預告的事實（譬如《舊約・創世記》中提到的約瑟，他解了埃及法老的七隻肥牛和七隻瘦牛的夢），但這種可能性只能發生在某些具有「聰明的頭腦、敏感的直覺」的人身上，他們能「把釋夢上升到一種藝術的境界」，並且這種人「非天生異秉者莫屬」。這意思是說，這種人可遇不可求，或甚至根本不再能遇到，因此，後來的人就發明了第二種方法。2. 它就是「解碼法」，讓每一個符號都可以根據固定的方法轉換成另一種我們有已知意義的符號。這樣構成的「密碼簿」

其實在我們的傳統中也有非常繁盛的發展，而它的關鍵也在《易經》。漢代之後發展的讖緯之術就是這樣來的，但是，這樣的一套發展，編進《易經》之後，在我們的《古史辨》作者之一的錢穆所得到的結論就像這樣：「《易繫》最高的哲學思想，便在於把自然界裡的千變萬化，一併歸併於八八六十四個卦裡面，叫人玩了卦象，便能知幾利用，到無不吉的地位……這不可不說是一種極精妙的理想。只可惜它憑藉的工具——那八八六十四個繫辭——未免太拙劣了。」[6] 這就是幾千年來「解碼法」的共同命運——特別是拿這些解碼書來和現代的任何一本百科全書相較，其優劣的差別就不言可喻了。

佛洛伊德的玄學比較接近於《易經》的〈繫辭〉、〈文言〉、〈說卦〉之中屬於孔子原創部分的高妙玄學，而不是《易經》流入市井之後淪為俗巫的讖緯之術那樣的光景。[7] 我們要注意的是佛洛伊德的第二拓撲模型（也就是「它／我／超我」〔id-ego-superego〕的那個三分結構模型），當它還原到最基本的圖示時，是不是就幾乎和那「原始的三劃」結構一模一樣？至於第一拓撲模型（也就是「無意識／前意識／意識」〔Ucs-Pcs-Cs〕的

6　錢穆（1926），〈論十翼非孔子作〉，載於《古史辨》第三冊，89-94。本引文在 p. 94。

7　關於精神分析和（包括分析心理學）和巫術的血緣關係，在一篇文章中可以得到很清晰的啟明：Cunnigham, A. and Tickner, A. (1981). Psychoanalysis and Indigenous Psychology. In Heelas, P. and Lock, A. eds, *Indigenous Psychologies: The Anthropologies of the Self*. New York: Academic Press, p. 225-245.

那個地誌學模型）和三劃結構之間，也有另一種可能呼應的方式，特別是關於無意識的部分，隱含著對於天地莫測的意謂（王夫之甚至認為：張橫渠在易卦裡發現這種「不測」的原則，乃是他最高的道學成就）。對於這些哲學問題，我們的臨床心理學者可能荒廢太久，或根本沒機會親炙其道，所以可能暫時會有接合的困難，不過，正統終歸是正統，萬變不離其宗——像王夫之一樣，只要專心致志，則這樣的理解應該還是離我們不遠的。

動力心理學在佛洛伊德之後還有一個重要的發展，就像哈伯瑪斯（Habermas）首先指出：佛洛伊德的理論並不是只有那兩套玄學，而是還有第三套的「實踐理論」（theory of practice），[8] 那是佛氏自己都不怎麼自覺的分析技法理論，在佛氏的《技法篇》（*Papers on Technique, 1911-1915*）[9] 以及一些散落在《全集》中的一些相關文章可以看出來。這些理論所談的是關於分析師（analyst）和分析人（analysand）[10] 之間的種種關係，其中的一個焦點就是關於情感傳移與反傳移（transference-countertransference）的關係。這問題在《易經》傳統之下可能不容易引伸，不過，我要提醒諸位讀者的是：情感傳移與反傳移

8　請參閱 Jügen Habermas (1971). *Knowledge and Human Interests*. Boston: Beacon.

9　可參宋文里選譯／評註之《重讀佛洛伊德》（台北：心靈工坊，2018）。此書中有 *Papers on Technique* 的全文翻譯。

10　關於「分析師（analyst）」和「分析人（analysand）」的這種譯法，已經有人開始作勇敢的堅持，就是決計不再把前來與分析師相遇的人叫做「病人」或「被分析者」。

在卜筮者的觀點看來，一定可以理解為人的魂魄交遇的現象，上文所引的「六爻皆有變象，又有互體。聖人隨其義而論之」，其中關於六爻的「變象」、「互體」，也就接近於說：分析人所飛散的魂魄會產生很多不同的「變象」，會黏附到分析師身上而呈現了「互體」。只是在通常的占卜中，強調的是有人來向卜筮者「問事」，而沒有細想「問事」之後接下來的這場「遭逢」之中還會發生什麼事情——被問事者的魂魄黏附之後，占卜者真的可以不處理嗎？難道我們都忘了有「聖人隨其義而論之」的必然任務嗎？

在朱熹的《周易本義》中有「筮儀」一段，只說明了問事之前要焚香致敬，然後由卜筮者引導著說一段這樣的話：

> 假爾泰筮有常、假爾泰筮有常。（某官姓名），今以某事云云，未知可否，爰質所疑于神于靈。吉凶得失，悔吝憂虞，惟爾有神，尚明告之。

之後就描述卜者要怎樣分蓍策，使之成為爻卦，並占其吉凶：「乃考其卦之變，而占其事之吉凶。」但對於怎樣能「隨其義而論之」則根本未置一詞，接下來就說：「禮畢，韜蓍襲之以囊，入櫝加蓋，斂筆硯墨版，再焚香致敬而退。」真的好像沒有（或不必）相遇，至少那位問事者在這整段「筮儀」的「禮畢」之後就消失無蹤了。

只有一個很例外的古老故事，說到屈原去向著名的卜者詹尹

問卜。屈原要問的是關於未來的居所何去何從，但當他問完之後，詹尹竟然回答說：「數有所不逮，神有所不通」（抱歉無法回答你的問題），就只好鞠躬告退。[11] 這是一段對於遭逢型態的特殊描寫，古代的筮氏之官果然會守著先聖彝訓，該卜則卜，不該卜則不卜，或逕自承認力有未逮，不能回答。

我們的問題是，如果一定要讓這種遭逢能夠繼續下去，那該怎麼辦？「數所不逮」，就是承認解碼書裡找不到可解之碼，這是佛洛伊德早已經警告過我們的結果；但「神所不通」，卻是佛洛伊德不肯認輸的局面。他建議我們動用三魂七魄去和問事者帶來的失魂落魄迎戰。這樣說，雖然聽起來不像我們一向熟知的佛洛伊德，但你只要先注意貝特罕（Bruno Bettelheim）在他的一本小書 [12] 當中針對英文《佛洛伊德全集標準版》當中的一些用詞不當而提醒我們說：佛氏在解釋他的夢研究時曾說：「……夢是我們靈魂活動的結果。」（…that the dream is a result of the activity of our own soul. 〔…*dass der Traum ein Ergebnis unserer eigenen Seelentätigkeit ist.*〕）──而佛洛伊德對於自己整套學說的總稱也常說是「靈魂的結構」（the structure of the soul. 〔*die Struktur des seelichen Apparats*〕），或是「靈魂的組織」（the organization of the soul. 〔*die seelische Organisation*〕）[13]，所

11　參見《楚辭》裡的屈原之作：〈卜居〉篇。

12　Bruno Bettelheim (1982). *Freud and Man's Soul.* New York: Random House.

13　上引書，p. 91。

以他的學說就是關於靈魂的學說，而只當心理學能承認這個「心理」所用的希臘文 *Psyche* 就等同於 *Pneuma*，都是「魂氣」、「精氣」的意思之時，才會平心靜氣地再度迎接佛洛伊德。

接下來，我們再把佛洛伊德的「實踐理論」翻譯到聖人之學的傳統裡來，自然就會變成這種關於靈魂的學說。而在歷史發展的事實上，「實踐理論」之中的核心問題，亦即針對求癒者的阻抗（resistance）以及透過傳移—反傳移分析（analysis of transference-countertransference）而進行的整套療遇行動，果然就成了後佛洛伊德時代動力心理學最重要的發展方向。

如果我們要為這樣的「接合」——也就是把先聖儒學裡的「最高學問」和現代西方「最深學問」（即深層心理學／動力心理學）[14] 接合起來，把占卜所遺留的遭逢問題硬逼到不只是把卷賞讀式地「玩其辭、玩其占」，而是在遭逢之際直接就能「觀其象、繫其辭」，那麼，我們能接受這樣的挑戰嗎？朱熹的「筮學」只說到「讀《易》之法，先正其心，肅容端席，有翼有臨……」但是，這樣的聖人之學，最後並不解釋什麼是「有翼有臨」，而只能說「惟斯未啟，以俟後人」就逃之夭夭了。這根本還沒有接合到我們最根本的前提，那就是「臨床」、「臨場」之不可逃逸。至於王夫之給我們的啟示則在於他說「占易」與「學易」的「二道不可偏廢」。很可能在這種觀點之下，易學確實有

---

14 動力心理學（或精神分析）在學術史上曾被稱為「深度心理學」（depth psychology），而這樣的名稱從未用來稱說任何其他科學。

其在現代世界中「重出江湖」的可能——這在心理學家榮格（C. G. Jung）那種對待易占的態度——即將《易》人格化，且可與之對話，並且果然得到《易》的回應——之中可以看出一些重要的端倪。[15] 所以，整套動力心理學，從佛洛伊德到榮格，乃至後來的理論發展中，確實有許多值得我們深究的可能性，讓我們一直企盼的聖人之學和當代對於人心研究的一種顯學，即精神分析，能在我們的大學這個知識體制中接合起來。

聖人之學在後來的歷史過程中參雜了太多的小人之道，以致現出像上述的朱熹那種臨陣脫逃的窘境。當我們在開始要作大巫／小巫之辨時，實際上真的對此窘境的結論是無知的嗎？恐怕不是。我們一開始就知道所謂「大／小」的道理，其實真的不是什麼「傳統／現代」、「西方／東方」的差別，而是，我們究竟是不是要以「為往聖繼絕學」的名義來弄清楚我們自己果然早已持有的信念：**我們永遠在對抗著精神分析叫做「infantilism」（幼稚狀態）、而我們叫做「小人」的狀態**。在面對困厄苦難之時，「infantilism」既不能安慰我們，更別說會為我們消災解厄，只能讓我們一直陷落在安逸無憂的幻覺中。我們其實不是在期待大巫或聖人的「再臨」，[16] 而是要用我們自己的理解與實踐的能力

15　參看榮格（C. G. Jung），〈易與中國精神〉，載於《東洋冥想的心理學》（楊儒賓譯），台北：商鼎。

16　「再臨」是基督教神學術語，其義如下：「再臨一詞，在聖經原文，有三個不同的字，其一為『parousia』，這是引用最多的一字，意指『來臨』或『降臨』。其二為『Apocalupsio』，此字含有『啟示』之意，乃是指其隱藏的榮耀與威嚴，向世人揭曉之意。其三為

去重新面對問題。

我是聽說現在有很多「臨床心理師」們在醫院裡工作時，已經落得只能按照「操作手冊」來工作的境地。那是比解碼書還要更為不堪的知識處境。我來講的這番話，算是為此工作境地而作的一次焚香致祭而已。其他的，我認為我們需要重新開始，要慢慢把這開始給談出來。而我相信我們該談的東西，可多著了。我們需要的不只是一兩門課，而是應該為此設立一套專業學程，進而成立一個能教學的社群。[17] 這課題，我們就必須繼續往前再作詳論了。

三、大巫精神的建構與教育現場的實踐

我曾經先後在清大社人所、社會所以及輔大心理所開設過「宗教心理學」、「宗教社會學」、「宗教與文化」、「宗教的

『Epiphaneia』，乃謂主榮耀顯現，意指那所要顯現的，乃是榮耀之事。」（取自：http://www.jidutu-wiki.org/w/index.php?title =%E8%82%86_%E5%9F%BA%E7%9D%A3%E5%86%8D%E4%B8%B4&variant=zh-tw）

17 佛洛伊德認為要解決心理失調的問題，一定會牽涉到有關藝術、哲學與宗教的問題，因此他提議：如果要在大學裡開設精神分析的課程，那就必須在一般的醫學課程之外再包含「文學史、神話學、文明史和宗教哲學」等。見 Freud, S. (1919/1955). On the Teaching of Psycho-Analysis in Universities. In S. D. XVII: 170-173；也見於 Freud, S. (1926/1959). The Question of Lay Analysis. In S. D. XX: 246。只是在後者，「文學史」變成了「文學科學」——就今日的理解而言，這應是指「文學理論」。

主體與客體」、「靈性研究」、「精神與生活」等等課程，還有「文化的精神分析」——主要的問題仍然是宗教，但也銜接到另一範疇的課程，那就是「藝術的精神分析」、「藝術與心靈」、與「藝術心理學」等，最後就都集結為「文化心理學」。[18]

我所關心的問題，首先是「神壇、道場」如何能與「研討室、諮詢室」作場域互換的問題。後來發現這個工程實在難以為繼，所以還是把問題收回到人神如何遭逢的問題，也就是關於「神聖顯化」（epiphany）的問題上。但「神聖顯化」已經不只是宗教學範疇中所談的「神聖」，而是包含著人的精神（靈魂）如何顯化的問題——上文裡曾提到：余德慧教授對於我和學生們所作的「任意圖」給了一個重要的點示，就是說，這些工作和他所知道的巫的幽冥世界可以完全貫通；說我作的工作就是一種 re-enchantment（重新入魅）云云。而在我回顧余德慧與余安邦的種種努力之後，也發現他們都還不能真正回答我所謂的「神壇、道場與研討室、諮詢室如何作場域互換的問題」——余安邦只顯現了一種研究者觀察和報告的可能性，完全沒有想要把他的行梅師姐引進大學校園的企圖；至於余德慧，他的觀察和省思面向雖然更廣些，但是由他的那本《台灣巫宗教的心靈療遇》[19]一書看來，他所能作的實質建議也仍然是使用心理治療術中的兩種

18　本書是這種集結（即文化心理學）的第一部分，尚有第二部分未出版。

19　余德慧（2006），《台灣巫宗教的心靈療遇》，台北：心靈工坊。

老辦法：催眠法、空椅對話法。[20] 而其中最為關鍵的「透過與神聖領域的對話」所達成的「療遇」究竟如何可能，在整本書的討論中，毋寧仍是闕如的。

所以，我所接手的這種療遇理解，是真的打算要發展出在校園或教室，乃至在諮詢室等等空間中成為可行的方式，把它們貫通起來，成為一種可以在大學中繼續傳承的理心術，而這也正好用來說明我如何以一個後佛洛伊德 (Post- Freudian) 的觀點加上文化心理學研究者的方式，在作人文臨床的工作。這樣就構成我在這個〈療遇時刻〉計畫方案所要繼續發揮的課題了。

四、「巫神學」敘事的再現

《莊子》書中曾引述顏回和聖人的一段對話，顏回先說他學習多年之後所理解的做人方法有三，就是要與三種對象比鄰而類同（「為徒」）：

> 內直者，與天為徒。與天為徒者，知天子之與己，皆天之所子，而獨以己言蘄乎而人善之，蘄乎而人不善之邪？若然者，人謂之童子，是之謂與天為徒。
> 外曲者，與人之為徒也。擎跽曲拳，人臣之禮也。人皆為之，吾敢不為邪？為人之所為者，人亦無疵焉，是之謂與人為徒。

20　見上引書，p. 224.

成而上比者，與古為徒。其言雖教，適之實也，古之有也，非吾有也。若然者，雖直而不病，是之謂與古為徒。[21]

這「與天為徒、與人為徒、與古為徒」的說法，看起來大致好像合於上文中提及的史作檉所闡釋的易經「原始三劃結構」，不過，這問題還值得進一步深論，我們先記得有這個問題就好。總之，在古代經典《莊子》裡的「子曰」說來，這只是可以免罪，但不是進德的最好方法——而那最好的方法，透過莊子之口的「子曰」來說，應該是「心齋」。

《莊子》書中呈現的顏回是個好學生。他把他在日常生活中觀察和學習到的「做人最好的方法」簡潔而準確地敘述了出來。雖然面對聖人，不知還有多少的無知會被揭露，但他那明快的提問方式，卻給了聖人一個可以回應的機會，並且在這回應中，隨機而創造了一種相應於日常知識之外的新法，或說，新的表達，新的呈現——這就是所謂「to present the unpresentable」的一個雖古老卻真確無誤的顯例。它是由對話遭逢的機會而創造，是先對著一種既有的 presentation，才能「對比」地出現那 the unpresentable。

我們未必要急著去學什麼「心齋」，因為像顏回這樣被道家文獻所記述而在儒家文獻中所未及見到的「學生」，幾乎也是

---

21 陳鼓應註／譯（1975），《莊子今註今譯》（內篇：人間世），台北市：台灣商務，p. 122-123.

後來的歷史中百世不得一見的特例。我們在眼前的「大學」和千百之眾的學生之間，真正要先學的是怎樣把 to present 和 the unpresentable 之間的遭逢關係徹底弄明白。這就是我們所需要的「療遇」之神學基礎——或說是「教遇」的神學基礎也很恰當——我們所當開始的提問是：我們到底要如何（重新）開啟我們的靈性研究？對於此一問題，思想史家余英時曾有過這樣的回答：

> 神學在中國傳統裡付諸闕如，這是沒有史家會覺察不到的事實。自西元前三世紀後，中國對天和宇宙的想像僅孕生了陰陽宇宙論，而非神學。佛教帶入中國的，除了眾多慈悲為懷的菩薩外，還有等級分明的天堂和地獄。後來道教也加以模仿而創造出「天尊」這個至高等級。這些外來信仰雖然對一般大眾很有吸引力，但思想界菁英從來沒有加以認真看待。如朱熹就曾斥道家之徒模仿佛教所為而作天尊是「悖戾僭逆」。[22]

雖然如此，我們還是要感謝朱熹之前的理學家張載，在經過漢唐千年的混亂和疑惑之後，就已經吸收了許多「思想界菁英從來沒有加以認真看待」的釋道思想精華，為我們寫下以儒為本的大巫精神基本原理。即使我們可以接受余英時話語，說張載不能

22　余英時（2008），《人文與理性的中國》，台北：聯經，p. 18。

算是個「神學家」，但我們卻得從他對於「神」的說法之中，才能稍稍重新得知靈性的道理：

> 天之不測謂神；神而有常謂天。
>
> 運於無形之謂道，形而下者不足以言之。
>
> ……
>
> 神天德，化天道；得其體，道其用，一於氣而已。
>
> 神無方，易無體；大且一而已爾。
>
> 天下之動，神鼓之也。辭不鼓舞，則不足以盡神。
>
> 神為不測，故緩辭不足以盡神；
>
> 化為難知，故急辭不足以盡化。
>
> 推行有漸為化，合一不測為神。
>
> 其在人也，知義、用利，則神化之事備矣。[23]

　　而在現代化百年之後的漢語世界裡，我們也才可以稍稍感覺到苦心孤詣的丹麥哲學家（西方神學界接受他是個神學家）齊克果（Kierkegaard），看見他浸潤在基督精神中如此深刻，以致能完全認清基督教本身的靈性（或神性）所患的疾病：

> ……越是研究路德我就越是清楚他弄混了一件事：他把什麼是病人與什麼是醫師混為一談。他是基督教的一個極端重要

23　王夫之（1975），《張子正蒙注》，台北：河洛。所引諸句取自〈天道篇〉及〈神化篇〉。

的病人，但他不是醫師；他具有描述及表達痛苦疾患者的熱
情，而他所需的乃是寬慰。但他不具有醫師的廣闊視界。而
若想改革基督教，第一件要事乃是必定要對於基督教具有全
盤通觀……[24]

我在前文之中已經談過小巫／大巫之辯。在戰國之後，聖王
大巫之道已經失傳，只有各種小巫繼續著遠古以來的傳統而充斥
在朝廷、後宮、書院到市井之間。這個文化背景我們必須先了解
和承認，然後才能來談如何重建大巫傳統的問題。

感謝像伊利亞德（Mercia Eliade）[25]或拉巴爾（Weston la
Barre）[26]這樣的當代學者，他們所提供的廣闊視界和全盤通觀，
讓我們對於不只是基督教，而是對於任何宗教和神性、靈性的問
題都可以作出有意義的討論。

我們不能直接從市井的神壇和道場把一個小巫請到大學
的研討室裡，期望能從他那裡學到失傳的「巫神學」。[27]看起

---

24 齊克果（Kierkegaard, S.）（1967），《齊克果日記》（孟祥森譯）。
　　台北：水牛。引自 p. 295. 我稍稍改了譯文。

25 Eliade, M. (1951/1964). *Shamanism: Archaic Techniques of Ecstasy.*
　　Princeton University Press；
　　伊利亞德（Eliade, M.）（2008），《神聖的存在：比較宗教的範型》
　　（晏可佳、姚蓓琴譯），桂林：廣西師範大學出版社。

26 La Barre, W. (1972/1990). *The Ghost Dance: Origins of Religion.* Prospect
　　Heights, Ill.: Waveland Press.

27 輔大心理系在近幾年內曾經辦過幾次演講，請了一些巫醫和薩滿來現
　　身說法，但我經歷過幾次，從未覺得那些演講和展示能為我們帶來

來，這個工作仍然須交還給學院裡從事思想啟蒙工作的人來勞心勞力。譬如我談過的余德慧教授，他是引用了大量的海德格（Heidegger）和德勒茲（Deleuze）哲學才能說出這種以「關照」為核心的巫神學；我也談過余安邦教授，他是援用了傅柯（Foucault）才能說出巫神學中的 corporeal spirituality（身體的精神性）。

　　至於我自己呢，我要談的一方面是從碟仙（「市井小道」）研究到一貫道（「中華大道」）借竅儀式，這個暫時被歸類為「宗教心理學研究」的領域談起，另方面則是要以「文化的精神分析」以及「精神分析與藝術」這樣的研究領域來接續這麼些年來所思考的巫神學問題。我的思考所依托的，大抵可以說是從宗教（思想）史承盤上端著的精神分析，再以「祭如在」的戰兢之情，而連到批判詮釋的論述傳統。我當時是以阿多諾（Adorno）到哈伯瑪斯作為起點，然後被他們逼到非去作「回到佛洛伊德」的勞心勞力工作不可。[28]

　　大家都知道，拉岡說要「回到佛洛伊德」，結果他創造了一大批的拉岡派（Lacanians），雖然他自己堅稱他仍是個佛洛伊德派（Freudian）。而我們的「回到佛洛伊德」到底又會回到

　　任何思想的進境。道理是：他（她）們只會覆頌民間流傳的俗民神學（folk theology），而完全沒有一丁點能跳出這個範圍進行後設省思——他（她）們根本不知有「後設省思」這麼一回事。

28　這個工作有個小規模的成果，見宋文里選譯／評註的《重讀佛洛伊德》（台北：心靈工坊，2018）。

哪裡？我在一陣摸索之後，也無法確知這一行程的終點何在，總之就是有一種「動力心理學」（dynamic psychology），有比佛洛伊德更早的傳統來源，並且也有許多跟隨過佛洛伊德的後人，在往後一世紀中演變成花樣繁多的後佛洛伊德學派（Post-Freudians），前前後後共同構成了這裡所謂的「動力心理學」。我雖說要「回到佛洛伊德」，但早已預知我必定只能以一個後佛洛伊德的巡航方式來找路走，這就是下一章「尋語路」所試圖呈現的一點結果。

【11】

臨床／本土：
理心術的尋語路 [1]

前言

「臨床」這個來自日本的漢語借詞，其最吸引人的乃是第一個字「臨」：臨在、臨場、面臨的意思；至於第二個字「床」：病床、躺椅或諮商室，我比較不在意，留給其他的臨床專家者們去發揮；不過對於此，我想要回到現代心理學的一種操作原型，即觀察的實驗室，來作為開場。

開場之時，我們還要對幾個前提先來確認一下：

1. 我們從實驗室到諮商室所使用的台詞基本上是現代漢語，[2] 雖然其中偶爾會參雜一點點英語作為外來語（借詞）。這是個重要的文化現象——我是說，在這裡確認我們自己所使用的語言。對於有些人倡議在這類場合改用國

---

1 本文中引用了兩位我過去的學生 CXZ、YJH 所作的三十張圖畫。我要在此向她們致謝。

2 本文中的「現代漢語」及「古代漢語」之分期是根據王力（2004），《漢語史稿》，北京：中華書局。所謂現代漢語是指五四運動以後的漢語，特別是指共同語言。

際語言（英語）來表演，我則認為我無法作這般虛擬的想像——我深切感覺到研討會像個劇場：如果使用自己慣熟的語言，把表演叫做舞台劇，那麼對我們而言，用英語講話就會是一場木偶戲——我常有一種強迫症般的恐懼，就是一直擔心大家的繩子打起結來，而我們知道木偶的手通常都有摸不到繩子，摸不到頭腦的問題。

2. 此外，還有另一條開場的路線，是關於「心理治療」（psychotherapy）這樣的專業實踐，打從佛洛伊德的精神分析開始，它就被取了個諢號叫「講話治療法」（talking cure）。直到今日，精神分析仍然是一種講話的方式，而本文裡將會提到一位當今的精神分析師奧格登（Thomas H. Ogden），他把分析的作為叫做「詮釋行動」（interpretive action）。總之，我們在此必須專注的是講話本身的語言問題。

3. 最後一段開場前言就是關於「文化心理學」的聲稱。我們的國科會或是大學裡都還沒有這個學問分類，但是，它不是什麼新東西，不分類也無所謂。為了言簡意賅之故，我對於「文化」採取了一條兩層次的複軌捷徑來予以界定，那就是：**如何用講話做出事情，又如何用講話來談論事情**的這些林林總總活動。**什麼事情、怎麼講話**，還有，**講出什麼意思**，這就是文化心理學探討的問題對象了。雖然很簡單，但是，就像奧斯汀（J. L. Austin）在 William James Lecture 開場時所說的：

我們要討論的現象是流傳得非常廣泛，也非常明顯的，我包準已經有別人注意（noticed）到了，哪裡都有吧。但是，我還沒發現有人對此投以**特別的注意**（attention paid to it specifically）。[3]

也像佛洛伊德在他的精神分析技法學裡說的：

他（患者）必須發現一種勇氣來導引他對於自己的病況加以**注意**。他的病本身對他自己應該不再是該鄙視的東西，而是必須變成一個敵人，值得他去全力迎戰。[4]

就是這麼回事——我也把佛洛伊德說的這句話看成「夫唯病病，是以不病」[5]的現代性轉譯。文化心理學固然不是像精神分析那麼清晰可辨的學科概念，但我現在只能說，它將協助我們，一起來對這一塊地界不清的「臨床／／本土」投以特別的注意。

3　Austin, J. L. (1965). *How Do Things with Words: The William James Lectures Delivered at Harvard University in 1955.* New York: Oxford University, p. 1.

4　在 S.E.（即佛洛伊德全集標準版）之中是這樣說的：「He must find the courage to direct his attention to the phenomena of his illness. His illness itself must no longer seem to him contemptible, but must become an enemy worthy of his mettle⋯」（S.E. XII: 152）。這段文字已出現中文譯本，見宋文里選譯／評註之《重讀佛洛伊德》（台北：心靈工坊，2018: 254）。

5　《老子》，七十一章。

【第一部分】
爲我們的語言鋪開尋找的路

一、對鏡觀看、模糊不清

> 我作孩子的時候、話語像孩子、心思像孩子、意念像孩子．既成了人、就把孩子的事丟棄了。 我們如今彷彿對著鏡子觀看、模糊不清（模糊不清原文作如同猜謎），到那時、就要面對面了．我如今所知道的有限．到那時就全知道、如同主知道我一樣。（《新約·哥林多前書》，13: 11-12）

對鏡觀看時，鏡中影像雖然也好似有觀看的動作，但這動作其實是有／且唯有一個主體，觀看者看到鏡中影像，但由於後者並不回觀，所以造成了一種沒有互動的單面主觀現象。

但是，從前面所引的《新約》那個典故來看，我們還會多出一個衍生的問題，就是漢文版[6]所說的「鏡子」，在英文版[7]裡是「glass」，是玻璃，而不是鏡子。英文版裡說的意思是：「透過玻璃觀看，幽暗不明」（through a glass, darkly），漢文版則說是：「對著鏡子觀看、模糊不清」。那麼，到底應是哪個？

6　漢文版是用香港聖經公會版，引文取自《新約》頁 242。

7　通常都引用 King James Version。這裡的引文取自 The New Testament, New York: American Bible Society, 1816: 133.

〈哥林多前書〉裡的這個片語經常被人引用，在西方語文中更已成為通用的成語。但是，在漢文的日常語言裡頭，它不是同樣流行的成語，至少在《大辭典》之類的辭書中並未收錄。我們很難討論中英文版本究竟哪個才是真正的「神的話語」，或是使徒保羅所說的原意，只知這些和「觀看」及「主觀」有關的行動裡深含著話語般的意義。我們必須從實驗室的情境來開始討論這個問題。

在讀大學時，每當有親朋好友要來參觀心理系館，這裡的學生總會想帶他們去看一間設有單面鏡的行為觀察室，因為那是心理系教學的一個招牌賣點。單面鏡的一邊是兒童遊戲室，另一邊是學生老師們的觀察室；在使用時，前者是明室，後者是暗房。在明室裡看到的那面大鏡子，在暗房裡則是一塊可透視的大玻璃。當小孩在明室裡遊戲，他不知道有人在隔壁的暗房裡觀看他。單面鏡的設備肯定不是〈哥林多前書〉作者的原意，但卻可同時用來回應中英版本差異的問題：它既是鏡子，也是玻璃；[8]它既是反映，也是透視。《新約》的這位作者也許暗示了現代心理學實驗室的建造者，讓他把幽暗不明的問題用明暗倒反的設計而予以克服。它甚至讓人產生一種錯覺，就是暗房裡的人正在臨

8　也回應了「本土心理學」的一個特有問題：「Which case are you talking about?」。我認為本土心理學不應是被迫選邊站，而應是能回答說：「In our case, both.」因為我們像站在鏡子前面一樣發展出一種 double ability to look at ourselves：既能看見左右倒反的鏡像，也知道鏡中人舉起的右手是指涉著我的左手。（這是艾可〔Umberto Eco, 1986:219〕的說法。）

場觀察著明室中的行為。但是一面玻璃／鏡子所隔開的，正是讓人能互相參與的機會。觀察就是刻意設計的隔閡。

二、面對／面

在遊戲室裡的小孩，我們不能說他是「主觀」的，他頂多是個不自知的主體；而在另一邊暗室裡有意觀察的人，也就是上文提到的單面主觀者，我們能說他是「客觀」的嗎？主觀／客觀的二分法，對習慣於實驗室操作的研究者來說，現在該是予以進一步明辨的時候。

如同基督教的先聖所說，透過鏡子／玻璃之所不能知，必得等到面對面的時刻才能既知道、也能「如同主知道我一樣」。但他所說的「面對面」並不只是一個人面對另一個人，而是人面對著神。假若我們必須切換到人文主義的語言所構成的知識脈絡來說話，那麼，那是指人在面對什麼？

我們先從人和人面對面的動作談起。其中當然包含著觀看，但這時對人而言的要點，卻常不只是觀看而已。面面相覷的觀看，我們說它會造成「交互主觀」，但只怕實驗室的心理學還無法給予它能操作的定義，所以，說到這裡，我們必須躍入另一種知識引介的狀態。

面對面的動作，會發生許多超過觀看的事情——四目相接的時刻，哪怕只有幾秒鐘，也會令人渾身緊張。[9] 人的臉孔和眼神

9　布魯納（Bruner）對於 joint attention 研究的引述。

不只是構成一張圖像，而是呈現一種深邃的存在，不能停止在其表面上，而必定會穿透到如同語言的空間，對觀看者顯化而成為各種近乎無限的意義。臉孔和眼神都是在說話，所以不能用單純的視覺來理解，而只能用理解來理解。

我說的另一種知識，不是故意和通用的語言以及客觀主義唱反調；「只能用理解來理解」這樣的漢語也絕不是一句謎語，雖然有時一些翻譯式的註解是免不了的。我們試用西方神學的語言來翻譯看看：人面對著意義，就像是人面對著某種 epiphany（聖顯）一樣，由此而獲得了 revelation（啟示）。面對面就是人以「面對」的動作而接合著臉孔（面）的意義。我們必須把這個行動的圖景以分析的方式重寫為「面對／面」，意思是指：它不只是在觀看，而是當著面以存在來參與存在。其中顯現的意義對於客觀論者之所以會顯得如此難以理解，是因為被單面鏡養大了的，只是個單面的主體性，沒有養出任何交互的穿透性，雖然表面上單面鏡看起來好像是個透視的觀看裝置。我們常常忘記：單面鏡的透視是包含著「該看什麼」和「不該看什麼」的觀察紀律（也就是學科本身的紀律）在內。

的確，在這個紀律之下，實驗室裡觀察而得到的 data，經過分析之後也會顯現意義。但 data 就是被分析工具所規定的觀察。我們如果把 data 翻譯為「素材」，把分析出來的 result 叫做「結果」，我們對於所從事的科學是在套用植物有機生長的隱喻，因此，從實驗室觀察裡取出素材，經過分析工具的定性選擇，最後得到合乎預期的結果，我們就像在從事植物栽培一樣的

農藝，就科學而言，甚至還不到動物學的程度，更遑論是研究人類，進而面對／面地參與存在。

使用「存在」一詞，對於客觀論者也有另一層面的難題：它似乎不知指向什麼對象。是的，存在不是對象，而常是一種主體交互參與狀態的肯定。我們的日常語言中沒有很確定的語詞或修辭來指認它，就只剩下這麼一個至少能夠被感知的起點樣態。有些時候，我們甚至不免要打破客觀論者對於論文書寫的禁忌（避免自稱的禁忌），而把「自／我」這樣的詞彙引進，同時也明白地說：自／我，就是指存在的、面對／面的參與者，並且當下指著你和我。

三、自／我・他者

> 我的生活應該有一種不是由我構成的意義；確切地說，應該有一種主體間性；我們每一個人既在絕對個別性的意義上應是一個來源不明的東西，也在絕對普遍性的意義上應是一個來源不明的東西。我們在世界上的存在是這種雙重來源不明身分的承載者。（梅洛-龐蒂，2001：560）[10]

來源不明並不構成語言使用或指稱上的難題。因為「面對」的關係自然會形成指稱。我們現在使用的「我」這個漢字，在字

---

10 梅洛-龐蒂（Merleau-Ponty, M.）（2001），《知覺現象學》，姜志輝譯，北京：商務印書館。英譯本（Phenomenology of Perception, tr. Colin Smith, London: Routledge & Kegan Paul, 1962）請參閱 p. 448。

面上就描繪出這種自然的面對狀態：它是圖繪著一個人，以手執戈，高高舉起。他在面對什麼？那當然是「敵」。在人類的生存環境裡，有一種很基本的對立狀態，也就是因爭戰狀態而出現必要的「敵我之別」，這就是「我」字的來源。它不是「以自身而明確」，而是「因為臨在而相對地無誤」。我之能確定是指向我，是因為我與敵正在對峙之中。再說，我們現在使用的「自」這個漢字又是描繪什麼呢？它是個鼻子，也就是人在反身自指時慣有的指法。人對著面前的人而指著自己面孔中央的鼻子，為了他人的臨在而作的自指，指向面孔，那就是「自」。不管來源為何，就在那當下以指而確立了指涉之物。

在現代漢語之中，像「自我」這樣的詞彙，我們都太習慣於它所意涵的外來語性質，而不太能從某種來源來談它的意義。但我們得試試這樣理解：「自」就是為他人而迴身自指，「我」就是因對立而同時獲得確認。於是「自／我」這一組分析性的字眼所構成的主體就**辯證地含有對象**。「我─他」本是一體。凡是說「我」就是說了另一個「我」，也就是「他」。[11] 這種關係在西方語文中也早有其說法，就是「ego」和「alter ego」（我和他我）。為了讓古漢語、現代漢語以及西方語文之間能拉出一種共通（但未必相同）的概念，好持續作這樣的對比和討論，在

11　我知道很多讀過布伯（Martin Buber）的人會說：「我─你」比「我─他」是更根本的關係。這裡其實是沒有衝突的。在這裡我把「你」視為「非我」的一種存在，包含在一個總稱，即「他」之中。請暫先接受這樣的用字。

下文中，我們就採用一組新生的漢文語詞「自／我·他者」來表示。[12]

上文引述的梅洛-龐蒂那段話之中所說的「交互主體性」（intersubjectivity），在其他的現代漢語中常稱為「交互主觀性」，或「互為主體性」。我們絕不是因為現代漢語已經把西方語文都搬了過來，就能夠把它當作自己的語言庫存來使用。我們需要檢查語言進出的機制。在進貨和出貨之間，如果沒有先確立買賣關係的契約，那就是白忙一場——事實上，在如今的全球化資本主義社會中，有些進出貨物的動作根本都已經不必再訂契約——許多的分工關係都已經包含在全球化的條約之中，譬如誰負責研發，誰負責代工。為此之故，我們現在必須很踏實地來盤點我們的庫存——意義的庫存——以便知道我們自己的貨色。

四、交互主觀，或互為主體

從實驗室出身的學生，根據行規，早已都學會使用「subject」這個字來寫研究報告的第一段。然而它的意思並沒有受到很多討論。在教科書中這個字只是很簡單地指接受實驗處置的觀察對象，是主要題材（subject matter）的來源，但它也是個 object，即作為對象的物體。這樣的「subject」和實驗處置之間的關係實為「subject to」（從屬於，受……的支配）。心理學

---

12 《大辭典》（1985）中已收錄有「他者心靈」一詞，用來譯「other minds」，《辭海》（1936）則無此條；至於「自我」則早收在《辭海》中，作為「self」這個哲學或心理學詞彙的漢語譯名。

所使用的現代漢語把它譯成「受試」，但我們也可以用哲學裡的現代漢語，說它是「受觀察所支配的主體」，於是，那就等同於「客體」。除此之外，實驗室的心理學並不知道還有其他的「主體」，因為這個語詞已經被「受試」篡奪，並且再也不知道他自己的名字。

所有的客觀都建立在主觀的基礎上。當客觀主義研究的是客體（對象物），而把研究主體隱藏在後面（或來源與去向均不明的某處）之時，就會令人無法對主體性展開討論。[13] 在單面鏡的觀察室情境裡，如果暫且脫離實驗室紀律的話，我們其實可以觀察到許許多多和主體的性質有關的問題樣態：

（一）

• 坐在觀察室裡的學生們正在聽教授的指示，觀察隔壁那個小孩和媽媽的眼睛和視線接觸，看他們所注視的方向或小孩所把玩的東西，這位教授正在支配著學生的注意，這是第一種主體性的動作；

• 學生遵照指示，觀看小孩和媽媽，這是第二個主體動作；

• 有些學生會說：「前面的同學，你的書別拿這麼高，你擋住我了！」，這是第三種主體動作；

• 還有些學生轉過身來看鄰座的同學所寫的筆記，這又是另

---

13 Julian Henriques (1998). *Changing the Subject: Psychology, Social Regulation and Subjectivity.* New York: Routledge. 另外，T. Nagel 則說：客觀主義乃是一種不處在任何地方的觀點（a view from nowhere）。

一種主體動作；

- 有位學生正在想：「Joint attention 是什麼時候開始有人討論的？我自己為什麼從沒想過這問題？」[14]
- 還有位學生則在想：「教授發表的 paper 上引述了 Rommetveit，還有 Scaif and Bruner，可是我們的圖書館好像都查不到？」

在整個觀察的時間過程中，發生許多大大小小的事件，而每一事件都是諸主體交互參與的結果。如果這次的觀察到了最後留下的紀錄只有教授的指示和學生根據指示所看到的項目，這樣並不會否定整個觀察行動中有諸多主體參與的蛛絲馬跡，而只不過是主體性所引發的事件並未完全**被注意到**而已——不是客觀的看不到，而是因為實驗室本不是叫他們來看那些沒看到的。實驗室的紀律所注意不到之處，還有許多事情發生。但正因為這些事情仍然發生在實驗室裡，所以我們必須說它也是屬於實驗的。我們來試試實驗室的一些變化，並且打開我們的眼睛觀察。[15]

（二）

假若觀察室變成明室，而隔壁的兒童遊戲室變成暗房，這樣

---

14 這位學生所想的內容，別人當然不能觀察得到，但他會在事後作陳報告，描述當時的想法。我們可以把這種報告視為某種客觀事件的陳述。以下同此。

15 當然，如果在心理系的方法論課程中也能增加一門「民族誌（俗民誌）」或「田野調查」，則以上所說的「看不到」就會變得比較容易看到，雖然這並不保證什麼。

的話，單面鏡的效果受到光害而打了很大的折扣，於是觀察者們看見的不是受試的對象，而是和自己的主體性有關的影像。但鏡裡顯現的影像和觀看者自己多少是有點不同的——它是反射光學的影像：當觀看者舉起自己的右手，鏡中影像舉起的卻是左手。然而透過一點空間方位的換算，他又會發現：鏡中影像確實是主體的返照，雖然呈現在眼前的是個對象物體。

　　觀察者看不到隔壁的小孩，但因為對實驗室設計的操作失誤，他卻意外地（反身自省地）（reflexively）得以藉此而注意到一套沒被實驗室設定的自己，特別是自己客觀在場的證據。鏡子不會說謊，只能說出真實的倒影。[16] 而這個發現甚至沒有被設定為「必須隱藏」——這個差別非常重大，因為單面鏡觀察室本來就有其內建的不可告人的一面，它基本上就是偷窺，而這個場合的語言設定者正是偷窺者和他的門徒。他們正在共同維護著不訴諸語言的陰謀，好讓某些在場的事實比較容易變成不在場的樣子，乃至可以說是「from nowhere」（來自無何有之處）。

（三）

　　在客觀研究中辨認出主體，並且知道主體性的複數情狀，原是會增加了客觀心理學的複雜度，但把「交互主觀」，或「互為主體」這樣的用詞拿進客觀心理學裡來，卻並不增加它之能操作

16　Umberto Eco (1986). Mirrors. In P. Bouissac et al. (eds.). *Iconicity: Essays on the Nature of Culture*. Tübingen: Stauffenburg Verlag.

的程度。當胡賽爾說：互為主體乃是所謂客觀存在的根本依據，也就是說，至少有兩個以上不同的主體能對於同一經驗做出相同的報告，那才使客觀性得以證成。但後來的客觀心理學沒有採納胡賽爾的洞識，只注重「相同的報告」或「報告的相同」，以致後來只能向上延伸到素材的同質性，也就是讓素材轉變成同質的數碼（這叫做「量化」），由茲而避開素材來源所可能涉及的非同質性──乃至不可共量性。

心理學對於「他者心靈」（other minds）的研究雖然發展得很遲，但它告訴了我們一個根本的道理：心靈和心靈之間從來不是直接的互相感通（佛洛伊德所說的無意識之間的交流也不是傳心術〔telepathy〕的意思[17]），而是透過某種共有的媒介，形成一套關係的構成物，之後才有可能；或甚至說：「心靈」、「自我」云云，其實就是由該媒介所構成的一套（看似）具有一般性或整體性的 apparatus（裝置）而已。我們已經把這共有的媒介以及媒介的構成物等同於最廣義的語言。然而，這意思可不是說：當代心理學已經讓語言學變成了它的基礎科學。人類在交談的當下雖然有很多不自明的語言規則在起作用，但語言學不會比心理學更能「掌握」那些規則，譬如說，談到語言的一種基本發音單位，語言學家曾經找出一種叫「音元」（phoneme）的東西，布龍菲爾德（Leonard Bloomfield）就解釋說，它是由一堆

---

17 在《日常生活的心理病理學》（S.E., Vol. VI）一書以及〈論無意識〉（S.E. Vol. XIV）一文中皆已明白表示。

音質所形成的一個心理團塊，發生在說者和聽者之間；[18] 或更細微的單位叫「辨音特性」（distinctive features），也必須由發音的部分和聽音的部分來構成，它除了是**關係**的構成物之外，不可能還有更基本的物質性解釋。

五、言／語

論述心理學（discursive psychology）、措辭心理學（rhetoric psychology）、辯證心理學（dialectical psychology）、批判心理學（critical psychology）、徵象學心理學（semiotic psychology）等等，是在二十世紀末葉把心理學拉往語言學轉向（linguistic turn）的種種努力。這些運動有的倏起倏滅，有的還在發展中，[19] 但綜合起來說，有一種力量把心理學從可觀察的面向拉往不是單向觀察而是交互認知、理解的面向，並且也就是主體之間關係的面向。

談到語言，我們現在陷入現代漢語的一團泥淖：《辭海》中的「語言」這個語詞在現代漢語中是指「speech」，它沒有古代漢語的語源。而我們平常也把「language」叫做「語言」。Speech 在漢語中還有其他字詞可以表示，就是「講」、

18　Leonard Bloomfield(1933). Language, New York: Holt, Rinehart and Winston. 這 是 出 現 在 Roman Jakobson and Morris Halle(1956). Fundamentals of Language. New York: Mouton. p. 19.

19　這些運動的發展軌跡需要許多篇幅的文獻回顧才能說清，但有一本書很簡潔地作了呈現，請參看 Smith, A., Harré, R. and van Langenhover, L. (eds.) (1995). *Rethinking Psychology.* London: Sage.

「說」，但 language 叫做「語言」則又是個外來語。「語言學」則必然是建立在外來新觀念之上的自我（重新）認識。

在古代漢語中，對於主體之間的關係，其交互認知理解的行動叫做「言語」。言語是複雜萬端的現象，但我們的語言對其自身有個極有意思的語言學理解：「直言曰言，論難曰語」、「發端曰言，答難曰語」或以「言己事，為人言」來分別「言」和「語」，[20] 這就是說：由己所發、把話說出，以及接應回答、形成談論，分別是屬於主體性的不同狀態（即「己／人」，亦即「我／他」），在主體之間交互出現——換句話說，我們可以乘著語言載具而交互成為「言者」或「語者」。雖然語言還會發生「論述」、「話語」、「言說」（以上俱是「discourse」的譯名）這樣的語言狀態，而在現代漢語中也都是相當晚近才輸入的詞彙，[21] 但我們可以說，從古代漢語以來就很有本錢可以**分析地**討論這些關於語言的問題。[22] 而我們現在就可以把這種分析討論

---

20 以上對於「言」、「語」的區別都取自段玉裁《說文解字注》（台北：黎明，p. 90）。

21 《大辭典》中都未收錄。

22 「有本錢」的意思是說「有這個本」、「有此能力」。因為我們的日常語言還沒有發展到一種認識的地步，把語言認作一個有能力的主體，所以，先換個俗話說是「有本錢」。對於語言的這種能力，沙皮爾（Edward Sapir）曾宣稱：「(I) t is obvious that language has the power to analyze experience into theoretically dissociable elements and to create that world of the potential integrating with the actual which enables human beings to transcend the immediately given in their individual experiences and to join in a larger common understanding.」 In Selected

的語言叫做「言／語」。

我們所談的分析雖然未必是精神分析，但精神分析的傳統確實是最早離開心理學實驗室而另起爐灶開出其自身事業的一種心理學。在那世紀之交（十九世紀末、二十世紀初）的時代，漢語正在經歷著意義大轉變的浩劫。為了避免冗長糾結的敘述，我一下就跳進當前的精神分析來看看什麼是「言／語」。

奧格登（Ogden）在說明他所界定的詮釋行動（或「行動中的詮釋」）時曾說：「分析師（analyst，以下簡稱 An）拿他（她）對於『傳移-反傳移』（transference-countertransference）關係之某個面向來和分析人（analysand，以下簡稱為 Ad）[23]溝通時，使用到字面符號之外的行動。」[24]意思是說：用字固然是

Writings of Edward Sapir in Language, Culture and Personality.（Ed. by D. G. Mandelbaum）. Berkeley: University of California Press, p. 10. 如果我們能說人類的個體都可以是個主體，則語言是個超大主體，正如布魯納（Brune）r 常引用的說法「super-organic」（Kroeber）。語言本身有能力區分，這事實表現在漢代開始的《爾雅》、《方言》、《說文解字》等，只是這種能力未必會產生文化內的自我傳承。

23 Analysand 叫做「分析人」，是個新譯，因為我主張更換「被分析者」的譯法。理由見下文。

24 傳移（transference）、反傳移（countertransference）都是精神分析的古典術語（但在漢語中的譯法很多樣，常見的是「轉移」、「傳會」等，還有一種混淆視聽的譯法叫「移情」，不可。這裡用的是我同意的譯法）。漢斯‧婁沃（Hans Loewald）認為此兩者不可能單獨發生，所以建議把兩字結合為一。見 Loewald, H. (1986). *Transference-Countertransference. Journal of the American Psychoanalytic Association,* 34, p. 275-287.

在講話，但在字以外和字同時出現的種種行為（表情、語氣、停頓、岔題等等）也都是。只是，後來分析師要靜靜地把這些溝通都轉換成語言。[25] 如同「言者」和「語者」的關係一樣，An 和 Ad 的身分也是有無相生的，奧格登因此說：「除了和分析師的關係以外，沒有什麼叫做分析人的東西；除了和分析人的關係以外，也沒有什麼叫做分析師的東西。」[26] 因為詮釋行動的講話涉及語言和語言之外的全方位溝通關係，此刻是認同下一刻是抗拒，忽焉在左忽焉在右，所以，我們不能把這樣的講話看成專業體制化的關係，不是角色的固定，而是角色循環的關係。

在這意義下，其實對於我們眼前的現實處境來說，就是要在證照化的專業關係之外，對於心理治療實踐的方式而另闢蹊徑的。

---

25 Ogden, T. H. (1994a）. *The Concept of Interpretive Action. Psychoanalytic Quarterly*. 63, p. 219-245.

26 Ogden, T. H. (1994b). The Analytic Third: Working with Intersubjective Clinical Facts. *International Journal of Psycho-Analysis*. 75, p. 3-19.

【第二部分】

自／我在邁向他者之時，
需要用面對／面的方式，
在交互主觀之中，
作出言／語

一、上帝之死

諮商室裡的人沒幹什麼別的，只是在講話。和一位青（少）年深談一段時間之後，總會有個這樣的問題出現：「自我是什麼？我是誰？」而這樣的問題，和當代的文藝青年在副刊上問道：「上帝已死了嗎？」在自我認識之中是一樣基本、重要，一樣涉及文化用什麼語言來追問終極自認的難題。

如果一個語言系統中從未有過「上帝」，那麼上帝的死亡干他何事？當然，在現代漢語形成之前，就已經有「帝」、「上帝」、「天帝」這些語詞，和它在現代漢語中所指的 God 非常不同。在帝王（天子）的祀天典禮中，「帝」就是指「天」，而這完全不是俗民百姓所崇祀的對象。民間宗教裡的「玉皇大帝」大約是「天帝」的普及版，但祂卻是個相對而言不太重要的神明，信徒少，沒有為祂而舉辦的熱鬧祀典。現代漢語的出現和帝王體制的崩毀大致是同步的文化演化現象。然而尼采所說的「上帝之死」也剛好等同於天帝崇祀典禮的消滅嗎？

若說這個問題對於當今的很多心理學家來說，似乎看不出其重要性，那麼，我們就回到最重要的，和上帝之死一樣重要的「自我是什麼？」問題來說。

二、新語之為家常話

現代漢語裡使用大量的外來借字、借詞，也發明了一些新的語彙，其中有許多雖然已經浸假變成日常用語（普通話），但由於它們沒有漢語本身的語源，所以在語言學上視同新語（neologism）。[27]「新語」這個字眼轉到心理病理學中，對於講話者使用自創新語的現象，則叫做「新語症」。

「自我」原是一個新語，但以它通用的程度來說，應該說它已經是普通話。只是，當我們在細究它的語意時，聽到這麼一句普通話：「那個人很自我。」你會知道這不是在說一個人的 self，而比較像是說那個人很 self-centered，或 egoist（這兩詞都譯作「自我中心」）。「自我」在這套普通話中確實已經變成一個病語。漢語中的「我」和「自己」似乎只能當白話口語而不能成為一個和 self 相當的語彙。除了字面上的疾病之外，這幾乎是整套語言系統對於第一人稱的第二階序（反身自稱，後設語言）所患的白內障。

如果我們再問：「自我」原是 self 的譯名，它們的意義應該

---

27 Masini, F. (1993). The Formation of Modern Chinese Lexicon and Its Evolution Toward a National Language: The Period from 1840 to 1898. *Journal of Chinese Linguistics*. Monograph Series No. 6.

是對等的，但為什麼在現代漢語中會出現「自我中心」的語意？一個很「自我」的人是這樣的：唯我獨尊、目中無人、行事但憑己意、不替別人著想。這應不是 self 的原意——至少不是像《韋氏新世界詞典》（*Webster's New World Dictionary*）上所說的：「一個人或物之同一體、性格等等；一個人和所有的別人所不同的自己」[28]——前者帶有強烈的貶義，而後者在價值判斷上完全是中性的——不過我要提醒讀者：要討論這些語意的對等與否，其實是很困難的。一本英文通用字典上的幾個字，如 identity、character、person 等等，翻成漢語「同一體、性格、人……自己」都是很勉強的，於是用這些字所解釋的字來進行討論，我們不可能是在談同一個「意義」本身是否相等。別的許許多多現代漢語字詞之意義混淆者，也無非如此。

那麼，我們是否可以轉向較為分析的方式來討論？不是普通話，而是心理學的學說，譬如詹姆斯（William James）所說的：「不論我是在想什麼，我一定是同時或多或少地知覺到我自己，知覺到我這個人。同時既是我在知覺，所以這整個的我（the total self of me），就像是個兩質體，一部分是被知，一部分是知者；一部分是客體，一部分是主體，其中必含有可區分的兩個面向，而我們為了簡短之故可以稱他為 Me，而另一面向則是

---

28 "the identity, character, etc. of any person or thing; one's own person as distinct from all others" In *Webster's New World Dictionary*, Pocket-size Edition, 1979: 540.

I。」[29] 我雖盡了最大的努力，把這段說明文字譯為現代漢語，期望能為普通話的理解打開一線生機，但卻仍發現是引進了一筆語言的迷糊賬：將 The total self of me 翻譯成「這整個的我」明明是不太對的。不論古代或現代漢語中都無法找到能把 self-I-me 明確區分開來的語彙，因此當詹姆斯若有心得地說：「這整個」其實是「同時」含有主觀／客觀，知者／被知的兩面，而且所謂「I」者，就是由諸多客觀的「me」所共同構成，構成之後的整體其名曰「self」（自我）——這樣的說法，對於我們到底會有多少釐清意義的效果，就不免令人啟疑了。

　　還好，即使在一般英語普通話的使用者之中，也很少有人能這樣說出 I-me-self 區分的原則。所以心理學家（也是哲學家）的詹姆斯和他自己的英語普通話同胞們之間看來並沒有十分契合的關係——仍然很多人繼續在問「Who am I？」（我是什麼樣的自我？）乃至到了當代，一個有關自我同一性的問題變成一套顯學，其名曰「認同研究」。現代漢語的文化研究攀上這股風潮在此方面出現不少的耕耘者，也有相當多的研究成果，只是漢語的心理學不知何故沒有跟進。

29　"Whatever I may be thinking of, I am always at the same time more or less aware of myself, of my personal existence. At the same time it is I who am aware; so that the total self of me, being as it were duplex, partly known and partly knower, partly object and partly subject, must have two aspects discriminated in it, of which for shortness we may call one the Me and the other the I." 取自 William James (1984), *Psychology: A Briefer Course.* Cambridge, M. A.: Harvard University Press.

三、對於講話作分析的討論

對於講話作分析的討論乃是講話的一種方式。當我們在與人面對而不能隨意顧左右而言他的時候，講話會成為對談，發言的人會被接話，話丟回來遂又成為一個難題，又得發明一套解法再丟回去成為接續的發言。在這過程中，有些時候接來接去是由於話的內容，但有些時候，接的是話的講法，譬如語音、語詞（用字）、句法、語意等等——後者這種講話的階序區分現象在語言學上叫做「後設語言」（metalanguage，也有人譯為「元語言」）。講話會有這樣的階序區別之發展，實在不是因為哪個學說使然，就像言／語的區分沒有發明者一樣。但是，對於語言之內含有分析的性質，我們卻必須（或不得不）特別加以注意。當社會學家薩克斯（Harvey Sacks）在他的課堂上說他要提出關於對談（conversation）的觀察時，他說：這種觀察的本身中沒什麼新聞，因為那是大抵上顯而易見的（grossly apparent）：

> 那意思是說，在作這些觀察時，我沒宣稱說其中有什麼特別的洞識。那不是一個人可以對於對談所作的第一次觀察，也不是我對於對談的第一次觀察。但它的樂趣不在於其中有什麼新聞，而是從其中可以得出什麼新聞。[30]

---

30 Harvey Sacks (1992). *Lectures on Conversation*. Vol. II. Oxford: Blackwell, p. 32.

只是，從一次又一次稍縱即逝、不可復返的對談中，我們必須聚焦在這些語言的本身，我們就會發現在發言、對話之間有個核心的先後關係，那就是語句和語句之間的**鄰接關係**（adjacency relationship）。彷彿對話者們都遵守著一次一個的**輪流**（turn taking）規則──大抵上是如此。人類什麼時候開始這樣，沒人知道，但也無人不知，講話就是這樣。講話者除了會講話，還會遵守講話的規則。這應是屬於人類的自然史，我們自己曉得。我們參與對談的人都曉得我們就是這樣講話。我們曉得自己，而這自己不是自我，是我們。我們不必從第一次觀察開始，但必須有個機會，我們會突然中止那些對談的自然流動，而會像放映影片時的停格一樣，把注意力聚焦於話和話之間的規則上。我們隨時可以這樣，不必等外來語來到之後而然。

　　然而，「鄰接關係」這個語詞在現代漢語中如果一定要查出它的語源，那麼加州大學 Irvine 校區 1968 年社會科學院秋季班薩克斯的課堂，就是它出現的地方。1992 年他的講稿被整理成兩大卷的《對談講義》（*Lectures on Conversation*）[31] 出版。我在大約八年後從清大圖書館把這套書借回來讀，以後每在我的課堂上提到對談分析的問題，就一定引述薩克斯──我會說：「這不是我說的，你們可以參考 Harvey Sacks。」可是薩克斯說的話對我來說確實是「大抵上顯而易見的」。所以當課堂上有人

31　Harvey Sacks (1992). *Lectures on Conversation*. (2 Vols.) Oxford: Blackwell.

問起：社會行動（social action）的最小單位是什麼？我總會傾向於把薩克斯演義成像這樣：「是 adjacent pairs——對談中的兩方在作輪流發言之時一先一後說出的（鄰接的）兩句話（或兩個不成句的發言）。你若把這樣的 adjacent pairs 當作分析社會行動的最小單位，那麼你將會組構出一套社會學，不同於韋伯，不同於涂爾幹，也不同於馬克思，但很有趣的是，它可能承接著 Parsons……」

這是從一種特別注意（特別是共同的注意）之後的發言轉變而成的一種理論史談話，很容易在高等教育的講話體制中發展出來，並且看起來已經和普通話漸行漸遠。但語言演化成這樣的體制，是否也應算成一種人類的自然史——或是，我們有必要把這不自然的發展切斷，才能找到我們自己的本來面目？

四、只是把東西「揭開」、「拿出來」

對於講話作另外一種分析的討論，我們繞了很遠的圈子終於碰上它——就是謔號「講話治療」的那種談話方式，現代漢語稱它為「精神分析」或「心理分析」。[32] 如同本文一再強調的理解方式，「精神分析」這個詞彙到底有什麼義涵，仍是有待商榷的。以某種學院實踐的意義來說，精神分析應是人格心理學、社會心理學、心理病理學、心理治療法等等課程中一定會討論的議

32　「精神分析」、「心理分析」這兩條詞彙都已收在《大辭典》中，且都標明是 psychoanalysis 的譯名，沒有區分何者較常用。

題，而在心理評量或人格衡鑑的課堂上，討論投射技術時，也一定會提題。但是我們查閱現有的漢文心理學期刊，卻很難得發現以精神分析為主題的論文，[33] 而在學院心理學的情境之下，大多數偶爾談到「精神分析」這個議題或是「西格蒙特‧佛洛伊德」（Sigmund Freud）這個名字的脈絡中，大都會帶有貶義，一如普通話談到「自我」時然。

近年來，台灣有兩個機構「華人心理治療協會」、「台灣精神分析學會」正在推廣精神分析，大陸地區也出現兩個和精神分析有關的研究中心。[34] 要之，在現代漢語的心理學研討會上，我們必須暫時繞開「專業的精神分析」，[35] 而只保留精神分析和心理學最容易相通的談話方式，那就是「對於講話作分析的討論」。這是精神分析在初創之時的意思，還不到區分自我分析、教學分析之差異的時候。

當佛洛伊德在 1900 年出版他的 *Traumdeutung* 一書，英譯本即是 *The Interpretation of Dreams*，其中強調對於夢要作詮釋

33　到目前為止的文獻查閱，發現精神分析較常出現在《中外文學》，而極少出現在心理學類的期刊。還在繼續查詢中。

34　在成都有個偏向拉岡學派的「成都精神分析中心」，領導人是霍大同教授；廣州（及澳門）則有個榮格派分析心理學的「東方心理分析研究中心」，由申荷永教授主持。

35　「專業」如果解釋成某種體制性的會員資格（membership），或甚至是證照，那麼在台灣，我們有不得不迴避它的理由：台灣實際上沒有精神分析的專業學會，並且要成立一個分會的話，比大陸還要困難得多（不是落後，而是國際承認的理由）。

（interpretation），中譯本則有《夢的解析》、《釋夢》兩種以上的版本。但和佛洛伊德是同鄉的精神分析師貝特罕（Bruno Bettelheim）卻表示：書名原文中的「-deutung」並沒有那麼強調醫學的「解析」意圖，而只是要把不知道的東西「揭開、拿出來」的意思。[36] 另外，對於《精神分析引論新講》（*New Introductory Lectures on Psychoanalysis*）一書中的第三十一章，標準版譯者把它譯成「The Anatomy of the Mental Personality」也應是「The Taking Apart of the Psychic Personality」的過度翻譯：把「揭開」翻譯成「解剖」是在強調它像醫學。我們不必在此爭論取得專業證照的分析師應該不應該像醫師一樣工作，而是要單純地像從精神分析剛開始時那般，問一問：講話的人怎麼可能從自己的語言（或任何其他的表達方式）中拿出什麼來？怎樣揭開？除非就像上文提到的後設語言之對於第一階序語言那樣？

五、後設心理學與後設語言

後設語言的現象不能從語言本身的演化來理解，而必須注意到語言本是對談這種社會活動的產物。當我們說：「語言在思考語言本身」時，我們很容易陷入本體論的陷阱，以為語言通過講話者而發生了什麼不可思議的突變——家常話怎樣因為突變而成為形上學？事實上，我們若注意使用語言的第一個人在講話時

---

36 Bettelheim, B. (1982). *Freud and Man's Soul*. New York: Vintage Books. 這段討論出現在該書第九節，即 p. 65-70.

不是在獨白，而至少是在面對另一個人而發言與接話。「另一個人」是一個物質實體，他的一整個存在都不在「第一個人」的控制之下。這「另一個人」的物質性確實可比擬為一塊石頭，而當一個人想用一句話來搬動石頭時，那就只是巫術的期望，而不是現實中可以發生的事情。但當那「另一個人」確實是一個人時，巫術頓然變為奇蹟：一句話會使他發生相應的動作！所以，在巫術和奇蹟之間，真正的差異在於語言的介入：**講話可以傳達意思**，並且由意思的組構而演變成為一件**事**。當語言介入之時，所謂的「之內」頓然變為「之間」的問題。

如果「一塊石頭」和「一塊石頭」相遇，不會發生語言介入的現象，也不會發生任何**事**，除非石頭**之內**有個活動過程正在相應地發生。心理學的前提就是這種「之內的活動」，但心理學的困難也在於「之內」的存在不能觀察，只能用演繹推論，或用**從事**（engaging）的方式來參與其發生。但我們假定為「之內」的狀態其實就是從事於對談，或是對談的預備狀態，或是對談的延伸狀態。而對談是發生在「之間」。用這樣的狀態來理解語言的階序現象非常有幫助。從語言到後設語言的階序區分本不是有意的理論所造成，而是由於言／語的對談本質如此。對於一個發言者來說，他的對談者其實就是個不可知的他者，但由於語言規則的限制，於是雙方多少可以摸索出演繹推論的方向。語言**先於講**話者。但講話者並沒有完全得利於**在後**的位置。因為對方仍然大抵上堅若磐石，不可穿透。**在他者之內**所發生的，只能**在我們之間**來揣度。他者雖有可能依循語言規則來回話，但他的話中總有

些不是我所能預料的內容。因此，千百年前思索言／語性質的人會說答話叫做「答難」、「論難」，顯然是注意到其中含有障礙（難關）的成分。

從我到他之間的障礙到底有多大多深，我們永遠不能用觀察和測量來得出結果。但我們既然可以和他者一起進入它的發生狀態之中，那麼在某種意義上，這仍然是一種觀察，只是我們必須用「交互主觀」來讓它和觀察作個區別。精神分析的觀察就是交互主觀的。分析的雙方（即 An 以及 Ad）除了相互參與、相互引發之外，沒有其他觀察的紀律可循。但是，在對談之時，An 持有一套越過障礙的演繹推論之法，叫做「後設心理學」，通常不在對談間使用，而對談時僅僅用後設語言來透露或探詢其間可能相通的門路。譬如當 Ad 對 An 顯出一些抗拒、岔題、不合作、不吐實等等講話的方式時，An 會預備著使用一種後設心理學的概念叫「壓抑」（repression）來作為探詢的方向，但是他對於 Ad 的發言卻可能只是這麼一兩句後設語言作為接話的方式：「喔，是這樣講的嗎？」「所以，你的意思是……」

【第三部分】
一條療遇的尋語路

一、他

我，這個正在講話的我，宛如一個難以理解的「他者」一樣，一直認為自己在尋找一條可以把話講出來的途徑。想從最根本的幾個字詞開始：我、自我、他。那個我（也就是他）是個大學裡的教書匠（古話說：一個儒者），而書裡滿佈的字詞，對他（我）來說，常常太多、太不像話。但是，「老師的身分是必要的講話條件」，他認為。

他認為心理治療師、諮商員、面對／面的講話，在這個文化傳統裡都沒發展成為一種可以講話的形式。諮商工作在學校裡淪為訓導、輔導的工具，而在民間，這個工作的地位也從來沒被認識，以致在重大的災厄來臨時，大家一定都先想要找各類巫師，找到之後不必講什麼話，宛如一塊石頭，也可以從巫師那兒得到忒多的安慰。作為原始儒家的信奉者與力行者，他仍然想：「老師的身分，才是必要的講話條件。」

有一年他在一所大學的藝術學研究所開了一門「藝術心理學」的課。[37] 講了許多書本上的藝術（特別是繪畫作品）和精神

37　這是指中央大學，1993 年。這門課也曾在中央、清華兩校的大學部作為通識課程上過三次。

分析。[38] 但他也同時要那班研究生仿照一位英國精神分析師麋爾納（Marion Milner）的方式，[39] 加上他自己所提供的方式，[40] 試

---

38 只為了說明這門課的內容，我列出課程綱要上指定的讀物如下：

Anton Ehrenzweig (1965). *The Psychoanalysis of Artistic Vision and Hearing: An Introduction to a Theory of Unconscious Perception.* London: Sheldon Press;

Ehrenzweig, A. (1967), *The Hidden Order of Art: A Study in the Psychology of Artistic Imagination.* Berkeley, CA: University of California Press; Kris, E. (with Else Pappenheim) (1952)

還有以下各書中的篇章：

E. Kris (1952) . The function of drawings and the meaning of the creative spell in a schizophrenic artist. In *Psychoanalytic Explorations in Art.* New York: International Universities Press;

John E. Gedo (1983). *Portraits of the Artist: Psychoanalysis of Creativity and Its Vicissitudes.* New York: Guilford Press;

Mary Gedo (1985-1988) (ed.). *Psychoanalytic Perspectives on Art (3 vols.).* Hillsdale, NJ: Analytic Press;

E. H. Gombrich (1963). *Psycho-Analysis and the History of Art.* In Meditations on a Hobby Horse. Oxford: Phaidon Press;

Arnold Hauser (1985). The Psychological Approach: Psychoanalysis and Art. In *The Philosophy of Art History. Evanston.* IL: Northwestern University Press;

Donald Kuspit (1993). *Signs of Psyche in Modern and Postmodern Art.* Cambridge University Press;

E. H. Spitz (1985). *Art and Psyche: A Study in Psychoanalysis and Aesthetics.* New Haven: Yale University Press.

39 Milner, M. (1957). *On Not Being Able to Paint.* New York: International Universities Press.

40 我自己早在「發現」麋爾納（Milner）之前就一直在實踐著塗鴉亂畫的練習，自幼如此，及長更甚。所以就技法而言，總不可能和麋爾納

作自由塗鴉的練習，為了藝術的自由表達，也為了能作分析的討論。這段過程由於已經發表在幾篇論文中，在此就不予贅述。[41]現在想談的是：在現代漢語的失語症狀態下，我們到底還能談什麼？假若我們連語言的根本都沒有了，那我們還有什麼自本自根的表達可言？假定我們是活在洪荒無文的太古歲月好了，在像課堂那樣的地方，不管用古文或今文，漢文或英文，講的是心理學或精神分析，我們若不懂意思，還算不算是在對談呢？

這可難說了。和其他教書匠們一樣，有些時候講完課，他只能把剩下幾分鐘疲憊地拿來討論幾句，就想趕快下課離開這堆繁複的語言，早點回到日常生活。但那年他為了某種講不明白的原因，一反常態地想進一步探詢幾個根本的意思，覺得首先必須找出一些東西來注意，遂決定在三小時的課堂之後再多留一個小時，讓修課的同學可以拿著他們的塗鴉輪流來和我討論。

二、分析的第三者

我明白表示過，這不是在講什麼精神分析。[42] 我知道精神分

一模一樣。在課程中實際使用的方式是融合著廉爾和我自己的方法。請參看宋文里（2009），〈意義的浮現：自由素描與意識的探索〉，《應用心理研究》，44 期，p. 25-52。

41　宋文里（2009, 2010, 2013.）

42　後來我在網路上查到，有些對精神分析神往的人，說什麼也不輕易放棄，而一定要說他們是在做「practically analytic」的工作，包括不期而遇之後安排的一段持續的對話。這是美國精神分析達拉斯分會的一個年度計畫。請參 http://www.dspp.com/documents/program04web.pdf

析在專業上的定義是什麼。不過，我們使用的討論方式和精神分析師奧格登所談的「詮釋行動」（interpretive action）卻頗為相似。[43] 奧格登對於這種詮釋行動還特別發明過一個新語，叫做「分析的第三者」（the analytic third），來概括說明對談者們互相通過障礙的一套方式。為了言簡意賅之故，我先把他在一篇簡論[44]之中所引述的幾行詩轉引出來，好讓我們在普通話裡容易和他接上頭：

not so much looking for the shape	／與其尋找一定的形狀
As being available	／宛如現成可取
To any shape that may be	／不如以任意的形狀，看看是否可能
Summoning itself	／召喚出它自身
Through me	／且通過我
From the self not mine but ours.[45]	／喚出了不是我的而是我們的自我

　　引詩的右側是我用漢文作的字面翻譯，意思不完全對勁，我

43　Ogden, T. H. (1994). The Concept of Interpretive Action. P*sychoanalytic Quarterly*. 63, p. 219-245.

44　Ogden, T. H. (1999). The Analytic Third: An Overview. fort da 5(1). 也轉載於 http://psychematters.com/papers/ogden.htm

45　這幾行詩出自 Ammons, J. R. (1986). *The Selected Poems*. New York: Norton. 詩名為：Poetics。

這就把詩的意思勉強用普通話再說一遍：「與其尋找現成可取的一定形狀，不如用任意的形狀，看看怎麼可能把一個它自我（itself）召喚出來：這被召喚出來的自我雖是通過我，但卻不是我的自我，而是屬於我們的自我。」

對於「分析的第三者」，奧格登是指在詮釋行動的過程之間，因為 An 和 Ad 發生了傳移—反傳移關係而致**無意識且不對稱地產生的一種共創之物**，[46] 對於分析關係具有強大的結構性影響力，是個不斷改變的**無意識第三主體**。[47] 當這說法拿來和「不是我的自我，而是屬於我們的自我」對比相證時，我們可以猜想，這是指在兩人對談時，因為辯證的張力而出現一個似有若無的（既臨場也不在場的）主體，我們必須用「他」來指稱。在使用漢語來**翻譯**這意思時，我們很難避免巫術的想像竄進來，譬如像：游離於你我之外的魂魄，在講話之間似乎能對我們發生具體的影響力。為了儘量讓我們的漢語朝現代漢語的方向發展，而不是朝古代漢語的方向退行，因此我還得緊貼著像佛洛伊德到奧格登這樣的現代思想家一路走過去。

在教學的（也同時是心理治療的）實踐上，我把第三者的問題暫時落實為塗鴉作品（「任意圖」）本身——因為塗鴉作

---

46 顯然地，假若有一種心理學對於「無意識」、「傳移—反傳移關係」這類詞彙不予承認，那就很難對談下去了。「不承認」應是失語症的一種症狀。

47 Ogden, T. H. (1999). The Analytic Third. http://psychematters.com/papers/ogden.htm, p. 1-2.

品不算是任何一種終端成果（end-product），而比較像是一直在進行的自由聯想及討論過程，或是反映出對談過程的暫停小站（truces）——這樣就使一張張的圖畫具有既像是波又像是微粒子的不確定性。除此之外，因為這個過程原先並未預備要成為一個可以報告的計畫，因此，在實踐過程之後唯一留下的痕跡就是那些塗鴉作品，以及畫片上手寫的片言隻字，還有我的片斷記憶。不管怎麼說，行動過程之所以會留下痕跡，是因為只有那痕跡本身才有存活下來的理由。

當時我常給作畫者比較操作性的指導語是：「筆到哪裡你就跟到哪裡」、「想到什麼就畫什麼」、「無非是畫人、畫事吧」；而對於畫「事」，我還多了一點點解說：「畫場景」。[48]在此之後，每次課堂裡出現一些由練習者提供的圖例，我還會和大家一起稍微討論下筆、續筆及媒材使用的一些特殊狀況。課後討論時，最初是每次和一位同學談，後來有幾次，當他們覺得不必避諱時，則是一次來兩位。課後討論一共進行兩個多月，即課程開始的第二個月到第三個月，接近期末才終止。

在此我就要選出兩個分析人案例來作呈現，並說明其中有一種如同太古造字時代那般，對於自我以渾沌地象形、象意、象

---

48 關於任意圖的教學說明，請參閱 Soong, Wen-Li, 2013. "The Creactors and Their Creality: Making the Emerging Process Possible" Paper presented in *The 32nd International Human Science Research Conference*. Aalborg University, Denmark.

事[49] 來發現的歷程。「象」作為「形、意、事」的摸索與捕捉原則，事實上就接近於當代徵象學的基本觀念：影（sign），或是它的動詞態：signify。

三、案例

（一）

第一個案例的作畫者叫 CXZ，[50] 我要避免用漫不經心的「人格特質」來作為預先給定的武斷描述。我希望讀者先跟著號碼順序把圖畫瀏覽一遍（**請同步參閱附錄彩色圖，圖 11-1～圖 11-13**）。

請先瀏覽圖 11-1～圖 11-10，到此，我再用日常語言來作一些補述：

圖 11-1，是兩張面對面的臉孔；

圖 11-2，像是個風景（海島），也同時像一張被埋在土裡向天仰望的臉孔；

圖 11-3、4、10，都是臉孔。這些臉孔不知道是誰，你必須有此一問，才能讀得下去。

---

49 這些造字的法則在許慎的《說文解字》裡稱為稱為「象形、會意、指事、形聲」，但在許慎之前的班固，在他的《漢書·藝文志》中則說是「象形、象意、象事、象聲」。

50 碩士班研究生，女性。

必須念茲在茲的是：我們絕不是在找疾病的症狀，CXZ 在當時也沒有任何有關疾病甚至困擾的主訴。我和 CXZ 並沒有談得很多。通過像家常話般平淡的對談，一直到下兩張出現時，我才大致曉得：她是在找尋一種幽微曖昧的主體形象：那個可以稱為「自我」的第三者。

　　圖 11-11，一個如同「己」的字型在此綻露：臉孔加上頭髮和身軀的動態，但帶有美術意識上的表現主義風味。

　　我們也許可以說，自我不是什麼具有內容的概念，而只是指向自己、與對談者對立的第三者，但對每一個被摸索的自我來說，其中必定還會附加上某些現成可取的 characterization——戲劇角色化，或性格特質化，因此，角色性格都是生活社群的共同創造，其中除了文化給定的性格成語之外，還含有不知其名的成分。在當時，同班的討論者，以及特別是 CXZ 和我，盯著前面幾張圖畫，拼命像要找出什麼不可言說的祕密似的，而逼使得 CXZ 回去之後又畫出以下這一張來，即圖 11-12。

　　圖 11-12，首次用投影機在課堂上打出時，全班同學哄然發笑。他們都說：「這不就是你嗎？」

　　「這不就是 CXZ 嗎！」——果然出現了這麼一個能被同一社群的人所共同辨認的「己」字。它的角色內容，當時大家都知

道，像是某種特別的「夢遊者」。至於沒辦法被辨認的內容也很多，譬如：在裡面那隻圓睜的眼和外側那隻閉著的眼，到底哪隻在引導著這個迷糊蛋走路？睜著的眼和閉著的眼化合起來構成什麼性格？為什麼說這「就是」CXZ？

　　CXZ後來還繼續照此結構畫下去，更複雜也更想表現，但不一定更能夠成為一個像上圖一樣的如字之形，不一定更像個自我圖像（圖11-13）。

（二）

　　接下來，我們繼續看下一個案例。此一案例的圖畫是由YJH[51]所作（**請同步參閱附錄彩色圖，圖11-14～圖11-30**）：

　　圖11-14，是在亂筆中出現了一艘帆船，船上的人像是在逆風逆浪前進。

　　圖11-15，是豆芽，或向四處綻開的花蕊。誰？在幹什麼？你在想什麼？我們都不知道。

　　YJH也和別人一樣，沒有特定的話題想談。只是遵循我的指導開始下筆亂畫。我在下課後返家的路途上邊開車邊想：什麼是她的逆境呢？她的功課相當不錯，上課也很投入，她的表情很親和，掙扎奮鬥的意思為何在此出現？我看不出什麼來。花蕊是

51　碩士班研究生，女性。

有雄蕊雌蕊之分，這應是個有意的表達吧？

　　圖 11-16，像是一隻長頸鹿。我說：牠長著一個像非洲人的腦袋，頭上有羽毛裝飾。不是嗎？那不然是什麼？

　　圖 11-17，是個跳舞的女人。YJH 說她自己很想這樣跳舞，或說是狂舞吧！

　　圖 11-18，兩張臉孔出現，往下看的臉孔肖似日本的面具。

　　圖 11-19，至少有一個穿著長袍的女人出現，被 YJH 自己強調過。其他線條也可能暗示別的人，混在這場舞蹈之中。

　　圖 11-20，長頸鹿頭部的圖像和花紋，但故意誤置成橫向的？

　　接下來，**圖 11-21** 是一張不知所云的，無所用心的——亂畫嘛，不是嗎？

　　圖 11-22，更加瘋狂的舞姿，只是旋轉，想要用離心力把自己旋昏。

　　圖 11-23，有一個女人，帶著耳環，厚唇，性感的跪坐姿勢。

　　圖 11-24，是另一個視角之下的圖 11-22，一個凝重的核心和離心的運動。

　　圖 11-25，紡織品觸感，也像毛髮？

　　圖 11-26，又是長頸鹿的花紋，是某種帶有情慾意味的氛圍嗎？但中間有個大腹便便的女人，還很年輕呢。

　　圖 11-27，由圖 11-15 發展而來的花蕊、花朵、以及可能和

圖 11-18、19 有關的親近和擁抱。

圖 11-28，交纏的擁抱，怎麼可能不是？你在想什麼？JH？Adrian Rich 的詩裡曾說：我在想，一根水管和另一根水管，要怎樣銜接——你在想這個嗎？

圖 11-29，是的，她說，我在想這個（這時 YJH 流著淚），我的愛人是個女人。長頸鹿也是這個；狂舞的也是為了這個。

圖 11-30，一張用二十號畫布作的油畫：「我不要再害怕了。這是我的，也是我愛人的。」我，自我，他，都是的。

幾年後，我竟發現，「他」字裡的「也」就是這樣的他，指的是女陰，[52] 只是在現代漢語裡都要換用「她」。會指著自己鼻子的人當中，若指著女陰（或斜著臉，用下巴指著）說什麼？不就是「她」的「那話兒」？「那話兒」不但是個背棄語言的表示，甚至是在鄙視著我們現有的語言？我想我很難再說下去了，只知道我們能講出的是這麼一個屬於中間的東西，在我們的講話之間呈現的共創之物。

52　在許慎《說文解字》（成書於 100 A.D.）之中早已知道「也」是女陰的象形，但這個字形字義一直受到懷疑，只是其他解釋並不比許慎的說法更有道理。

【第四部分】
結語/補記

我把「分析」視為一種詮釋行動，用「特別注意」來當作地下的引線，使它點上「臨床／本土」的炸藥。我很久沒現身參加「華人心理學」的研討會，但是，在暗夜裡，因為十多年來的悔恨，我常在惡夢中看見的辯論場景居然就像是個研討會的樣子──有口難言，講不出話來的窘境。

「分析」的詮釋行動不是裝模作樣的研討會，而是在相遇者之間互相投注的交談。有些助談的方式可使這種交談不會只投注在情緒話語的表面（所指），而更有機會透過象徵，捉摸到意義的樣態（能指）。

對於上文還沒說透的部分，這裡用一則補記來談談怎樣可以很準確地掌握到表面以下的深意。

* * *

在糜爾納的一篇文章[53]中有這麼一張附圖（圖 11-31），如果拿來和 CXZ 的圖 11-12 作個比較，你會看出什麼來？

53　Milner, M. (1956). *The Communication of Primary Sensual Experience: The Yell of Joy.* International journal of Psych-Analysis 37: 278-89.

【圖 11-31】糜爾納書中的附圖（與圖 11-12 作對照）

　　不就都是在指「我」嗎？鴨子的頂端有一隻閉著的眼睛，而在頭部的正常部位也有一隻（不算張得很開的）眼睛；CXZ 的這張臉也有兩隻眼睛——裡面那隻猛睜著，外面那隻閉得像睡著的人。所以我們在課堂討論時，同學們都不約而同認為 CXZ 畫的是「夢遊者」，並且就是她自己的寫照。但是，現在用兩圖來作對比時，你雖會看到一種相同，即「外閉內張」，但也會看到一種相反，即鴨子的閉眼是緊閉（或猛閉），而 CXZ 的閉眼則是弛緩的閉上；反之，鴨子的睜眼不怎麼有力，但 CXZ 卻睜得很猛。我們如果要解釋這種同形異指的狀態，當然可以設法把兩人的相似圖樣拿來一一作比較，一定也可發現很多類此的同中有異現象。好吧，我暫時不多說，只補一句結尾：鴨子圖的作者是個有妄想狀態的精神病患者，而 CXZ 則是健康得不能更健康的

人。在麋爾納文章中，有人看出鴨子圖是故做姿態的欺騙，而我得說，**CXZ** 則是非常率直的自我表露——前者可怕，而後者可愛無比。所有曾經和 **CXZ** 相遇相交的人都會看成這樣，而這不是什麼魔法。下文會再碰到這個問題。

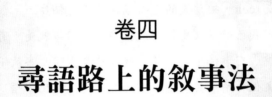

卷四

尋語路上的敘事法

言說、話語、論述本來都是同一回事。哪回事？就是我們使用的現代漢語中不管是自行生產的語言或夾帶著的借詞、外來語，有很多語意重疊但又稍稍不同的講說方式。我們本來叫做「講故事」的那回事，在學術語言中產生了一個術語，叫做「敘事」。漢語使用者對於此詞的用法會漸漸脫離它的原文，narrative 或 récit，把意義的重心擺在其中一個字上。如果別人還沒認出來，我已等不及要說，最重要的一回事就是「有事」。故事總是在說「有事發生」，甚至就說是發生了「事故」。我們常在談的「文化物項」其實更準確地說，是「文化事項」。因此，我們所用的「敘事法」也會帶有一種語意傾斜，就是對於所有被我們提及的「事物」，我們是向「事」傾斜，而不是向「物」。這種解釋化解了一種詮釋學上的傳說，說什麼在「中／外」之別上，前者注重精神，後者注重物質。這種傳說似乎已經變成一種化不開又不能證實的迷信。我們並不比西方世界更注重精神，因為近兩世紀以來，我們已經通過全盤西化（俗稱「全球化」）的過程，然後開始慢慢耙尋在地傳統的現代化（「西化」的雅稱）。「很有精神的文化」不會經過這種精神潰敗的歷史。我們唯一不敗的只在於我們還一直「用自己的語言講話」，就算是顛顛簸簸，我們也還一直能講故事。只不過，講故事所需的道理，我們稱它為「敘事法」，其中不得不夾帶著許多來自西方的道理。我們一面學習一面創造：用我們的語言學習，也創造我們的語言。

　　我們絕對無法把西方發展兩千年的敘事法全部搬進我們的意

義系統，只能見招出招。在這種情形下，我有三次在「生命敘事與心理傳記學會」上擔任引言人的角色，談談敘事法如何可能從ABC演化到XYZ。這三篇文章原先的題目都叫「敘事法的再反思」，分為三講。在此，我把各篇的題目獨立出來，但用意仍然是對於敘事法那說不盡的難題，給出一點點自己省悟的道理：用身邊發現的任何小故事來起頭，最後都會把我們導入所有人類共同面臨的處境（human conditions），也必然蘊含著語言的大道理。

我所謂的「見招出招」，事實上是以身邊發生的任何事件／事態／事故等等當作話題，然後一邊講故事，一邊講講「敘事法」的道理。這裡的四篇文章不可能對敘事法構成有系統的闡說，但更重要的是：面對任何能說的故事，我們還有什麼道理是沒說盡的？依我的看法，這些道理應該是「書不盡言，言不盡意。」——在這一部分所展現的就是信手拈來、見招出招的表現。至於故事的訴求對象（addressee），那也是每次講故事時意有所指的，其中尤以第十五篇為甚：在講人話之前，我們不但需先懂得歌詞，也必須知道什麼是鳥話——把三種「面」連成一氣，不見得是面面俱到，卻甚是別開生面——我在受邀去人民大學參加一場關於「文明城市」的研討會時，把自己保存的好幾本《訪陸筆記》翻開來，抽出一些可以扣合研討會主題的一些材料，最後編寫成另外一種信手拈來的文章。這篇文稿就在該研討會上宣讀過，後來投稿登在《應用心理學研究》期刊上。有趣的是，在研討會上，當時的聽眾好像聽了不太高興，紛紛以辯護式

的發言來回應我談的主題：地面（骯髒）、桌面（骯髒）到顏面（鬼臉，還是骯髒）。他們的辯護彷彿是說我對於文中所述的「文明城市」有頗多不了解。我在總結回應中則點明：每一個社會中人對於自己的社會都會有盲點，這裡特別不例外，譬如滿街軍警橫行的現象云云。研討會在近乎冰凍的氣氛中結束。只有一位博士生追出來，對我說：「宋老師，我知道您是要談這裡的政治文化，是嗎？」──果然有人知道我說的不是鳥話。

講故事‧說道理：
如果在雨天一個客人[1]

【圖 14-1】宋文里作品《小即興之一：迷航記》

（**1984/3/24**，彩色圖請見附錄）

1　本文是 2014 年於生命敘事與心理傳記學會演講的腳本。

一、如果在雨天一個客人……

你就要開始讀伊塔羅·卡爾維諾（Italo Calvino, 1923-1985）的新小說《如果在冬夜，一個旅人》。放鬆心情，集中精神，什麼都不要想，讓周圍的世界漸漸消失。最好去關門；隔壁總是在看電視……

是的，這是文學家卡爾維諾開始寫小說的方式。我說他是文學家，而不說他是小說家，因為他還寫了很動人的文學理論，譬如：*The Uses of Literature*（1980/1986）、*Six Memos for the Next Millennium*（1988/1993）。寫小說是講故事，寫理論是講道理，故事的道理。「故事的道理」？在我們的場子上，換用我們的語言來說，這就該叫做「敘說的方法論」了。

人類講了幾萬年的故事，所以，故事的道理和敘說的方法可多了。其中至少有一種方法叫做「擬仿」（parody），有時也可稱為「戲仿」：一個方法，就至少含有兩種道理，看你怎麼用吧。

我在這裡，是在學術研討會上演講——這到底是在說故事呢？還是在講道理？我們不必擔心隔壁有人在看電視，我知道你們當中，有的正在放鬆心情，有的則在集中精神，是的，一切正如所料，但這並沒有解決我剛才自問的問題：**這到底是在說故事呢？還是在講道理？**喔，對了，我提到，至少有一種叫做「擬仿」或「戲仿」的道理。我們也至少也可說它其實包含著一石兩

鳥的解決之道——我們一邊來仿著說故事，一邊來講講戲擬的道理，各位覺得如何？

我剛才沒徵得大會的同意，逕自先吹了一小段笛子。那是一首客家民謠，叫做「落水天」，也就是普通話「下雨天」的意思。客家悲情和閩南悲情有點相似，譬如「望春風」裡的獨夜孤燈，只是我得稍稍加點提示——那下雨天裡的客家人也很孤獨。故事是這樣的：

一個客人（客家人），去朋友家裡作人客（作客）。

在別人家住久了，再怎麼好客的朋友都可能會不耐煩了。於是，這位朋友決定提醒一下他的這位客人（人客）。他趁人客不在的時候，在客房的牆上貼了一張紙，上頭寫道：

下雨天留客天留我不留

我相信這故事很多人都聽過，後來的發展就變成這樣一場文字遊戲：

主人的意思是故意問他：**下雨，天留客，天留我不留？**

而這位另有隱情（其實是悲情），也一時無法離開的人客，就這麼回答了：**下雨天，留客天，留我不？留！**

這只是用一段故事，擬仿著卡爾維諾的開場白，來作為我的開場白吧，事實上，這其中該講的道理還真不少——然而這

些道理，特別是其中包含的把戲，你們到底聽沒聽過，我就
不敢說了。

二、論述／話語；敘事／故事；能不能說；etc.

簡奈特（Gérard Genette, 1988）說：敘事法是由三個因素
組成：story, narrative, narrating。其第一、第三兩者很容易
懂，就是「講成的故事」與「敘說的動作本身」之義，但第
二者是什麼？他的解釋是：the discourse, oral or written, that
narrates them（the stories）。

呂格爾（Paul Ricoeur, 1985）的說法則是用兩分：the
utterance, the statement。兩者間的關係造成一種 splitting
（分別），就是：the splitting of narrative statements into
descriptive statements and modal statements（**描述的陳示與**
樣態的陳示）。

這樣說，我就確定了簡奈特和呂格爾說法之間的關係：呂
格爾的 utterance 接近於簡奈特的 narrative，而簡奈特用的
discourse 一字不是說**語言表現**（故事與敘說），而是一種
傾向於使語言出現的前語言狀態──就呂格爾 r 來說，這
不是 doing，而是 wanting（to do something），也就是一種
being able to, and knowing how to 的那種傾向於語言敘說的
狀態。

我把這裡的 utterance 譯為「敘意」，而 statement 則用通常使用的「敘述」或「陳示」。至於為什麼 narrative 要譯作「敘事法」呢？從簡奈特的區分就不難看出：他的 narrative 既不是故事，也不是敘說的動作，而是個第三義，本來我也可將它稱為「敘意」，但它更像是一種「成竹在胸卻仍無竹」的那種「能夠說也正欲發言」的狀態。正是台語說的「有法度」是也。「有法、有度」就是指「法已在此、度已在此」，因此，下一瞬間，它就會了無障礙地說了出來。

「在此」其實是比「在心」更好的說法，但因為無字可表，所以暫把它叫做「意」，有點像是一種「心」，但那個「心」字真是很異化的字眼，如同別人在說我，或如同語言寄託於器官；可是在言說者，通常只知道自己在不在語言之中，而不會管它在心在腦在口在手或在任何可指的器官裡。我們必須先知道這種「**言說者在不在語言之中**」的說法。然後再來理解那些討論 narrative 和 discourse 的歐洲菁英們，到底是在講些什麼。

2003/2/12 記以下兩書讀後：

Gérard Genette(1988). *Narrative Discourse Revisited*. p.13

Paul Ricoeur(1985). *Time and Narrative* (Vol. 2). p. 50-51

這一則教學筆記寫於 2003 年 2 月 12 日，也就是說，我在研究所教學裡談敘事法的道理，早在十六年前就已捲進這種「水文」。但是，我得承認，我不曾把這些筆記整理起來，寫成一篇

合於期刊水平的文章發表。最多只在 2002 年《應用心理研究》上寫了一篇回應夏林清教授的文章，其中談過一點點有關文本的出現、詮釋的立場以及文本更新之必要等等幾個簡短的道理。[2]

但我要再提提我在另一種學術表現上的衝擊。2001 年我翻譯出版了布魯納（Jerome Bruner）所寫的一系列文化心理學（cultural psychology）著作之中的一本，即《教育的文化》。[3] 該書中有兩章談敘事法的理論。我聽到不少社會／文化界讀者的反應，但從沒聽到心理學界有任何反應（除了聽我課的研究生之外）。沒想到 2010 年，我接到一則來自北京中央民族大學教授常永才教授的 e-mail，他說他們一直在搜尋有關文化心理學的漢語著作，後來發現我竟在九年之前已經翻譯出版了一本這樣的好書。他在興奮之餘，還邀請我就這本書寫篇評論，好讓廣大的漢語讀者能有機會管窺一下這本書。我後來答應了，也寫了、刊登了這麼一篇文章。[4] 對於這本書，我自己最在意的就是關於敘事法理論的那兩章。不過，書海浩瀚，布魯納自己也承認，他寫的

2　宋文里，（2002b），〈敘事與意識：另一個對話的位置〉，《應用心理研究》，16 期，p.157-185。

3　布魯納（Jerome S. Bruner）（2018），《教育的文化》（宋文里譯）（*The Culture of Education. Cambridge, MA: Harvard University Press, 1996*），台北：遠流出版社，修訂再版。第一版出版於 2001 年。

4　宋文里（2010），〈代文化心理學的緣起及其教育意义—美国心理學會前主席布魯納《教育的文化》评述〉，北京：《民族社會／文化研究》，21 卷，6 期，p.23-29。本文實係本書第二講〈文化心理學的學科承諾：從布魯納的轉變談起〉一文的減縮版。

敘事法理論，其實都是早已在文史領域中累積發展了幾世紀的知識傳承，在最近的一波「文化轉向」或「第二次認知革命」之後，[5] 許多當代作者所談的敘事法理論都是他參考的來源——在其中，他承認自己並不算有什麼貢獻。譬如他花了不少篇幅介紹了歷史哲學家海登・懷特（Hayden White）的理論。

我只要講講懷特的一點點道理，然後，循著他的道理，我會再回到說故事的模態。

懷特說：十九世紀有幾位史學大師，譬如：Tocqueville、Burckhardt、Huizinga、Braudel 等人，在他們的歷史寫作中，關於敘事法的問題，他們採取了這樣的一種態度：

> 他們拒絕講那些關於過去的故事，或說，他們甚至沒說出什麼清楚標明開頭、中段、結尾的故事……他們當然是在敘說他們所見的，或認為他們見到的實在（reality），都存在於他們所檢視過的證據之中，或背後。他們實際上並沒有敘說那些實在，也沒有把故事的形式強加於那些實在之上。[6]

換句話說，懷特看出當時的史學巨擘們對於敘事論述有兩

5　這大抵是指二十世紀八〇年代抵達北美的新學潮。要言簡意賅（但不太準確）來說，就是「後現代風潮」吧。

6　White, H. (1980). The Value of Narrativity in the Representation of Reality. In W. J. T. Mitchell (Ed.) (1980). *On Narrative.* Chicago: The University of Chicago Press, p. 2.

種截然不同的看法：其中一種是公開接受他們對於世界是「有觀點的」（也就是這些巨擘們不採取的方法），並且也把他們的所見所聞都報導了出來；而另一種（巨擘法門）則是要假裝（feigns）他們在讓世界自說自道，並且還自然能說成如同故事（as a story）一般。

三、好故事、爛故事，有何區別？

台語對於陳腔濫調的表演，有個成語式的說法，叫做「歹戲拖棚」。一個阿公要說故事逗孫子們，說了十分鐘，如果有個孫子打著哈欠說：「真無聊！」那麼，這位阿公的孫子們很可能會一個一個去尿遁、睏遁，或反正以任何藉口離開，不聽了。

當我們很習慣地把心理傳記也好、生命敘說也好，都說是在說故事時，我們如果無法保障我們說的是好故事，甚至我們幾乎只能保障它有個故事般的形式（但不能保證它不是濫／爛故事），那麼，聽故事的人憑什麼非聽下去不可？你不滿意電視上天天播放的肥皂劇在打擾你閱讀卡爾維諾的新小說《如果在冬夜，一個旅人》，你可以像卡爾維諾建議的那樣，對隔壁看電視的人大叫：「我在看書哪！不要打擾我！」或逕自把門關上。但現在我正面臨著一個阿公所面臨的挑戰，並且深知這些孫兒們都已經不必使用尿遁法，而敢直接對我喊道：「真無聊！」——是的，我要回到一個故事，讓我的道理滲入其中，要保證故事好聽，這，可該怎麼辦？

我原先說，我只是在擬仿或戲仿，但無論如何，還是要玩出

點把戲，不然的話……不不，且聽我說說我的故事：

怪，[7]就是怪。我最近接到行政院客委會打來的一次民調電話。我在回答時相當強調：我是個客家人，我會講客家話，我從不反對這個「客家認同」。但是，這場電話民調，後來在一個怪問題上卡住了。並且幾乎是不歡而散地終止了這次電話交談。

（這只是一段開頭，先暫賣關子，打住一下）

我在多年來的研究所教學中，不論是文化心理學課程，或方法論課程，都一直強調要開發一種近似於生命敘說的新方法，叫做「自我俗民誌」（auto-ethnography），至今已經指導出不下十幾本的博碩士論文。這方法可以簡單說，就是把自傳和俗民誌結合起來，寫自己的同時，也要寫出你所代表（或認同）的那個「族群」──不論「「族群」是怎麼定義的──換言之，你個人的生命史和一個族群的社會／文化史是不可分離、不可裂解的同一回事。對於這段為時不短的教學過程，我暫不多說，有關自我俗民誌的理論在那些學生們的論文裡也都已有闡述；但看看我自

7　這裡需要交代一下關於輔大心理系幾位教授被學生戲稱為「怪咖」的問題，以及武漢大學的鍾年教授為我們作的「解圍」：「怪」者，心字旁，有一聖也。這幾位怪咖教授實為「聖」，或至少是「聖人之徒」。我們自己作不出這種解釋，是因為我們沒想過簡體字的「怪」，右邊確實是個「聖」字。

己所有已經發表的作品，也可立刻看出：我自己很少寫這樣的一本，或一篇，「自我俗民誌」——那麼，我可以在這裡多少彌補一下這個缺憾嗎？現在就讓我來講一個客家人的自我俗民誌。

聽起來不太可能。我知道我剩下的時間可能不到十分鐘了。什麼生命史可以在這麼短小的篇幅中說出什麼東西來？這想法真怪，怪透了。不過，話說回來，請姑且聽著：

我最近比較常作的休閒運動就是在住居附近騎腳踏車。這一帶環境屬於人口稀少的丘陵地，樹林、草叢的生態保持得還不錯，山光水色都很宜人；只是幾條大小公路也鋪得不錯，所以確實很適合在這裡騎腳踏車。比較怪的是，我不知何時開始發展出一種習慣，就是騎車時看見橫過馬路的小動物——我是說毛毛蟲、蚯蚓、青蛙、蝸牛等等，我會停下車來，在路邊取根竹子、樹枝或樹葉，把牠們帶離路面，放回道路邊的草叢，以免牠們被快速通過的車輛輾死。毛毛蟲會長成漂亮的蝴蝶，蚯蚓會幫忙鬆土，青蛙會幫忙吃掉一些蚊子，至於蝸牛嘛，那只是因為牠那慢吞吞又不知死活的樣子，怪可憐的。

有一天，我還幹了一件讓旁邊經過的人都會覺奇怪的事：我停下車來，用樹枝把一條死蛇撥進草叢裡。奇怪嗎？不，我是這麼想的：這條蛇其實長得蠻漂亮的，只是不幸在橫過命運之途的當中，無情的汽車為牠帶來生命的終結。牠橫死在路上，算是客死異地，或客死他鄉吧？而牠的屍體還不知要

繼續被經過的車輛輾壓多少回，這死無完屍的命運，真是天地良心所不忍也不容呀！所以，我至少得讓牠保持一點點尊嚴，不要死得那麼難看。

「客死異地」，「客死他鄉」，這是對於客家人而言，特別有意義的字眼嗎？我可以用我的「客家認同」來解釋我對於小動物的天地情懷嗎？「死有重如泰山，有輕如鴻毛」，可以解釋我在想著的天地情懷嗎？我不知道這樣的道理能不能說得通。但是，有一點我可以說的竟是，完全相反，我不能說通。這就把我的故事帶回到上文提到的那場電話民調了。

民調問到接近末尾的時候了吧，電話裡傳來的下一個問題是：

「作為一個客家人，你認為自己光榮不光榮？」

——欸，等等：「你問什麼？你的問題是什麼意思？」我登時就這麼打斷了「民調」的公認形式，而跳到問題之外。

「沒什麼意思，」調查員說：「問卷上就這麼寫的，我只是唸問卷而已。」

「你在唸問卷，但我可是在和你講話呀！我要知道你的意思，否則我要怎麼回答？」

「可是，先生，這問題……不是很簡單嗎？」

「喔，不不不，你得回頭問問你們設計問卷的人到底在想什麼。對我來說，這問題不但不簡單，還甚至是很詭異的——詭異，你懂嗎？就說有鬼也好，反正我不知道該怎麼回答就是了。」

「那我就填『不知道』，可以嗎？」

「不，我哪是回答『不知道』，我明明是說：我不知道問這問題的用意何在！」

「那，我該怎麼填呢⋯⋯？」這調查員被我弄迷糊了，她怯怯然地停頓了一下。

「告訴你吧，小姐，你就填『拒絕回答』，可以嗎？」

「可是，問卷上沒這個選項耶⋯⋯」

「那總有個『其他』可選吧？就這麼填好了。還有，我不打算答完這問卷。我已經完全倒胃口了。對不起，再見。」

四、「詭異」的道理

我覺得「詭異」的道理何在？諸位看倌，你們知道我當時在想什麼嗎？記得我先前說過：語言有樣態的陳示與描述的陳示嗎？也就是有「敘說」與「敘意」的差別嗎？那位調查員無法區別，但我可不是拿自己的講話來鬧著玩的——當然也不是別人可以拿來尋開心的。

「客家人」和「光榮」有什麼關係？很多人都說「有啊、有啊！」，但我倒要問問你：「啊什麼啊？有什麼有！」——你知不知道「大盜出，有仁義；六親不合，有孝慈」的道理？客家人從歷史上就一直是外來客，不知這歷史要算上八百年、一千年或是三、四千年，但畢竟世界上從來沒有一個民族或族群會自名為「客」的，只是時代洪流已經不允許你自問何以客名了，所以我就說，「我是『客人』」。但是，原鄉與客居之別，在客家人

486 ｜ 文化心理學的尋語路：邁向心理學的下一頁

之中不是特別有此意識的嗎？原鄉不在了，因此就以客居為家鄉了。作客還常常要看別人留不留你呢！不留的話，怎辦？那就是台灣史上百多年中，發生過幾百次閩粵械鬥的歷史，所告訴我們的答案。就在台灣，就在我們現在居住的這個小島上，還有另一批本地人／外來客的鬥爭史，開始發生於上一世紀中葉，到今天還沒鬥完。只是，諸位，講故事不一定要講這些，不管你是知道或不知道，我要回答的就只有這麼一個聽起來很小，但就是詭異無比的問題：「客家人，光榮不光榮？」──鬥爭以求生，光榮不光榮？先前渡海之時，橫死於黑水溝，光榮不光榮？回大陸梅州原鄉「探親」，被電視台採訪員問道：「這認祖歸宗之旅，光榮不光榮？」──你要怎麼回答呢？

我拒絕回答，因為相隔兩百年後的親族相見，到底宗門何在，已經根本不可考了。連當地的祖墳，後來都是我們台灣宋家族人出資去重新興建的，包括通往新墳的一條馬路。所以，我的故事不能停在這裡，就再岔回到馬路上營救一些毛蟲、蚯蚓以及為死蛇安葬的離題方向去吧。

但是，不要以為我真是個會讓孫子們覺得無聊的故事阿公。我不是這樣的人。我至少要讓聽故事的人知道：像蟲蛇這種小東西的生死，其實就是個重如泰山或輕如鴻毛的問題哩，就看你怎麼看這世界罷了：知不知道三代古史留給我們的遺產是什麼嗎？在中原，夏代的祖先叫做「禹」，是一隻蟲，或是特大號的蟲（叫做「龍」）；而在大約同時，南方的始祖神叫「女媧」，大家都知道她有蛇身。蟲蛇的死生，究竟是重如泰山或輕如鴻毛

呢？

　　我要結束這個故事了，只是免不了要再回到卡爾維諾——他對於**輕重**的問題很有看法，但他是引用了詩人保羅・瓦樂里（Paul Valéry）的說法：「你要身輕如燕，不要輕如鴻毛。」[8]——我們要談**輕重**，至少要知道，前提是**生命**，而不是無關緊要的燕泥鴻爪。作客也好，流離失所也好，要緊的是落腳活下來。至於「光榮」，那就留給那些滿腦子法西斯意識的「族群」們，去作他們的文章吧！

8　Calvino, I. (1988/1993). *Six Memos for the Next Millennium*. New York: Vintage International, p. 16. 瓦樂里（Valéry）的說法原本是這樣的：One should be light like a bird, and not like a feather. 我的翻譯當然是在不扭曲原意的狀況下，用來接合此處的語境。

敘事、意識與事事之法 [1]

We tend to take the speech of a Chinese for inarticulate gurgling. Someone who understands Chinese will recognize language in what he hears. Similarly I often cannot discern the humanity in a man.

—— *Wittgenstein, 1914*

A new word is like a fresh seed sewn on the ground of discussion.

—— *Wittgenstein, 1929*

夫唯病病，是以不病。

—— *老子，c.600-470BCE*

神農之世，臥則居居，起則于于。

—— *莊子，c.369-286BCE*

1　本文為 2015 年於生命敘說與傳記心理學會演講的腳本。

我想再續的前緣，是去年本學會舉行研討會時所講的一些問題，譬如講故事與說道理之間的關係，以及信手拈來的故事是否可以說出些什麼道理；然而就在反覆思索前緣後續的關係時，有位老友提醒我：十幾年前，我和夏林清老師的一場對話，其中提到的敘事法，可能更值得我作延伸發揮。

　　這些都是對的，但我還有另外的想法，就是想用「續篇」來盯住「敘事」（narrative, récit）這個主題，因為知道它早已經歷長久的發展而不能不帶上「敘事學」（narratology）這堂皇的冠冕。只是，在漢語中，我比較偏愛使用「敘事法」。我愈來愈覺得：我們在談故事時，甚至連形成一個故事的基本單位到底是什麼，都好像沒有產生我們自己（在敘事法中）所需要的基本單位之定義──我是說，除了「何謂故事？」之外，我更關切的是「何謂一事？」的問題，也就是說，在許多用以表示故事單位的英語詞彙中，譬如：

　　　an instance

　　　an occurrence

　　　a happening

　　　an event

　　　an incidence

　　　a case

　　　an episode

　　　a state of affair

在這些之中，漢語的「一事」究竟和以上那串英文中的哪個單位最為接近？

　　或說，根本沒有一個有可能「接近」，因為我們各自在各自的語系中造字、造詞，其間並沒有先天的默契，可讓我們享有不必傷腦筋的共同語境。好在當我們為造詞造字之法而感到山窮水盡之時，我們本身使用的漢語字詞卻可以回頭來給我們的「何謂一事？」和「所為何事？」等問題照亮一條可能走對的道路。（「漢語心理學」，至少是這樣的意思。）

　　敘事者所敘何事？何謂一事？

　　從古代語言學中所謂的「指事」或「象事」之中，我們也許可以從可指、可象之字中，找出若干接近的暗示。

一

　　「事事之法」這個令人費解的標題其實只是伴隨著一個「用拇指和中指捻出噗地一響」的小動作[2]而產生的念頭。但若要說得稍玄一點，也可說：1.它和漢字造字法的「六書」（或現代漢語的訓詁學所說的「二書」、「三書」）有關，其要點就在於上文提及的「指事」或「象事」之中；2.它更和維根斯坦

2　有人向我提議說，這應該就是「彈指」吧？但請看「彈指」的解釋如下：「彈指（梵文 acchat　），是指捻彈手指發出聲音，古印度習慣以拇指、中指壓食指，以食指向外急彈，是一種習俗（但不知是什麼意思）。」這顯然不同於我們今天所指的英文「snap the fingers」，也就是現代漢語裡無詞可對的小動作。

（Ludwig Wittgenstein）的哲學心理學，以及加芬克爾（Harold Garfinkel）、薩克斯（Harvey Sacks）的語言、語境、對談分析法有關。這些充滿玄機的想法，目前暫且按下不表，待我們的講說對話達到一定的熱度，它自然會冒出「自燃」的火花——或是像兩片燧石對撞一樣，冒出對話的火花。我說的「對話」，一方面就是這裡你我當下的處境，另一方面就是我已提及的，和夏林清教授在《應用心理研究》這份期刊中出現的一次有關敘事法的對話。

二

別以為我們對於日常生活早已如此熟習以致對它無事可說。即使這「拇指和中指一響」的動作叫做什麼，以及用來幹什麼，我們也沒個簡單通用的方法來說它。於是像這樣的一堆非言語的動作，和一些未必達意的言辭連在一起，常常就構成我們所作的一件事。最後，這些種種的事又以恆河沙之數而構成我們的日常生活。我們最最熟習的日常生活竟然是這樣一條說不清的長江大河。

我和其他人一樣在生活中演練像這樣的觀察，年復一年，而結果並沒有比不觀察時多出什麼好說法，你說奇也不奇？直到我開始讀些加芬克爾和薩克斯，又發現他們的前輩，即劍橋的哲學家維根斯坦，才總算把這難以言說的生活問題弄懂了一點點——開始的一點點——並且不太確定它究竟「開」了什麼，「始」了什麼——我很擔心我們的漢語常有一語多義的聯想，或料想不到

的字源，會把我們弄得心驚肉跳。

三

我不相信像「敘事學」（narratology）這麼後設的學問可以假定其中有「一套」系統嚴明的方法論。除非是說：對於所有已然被作成一套套系統的方法，它自會有一種後設的收納方式。我把博金霍恩（Donald Polkinghorne）的 *Narrative Knowing and the Human Sciences*（1988）看成這種收納性的方法論著作之一例——它不過是一本有用的字詞新解罷了。但是，我們一看就會知道，這本篇幅不大的書是供一定的使用者在一定的場合使用。和普通著作的使用者所不同的是：後者可通用於日常生活的各個時空，而前者卻只在日常生活「之後」，譬如在夜闌人靜時，讓一些挑燈夜戰的研究者（並且也只有在他們書寫這種評論時）使用。至少我想說的是：這可不是什麼俗民語言、心理語言；不是文化和社會「之中」的語言，而只能說是「之後」的語言。

四

假若我們朝另一方向跳到「之後」行不行——譬如跳到語言「後面」的意識經驗裡？我們假定有個真正的東西在語言後面，同時假定語言只不過是這個「東西」的簡單代號——「玫瑰玫瑰，換個名字，還不是一樣芬芳？」在現代的日常生活經驗裡，我們也傾向於這種認識——換個品牌，還不就是個電鍋、筆電、手機？但是，想過第二輪之後，我就再也無法同意此說了：一把

椅子還不就是一把有腳有坐墊的椅子？但是這種「椅子」在唐代以前的漢語裡是無法想像的。那時候的人只知「坐」的動作和「席」或一種鼓狀的木塊、石塊相連。名字的存在已經把很多文化過程（譬如歷史傳播過程）都寫入其中。意識經驗被前經驗所決定，而名稱是前經驗最好的貯存方式，所以，意識經驗實在不是什麼真正的「東西」。這是極簡版的現象學與詮釋學——而我們在當今，都會假定許許多多的敘事研究者早已經隨著學術的文化過程，而經歷過（或總會經歷到）像這樣的意識重塑或意識更新。

　　但是，即令你能說什麼什麼「前經驗」，那又怎樣？

五

　　約莫十年前，有一次我走進新竹市南門街武聖廟前的三角公園，我的穿著沒有任何驚人之處，坐在那裡看看喝茶的老人，或站在那裡看看賣草藥的郎中，我真覺得我的處境像是巴代伊（Bataille）說的一種動物性（animality）：「如水在水」（like water in water）。但是一拉出我的相機，處境登時改變。老人抬頭看我，郎中斜眼瞄我，一位年紀不輕但打扮入時的女人正要踏進我的相機鏡頭之內，卻陡然拉住她的腳步。我變成水裡化不開的一滴油。我像任何一位敘事作者一樣，必須先假裝我的觀察是在執行一種神聖的學術任務，才可以不理會這些社會夥伴們（fellow-men，這當然包含夥伴男人和夥伴女人在內）對我的區隔。我的社會和他們

的社會不同，這是回到夜闌人靜的書桌前最可以安慰我自己的說法，但是，明天我若再回去三角公園時，我該如何忍受那些有思考的、懷疑的、不想讓我參一咖的眼神？

六

加芬克爾對於觀察所設定的改變是：你必須回到**成員**（member）的處境，奪回你的成員身分（membership）。這不是說什麼加入、滲入他者的皮膚底下，或進入別人的鞋子裡（這句話的典故 under your skin, into your shoe 其實都不是漢語），而是說，你要知道一個社會，唯一的方法是：**你就得是那個社會的成員**。對異文化好奇的刺探，以及剝削的預謀，在經歷過許多「後殖民論述」的當代語境裡，無論如何都已經無法獲得人性的正當性。在生命敘事裡出現的「族群」，其實常只是異文化者的虛構，除此而何哉？生活之中的人本來都會講話，也正在講話，而別人為他們所作的代表發言（或語言再現）一定言不及義。他們（特別是研究者）所說的，僅僅是為了他們有自說自話的「學院傳統」之故。

七

那為什麼加芬克爾說他的學問（即 ethnomethodology）是「ethno-」（俗民、民族）什麼的？我想他是說：那「俗民」其實就是人人，我們，咱們。在日常生活這個「不朽的結構」（immortal structure）之中，我們各自使用種種手法來和我們

的社會夥伴們打交道。雖然手法複雜萬千，但路人皆知，只是常常說時遲那時快而已。這些手法被稱為某某「方法論」（methodology）實在有點太那個——但在社會學裡還有更做作的稱呼，把它叫做「社會行動」（social action），因此也可以產生一種叫做「行動研究」的方法論來對付它。講白一點，他們只是在從事他們的日常生活，在行事之時用社會關係給做出來而已——而那關係本身常常就是最主要的一事。他們常常知道他們在做什麼事，或至少有辦法邊做邊把那「事」給形成。即令他們說自己在「無所適事」時（就是卡通裡的小孩克里斯多夫對小熊維尼說：好朋友在一起就是「沒做什麼」，而我的家人在 Line 上建起一個「親友團」，藉此可以常聊天，也就是「沒說什麼」），很可能，他們和我們都已經做了一件幾可與古代聖哲相互比擬的大事。聖哲的金言和普通人隨口說的話，照加芬克爾的說法，乃是共享著同一個「不朽的結構」。

想到這裡，我又用拇指和中指捻出「噗」地一響。

對了！這回我想到，也想說的是：在那個三角公園裡，我怎麼可能這樣說？

八

甚且，我更該說的是：誰會想聽你說？

你能說：他們聽不懂，What a shame! ——你能這樣說嗎？

當年在那個三角公園裡，我不會笨到招人來聽我這言不及義的言語。我不會對他們說。**不說，是我的方法，而不聽，**

則是他們的方法。我決定把數位相機收起，繼續留在那裡圍觀草藥郎中的示範，甚至接下他遞來讓圍觀者喝一口的「見本」，一口紫色的不知什麼水，且毫不猶豫地喝下去，那也是我「變回成員」的一種方法。

但接下來，我的難題就來了——這樣我還能寫什麼？作民族誌（或俗民誌）的老手本來就會建議說：沒混到很熟的地步，你就別寫什麼什麼「誌」了。而在經歷這寫與不寫之間的磨難之後許久，我只想再加一句：如果你早知一定無法混到很熟的地步，那麼，除了不寫之外，你也許還須另闢他途。不然我能怎麼「賺吃」呢？

九

薩克斯（Harvey Sacks）的妙方是接在加芬克爾之後才發展出來的。他在 UCLA 以及 UC-Irvine（1964-1972）的八年之間，上課時所用的講義常只是一兩句話，或一段不到兩頁的交談對話記錄，然後要他的學生和他一起「討論」這些話究竟有何意義，也就是說，從這些話語中，我們究竟可發現「何事」？或對話是否能形成「故事」？

薩克斯提供的一次典型的「可開始」討論的事例（或「故事片例」）是這樣的：

The baby cried. The mommy picked it up.[3]

他的意思是說：要形成一個可供討論的「故事」至少需包含數個 utterances（可示意的陳詞）——這個 utterance 的單位甚至沒出現在上文所列的那串單位中，其理由是：一個 utterance——我們稱它為「一次陳詞」好了——甚至不一定可構成一句話，因此一定不足以「生事」或「成事」，也就是說，它不足以為一事。但在薩克斯接下來的討論中，那兩段陳詞所構成的一事，確實可以衍伸出許多相關的事件脈絡，或值得說的一串東西（薩克斯說這是 a stuff [which has] a series of virtues to them）。譬如可說什麼呢？娃娃哭了。媽咪抱它起來——這個媽咪就是那娃娃的母親。但是，原來聽到的兩段陳詞（也可說是兩句話）之中並沒有說媽咪是「它的」（或他／她的）。所以，薩克斯才會問道：

> 現在，這件事並不是只有我把它聽成那麼回事……當我把它聽成那回事時，有趣的是：我也覺得非常有自信——你們所有人，至少是本地人，也都會聽成這樣。這是一種什麼魔法嗎？[4]

那兩段陳詞並不只是一陣嘰哩咕嚕，而是在說話，並且也構

3　Sacks, H. (1992). *Lectures on Conversation* (Vol. I) Oxford, UK: Blackwell., p. 236-266.

4　同上，p. 236.

成了說故事的片段，**而那沒說的部分，是不需說，**我們就都聽到了（在這裡，我假定諸位在座的朋友們，雖然不一定是什麼講英語的「本地人」，但至少是聽懂、看懂英語的，正如維根斯坦所假定的懂中文、懂漢語的人一樣）。那麼，這真是什麼魔法嗎？這難道不算是敘事學的一種基本門道嗎？

十

我還引了兩句《老子》、《莊子》。在談「門道」的時候，我可不是想牽扯到什麼道家，而只是舉了漢語的片例，來說明「病病」、「居居」、「于于」或「事事」的語法規則而已。病其病、事其事，都是同一字，先當動詞，後當名詞。這就是為什麼不懂漢語的人會覺得這聽來簡直像是雞鳴狗叫。我們就先原諒他們吧（since they are not natives of our kind）。我們的門道現在進入漢字──常常不是一次發聲，而僅是一個字，就足以如維根斯坦所說的：「像在討論的園地裡撒下一棵新鮮的種子」──並也可能發芽長出個可道之事。

我要宣稱的一個門道是這麼說的：在漢語的心理學，以及要它包含敘事法之時，我們常可憑藉「一事」作為單位，而衍伸為一段可說可道的故事。對此「一事」，我本可說，人必須在作事，或從事於某事，才可知道那是怎麼回事。好了，我的「一事」，現在出現一個關於單位的計量詞，叫做「回」──「一回」，要怎麼翻譯為英文呢？（這可讓在座的諸位稍稍傷點腦筋）當然，現代漢語的使用者很可能會改說「一件事」。「一回

事」就是「一件事」，但，當我們談章回小說時，談到「第幾回」，你就不能把它說成「第幾件」了。這還只是小事。不值再論了吧？

但你真的知道什麼事大，什麼事小嗎？所以我才會特別使用「事事之法」來強調：人必須在事之中，從事其事，然後才可能曉得事的大小。這樣說，就把我們帶回了加芬克爾那套俗民誌方法之中的「成員」論去了。

十一

我的道理已經講得夠多，我想我該回頭接續我原先說的那個三角公園故事。但，我的「接續」是要接哪裡？我在開始時就預告過，我要接續我和夏林清老師的對話。那是因為她談她參與的那些性工作夥伴，而我就用個鬥牛的隱喻把這問題半接半引到關於「語意革新」的問題上。也許，有些人會覺得我在對話中離題了。是或不是，沒關係；但這回，我要接上老夏的話題。

記得我在那三角公園裡談到：

> 一拉出我的相機，處境登時改變……一位年紀不輕但打扮入時的女人正要踏進我的相機鏡頭之內，卻陡然拉住她的腳步。

諸位看倌知道那個女人為何「陡然拉住她的腳步」嗎？這裡有些背景必須交代。那個三角公園早先曾經有很長一段歷史，一

段關於性工作者和他們的老恩客的故事。三角公園原先也常被稱為「老人公園」，因為那裡經常坐著的就是新竹市居民中的老人，來自四面八方，而不只是附近鄰居。為什麼？因為這裡其實是許許多多阿伯們所嚮往的「喝茶樂園」——喝什麼茶？就是當年稱為「茶室」（絕非今日的「茶藝館」）的那種茶。一群六旬到八旬的阿伯們圍坐開講，其中會有幾位五十歲上下的「阿姨」們陪著。有一次，我在那裡看見一位阿伯的腿上坐著一位阿姨。那位阿伯張開雙腿，而阿姨就側對著他，坐在他腿上。

這光景，假若我能用甲骨文時代的造字法來「指」、來「象」的話，那就會形成像這樣的一個字：

為什麼不乾脆點就講講那裡發生什麼事就好了？繞彎去談甲骨文幹麼？請別不耐煩。我們不就是在「講古」嗎？陳年往事的回憶，有時就會讓人在想「與古為徒」之時，一下拉出好多不同層次的記憶。

我讀小學五年級時，住在那三角公園附近，武聖廟所在的那條街。在那年紀，我已經被養成這樣一個孩子：我從家裡往武聖廟方向走時，在有騎樓的地方通過，但走到一家「茶室」門口，我會拐彎走出騎樓，待過了那家茶室之後才又

拐回騎樓繼續走。這個拐彎走避的動作,簡單說,就是我怕髒。茶室門口很乾淨,但門邊坐著一位等客人的女郎,我怕。

武聖廟旁有一條小巷,當地人都稱之為「中巷」,那是新竹市著名的風化區之一,這些風情地貌在網路上可以查到很多資訊,我就不必多說。要說的是:自從這個圍繞著中巷、武聖廟、三角公園一帶被市政府和一位有心人出錢出力的大「整頓」之後,早已變成了個文化園區。

小時候我連附近茶室都會怕,更別說那條著名的中巷,對我而言簡直是個黑暗的魔窟,我根本不敢靠近——住了將近十年,我真的不曾走近那裡一步。但當我開始在新竹的大學任教時,我已經是個三十幾歲的壯漢,教過一些必須寫民族誌的研究生。所以有一年我就想:不入虎穴焉得虎子,勇敢地靠過去觀察吧。那個年代,距離變成文化園區還有二十幾年之遙。我之所以留下三角公園的一點點觀察記錄,就是那時發生的。發生的事,但還不叫故事。

故事應該是現在才要講的。我記得我想造的那個字,是因為在和夏林清對話當時,我對於「性工作者」這樣的名稱也發表了我的一點意見。那意思不在於贊不贊成,而在於名稱本身,或甚至名稱後面,到底是什麼用意,我覺得還值得用力反思。

「性工作者」這樣的字眼不太可能被收編在家常話裡，你我皆知。我們仍然使用「娼」、「妓」，或是普通話的「雞」來稱呼那些「工作者」。我在還沒搞清和那些阿伯們一起圍坐的中年女性到底是何身分、做何工作之前，也只說是些「阿姨」。但後來，當少女「援交」已經變成時尚之後，我很懷疑是不是也可將那些少女歸入「性工作者」之流，或可為他們「去汙名化」。

在其他的公園裡，我們現在很容易看見年輕的男男女女坐在一起，其中定可包括一位少女坐在少男腿上的風景，但我們現在不會說那叫做「有傷風化」──半世紀前，在我的青少年時代，有一次在某風景區的角落，看見一對男女在那兒接吻，我嚇得攔住我的夥伴們，叫他們別看過去。

現在，各位聽出我的故事了嗎？我說的事就是「我怕」。我的恐懼。我對於色情公開的恐懼。我對於色情可能汙染的某種空間恐懼。但故事既然破題已畢，既然只是說個有事、一事的例子罷了，應該可以準備收尾了。不是嗎？但這是什麼濫故事呀？還沒加上「從前從前」呢！

十二

我被邀請來這裡開講，其實我的任務並不是「講故事」，而叫做「演講」，那麼，在敘事學裡，這樣的講法該歸入哪種「文類」（genre）呢？德希達（Derrida）對於這個敘事與文類的問題曾作個相當曲折的辨解，一如這位「德公」（德希達）的敘事風格，他總是九拐十八彎，才終於讓我們知道他要談布朗肖

（Blanchot）這位重要作家之敘事（récit）難以歸類。[5] 我在擲書長嘆時，想換換胃口，就拿起一本《全後漢文》，翻到張衡所作的〈思玄賦〉，而在同時，我也參看了《錢鍾書論學文選》裡幾篇談論情色的文章，甚至參看了王國維的《宋元戲曲史》——是的，我得看這麼多，才覺得足以和德公的一篇文章相抗衡。我看到了什麼？

先看張衡——〈思玄賦〉相當長，但其主旨，如張衡所言，就是他在思「圖身之事」，並認為此事中「吉凶倚伏，幽微難明」，所以才寫了這篇長賦來「宣寄情志」。「圖身之事」究竟是大事還是小事？我讀完之後，頭皮發麻，覺得我們這個喜歡小確幸的時代氛圍下，根本不可能想像把安身立命的情志用一篇「賦」（不論他可以寫多長）來寫，也根本寫不出來。但在他引經據典，上窮碧落下黃泉地恣意揮灑中，他寫道王母上台，並宣召諸玉女、宓妃上場作陪時，那些玉女們無不使勁展現他們的媚眼、朱唇、纖腰，但這位張哥竟覺得他們「雖色豔而賂美兮，志浩蕩而不嘉」，因此他要悲詠一首清歌（就是用來清洗那些心志不嘉的豔色吧？），在此一改其賦體而換檔為詩體，歌曰：「天地烟熅，百卉含花，鳴鶴交頸，雎鳩相合。處子懷春，精魂回移。如何淑明[6]，忘我實多。」這樣，他才能夠以「樂而不淫」

5　Jacque Derrida (1981) . The Law of Genre. In W. J. T. Mitchell (Ed.) (1981). *On Narrative*. Chicago: The University of Chicago Press, p. 51-77.

6　「淑明」一語難解，但極可能是指像陸機〈日出東南隅行〉中所說的「淑貌曜皎日，惠心清且閑」那樣的淑女吧？

之志，甚至悲情，來達到他的清洗效應。

再看王國維——他說楚辭在漢代的注釋者看來，就是「……至於浴蘭沐芳，華衣若英，衣服之麗也；緩節安歌，竽瑟浩倡，歌舞之盛也；乘風載雲之詞，生別新知之語，荒淫之意也……」但總之，這些表演者寖假演化為各種優伶倡伎，而由此可以推至今天所謂「娼妓」，以色情來表演著種種「荒淫之意」。

色情？性工作？「食色性也」在孟子口中出現後，所有的經學都會將此解釋為近於「惡惡臭、好好色」（《大學》）那樣的語意。於是，「色」就是指美色，甚至只是「美顏」的意思。因此，「好好色」當然屬於關雎之情、淑女之愛，肯定是「樂而不淫」的。但是，孟子真是那樣的意思嗎？拼命回頭找我們對於指事、象事那種本事的傳統中，回到古文字學裡，看見對於「色」字的諸多當代詮釋，其中果然有「色即顏氣」之說，起於許慎的《說文解字》，但當代文字學家對於許慎早已有許許多多的批評糾正，因為我們確實有商周甲文、金文的古老「色」字造型作為理解的基礎（見圖 13-1），而不必用秦漢之後各種誤訛的隸定來為傳統定調。終於有像馬敘倫、湯餘惠這些文字學家敢作更多的討論[7]：

    1. 色，從人從卩，而卩是指跪坐的人，或指跪坐而顯現的膝部，因此「色」就是一人被置於另一人膝上。馬敘倫認為這樣的說法「不得女色義也」；但有人認為「色」和

7　《古文字詁林》第八冊，p.118-120。

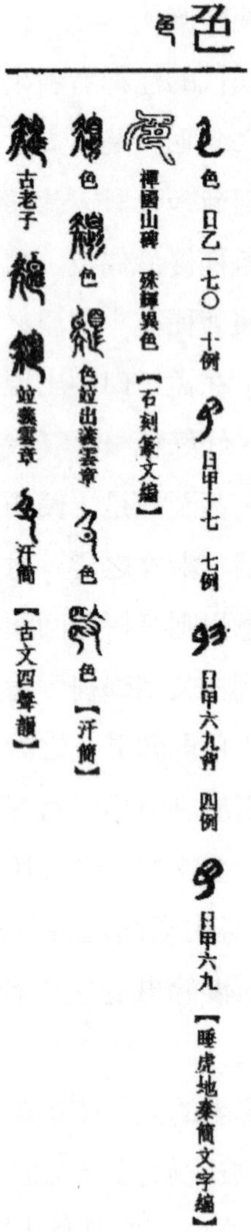

色 色

色 㠱二七〇 十例

禪國山碑　殊採異色　【石刻篆文編】

古老子

色　色應出義雲章

並案雲章

色應出義雲章

色　【汗簡】

汗簡　【古文四聲韻】

日甲十七　七例

日甲六九背　四例

日甲六九　【睡虎地秦簡文字編】

【圖 13-1】

為此乃甲文色之異體

【圖 13-2】

「尼」的構字相似，而「尼」又是「暱」的古字，就可得「親暱」之義，但解字者又把這「親暱」說成母子關係去了。

2. 馬敘倫提出，「色」字在甲文中還有兩個異體（見圖 13-2），他認為很顯然這兩字都是指男女交媾之義。湯餘惠則另外提出「色」的兩個同義字，分別是「從尸從舀」與「從尸從之」的兩字，也是指男女交媾。

簡單地說，「食色性也」之中的「色」確實是現代漢語裡所說的「性」（sex），毫無疑義。「性工作」的意思也就是色（情）工作——但是，我們不是要用「性工作」一詞來為這些工作者「去汙名化」嗎？正如千百年來，情慾之「淫」也都會被各種文學清洗成情慾之「樂」。無怪乎錢鍾書在討論過「男女」、「美女禍水」、「色衰愛弛」以及「雲雨歡媾」的種種文獻之後，發出「男女之事乃天地之大義」的浩嘆，並且引了王充的《論衡》再來發一頓牢騷說：「儒家說夫婦之道，取法於天地；知夫婦法天地，不知推夫婦之道，以論天地之性。」[8]——當然，今天的我們都知道「男女」未必是「夫婦」，但我們的問題一直都還是性——情慾、情色是也。並且我們還都一直在怕髒、怕公開、怕汙染——或說，就只是我這個末代儒生，還一直在怕？

8　《錢鍾書論學文選》第二卷。

後記

事事之法在於以事為事，而但凡敘事，必得先知有事。至於何事為事，還得在你能夠事事之後，才得以開始。說來說去，我們的道理可能早已在我們所傳承的文化中結晶為一個又一個字。而我想說的這些話，則是在我造出一個仿古的字：

之後才都回想起來的——這像不像捻手指彈出「噗」地一響？「彈指」——「打噗」？為什麼這就不得不令我想起了那條暗暗的中巷……

【14】
主體與他者：
話語與關係中的太初液／異化 [1]

若 [2]　　　然 [3]　　　如 [4]　　　是 [5]

——四個古漢字的寫法

（下排四字是相對的現代漢字）

第一個也即決定性的問題毋寧是要知道動物會不會受苦。

（The *first* and *decisive* question would rather be to know

whether animals *can suffer*.）

——Derrida, after Bentham [6]

1　本文是最後一次在台灣生命敘事與心理傳記學會演講的腳本。

2　「若」的甲骨文（取自甲二〇五），約三千年前。

3　「然」的金文（取自中山王鼎），約二千五百年前。

4　「如」的甲骨文（取自乙九二，合 21785），約三千年前。

5　「是」的籀文（取自說籀），約二千五百年前。

6　Derrida, J. (2006/2008). *The animal that therefore I am.* New York:

要想開始說話，我們得一次又一次地從「第一個也即決定性的問題」開始談起。這是個關於人獸感應的問題，但像這樣的問題，在我們的語言中卻不是只有一個，而是很多很多，但我們總以為能談天人感應就已經比較高明。我們在一次演講可能的範圍內，不要用一組對比即可涵蓋一切的想法，而是要撿出好幾個，讓它們「好像可以這樣」（若—然—如—是）串在一起，之後就來開始我們的串謰（articulation）。[7]

一、「中／西對比」的難題與「古代漢語／現代漢語對比」的難題，孰為迫切？

常常聽到「太初有道⋯⋯這道太初與神同在」這樣的說法，但仔細探聽一下，會發現：這既不是引用老子、莊子，也不是宋明理學，而是出自《新約聖經‧約翰福音》的第一句話。為什麼我們會有這麼模糊的認知呢？原因無他：古代漢語／現代漢語早已在我們所知的西方經典上拼命篡奪了很多發言位置，讓我們搞不清我們到底是在講自己的話，還是講外國話──翻譯的最上乘境界，不就是要讓你產生這種錯覺嗎？

就以我們經常掛在嘴邊的「中／西」這組文化對比（二元對立）的語詞來說，其中最模糊的語意就是：如果它意指「中國／西方」，那究竟是什麼意思？「中國人」有十三億，但「西方」

Fordham University Press, p. 27. 這就是德希達（Derrida）所稱「來自Bentham」的問題。

7　把 articulation 譯作「串謰」是何春蕤特有的譯法，我認為足資效法。

的人口有多少呢？如果把「印歐語系」人口全部算在一起，那就有將近三十億，所以，「中／西」的對比顯然很不對稱、不平衡，不適於構成對比，可不是？

2013 年 12 月在武漢大學舉行的「文化心理學高峰論壇」是一場淘輿盛哉的大會，海內外學人參與者不下四百。我有幸在該大會中主持了兩個分場（panels），[8] 會場上最熱烈的討論議題就聚焦在這個「中／西」對比語詞上。我聽取了許多意見，但發現在場的五、六十位各方高手似乎有個盲點，也就是關於「文化板塊」如何區分的問題，只有少數人同意我的質疑：我們使用了不對稱、不平衡的二元對立。因此，當時迫切的問題就變成了：該如何區分，會讓可比較的文化板塊變得平衡一點？作為主持人的我，就把我在沙皮爾（Sapir）所寫的《文化的心理學》（*The Psychology of Culture*, 1927）[9] 一書中的意見說出來，供大家參考：沙皮爾所作的論述至少把全世界的文化板塊（culture areas）區分為五，那就是：西方（西歐、美國）、撒拉辛（伊斯蘭）、印度、東亞（中華、韓、日等）以及一個還不太確定的突厥—阿爾泰。我們可以看出，沙皮爾的區分根據不是種族，不是農牧類的經濟條件，也不完全是地理，而是某種可區分的

8　事實上，排定的議程是主持一場，但我在前一場已經坐在該會場內，當各報告人的報告結束後，原先排定的主持人師領教授竟然請我接下主持人的棒子，主持該場討論。

9　Sapir, E. (1927/1994). *The psychology of culture: A course of lectures*, Irvine, J. T. (ed.). New York: Mouton de Gruyter.

文化組型（configuration）。我們在此無法細談這個貫穿全書的「configuration」概念，但一言以蔽之，就是某種可區分的整體差異。這「差異」，或對於任何一個文化而言的「異己」，就是本文所要談的「他（它）者」（the other）。而值得大家注意的是，「他者」一詞在漢語辭典中，[10] 已經成為一個普通詞彙，不再是個天外飛來的異語（xenoglossia）了。

我們要作很基本的討論，談的是文化差異、異文化，乃至異己、異性的他者，很快的，就會發現我們不能只用「**中／西**」**之異**來當作這話題的基本座標。但我們能用的確切座標究竟是什麼？我一向提議用「漢語文化」來作為一種「我稱」，而與此相對的「西方」，確實不是指「印歐語系」，也不包涵歷史上曾經首度稱為「西土」的印度，不包涵在「西域板塊」中的撒拉辛（伊斯蘭）以及橫跨西亞到東亞兩極端的突厥─阿爾泰。我們所謂的「漢語板塊」也許還有更清楚的歷史線索，那就是「漢傳佛教」曾經傳到過的那個區塊。當我在使用「我們（的文化）」時，我有這樣的**確切指涉**。對於文化心理學而言，我也慣用「漢語心理學」一詞來作自我指涉，而不用任何其他的語詞，除非那語詞比我的用法更好，或更得我心。我這就把主題轉向我們的「心」，也轉向指涉、指謂、指稱的他者問題，也就是把這種有**指向的談話方式叫做演講**（address）──演講的指向是指向誰呢？當然是你，你們諸位，於是，演講就是要把「咱們」打成一

---

10 至少在《大辭典》（台北：三民，1985）中如此。

片了。不過,「打成一片」畢竟只是一廂情願,我更在意的是毋寧是能不能繼續談那無止無休的「同一/差異」難題?以及「天人感應」是不是一定比「人獸感應」更高明,或更容易?

二、若然:語言液化問題,用來說一個當前的貓故事

A Letter to You

> 妳想睜開眼,看看身邊經過的那種滾得很快的東西,但只聽到聲音,睜眼很困難,也很痛,炙熱的疼痛,在妳的兩眼和屁眼,而且,妳也餓到幾乎無力掙扎。有腳步聲走近,妳的身體被撥動了一下。妳也不自覺地縮了一下身體。腳步聲離開。很久,沒有聲音,暗沉沉,妳只覺得這樣。動不了了。很久之後,又是那滾得很快的聲音,然後,妳被他抱起來,放進一只紙箱。可能是放在那滾得很快的東西上,妳和那聲音一起滾了,不,妳沒滾,是那移動得很快的東西,聲音就在身旁不斷嘶吼,妳還是只覺得……炎炎之痛和沉沉之暗,餓得不曉得還有什麼別的了,只聽到他說:快到了,撐住啊,快到了……

這是一段對話,沒錯,但不是來自任何筆記或錄音,而是虛構的「若然」(「似此,如是」)信函,像是一具用冰雕作成的器物,但在液化之後,只剩下這灘光景。然而,這原來並非全無其事。只是,那「事」不會用這樣的話語出現。信函的書寫者只記得那件令人不寒而慄的事。他現在要為該對話中的「妳」講講

話──既要對話，或寫信（傳訊），所以不能稱「她」。寧可把冰凍（固態）的語言在三態（另兩態當然是液態、汽態）中轉為第二態之後，再換用第二人稱，也就是永遠要用在對話現場。那麼，這信中還有一個「他」（汽態的），那又是誰？為了讓大家容易明白敘事之中的人稱變化法則，就讓此事的文本換個方式再說一遍吧──在普通常見的記事中，我們都很習慣使用所謂「人事時地物」的客觀敘事法。若要把上述的那件事翻譯成「客觀敘事法」來再說一遍，那就不過如此：

我的小貓名叫盼盼，她正如往常一樣安睡在我身旁的休閒椅上。她盤著身子，但那姿態是嫻靜優美的。她，或妳，是我用的稱呼。沒錯，我會對她說話，她則永遠只會看看我，或在我的腳邊磨蹭，喵喵叫，討吃。「妳才吃過一頓，不是嗎？怎麼又來了？不可以這樣，不可以變成一隻胖貓……」我就這樣喃喃地對她說。她喵，我說，算不算是對話？

這迷失的小貓被我揀到的時候，是在她誕生不久後的某一天。我騎著摩托車往我預備去的水庫環湖路，想去作例行的健行。但她躺在路邊，被我發現了。我用一根竹子撥動她的身子，想知道她是死是活。她的一縮身，讓我立即知道我該做的事──我奔回家裡，取了個小紙箱，把她帶到一家獸醫那裡，檢查全身，之後住院一週，可以出院時，她已經是我準備好收養的，「寵物」？我還不知道我會不會寵她吶！但救命總是第一。在檢查時，因為她的雙眼和屁眼都被好幾隻

蛆侵入，受到噬傷，尤其左眼，已經傷到視網膜，醫師說她的左眼可能失明。我疼惜她的眼睛，所以先為她取了一個祝福的名字，就是「盼盼」，祝福她能夠對我「美目盼兮」，即使左盼和右盼並不對稱。一年半以來，盼盼的左眼不但沒失明，而且還奇蹟般地逐漸復原。只是畢竟受過不小的傷，她的左眼一直都比右眼小些。當她雙眼瞪著我時，我只知道她的眼光很銳利，很光亮，不太管什麼大小眼的問題了。她不只是我的寵物，而是我的伴侶，總是陪在我的書房裡。說她是我的「書僮」，不過分吧？

三、人／獸之間的大化（話）世界

在人獸之間真有可能發展出相伴的友誼嗎？我和一隻貓可以成為伴侶？而且可以對話？這是我在自說自話嗎？不，千萬不要這麼無知——抱歉了，諸位——人類的知識，到了二十一世紀至少已經發展出相當精緻的「生物徵象學」（biosemiotics），[11] 兩年前我拔刀相助，和輔大心理系上的幾位同事合作，開出了「演化心理學」這門新課。我在其中扮演的角色，除了規劃整學期的課程大綱之外，就是講了一單元的「生物徵象學」。由於這不是

---

11 我談的 biosemiotics，主要的參考文獻是：
Thomas, A.; Hoffmeyer, J.; Emmeche, C. (eds.) (1999). *Biosemiotica. Berlin & New York: Mouton de* Gruyter.
Hoffmeyer, J. (2008). *Biosemiotics: An Examination into the Signs of Life and the Life of Signs.* Scranton: University of Scranton Press.

我們在此該談的主題，我就只說說其中一個要點：用演化論的宏觀角度來說，人類和周遭環境之間一直有訊息傳遞的關係，即發出訊息、接收訊息，無時無刻不在進行中，而其中和生命有關的訊息最多。我們老早已經跳躍到不必再使用「人之異於禽獸者幾希」這樣的感嘆，而來到人和天地山川禽獸花木本來就沒有什麼相異的境界。我們的生活世界是這麼一個有如浩瀚汪洋但卻「渾淪無門」的大化世界，常有人把它說成「中國／東方特有」的天人感應世界，但我們要看看一位東方傑出代表的說法：

即始即終
即所生即所自生
即所居即所行
即分即合
無所不肇
無所不成[12]

　　這是抄自明清之際哲學家王夫之在《周易外傳》中的一段文字，但你我怎知道王夫之的易傳哲學和當代產生的生物徵象學之間有沒有暗通款曲的關係？就如同海德格常常把先蘇格拉底哲學視為當代哲學問題的始源一樣，正如以水來作為一切之源的泰勒

12　王夫之（n.d.），《周易外傳》，台北：成文。（《易經集成》，卷116），p.438。

斯（Thales）那般？譬如他有沒有得過《太一生水》的祕傳？說得更明白一點，就徵象學來說，天地間有言語，本應是個基本命題，所以，王夫之會繼續說：

……乃以肖天地之無先無後

而純乎天

不得已而有言

則泝而上之

順而下之

神明而隨遇之

皆無不可

而何執一必然之序

橐括大化於區區之格局乎？[13]

　　在這樣的言語格局之下，大化的問題當然必須存之於心，要在主要的水道中逆水而上、順水而下，但是，岸邊的「區區」弱水就不值得一顧嗎？我剛才說過，盼盼在剛誕生不久，被拋棄在馬路上（道上），她的身體被許多「蛆蛆」入侵，她躺在生死的邊緣，暗黑幽冥與痛熱交逼，要是你碰見了，你會怎麼辦？你在當下接收到的受苦訊息（言語──這時已管不得它是汽態或液態），會是什麼？

13　同上引書，p.439。

四、德希達的《（我）為獸，故我在》；回應先前那個貓故事

在提過生物徵象學以及天人相感的大化哲學之後，不意間發現一位當代哲學名師德希達（Derrida），一位可以接在列維納斯（Levinas）之後談論「他者」（the other）的重要人物，特別是他的《我為獸，故我在》（*The Animal That Therefore I Am*）一書，[14] 竟然劈頭就讀到一篇他和他家小貓（my little cat, pussycat）相互凝視的敘事（récit, narrative），或他特有的顯事法（signatory）敘事：一種原應屬太初之初，但後來只能稱為第二初始的第二敘事（a second beginning…as the second narrative）。[15] 這些敘事是一種相對於整個人類「思想史」（或知識史）的大翻盤，而德希達特別點名的是從笛卡爾、康德、海德格到列維納斯這一系列的人物，甚至還上溯（泝）到柏拉圖和亞理士多德——這當然說來話長，譬如必須問：他所要對抗的為什麼不是太初敘事，而是第二敘事？這樣的問題不容易在一篇文章或一次研討會的演講裡談清楚，但有些要義，在此支持了我的問題感，讓我敢從此切入，而能冀望談出些東西來和諸位分享。

怎麼談法？最好回到開頭的那隻貓——我的小貓和德希達

---

14 Derrida, J. (2006/2008). 同上引書。

15 第一敘事、第二敘事的問題，出於 Derrida, J. (2006/2008). 上引書的第一篇文章 The animal that therefore I am(more to follow). p. 1-51.

的 pussycat[16]。這時，小貓攜帶著「他者」的身分，不知輕重地跳上檯面，或匍匐在地面，但同樣的要點就在於她的**觀看**（seeing）或凝視（gaze）；或用漢語來說，就是**看**或**見**的問題。

我的小貓盼盼有大小眼，但我至今沒注意過她的眼珠是什麼顏色。我回頭看看，她躺在我身邊伸了一下懶腰，我就見著了她的瞳孔外是一圈黃色。那瞳孔呢？她面對著明亮的窗口，而變得細長的瞳孔，就是黑的吧？我走到浴室裡，對著鏡子檢查了一下自己的瞳孔，沒錯，是和盼盼一樣的黑色。但德希達曾提醒我們，雖然他把列維納斯列在他要批判解構的西方知識傳統之內，但至少列維納斯使用的一種排除法是德希達欣賞的，那就是說：**看人，看見的是他人的凝視，而不是他人的眼珠顏色。**[17] 我們看，卻常不見（就是「視而不見」），但在當代西方論述中所說的「觀看（seeing）／凝視（gaze）」之別，在語意上略同於漢語的「看」和「見」之別。我同意德希達再三強調的凝視無關乎眼珠的顏色，但我和小貓盼盼之間的一種辨別——不是區分你我，而是因為盼盼身體的花紋太像一般常見的虎斑貓，如果她一旦奔出家門，我只能用她的大小眼這個特色，來辨別她是否為「我的小貓」。

然而，為什麼要提到「眼珠顏色」？我們在區別**異己**（即我

16　在此必須強調德希達一直稱他的小貓為「pussycat」，此字若翻譯為中文將會失去某種語意，下文會揭曉。

17　見上引書 Derrida, J. (2006/2008). p. 12.

族／他族）時，通常不會用到眼珠顏色這個屬乎面貌的特色。在「我們」這個東亞文化區塊裡，雖偶有一些不同眼珠顏色的人來來去去，但在兩三千年的歷史上，我們從文獻上所得知的人或在經驗上看過的人——自己人和他人——眼珠幾乎都是同樣的顏色，至於「色目」人，在文獻裡也只是一閃而過，因此，當我們與他人四目相對時，或我們在「觀其眸子」時，顏色通常不是什麼重要問題（譬如我們比較在乎的是「氣色」）。[18] 可西方世界就很不一樣了——眼珠顏色之異，常常和生死之別在歷史事實上有高度相關。[19]

五、從列維納斯的「他者·面貌」及德希達的「獸詞」到「人性」

是的，列維納斯所談的他者問題，會牽涉到面貌（face），並且也立即牽涉到殺戮與否的倫理難題。[20] 但德希達更在乎的是關於凝視、回應（response）、說話之間的關係，於是，他

---

18 同樣微妙的是西方人不太會辨別所謂「單眼皮／雙眼皮」的問題，譬如在英語中就沒有特別的語詞可用來區分那兩種眼皮。道理很簡單：單眼皮在全世界是亞洲（東亞、北亞）民族才有的體質。沒有的東西不用辨別，也不會有辨別的字眼。

19 所謂「種族」差異，除了膚色差異之外，髮色和眼珠顏色顯然也是辨別差異的重要因素。

20 這些問題，可參見 Levinas, E. (1969). *Totality and infinity: An essay on exteriority.* Pittsburg: Duquesne University Press.

從一隻小貓，小母貓（pussycat），[21] 在他的浴室裡凝視他的裸體，而立刻反應（reaction）出他的 sex（「色」）以及「恥」的問題。雖然從此一路而下，德希達的論述果然有黃河之水的氣勢，一直談到動物（animal），以及獸性（bestiary）、獸行（asinanity）、獸名（the animal）、獸詞（animot）如何和人類自以為是的「人性」對比之下，顯出人類如何對待動物，視之為他者，以致寫滿人類歷史的所有殘暴不仁，幾乎出於同樣一貫的邏輯，也就是一貫的理論，也就是一貫的哲學，他慣於在他的許多作品中稱之為 phallogocentrism（陽具邏各斯中心主義）。這是一篇不算長的文章，但其意味卻幾乎有如黃河之長，且是滾滾奔流，從天上來，到海而不復還。我們簡直無法和他站在平起平坐的位置上開始討論，所以我只能掇其要義來作點意思的往來。

哲學家，知識人共有的兩千年盲點，是德希達要解構的標的。我承認他所說的並不只是西方，而是可以把我們熟知的漢語文化列入其中，毫不為過。我們雖常把「天人合一」甚至「萬物並育而不相害」掛在口唇上，但我們對待動物（禽獸）的歷史並不因此而顯得特別仁慈。我們今天的「寵物」、「動物保育」等等行徑還都是從現代西方學來的。我們所有的殘暴、殺戮和德希達所說的相比，應是一樣不少。

那麼，問題都被德希達說完了嗎？那也未必——應說是當然

---

21 法文的小貓 chatte 詞性屬陰性，英譯者翻譯為 pussycat；在英語的俚語中，pussy 或 puss 常用來指女陰。

未必。德希達所批判的西方知識傳統，是他一直期望自己能有所區別的，是故他列出他幾乎一輩子的大小著作，說明他如何使用了前輩極少特殊例外才使得上手的獸詞（animot）來說話、書寫。說明他自己如何自小就沉醉在古希臘神話中的四不像吐火怪獸（Chimera）想像中，覺得自己比較像是神與獸交配而生的英雄貝勒羅風（Bellerophon），騎著同樣為神與獸交配而生的飛馬佩革索斯（Pegasus）而能斬妖成功。他也嘲諷了耶和華和亞當私相授受的話語權，為百獸命名，最後卻只用一字「獸」來統稱全部，並且自此展開了以獸為犧牲獻祭的歷史──以「獸」之名，目的在別出「人性」──但後來人類就用「犧牲」的名義和手法，大規模地進行「人性的、太人性的」動物屠殺和種族屠殺。是的，這個自比為人獸交配而生的小德希達，後來長大了，但終究還是在希臘和《創世記》的言說傳統中說話，直說到二十一世紀之初為止 [22]──不，還不會止，因為歷史，不論西方或我們，都有留取丹心照汗青的傳統，所以直到今天我都還陷落在德希達的斬妖神話中，雖然德希達一再強調，不可將他讀成寓言，但我們要切記「陽具邏各斯」的語法是德希達斬妖記裡的妖獸對象，但也成為他自己的一套頑念系統──在他看見小貓的時候，露出的是他自己的狐狸尾巴。

我很努力地，想把這些講說拉回到我自己曾經說過的話，縱然知道，我的下場很難避免會同時掉進漢語及西方的語境格局交

_____

22 德希達逝世於 2005 年。

錯構成的補獸陷阱之中。

六、可以用「獸詞」來講「生命故事」嗎？

我在 2014 年的一次演講中，特地為了 address（向對象談話）當時的對象，而說了一些「生命故事」（biography），當然是一種自傳（autobiography）。[23] 但我有意地蜻蜓點水，只作了些簡短的例示（instantiation, ideography），就很有分寸地戛然而止。後來有兩、三位聽眾對我做出強烈的回應，其中有一位甚至淚流滿面地對我說：「現在已經聽不到人像你這樣講話……」我驚異得幾乎要像她那樣掉淚——這不是洋洋得意，也不是什麼反傳移，而是對她回應的回應。我沒有掉下淚來，但一直耿耿於懷至今——我非常希望日後能再有機會見到那位來自遠方的知音，甚至希望她就能在現場和我對話。[24]

基於不重複自己著作的倫理原則，我就不再重述那段故事，但我只要提提，那確是關於「生命」的故事，雖然我講得比較多的是蟲蛇，而甚至沒談到我更愛談的鳥獸。唯一稍稍點到而沒說出來的，就是我在本文裡一直談的那隻小貓——不，這隻，因為她依然躺在我的身旁。

---

23 這是指我的演講稿〈如果在雨天一個客人——敘說方法論的再反思〉，發表於 2014 年 6 月的心理傳記與生命敘說研討會，龍華科技大學與輔仁大學合辦。Bio-graphy 一詞慣譯為「傳記」，但它本身就有「生命—記事」之義。

24 這是真有其人，後來我們在武漢的一次研討會上再度碰面。這裡姑隱其名。

我說我在一年半前，在山間騎腳踏車的路上，救了許多橫過馬路的小蟲——毛毛蟲、蚯蚓、蝸牛，以及埋葬了幾條屍橫道上的小蛇。然後才說，我也救了一隻小貓。我是個慈心仁德的好人嗎？我不知道能不能這樣說，只知道我沒有半點能夠使用獸詞（animot）來談生命的能力。我只能和一隻活過來的小貓講人話，以及和死蛇講鬼話。死蛇、鬼話的問題屬於幽冥語境，今天無法談那麼遠，就先略過吧。但是，德希達的文章至少提醒了我，在多年以前，我確實讀過伯哲（John Berger）這位觀看達人寫的「Why Look at Animals?」一文。[25] 在文中，他的一段說法和德希達幾乎所見略同，那就是：當我們與獸相望時，我們人類（也許和獸一樣），是在「越過不可理解的深淵而對望」（looking across…（an）abyss of non-comprehension）。我們和獸之間相隔一道深不可測的深淵，無人可以理解——我想，那深淵就如同「上窮碧落下黃泉」那詩句中所說的一樣，是深到黃泉了吧？到了「太一生水」[26] 之所在了吧？

　　在小貓、狗狗這種寵物身上，我會暫且忘記那道深淵，但是，有機會和一頭牛或豬四目相對時，我確實會渾身疙瘩，掉滿黃泉。沒辦法略過的，怎麼樣都沒法略過而無視，或當作無事

25　Berger, J. (1980). Why look at animals?. In *About looking*, p. 1-28. New York: Vintage Books.

26　「太一生水」是郭店出土竹簡中的一篇，被認定為戰國時代的道家文獻。其開頭的一句曰：「太一生水，水反輔太一，是以成天。」見郭沂（2001），《郭店竹簡與先秦學術思想》，上海：上海教育出版社。p.137-145。

的。我在耿耿於懷之際，還作了上一次的演講，談一種語法的使用，叫做「事事之法」。[27] 簡而言之，有事無事確實都只存乎一心，但我只是不愛使用什麼什麼「心」的說法罷了。心理學者最該拋開的就是「心理主義」（psychologism），亦即心理（病語）症吧！

七、交談對話中的「你／妳」語法

我還幾乎拋不開的就是像這樣的「演講」——有對象的談話。在另一位話語達人蕭特（John Shotter）特地為了「你」字而寫的文章中，他就把這種「有對象的談話性」（addressivity）作為全文的關鍵詞，[28] 但他的主題仍是「你」。就我所知，在漢語的文獻中，從古至今，還沒出現過一篇文章，主題為「你」的。[29] 因為我們大家都會覺得這個簡單的第二人稱代名詞，是小學一年級，或幼稚園，就學會的，為什麼值得大作文章？「你好！」是不是你每天出門後就一定會說上好幾回的招呼語呢？或進了職場就會對上司、前輩改說成「您好」？反正就是這麼簡

---

27 宋文里（2015），〈敘事、意識與事事之法：敘說方法論的再反思——續篇〉，輔仁大學，生命敘事與心理傳記學會會員大會演講稿。即本書第十三篇。

28 Shotter, J. (1989). Social accountability and the social construction of 'you'. In Shotter, J. and Gergen, K.J. (Eds.) .Texts of identity. London : Sage, p. 133-150.

29 當然，在查閱漢語文獻時，該查的關鍵字還應包括「汝」、「爾」、「而」、「若」等等。

單。但是，有一天，我注意到高速鐵路上由列車長作的廣播，是這樣的：

> 各位旅客，你好！我是列車長○○○，如果您需要什麼服務，請隨時……

要注意的是：這裡的「你／您」不叫「第二人稱」，因為「第二人稱」的意思是指你我同時在現場面對面而相互使用的人稱。列車長不一定會在你的座位旁現身，或即令他（她）在巡車時經過你的身旁，你也不一定會認出列車長的身分。於是，一個弔詭的語言現象就這麼出現：他（她）說的「你好」只是個擬仿，而根本不是什麼現場，然而你甚至從未懷疑這樣的用法叫做「不合語法」。直到所有的商業廣告中的「你妳你」在電視上還帶著媚眼和嗲聲嗲氣對你灌來時，你已經被這泛濫成災的災情弄得昏頭昏腦，遑論還能辨別什麼是真的第二人稱，或什麼是以假亂真的仿製品——你已經沒有是非可言了。

當哲學家布伯（Martin Buber）聲嘶力竭般地為「我—你」「我—它」這種語言拯救運動而搖旗吶喊時，那是「存在主義運動」風潮中一本「必讀」的書，書名就叫《我與你》（或《吾與汝》，看不同的譯本 [30]），不知你是否讀過？——那本書肯定在

---

30 Buber, M. (1958/1986). *I and thou.* New York: Collier Books. 漢譯本：《我與你》，香港：基督教文藝出版社，1974；《我和你》，台北：桂冠，1991。

每個大學圖書館裡都有的，我們可以暫時「略過」。我們回頭來談談我們自己常用的「語法」。

先從我自己談起。我給小貓 address 了一封信。看我多麼寵她！但是，注意：為什麼我會用「妳」這個怪字呢？怪不怪，你不知道？在所有的語言中，大凡有為名詞而訂定性別（gender）的，在人稱代名詞中一律只為第三人稱單數（不含複數）定有性別，而在第二人稱中則不必有此區別，更不用說是第一人稱了。**這個語法規則的道理是什麼？**就算回到小學、幼稚園吧，如果你漏掉了什麼，那才真該重新學起來，因為那就是講話的基本道理，也是灑掃應對進退的根本道理。好了，你突然想起，我們的語法裡根本沒有「代名詞性別」這回事——但這裡的性別也根本不是來自西方的邏各斯，而是我們自己顛三倒四的邏輯。

是的，漢語裡原本沒有「他／她」之別。是後來學了西方語法後才產生的。還好這規則沒有傳染到其他的名詞上，所以，只有這裡，只有這個「他／她／它」，我們學會了性別。但是，西方語言中沒有的「妳」到底又是如何在漢語裡誕生的？別小看這問題。我們可以說，這是一種語法的病理學，叫做「矯枉過症」。東施效顰的結果，人人皆知，但在我們使用「你」這麼簡單的對象人稱時，我們犯了「不在場的你」，以及「不該有性別的妳」，這麼些過分的語病——然而目前對於此一語病症狀，竟不是「國人皆曰可殺」，而是「國人皆曰無罪」——這就是我們所使用的現代漢語，這渾淪無門、是非不分的語言液化現象，其中的一張最佳快照（snapshot）。

所以我在無罪推定的語境中，為盼盼寫了一封曬恩愛的信，信中瀰漫著「妳、妳、妳」，而在後文中也滿溢著「她、她、她」。不過，請原諒我，如果你想重新開庭的話，請憐憫我為那苦難中的小動物竟動了這麼嚴重的惻隱之心，或婦人之仁。這小動物是被拋在馬路當中的。獸醫根據經驗判斷，是母貓「決定」將她拋棄，因為母貓「覺得」她已經養不活了。但她不但活了過來，並且奇蹟似地克服了所有的創傷，而成為我的伴侶——在我稱她為伴侶的時候，我也絕不是在使用寓言。我知道我們之間還是很有距離，有溝通障礙，有四目相對時的深淵擋在我與她之間。我不同意於德希達的只有一點，那就是當我從浴室裡出來，身上一絲不掛時，我從未覺得她的凝視中看見了我的 sex，因此，我們之間從未產生「恥／耻」之類的問題。我不是想避開道德難題，而是在想——如同我的小貓在頂樓陽台玩耍時，常會盯著花台上的一隻鴿子而做出「憨貓犽想」的樣子——我在想：剩下的時間已經不多，我在這場演講中，對於「咱們」，到底還虧欠了啥？

八、同胞之間最鳥的事：人性的，不如獸性的

有虧欠的人永遠不會不知道自己虧欠了什麼。我想說：在我和動物四目相望時所發現的深淵，事實上也發現於我和我的人類夥伴之間，特別是和我的「同胞」之間。當楊國樞教授在推展「本土心理學」時，他說過一句類似江澤民主席所說的話：「我們中國人最懂中國人（的人權）。」我當時立即的反應是想到杜

甫的詩句:「朱門酒肉臭,路有凍死骨」,所以,住在朱門裡的中國人怎樣能最懂凍死路上的中國人呢?

接下來,我也記得我在先前談過:生命史之類的討論,永遠要懂得辨別泰山／鴻毛之間的輕重,但我卻使用了一種堪與德希達「獸詞」相比的「鳥語」而弔詭地這樣說:「你當身輕如燕,不要輕如鴻毛。」我相信我所用的這種(看來有點怪的)鳥語,在我們的漢語傳統中,很多人可以立刻學會使用,譬如你看:

> 雲間有玄鶴,抗志揚哀聲。
> 一飛沖青天,曠世不再鳴。[31]

然而這隻哲學鳥在經歷過人世滄桑之後,又改口說:

> 寧與燕雀翔,不隨黃鵠飛。
> 黃鵠游四海,中路將安歸?[32]

也就是一轉身變成一隻凡俗鳥。而在彼鳥與此鳥之間有高低之別,你我誰人不知?再說,前一鳥是刻意離開,後一鳥是害怕迷失,你我又有誰人不知?

神話學、考古學、考據學幾乎都可以幫我們證明,這愛用鳥

---

31 阮籍,《詠懷十九首》。參考:阮籍(1966),《阮嗣宗詩箋》,台北:廣文。
32 同上註。

語來作自況的傳統，至少有個不容忽視的古意，那就是：鳥圖騰象徵著太陽崇拜。好，若然，我們就可以有點預備地跳向我們之間的「他者」難題——骨肉同胞之間的四目相對，也常隔著黃泉般的深淵——這是怎麼說的？

我們常會說，學術討論最好避開政治。這說法儼然已成為某些地區的潛規則真理。但正由於政治是我們同胞之間最鳥的事（德希達說是最驢的事「asinanity」），讓人忍不住想用「罵的」——帕克（Ian Parker）就已經很清楚地在我們的場子上作過這樣的示範。[33] 讓我們避開寓言，坦白地用「事實」來談談。我要談我們宋氏本家的一位政治人物，宋楚瑜。大家都知道他的政治生涯發跡於「反共大業」。他是反共的純正代表，但當他進入晚年時，以親民黨主席身分，搶先於國民黨的任何黨員之前，去大陸訪問。他受到當時共產黨主席的最高規格接待。當然，宋主席必須開口表示他對於「一個中國原則」的立場，或看法。我在電視上兩次看著、聽著他這樣說：他贊成「一個，中國原則」，也就是在「一個」之後都會頓一下，然後接上「中國原則」。我是個心理學家，不會漏掉這樣的細節。我是個能聽鳥語的人，怎會聽不懂這種「鳥話」？宋楚瑜主席贊成的是「中國原

33　參 見 Parker, I. Politics and Applied Psychology, First International Conference of Applied Psychology for Chinese Societies (ICAPC), Fu Jen Catholic University, New Taipei City, Taiwan, May, 2014. 有宋文里譯稿（2015），〈政治與應用心理學〉，《應用心理研究》，63，p.105-139. 這場演講就是在輔仁大學舉行的，也因為如此，我就近受託成為演講稿的翻譯者。

則」，而不是「一個中國」，這樣才能跟他的一生志業不發生矛盾，不是嗎？

　　青天老爺在上，我們講講良心話吧。不論是一個中國，兩個中國，三國，五胡十六國，或更早更早的千國萬國，在我們彼此之間誰也不能否認的是：這些都出自「一個歷史」，即同樣一套歷史遺產，只是其中隱含著「合久必分，分久必合」的敘事法道理罷了。如果有人嫌我說這話太過抽象，或竟至於指摘我把一本小說（《三國演義》）裡說的話當成歷史的道理，那麼，我們也可以拿出更具體的東西來一起作個敘事：我們的歷史，在封建皇權結束之後，出現過兩支國旗，依歷史的先後，一支叫「青天白日滿地紅旗」，一支叫「五星旗」。青天白日和五星雖然都指著天象，但其間含意大不相同：一象日，一象夜，則毫無疑義。假若有人能解釋出這兩者的相同含意，那麼，兩岸同胞之間的政治協商必然能向前邁開一大步。然而，大家似乎都忽視了這兩面旗之間本來就有最大面積的相同之處——以歷史鳥瞰的高度而言——那就是「赤地千里」或「血染大地」的那一大片紅色。但這究竟是指同胞間的血濃於水本色，或是暗示了台灣海峽可能像心理學家榮格（C. G. Jung）在第一次大戰前所見的靈視：一大片血海，從阿爾卑斯山（或中央山脈）上洪洪而下，瞬間變成大地上的海嘯，直奔流到黃泉？

　　鳥語者，既非寓言，也非重言，而是卮言，莊子早已知之。同胞之間的殺戮，在我們那「一個歷史」上，絕對遠遠多過於抗戰或義和團所殺的外國人。我們殺掉的土狗當然遠遠多過米格

魯、秋田、瑪爾濟斯……，但我有一次去廣東的客家原鄉考察，當地接待的教授請我們到他家去聚餐，他端出一碗當地名菜，我一聽說是狗肉，非但不敢吃，而是幾乎要嘔吐了。

如果對於這樣的「一個歷史」，要我吐出最嘔的東西來，那會是什麼？我用漢語再來寫封信，作為這次演講的終曲吧。

九、來自「他者・你」的一封信：邁不出的步子，如是

【圖 14-1】宋文里油畫作品《迷失深林中》
（1974，彩色圖請見附錄）

在台北街頭騎著機車的你，有時候會突然迷失方向，不知該往前往後、往右往左；但是，那年，你在深林中迷失的，比較不像是方向，而是時間……

有一次，牽著機車去送修，車行老闆問：這車已經騎了多久？你往空空的方向望去，回想著，就說：大概兩年吧……

拿出行車執照一對，才驀然發現，這車已經騎了七年。

而這五年的時差，你到底幹了什麼？非常像是那年在深林中迷失的感覺。

再長的年歲也沒有解決迷失的問題。眼前好像有路，但那真是一條出路，還是在林裡打轉時出現的錯覺？

好幾十年了，你該說，你沒有走出來過。賣勁的腳步只是讓走路顯得更加荒謬而已。你知道嗎，為什麼你好像再也抬不起腳來？抬腳的感覺不是沉重，而是虛無得更像是，沒有腳了。

連時間也邁不開的腳步，這到底是什麼「是」？[34]

這是很接近於人格解離的徵兆。這迷失的你在迷失之時，也就是個我─他，這麼多年來，這個人一直是用漢語來憂國憂民的，並且顯然是迷失在他一直冀望能有所為而不能為的「漢語心理學」，或「心理學的漢語」之中。當他避向深山裡企圖逃離這些難題時，只消回想一下：人性／獸性之間的差別，在心理學中早已成為一個無解的悖論：「禽獸不如的人性」，正是「人之異於禽獸者幾希」的反面詮釋。西語中的「獸」（animal）應是「生命」的同義詞，但人類從殘殺禽獸到自相殘殺的血流，在人類的歷史中確實已泛濫成洪潦遍野。我們最後的避風港可能只有避向自我，或最起碼，避向「你─我」的完全信賴關係──然

---

34 根據宋文里筆記 2005/11/06。

而，這也只是個「若然」的假設：單一的自我為何需要避風港、如何成為避風港？「自誠明」？有這種不待關係即可自誠之明乎？這明明是個鴕鳥理論。那麼，「我—你」的語法是否可給出更踏實的保障？這又是另一個（經過馬丁・布伯大力宣揚的）若然，是個很經不起關係考驗的假定，[35] 其中最詭異之處莫過於在漢語中出現一個矯揉造作的新語症（neologism）字眼「妳」，滲透到人與人最親密的關係中，企圖以完全錯謬的語法來表示比親愛更親愛的關係。我們的不知所云，已經像冰雕溶解一樣，從晶瑩剔透的各式各樣造型液化成一灘絕無造型的水漬……這些問題在他心頭不斷滾湧，幾乎永無寧日，以致他總覺得：

無窮山色

無邊往事

一例冷清清 [36]

他回頭看看盼盼，她只優雅而嫻靜地伸了個懶腰，還伸出爪子來抓抓……。「你想幹麼，盼盼？」他只對她這樣嘟囔了這麼一句打情罵俏的話，若然。若，就是「如」，也是「你」；然，

35　格根（Kenneth Gergen）在他的著作《關係的存有》一書中對於布伯（Buber）有此評論。參考：Gergen, K. (2009). *Relational Being*. New York: Oxford University Press.（中譯本：宋文里譯，台北：心靈工坊，2016。）

36　取自清代詩人納蘭性德的一首詞〈太常引〉之中的摘句。參見：納蘭性德（1970），《納蘭詞》，台北：台灣商務印書館，p. 44。

則「是」也。他照著慣常對貓咪說話的樣子，繼續說：

> 如是，如你：是妳嗎？妳是誰的？這種相屬關係是愛嗎？色
> 嗎？性嗎？情嗎？這是誰的什麼心理學？或什麼心理學可以
> 回答這些問題？

突然，他覺得換用英語來對她說（address her），也實在沒
什麼差別：

> You are: Are you? Do you really care if you are a he-cat or a
> she-cat? Would you be sorry that in our language there is no
> word for calling you a "pussycat"?

不是時間，也不是空間，**我們迷失在話語中**，正如飛毛腿阿
奇里斯（Achilles）跟慢吞吞的烏龜賽跑時一樣，[37] 根本邁不出
腳步了。「自作孽，不可活」斯之謂歟？但在同時，不管走不走
得出去，他和貓之間發現了一種有關板塊碰撞的新結局——果
然，詩人艾略特（T. S. Elliot）說對了 [38]——不同的文化板塊在

---

37 出自希臘伊利亞學派芝諾（Zeno）的著名悖論。一般西洋哲學史中皆
可見此，故不必徵引出處。

38 艾略特（T. S. Elliot）在 The Hollow Men 一詩中有這樣的著名詩句：
This is the way the world ends/ This is the way the world ends/…/Not with
a bang but a whimper.
請參見：Elliot, T. S. (1952). *The complete poems and plays, 1909-1950.*

話語中碰撞，結果沒發生大爆炸，而只有一聲無關死活但略有意思的嗚咽……又一次但是：這麼曖昧幽暗的「世界終局」真的可以作為一次演講（address）的結尾嗎？不，同樣的艾略特，在他的另一首貓詩（*Old Possum's Book of Practical Cats*）中，[39] 給了一個這樣的自問自答：

How would you ad-dress a Cat?

…

So this is this, and that is that:

And there's how you AD-DRESS A CAT.

不必再問貓的性別，也不必問貓是不是你的同胞，你對貓說（address），你在開口講話，就是用話語來增加妝點（add-dress），而說話是不是就像這樣——這是這，那是那，若然即如是，不然還要怎樣？

New York: Harcourt, Brace and Company, p. 59.

39 Elliot, T. S. (1952). *Old Possum's Book of Practical Cats*. In op. cit., p. 147-171. 引文出自 pp. 169-171。這首詩值得一提的是：韋伯（Andrew Lloyd Webber）的音樂劇（musical）《貓》（*Cats*）全部歌詞都取用了艾略特（T. S. Elliot）的這首詩。

【15】

地面、桌面與顏面：
用三個關係介面來講文明的故事

引言

　　這是一篇為了討論中國近年來在各城市推展的「文明城市」運動而作的觀察和書寫。由於這種「觀察」有特定的情緒和障礙，因此我使用了一種特製的條件限制來進行觀察。在本文中這種條件限制就稱為「關係介面」，而整套書寫方式則稱為「自我俗民誌」——其中的「自我」正是情緒與障礙的來源。

　　關於「文明」的概念，雖然明知在「文明城市」運動中有一定的語意，但在此仍要拉到佛洛伊德、瑪麗・道格拉斯（Mary Douglas）、諾伯特・伊利亞斯（Nobert Elias）等人的高度，從此衍生關於文明如何應從「社會人」、「型態人」、「關係人」的角度來觀看的問題。

　　這篇自我俗民誌是以我幾度走訪大陸城市之時，隨身攜帶的小筆記中記下的一些瑣事為藍本，經過三個「關係介面」的整合而呈現的結果。從「地面」、「桌面」到「顏面」這三個介面的觀察，就全文的連貫性而言，有一些書寫上的任意性（arbitrariness），但也有不得不然的苦衷——這是寫到最後的

「非人性」以及「最後的附筆」之時才勉強說出的，雖然只是點到為止。

一、關係介面：一個跨學科的心理學概念

我要談的「關係介面」是為了展開本文的論述而選擇的新詞。社會心理學如果只能繼續以主流傳統的「受試者」和「個體」之論來談論「人際關係」那類的老課題，而想要和「文明」（civility）的問題產生交集，大概不太容易。作為社會心理學研究者的我們必須轉換觀點和角度來談論社會，譬如對於人的關係，根據精通個體病理以及社會病理的心理學家佛洛伊德、維高茨基（Lev Vygotsky），加上能討論文明發展的社會學家伊利亞斯（Nobert Elias），再加上人類學家道格拉斯（Mary Douglas）等人的觀點，[1] 找出某種貫穿文明研究的「中介項」

1　這些學說的提起，是為了討論「文明」的主題之故。在這裡佛洛伊的的著作是指《文明及其不滿》（1930）、《群體心理學與自我的分析》（1921）和〈不可思議之事〉（1919）；維高茨基的部分可參見《論述的心靈》（Harré, Gillet, 1994）、《文化和人類發展》（Valsiner, 2000）；伊利亞斯，特別是他的社會心理學，參見《文明的進程》(Elias, 1939)；而道格拉斯請參看《潔淨與危險》（Douglas ,1966）。

參考：

Freud, S.(1930). *Civilization and Its Discontent.*（臺北：南方，1988）。

Freud, S. (1921). *Group Psychology and The Analysis of the Ego.* （載於《論文明》。北京：國際文化，2000）。

Freud, S.(1919).*The Uncanny.* In *The Standard Edition of the Complete Psychological Works of Sigmund Freud, Vol. 17.* London: Hogarth. 中　譯

（mediator），或是在文明本身的物質性中，找到人照料生活時所必須有的「照料面」，這樣一來，經由介面的轉換，讓我們可以排除唯心論的心靈論述，而發掘出新的社會本體論，並且也能據此而發展新的議題設定，而使我們得以在此重述：關係如何形成、如何維護，從而在這種關係概念上發現它和文明的關聯。

二、佛洛伊德、道格拉斯和伊里亞斯

關於文明之所以要從佛洛伊德談起，最重要的議題設定是表現在他的《文明及其不滿》之中。對於文明的心理內容，他是這樣說的：「美、清潔和秩序在我們對文明的要求中顯然佔有特殊的地位。」[2] 就只拿清潔的要求來說，除了和公共衛生的基本條件自然相符之外，它也會超過個人特定的理想或嫌惡而成為一種必須透過社會調節來達成的要求。於是，清潔一方面會歸於美的理想，另一方面就變成公共秩序的問題。每一個嬰兒在生命之初並不會自然發展出對於清潔的喜好，倒是因為排泄器官和樂欲感

本：宋文里（選譯／評註），《重讀佛洛伊德》（台北：心靈工坊，2018）。

Douglas, M. (1966). *Purity and Danger*. New York : Routledge.

Elias, N. (1939). *The Civilizing Process: Sociogenetic and Psychogenetic Investigations*. （北京：三聯，1998）。

Harré, R. & Gillet, G. (1994). *The Discursive Mind*. London, UK: Sage.

Valsiner, J.(2000). *Culture and Human Development*. （上海：華東師範大學出版社，2006）。

2　《文明及其不滿》第三章，p. 53

覺的接近，人反而在最初會對於屎尿之類排泄物產生愛戀。逐臭之夫在每個人的生命早期似乎是共有的性格特徵。而每一個人就必須在很小的年紀開始[3]接受強制的社會規範（例如如廁訓練）來從這種性格中脫胎換骨，用強烈的壓抑來排除戀糞之癖，轉變成一個討厭骯髒、愛好清潔的新人類。

根據道格拉斯的說法，人類對於骯髒的處理還遠超過個體本身的好惡，而是以社會公有的禁忌和信仰來執行。一旦骯髒變成信仰的問題，那就表示物理上的骯髒可以由象徵來處理，譬如身上的不潔可由水來清洗，這是物理的；但在印度，更為極度的不潔要由牛糞來洗刷，這就是象徵的。[4]象徵的要義在於轉換。象徵把一個事物和另一個事物連結，使不同的兩事物透過轉換而成為同一個事物。骯髒的東西是垃圾，而骯髒的事情就牽涉到道德中的惡。在漢字中的「惡」是指令人噁心的東西，這個字上端的「亞」甚至就是指一堆排泄物或嘔吐物。從這裡到道德上的惡，中間經過象徵的轉換，其義明矣。

伊利亞斯討論文明的進程時，所談到文明是指對各種惡習的避免和控制。其中的幾個重要的例子包括擤鼻涕和吐痰的問題。「吐痰時應盡量轉過身去，以免把痰吐在或濺在別人身上。如果把痰吐在地上，應該馬上用腳蹭去，以免引起別人噁心。倘若不允許這麼做，就應該把痰吐在一塊布裡。」這是伊利亞斯引

---

3 就是與肛門、膀胱括約肌的發展大約同時。
4 Purity and Danger, p. 11.

述十六世紀的人文學者伊拉斯莫（Erasmus）所寫的一本小冊子《男孩的禮貌教育》上的文辭。這本小冊子是為一位貴族小孩而寫的。這種宮廷禮儀後來變成普遍的社交禮儀。「痰吐在地上……用腳蹭去」到了十八世紀果然演進到「把痰吐在一塊布裡」——手帕變成禮儀的護身符，而現在，則是隨身攜帶的衛生紙。

三、文明如何是「社會人」、「型態人」、「關係人」的問題

在北京，人們談的「文明素質」大概是指隨身攜帶衛生紙、手帕或至少會把痰吐在人家看不到的地方，而不包括隨地吐痰（即便他能馬上用腳蹭去）。還有一種文明則是把人教養到除了在洗手間之外，根本不需吐痰。這裡引出的問題是：人的自我控制如何和文明變成同步？而這個問題也把我們帶回到社會心理學。

佛洛伊德在《群體心理學與自我的分析》一書中開頭就說：心理學其實沒有個體心理學而只有群體心理學——在他的後設心理學中，雖然把自我設定為人格的中心，但無意識的伊底（「它」）[5]像個無底洞，把人和世界自然關聯，此其一也；超自我來自家中的家長或群體中的領袖，此其二也。由於人格的組

5　「伊底」或「它」係 id 的新譯名。舊譯「本我」與原文的意思在理論上產生根本的矛盾，故不採用。

成具有多元性，因此所謂的中心，也就是自我，其功能在於調和本我與超自我的衝突，並且還要以此為基底再向現實世界的條件作進一步整合，此其三也。所以，個人無論如何就是只能是個自然人、群體人和關係人。伊利亞斯也主張，個人並不是被一個硬殼包覆著而區分出「內部」和「外部」的東西。沒有這樣的包覆，也沒有這樣的區分。要理解人，不是透過一個個的個體，而是透過「由許多個人組成的互相依存關係」，也就是透過關係而組成的「型態」。人的型態和他在群體中的身分、階級之間本來相通。騎士的身分和禮儀後來被廣泛地傳播到宮廷內外，之後隨著文明的進展，人們的行為只是被組成得像個騎士、像個紳士的關聯型態。

伊利亞斯的型態人和佛洛伊德的關係人還有沒有更為細緻的理論展開？從維高茨基的歷史—文化心理學和精神分析第二代的客體關係理論，事實上可以進一步說明這個問題。

四、自我俗民誌

2000 年，是我奔向我心目中的「故國大陸」的處女航，我到了北京、南京、上海。2008 年，有幾位大陸學者到台灣訪問，其中一位來自北京的，她說：首度訪台的感覺是「既熟悉又陌生」——這和我第一次到北京的感覺很相似。兩岸人民長久隔絕之後的相見，熟悉中有難言的陌生，而在陌生中卻又發現處處有熟悉的影子。

熟悉與陌生的並置，讓我們發現「同中有異」和「異中有

同」的問題感。但假若我們把問題設定為「文化認同」，這時我反倒想要談談「文化差異」如何成為增進認同的途徑。我想通過一種新興的「文化心理學」探討方式來展開對於同與異的討論。

文化心理學在方法上會採用人類學式的俗民誌（ethnography，在人類學中常譯為「民族誌」）來進行寫作。這方法讓研究者本身成為一種必然的工具。這是我在談同異問題時會特別凸顯的一種方法論。我是我的工具；我就是我的方法。更具體地說，我的熟悉和我的陌生，在這次的探討中，將要共同引導我來寫這個俗民誌。

我想寫的俗民誌不是最常見的那種客觀描述，而是一種類似自傳的「自我俗民誌」（auto-ethnography），也就是說，我在寫我自己，同時就在寫我自己的同胞。

五、自己與異己的書寫

為什麼是自己？這必須從「故國情懷」開始談起。從以前到現在，她也曾經被我們稱為「祖國」，但事實上我比較喜歡的說法是「母國」，以便這裡使用的「她」不會犯性別錯亂的毛病。「祖國」的說法牽涉到父權的意識型態，但「母國」則純粹是出於血緣和感情的一種烏托邦想像。對我而言，這兩種說法之間有極大的差異，在進入所謂的自我俗民誌之前，必須先給點交代。

我的床頭擺著一些詩集。有杜甫的，有艾略特（T. S. Eliot）。在想起杜甫的詩句「落日照大旗，馬鳴風蕭蕭」時，你若問這詩從哪裡冒出來？我只能說「從我的心肺」。而在寫文章

時，引述過艾略特，[6] 我只能說，記得我讀過。對於杜甫，若要講「文化認同」，其實已經隔了一層，沒說到要點。我根本不必去認同，因為那原本就是我的故居。我去成都參觀杜工部的故居，和我在哈佛參觀艾略特住過的地方，心情完全不同。「我的／非我的」這種心情差異，就是熟悉／陌生的底層知覺。但這種知覺的差異可有什麼社會心理學能來理解嗎？

八○年代初，我曾經在美國的一個「中國同學會」，某次雙十晚會上，朗誦「龍的傳人」歌詞。那時台灣的留學生都參加這個晚會，很少人會猶豫。經過二十年歲月，歷史的腳步快得幾乎令人跟不上，但也沒有人願意落後，「中國」這個名稱好像長出了專賣權，台灣同胞中只剩下極少數人能夠不猶豫地說「我是中國人」，因為深怕對岸同胞會嘲諷地說：「你是冒牌貨」。這不只是個笑話，如果你聽過這種說法，也了解其中的政治意涵，就會知道我是怎樣痛徹心肺的。

從我的母系和父系先祖都在十八世紀渡台，至今已經有兩百多年。2004 年，當我藉由「客家尋蹤之旅」的名義到廣東梅州一帶的客家聚居地尋訪，當地學生看到我們這些台灣客興奮的模樣時，特地探問說：「你們真的感到很興奮嗎？」是的，當然；但當地的電視臺記者問說：「這認祖歸宗之旅有什麼感想？」我就很迷惑了。認祖是要的，但歸什麼宗？在族譜上可沒辦法分

6　宋文里（2003），〈我們的小孩：一種後學的前言〉，《教育研究月刊》，118 期，p.55-66。在該文中引述了艾略特的《荒原》。

明誰代表了我的宗門。短短兩百年的分隔，就母國的說法，血緣總還是在血脈裡的，但就祖國的觀點來說，我們何曾有機會說明白，用親屬數學和歷史拓撲學怎樣演算可以算出我的宗門何在？

這些紛爭當然不只是父權、母權或名義歸屬上的問題，它已經變成政治上的難題。政治是非常嘵舌，也很讓舌頭麻痺的專業，在同胞之間尤其如此。我們因為知情太深，不便多議，只好將它留給治國的專業者們去麻痺和頭疼。我們需要處理的是我們生活中人的問題，譬如從我自己這裡開始。

六、自知與自問

「知情而不議」的態度近乎矯情，在科學社群中恐怕是無人能接受的。但要和歷史爭論的這種前提，本身就不是客觀科學的份內之事，所以，當我提出自我俗民誌作為方法時，那是因為自我俗民誌提供了人和自己的身世歷史反復議論的可能性。

當人類學家們寫遍了他者的歷史之後，那些被書寫的他者突然醒悟過來，於是他們開始自己執筆來寫自己的小敘事，他者從此由大敘事之下掙脫而獲得平反的機會。但在平反之外，進一步的發現是：原先的執筆者所漏寫的東西，因為自己是知情者，所以總是能夠予以補充（supplement），乃至重寫（rewriting）。這種說法其實正是在說同與異、熟悉與陌生，兩者交互作用之下所造成的一種自知，也即是一種自問。

七、俗民誌的材料：小筆記

我要說的自知其實就是自問自答。在第一次到大陸旅訪之時，由於意識到會有許多新奇的事物發生，我隨身帶著一本小筆記簿，準備把所見所聞的各種同異都給記下，但是，當然，對於慣熟的事物我們常常不能意識到它的存在，反倒是陌生的事物，我會立即發生好奇之心，就容易記下了。只不過，我所謂的「陌生」確實不是指未曾聽聞的，而是依稀記得，但不相信它會發生。在接觸之際，有一種不願承認的意識引導著我的注意，所以這注視的動作就很容易轉變為事後專注的回想和書寫了。

我的小筆記簿後來還陪伴著我走向第二次（2002，成都）、第三次（2004，梅州）以及第四次（2007，開封）訪陸之行，後來就把它總稱為《訪陸筆記》。就這樣，不經意地，這些《訪陸筆記》累積成為我的俗民誌材料。

八、再論介面：作為一種條件限制

關於這些俗民誌所選定的題材，有個確切的起點，是當時在上「文化心理學」課程時，有位研究生很想就「髒話」的題目寫些東西，她希望我指導她。我要她開始作田野訪查。我自己就答應在第一趟訪陸之行時，也把大陸當成髒話的田野，因為我相信髒話的文化現象在海峽兩岸應該是不分軒輊的。我相信髒話和其它的骯髒一樣是文明的首要大敵，否則在許多城市到處寫著的的「七不規範」之類標語裡不會明明白白說「不講髒話」。但是，

四趟訪陸之行後，我必須承認我在方法論上犯了錯誤——我沒有搜集到任何一條髒話的資料，除了在某次經歷後，我自己嘟嚷了一句「他 X 的」之外。那次經歷對我造成很大的衝擊，我會在下文再詳細說明。

先談方法論上的問題。我相信有某些文化現象在有限的時空取樣上不一定會被我碰上。文化現象的發生必須有一定的關係介面來讓它發生。譬如髒話必須有咒罵的關係介面，而我的訪問環境大抵都不會引發咒罵，即使不意間在街上碰見，但因為距離太遠，或因為對於方言的不敏感，所以沒注意到。[7]正因如此，所以對於有目的的觀察更需仰賴可靠的介面，好讓它把觀察「承載」住。

我選擇了幾個顯而易見的、能承載住一些事情、也讓我能把「看見」停格起來處理的介面，就是地面、桌面和人的顏面。除了修辭上的一點巧合之外，這幾個「面」似乎也含有某種漸進的關係。我現在就來說說。

九、地面

「文明規範樹新風、愛崗敬業獻真情」；「建平安大道、樹文明形象、讓人民滿意」；「廣泛動員、積極投入、建文明街、

7　有一次在成都街上，有輛車不顧紅綠燈號，呼嘯過街，路旁有人作了咒罵手勢，但我聽不到他發出的聲音。我們的導遊是當地人，她說，有些車牌一看就知道是哪些特殊單位，那些單位的人通常不看交通號誌，闖紅燈似乎是他們的特權。她還說，看多了就不想罵了。

做文明人」。這些標語從北京貼到南京、上海。這麼多「文明」的呼籲，在台灣從來沒見過。看到商店門口貼著黃銅牌子寫道「文明單位」，更是令人不解。後來看到「不亂穿馬路、不隨地吐痰；用文明語言、不講粗話髒話」才稍稍把「文明」這個詞的語意脈絡連貫起來。和我所知道的佛洛伊德在文明的原則上是一樣的。[8] 但由於台灣沒有這樣的標語，也沒有人用這樣的語詞來這樣講話，所以它的意思當然有不一樣的地方。

我的第一趟大陸行，帶著五歲的兒子。在到達上海後，他因為急性腸炎到上海兒童醫院看病。打補液[9]時，躺在病房裡。鄰床的一位媽媽因為女孩子內急，她在床下地板鋪了一張紙，就端著孩子作勢要在那裡解糞。病房裡還有別人，但沒人有意要上前來制止她的樣子。我正在吃驚，想是否該干涉一下，但是人生地不熟的我還是自己打住了。何況那位媽媽剛剛還好意告訴我補液袋子的開口要怎樣拉開。所幸那位小女孩沒拉出什麼東西來，我鬆了口氣。

病房裡的地板上可以解糞嗎？我不知道這樣對待地板的方式到底要如何解釋。唯一令我想起的參照理解是：很多年以前（大約四十年以上），我在台灣的小鎮電影院裡看見一些媽媽讓小孩把尿尿在座位底下。尿水會順著地勢往前流，所以前座的人踩到尿，就哇哇叫了起來。但這種情形並非意外。多年後，這種慣行

8　佛洛伊德論文明的三個基本條件，就是「美、清潔衛生、秩序」。見《文明及其不滿》一書。

9　普通話的「補液」就是國語的「打點滴」。

才慢慢絕跡。

在上海，我注意到本地人對待地板的方式有些怪怪的差異，那是在兩天後，我們在一家成衣店買衣服。我太太（「愛人」）在看衣服，兒子就坐在地板上玩硬幣。店裡的老闆看見孩子坐地板，他就說：「不可以坐地板呀，地板髒。」說完，他自己又改口說：「喔，國外的小孩不可以罵的。」我就對他解釋說：「這小孩在家裡、在百貨公司裡都坐在地板上玩的，應該沒關係吧？」我是看了地板不髒，所以才這樣解釋的。我的孩子哪兒像國外小孩呢？大概就是頭髮留得比較長些，當然還有就是坐在地板上怡然自得的樣子吧？

地板到底髒不髒？如果本來就是髒的，那麼，再髒一點也就不算什麼了；但如果地板不髒，則我們會比較愛惜它，維持乾淨，不會弄髒。髒的地板不可以坐，乾淨的地板則比較可以親近，並且也為了時常要親近它的緣故，我們願意維持它的乾淨。我的孩子顯然是在親近這家店裡的地板，但老闆有點受寵若驚。地板髒不髒，我們的看法很不一樣。若是在醫院，那地板通常不可以坐，除非是在特等病房裡。但是，為什麼普通病房的地板可以拉糞呢？它本來就已經髒到這樣的程度嗎？

地板像是一頁書，當它攤開時，我在讀它的意思，但跨過海峽，我的讀法在有些地方用不上，所以這頁書讓我覺得撲朔迷離了。

十、桌面

在北京的時候，一位朋友帶我們去一家餐廳用餐。我幫她斟茶時，她用手指輕扣桌面幾次。這手勢也是原來在台灣沒見過的。經她說明，我覺得很像是用手指象徵著磕頭致謝的意思。這麼說，這桌面就是禮儀的舞台。但不一會兒，上菜了。我夾了菜，掉下一點，我再用筷子從桌面夾起，她就好意提醒我說：「掉桌上的，不吃。」我也知道，有些地方的桌面不乾淨，我不會夾起來，但這兒看起來是乾淨的。怎麼？我又讀錯了第二頁書？

這讓我想起，前兩天，我帶著孩子到國家圖書館的事。

我太太在圖書館裡查書，用了三、四個小時。我帶著孩子在外頭的餐廳裡苦苦等候。孩子睡著了，我抱著他，覺得很累，就把孩子放在餐桌上睡。有位餐廳的員工走過來把冷氣機的風口往上調整，以免睡著的孩子吹風著涼。我打從心底裡感謝他的好意。但後來有位穿著整齊的女士收了些水瓶和剩食，走上前來問道：「這睡著的孩子是你的嗎？睡在這兒合適嗎？」我不太明白她的意思，反問她：「不然要睡哪兒呢？沒地方睡呀！」他就睜大了眼對我說：「沒地方？這可是就餐的地方呢！」我趕忙把孩子抱起來。就是在這裡，我暗地嘟噥了一句髒話。

我把桌面弄髒了嗎？我的孩子一身都很乾淨，我也不像個流浪漢。這孩子從小就有這樣的習慣，用過餐後常會打瞌睡。在台灣的任何餐廳，我都會找個地方（通常是椅子上）讓他躺下來睡

一下。但這次我找不到可用的椅子，而放在桌上竟然冒犯了人家。

    ——乾淨的地方不能弄髒，

    ——骯髒會把乾淨弄髒；

    ——只有骯髒的地方不怕骯髒，

    ——然而乾淨不會把乾淨弄髒。

但這些法則在跨海應用的時候，在邏輯上出了點問題。

在此之前，還有另一件相關的事情值得一提。孩子內急，想找地方解手。問圖書館的工作人員哪裡可以找到廁所，她說廁所在裡面，要有閱覽證的人才能進去使用。那怎麼辦？她說：「你可以在外面草地上找個地方。」什麼？我不相信我的耳朵。帶著孩子在龐大無比的圖書館四周繞圈子，真的找不到廁所。後來，看到一間開著的辦公室，我們進去求救。孩子嚷著說：「快點！快點！我要上大號！」這裡有位紳士模樣的先生帶我們進到辦公室後頭，總算解決了問題。他還轉身對裡面的工作人員說：「我們怎麼沒有兒童廁所呀？」

這是地面的問題，原應擺在上一節提的，但在這裡，諸位讀者才會明白我對於桌面的困惑如何產生。

十一、顏面

初到大陸，我事實上變得行事低調——我的眼光往下看的時

間似乎比較多。而等到我比較能夠平視別人的臉孔時，我所發現的困惑還要更多。

在南京金陵飯店的大廳裡，我們坐在沙發上等車，有幾位青少年坐在我們的對面。這時有位年約六、七十的女士從外頭走進來，鎖眉瞪眼地看著那些青少年，然後對他們橫著揮揮手掌，要他們離開。這些青少年一句不吭就起身離開了。

有一晚，我們在上海外灘靠著黃埔江邊的柵欄看風景。突然有幾個壯漢闖過來，其中一位年紀比較大些的，對我們橫眉豎目，也用著和金陵飯店那位老女士那般的手勢，要我們離開。我正在納悶怎麼有人對我們這般無禮，而那群人當中年輕的幾位已經靠到我們原來靠著的柵欄，要由那位較年長的人幫他們拍照。

同樣的手勢，同樣的臉色，在台灣同樣的情形下幾乎是不可能的。他們大概是在倚老賣老、仗勢欺人，但是在公開場合，這樣的行為已經是明顯的冒犯，會引起公憤的──我是說，在台灣。但是在南京和上海，這裡的人對於這樣的冒犯似乎很能容忍，以及退讓。

我一樣會想要串出些理解的脈絡，就想起在北京和上海的另外兩件事：

在北京的一家大型書城裡買書時，我推著購書車，和台灣來的讀書人一樣大買一頓。後來我走近櫃檯，問問哪裡可以找到洗手間。櫃檯小姐面無表情地抬起下巴，往旁邊指了一下。這次我不相信的，是我的眼睛。我也突然想起我們這個文化共有的語言遺產中有個成語叫「頤指氣使」，其中的前兩個字就在眼前出現

了確切的寫照。而這種臉色，在我所知道的漢語詞彙當中，就應該叫做「臭臉」了。

在上海兒童醫院，要結帳前，我填好表格走近櫃檯，把表遞上。那位櫃檯小姐填了些字後，看也不看我一眼，就把表格扔了過來給我。我確實看不到她的臉色，但覺得這是比北京書城裡的臉孔更為過分的一種。在這樣的關係之下，我的詞庫裡冒出的是「鬼臉」——在所有的骯髒面相中，最為骯髒的一種。我們共有的文化遺產是一模一樣的，它對於不可思議的情況給我們預存了最好的描述方式。我們會在地面上蹭掉痰漬、掃掉垃圾，在桌面上收拾剩飯、抹乾油污，但是在人的臉上，要怎麼掃、怎麼抹呢？

十二、非人性

在台灣的語彙中，當一個人被說到「後面跟了不乾淨的東西」，那意思很少人不懂。鬼的骯髒（腌臢）、惡臭以及陰冷都是象徵世界的語言，不論你是信或不信，都同樣浸泡在這樣的語意環境中。[10] 但在崇尚無神論的國度，人們只怕是一再被教育成要擺出遺棄這種語意的姿態。人們似乎也已經無視於自己所經常擺出的鬼樣子。

我提到的鬼臉並不是小孩子的扮鬼臉，而是一種非人的

---

10 關於這方面的語意研究，請參閱宋文里（1997），〈不信之信：大學生對超自然物之情感意義叢結〉，《國科會研究彙刊：人文與社會科學》，第八卷，第一期，p.84-100。

（impersonal）臉孔。在台灣，中元普渡是個大節日，所有的公司行號都會在大街上擺出祭桌，煞有介事地祭拜一番。新竹的高科技園區是我看過的廟宇之外最大規模的祭拜，燒起紙錢來，用的大鐵籠圈滿了整個十字路口，讓人印象深刻。我自己家裡沒有祭拜，但免不了會跟朋友們一起沾染到些許祭鬼的氣氛。2006年有一群自由社工組成的團體要在普渡節期間舉行聚會，他們要每個人寫點自我介紹。我想我會和他們談論起鬼的問題，所以就寫下了這樣的自白：

我一生最怕的是女鬼

她陰狠的凝視讓我志消膽喪

在所有的黑暗中

唯一使我卻步不前的力量

就是長得如此模樣

反過來說，我一生練膽的結果

唯一的成績就是不怕男鬼

他的心狠手辣對我而言根本不算什麼力量

我練膽的方式就是對著這種男鬼大喝一聲

「他 X 的，有種你過來」

喊過之後，帶著浩然之氣

雖千萬鬼，吾往矣

我說的雖然不算是社會工作，

但說是一種文化工作，差可矣

壬辰年三月出生於竹東上坪溪邊的

宋文里

在普渡前夕，如是我言

我們常和鬼周旋，[11] 對於鬼的「非人性」非常敏感。我在這裡說的是「陰狠的凝視」，但如要我把這體驗描述得更仔細些，那就是「斜視」，或甚至「無視」。在人的關係中，斜視是臭臉，而無視則更像是鬼臉了。

十三、不可思議的記憶

當我一再提到「不相信我的耳朵」、「不相信我的眼睛」時，我想我的處境就是佛洛伊德所說的「不可思議」之狀（the

---

11 我和鬼周旋的學術經驗是作過一些宗教研究，除了前注中提到的〈不信之信〉一文之外，再舉幾個例子如下：

宋文里、李亦園（1988），〈個人宗教性：台灣地區宗教信仰的另一種觀察〉，《清華學報》，18(1): 113-139。

宋文里（1993），〈「迷信」與「空虛」：關於大學生超自然參與經驗之意義病理研究〉，《中央研究院民族學研究所集刊》，第七十三期，p.53-108。

宋文里（1996），〈以啟迪探究法重寫碟仙〉，《本土心理學研究》，六期，p.61-143。

宋文里（1999），〈負顯化：觀看借竅儀式的一種方法〉，《台灣社會研究季刊》，三十五期，p.163-201。

宋文里（2001），〈物的意義：關於碟仙的符號學心理學初探〉，《應用心理研究》，第九期，p.189-214。

uncanny）。[12] 他的原文是「unheimlich」（英文字面上應作 unhomely），其意是指在一種原應熟悉如家之處，卻覺得這家不但不像家，甚至已變成了一幢鬼屋（haunted house）。對這問題進一步的討論是在愛爾蘭心理學家班森（Ciarán Benson）所談的「不可思及」（unthinkability），他認為其中是有些發生在前額葉的抑制作用（inhibition），使人對於原先能想的事物變得不能想像。[13] 我們也許還可把這種不能想像理解為遺忘症（amnesia），但用經驗的語言來說，我們應說這是一種破碎的記憶，我們依稀記得，只是不能把它們連貫起來。

我不能確定要把記憶還原成某種記得的模樣，在語言上需要有多少同異的條件——我是說，在經驗上，台灣經驗究竟有多少程度可以轉化為大陸經驗，但是在我所從事的某種特殊的社會心理學（實際上更準確的專業名稱是「文化的精神分析」）之中，這是值得努力的一種工作方式，我們這就來試試看。

台灣從 1987 年 7 月 15 日開始進入解嚴時期。在我的生命中，二十多年前恍如昨日。我記得我和千千萬萬投入文化改造工作的朋友們一起為社會全面的解嚴而努力。台灣社會發生很大的改變。千頭萬緒，我只說說我記得最清楚、也覺得最有意義的一

12　S. Freud (1919). The Uncanny. In S. E. XI: 219-252. 中譯本可參閱宋文里選譯／評註之《重讀佛洛伊德》（台北：心靈工坊，2018）。

13　Benson, Ciarán (2003). The unthinkable boundaries of the self: The role of negative emotional boundaries in the formation, maintenance, and transformation of identities. In Harré, Rom & Moghaddam, Fathali (eds.). *The Self and Others*. London: Praeger.

點細節。

　　台灣的戶政事務所是隸屬於警政系統的一個機構，辦理很多和民法相關的登記工作。這在解嚴以前原是一個很典型的官衙門，但是民眾的生活中碰到重要的登記總是要經過這個衙門單位。我記得二十年、三十年，乃至四十年前，我就有在其中進進出出的經驗。那裡面的櫃檯很高，辦公人員坐在櫃檯後面，基本上是看不到臉孔的。有很多種不同的登記，需要的證件各不相同，通常也有相當繁瑣的手續。任何地方稍有差錯就必須重來一遍，沒有商量的餘地。辦錯了事，辦公人員會把一堆文件扔到你的面前，用不友善的口氣說：「要蓋章！」「少了一份登記表！」「要和身分證一樣的照片！」等等，然後，你只能抱著遺憾的心情跑回家再去補齊東西。臭臉和鬼臉是那裡最常見的臉孔。習慣了之後，我們會把這種臉孔合法化，認為這只是嚴肅認真的姿態，沒別的意思。

　　但是，二十多年來，戶政事務所的櫃檯變矮了，我們進去裡頭不但可以和辦事人員平起平坐，看得見臉孔，聽得見呼吸，大熱天也常有志工幫我們倒茶水讓我們解解渴。像人一樣互相對待的習慣真的在所有的政府和民間機構都同步發展起來了。我們有了新的習慣。這不只是片面的例子，而是結構性的變化。「和諧社會」是我在 2007 年到大陸時到處看見的新標語，在台灣一樣是看不見這種語言使用的方式，但是，兩岸人民對於社會生活的期望應是同步的──我這樣的想像算是合理的揣測嗎？

十四、最後的附筆

　　當我想起一些閱讀地面、桌面和顏面的法則時，還有很多閱讀的脈絡會跟著閱讀的動作一起冒出來。文化的同異有些時候不只是「文本」而更像是「語境」的問題。有一次我在美國和幾位來自大陸的訪問學者相遇，我們相談甚歡，但有一忽兒我講到某位姓鄭的人士，有一位大陸人就挑著我的發音說：「姓震的？中國人哪有姓震的？是姓鄭吧？」我回他說：「別挑剔了，我們講話不用翻譯就可以互相聽懂，不是已經很好了嗎？」是的，在字面上確實不用翻譯，但言外之意卻還常常頗費猜疑。這一點點文化的距離是我們還得耐著性子去跨越的。

　　讓我言歸正傳。在地面上，骯髒的東西是垃圾。有一回我在上海的南京路步行街那段，遠遠看見一位警察叫一位計程車司機下車撿垃圾。那位司機照做了。但警察沒有輕易放他走，還做了個堅定的手勢，用兩隻手指指著地面，要他再撿一次。那位司機又照做了。之後，令我突然屏息起來，因為警察又用兩指指著地面要那司機去撿第三次。我擔心會鬧衝突了，但那司機只是看看天（有沒有嘟囔什麼，我就沒聽到了），還是去撿了第三次。我必須承認，這是我有生以來見過的最嚴峻的警察，以及最聽話的市民。但除了歎為觀止之外，我還是很想知道：這裡的社會規範到底是怎麼運作的？是不是丟垃圾的人也被看成了垃圾？

　　在我能夠從地面抬起頭來往上看，經過桌面到人的顏面之時，我漸漸明白我的方法論是一條尋語路，在引導我尋找到一條

「發現的脈絡」之路。我的觀察確實很卑微，但總還有「雖小道必有可觀焉」的道理。關於我所說的垃圾、骯髒等等問題，事實上也反映了我如何越過台灣海峽這一條文化界線而試圖回觀某種文化上的自己。我的故國想像和事實上的大陸這個社會並不是完全相等，或只具有簡單的函數關係，不太能夠輕易透過換算而理解。我一直帶著多多少少的驚異，遊歷過七、八個城市，一面學習慣熟，但也一面試圖把我的驚異解釋到我自己的理解架構中。譬如關於在上海兒童醫院裡看見那位母親在病房的地板上兜著小孩解糞的事，我一直以為這已經是在台灣街上見不到的奇景，但是，在 2008 年夏天的某一個晚上，我在我居住的新竹市，經過一條暗黑的小巷子，就看見一位祖父兜著兩三歲大的小孫女，在巷子邊對著牆角撒尿。這是我對於幾十年來的生活經驗重新反省的契機。對於公共生活中的骯髒意識，在一個社會中的存在或起伏變化，當然會通過非常立體的河道，但是，把社會縮小到幾個介面，是讓觀察可以持續進行和存留記憶的一種方法。社會學家布迪厄（Bourdieu）曾說他習慣在記憶中保留一些社會實景的快照（snapshots）以便後日可以拿出來省思。[14] 我想我的方法與此類似，只是把我的快照更限縮在某些可以相互比較的背景框架之中。

我在俗民誌裡記下的幾則觀察，確實只是一點點拋磚引玉的

---

14 Bourdieu, P. (1990) Photography: A Middle-brow Art. Stanford, CA: Stanford University Press., p.74.

小事。但是，在結束本文之前，容我再多拿出一張小小的快照。
這是在上海，我在一家超市買點東西。就在我要付賬時，看見收
銀檯邊掛著一面小牌子，寫著「軍人優先」。這四個小字在我所
有跨海的驚異之中，卻是最為鉅大的。因為在台灣不論任何需要
付賬的地方，只會掛著「老人優先」、「殘障優先」、或「榮民
（退伍軍人）優先」，斷然沒有讓身強體壯的現役軍人優先的道
理。

　　這個驚異如果和其它幾個介面上的觀察串在一起，說不定會
構成一幅大有意義的圖像，說明了跨海的文化差異是多麼驚人。
我的故國果然不是憑我自己的想像就可以復原的。我還需要更多
的發掘。這是我樂意反復到故國遊歷，並繼續寫俗民誌的理由
吧。

後話

翻開下一頁之前的一則故事

【16】

自我工夫：
哲學精神治療的首要基調 [1]

（對 Prof. Rabbe 演講的回應）

前言

　　我曾接受輔大哲學系的邀請，擔任「哲學諮商」研究組第一次論壇的回應人（respondent）。坦白說，在接到邀請函時，我覺得還沒準備好，不管從哪個角度來看都是這樣。但在讀了演講者 Peter Rabbe 教授的講稿之後，我產生了一種幻覺，就是作者在書寫時所用的墨水好像是從我的鋼筆流出來的。[2] 是的，在我年輕的時代，所有的人都用一種叫做「鋼筆」（fountain pen，泉水筆）的東西來寫字。從現代眼光看來，那是一種很奇怪的工具。後來，我從幻覺中醒來，但其實我還醒不過來的是「泉源之筆」的白日夢。這白日夢是這樣的：首先，我被 Rabbe 教授的寫作之泉高度激發，於是開啟了一種感應式的書寫；但這書寫的源頭卻來自我自己；其次，「泉源」讓我想起我個人研讀哲學的

1　本文於為英文稿，由宋文里原著／潤稿，陳永祥翻譯。

2　鋼筆：fountain pen：直譯就叫「泉源筆」。

歷史;第三,我有一個神祕的,或是童話故事般的想像:如果我能靠近泉源,而且如果靠得夠近的話,我可能會看見一些美麗的水仙子或是女神。所以,當我發現我的心以這種方式感應,同時演義出這許多聯想時,一個念頭突然閃過:為什麼我不能就以這種聯想感應方式來寫一篇回應文呢?

所以,這就讓我開始吧。但這聯想已經跳過上述的一二三的順序了。[3]

第一部分

起初,我並沒打算同時引用以下兩個人的話,其中一位是哲學家,另一位是精神治療師。我只是碰巧在同一天讀到,於是想法就這麼拼湊了起來。讓我們來看看:

> 這段介紹不是為學生而寫的,而是為了未來的教師;即便他是未來的教師,這也不是為了能讓他為一門已建制好的課程準備一堂課。這段介紹,是為了讓他能再次創造他的課程而寫的。
>
> ——Immanuel Kant: Prolegomena, 1783

對於精神分析,我認為最基本的理解是:分析師必須與他的

3　也許可以這樣說:本文所述應是第二和第三點,至於第一點該說的,內容在另一篇開場的講稿中。

每個分析參與者（analysand）⁴一起重新創造精神分析。

——Thomas Ogden: Rediscovering, 2009

當我還是個青少年時，我確實受到一位哲學老師的啟迪，史作檉先生（一位高中老師，同時也是一位作家，他總共寫了超過二十本書）。他可以作為我的蘇格拉底，但他不曾成為我的孔子。因為我們都知道，雖然漢傳歷史留下龐大的哲學遺產，但漢傳的哲學思考及哲學對話在很早以前就喪失了生機。不管怎麼說，這並非不幸，因為，無論如何，也無論何時，每當哲學對話出現時，它總必須重新開始，從第一句發言陳詞開始。

我就是用這種方式理解雅斯培（Karl Jaspers）的「自身哲學化」（philosophizing）這個概念的。幾天以前，當哲學諮商研究中心舉行大會開幕式時，我先寫了一篇祝賀文作為前言。其中，我提到雅斯培，同時也提到齊克果（Kierkegaard）的《致死之病》（*The Sickness unto Death*）。這是因為雅斯培把它當成表率，也就是說，讀一本像《致死之病》這樣的書，且由茲而體驗到的自我了悟（明了， illumination），就足以讓人成為一位好治療師，而不一定必須經由所謂的「訓練分析」（training analysis）。很顯然地，對雅斯培而言，前者是個更合宜的選項，也是他所推薦的訓練方式。

4　「Analysand」在上文中也譯為「分析人」，意思都是要避免用「被分析」的「個案」這般非人的用語。

由於我是一個諮商心理學者，我所受的訓練在某種程度上偏向人文主義，但除了兩學期的預實習訓練（pre-practicum）之外，我從來不曾受過精神分析那種分析經驗。後來，我從美國取得博士學位，回到台灣，當時我就已相當清楚那種訓練本身有其社會條件上的不合時宜之處。所以當我在清華大學創辦諮商中心的同時，我重新開啟了我在青少時期由史老師帶來的體驗，也就是我們兩人之間的**哲學對話**。我讀了很多具有自我啟發、自我除昧 (self-disillusion) 之效的書，譬如會產生雅斯培所說的「明了」那種。而且，每當我與史老師碰面時——他不曾當過我的「導師」，而比較像個朋友，一位愛智的朋友——我們就只是自由對話。我們從來不講廢話。我們都很排斥一般人常說的家常話，所以沒有閒聊的空間。我們之間的對話儘管一開始看起來不像哲學，但後來，隨著對話的進行，都會逐漸演變為哲學話語。

　　史老師比我年長十八歲，但這種年齡上的差別並未形成任何中國式的長幼尊卑關係。我們像朋友那般談話，很嚴肅，同時也正如好朋友間那般親切。每次，我們都創造出一些我們之間的哲學話題，有時與一些書有關，有時則從一些無心的發現中即興發展出來。這是怎麼做到的？我會給些例子來說明。

　　在中國式的倫理學脈絡裡，「仁」一直是一種最高的理想。在《論語》當中，孔子與他的弟子們曾談論這話題超過一百次。[5] 但，它的意義因此就都已窮盡了嗎？一點也不。史老師與

5　有人計算過「仁」字在《論語》中一共出現 109 次。

我曾試圖以假想的方式來表達仁的意義，也就是說，假設我們正在跟西方人談話，那麼，用什麼方式才能合宜地表述這個概念？「仁者，忠恕而已矣。」這是《論語》裡頭的一個說法；「盡己之謂忠，推己及人之謂恕。」則是儒門對於「仁」概念的一種分析之說。

> 「你要怎麼用英文解釋『盡己』呢？」史老師問。
> 「就必須成為最終極的自我。」我想到這樣的回答。
> 「你這是在暗指田立克（Paul Tillich）嗎？」
> 「是的，多多少少，我也注意到田立克的信仰，他預設了神的存在。但我們沒有這種預設，所以我們當真能夠這樣指涉嗎？」

於是，當然，我們會轉向齊克果關於自我的形成[6]：「自我是一個關聯，它將自己關聯到自己，或者，自我是一個關聯的動作，在其中，它將自己關聯到自己。自我不是關聯本身，而是在關聯過程中將自己關聯到自己。」雖然其中仍暗示著神，但它總算將那個幾乎不需要的名（**Word**）推遠了些。為了能夠「認識你自己」，我們當真必須受基督教神學的啟蒙才做得到嗎？比基督教更早誕生的蘇格拉底又是如何得到那個前提（postulation）

6　〈自我的形成〉也成為我寫的一篇筆記，其中提到的那段話並非齊克果原文的翻譯。那是在 1974 年，手稿留存下來。當時對於齊克果其實還似懂非懂，所以這篇筆記還不能算是對齊克果的註解。

的？[7]如此等等。

　　有一天，史老師在縫他的褲子。他單身，不會有太太幫他做
這種事。幾個像我一樣的學生聚在他身旁。有些人開始給他
一些建議，關於如何能縫得更快更好。而史老師只是放下他
手中的褲子，說：「你們當真要和我討論怎樣縫褲子嗎，還
是想談點別的？」
　　靜默，以及幾張漲紅的臉，羞徹了整個房間。我打破沉默，
說：「你的音響正在放著巴哈的小提琴獨奏。這種孤獨也
曾經出現在早期的音樂，例如 Jordi Savall 所演奏的 Marin
Marais。」
　　「它們之間無法這樣比較，」他說，「Marais 以及當代的
宮廷樂師們的音樂來自於樂器，但巴哈的，來自於靈魂。」

　　一場關於音樂及靈魂的自發談論就此展開。而當史老師在談
「靈魂」的時候，他除了每日持續不墜筆的形上學之外，也寫了
散文集《靈魂的苦索者》。[8]我們在談巴哈的靈魂之外，實際上
談的是那位大提琴家史塔克（Janos Starker）。談作品的時候就
在談工作（工夫）。這也是「自我工夫」概念的啟發之處。
　　更早的時候，就是大學聯考之前，在我必須為我的學術生涯

7　這個蘇格拉底前提就是那句出自女巫的神諭：Know thyself。
8　史作檉（1987），《靈魂的苦索者》，台北：久大。

拿定方向時，那還真是個痛苦的掙扎：既想選哲學，又想選心理學。我那年輕的思慮後來終於得到這樣的結論：如果進了心理系，我不會失去與哲學的接觸；但如果進了哲學系，我可能不會有接近心理學的機會。現在，經過四十年的學術生涯之後，我認為我那年輕的決心應該做個一百八十度的轉向。當現代的學院心理學將自己放入以腦科學及資訊科學的「主流」定義時，心理學已經變成一種自命為「科學」的學科訓練——它雖然仍保有一個「心」的名字，但實質上已找不到任何與心靈有關的痕跡了。在心理學次領域（sub-field）裡的諮商心理學及臨床心理學當中，即便腦科學和計算機科學尚未成為領頭羊，但一種程式化的方式也已經以方法論為名逐漸滲透，且幾乎有主導整個討論場域的趨勢。

在那二十多年前，我尚未轉任到輔仁大學之前的時期，每次去擔任碩士或博士論文口試委員時，我總是會問「你的方法論是什麼？」然後毫無例外會聽到一段冗長的交代，關於如何收集資料以及關於統計運算的程序。但當我要求那些論文寫手們將他們的方法理論說得仔細一點時，他們大多數會承認那不是他們的強項——不曾有人讀過上一代著名精神治療師們所著的原典，例如羅哲斯（Carl Rogers）、馬斯洛（Abraham Maslow），以及羅洛‧梅（Rollo May），雖然我並不特別認為他們足夠代表哲學諮商的典範。我很驚訝地發現：關於他們的理論，這些論文寫手們只從教科書上讀過大約十頁。對於他們使用的那些有的沒的方法背後，還有什麼理論，他們完全不知該說什麼，也不知為

何必須要如此，同時，最重要的，他們也不知為何原創者都會那麼想。為何羅哲斯到了他的晚年時必須將他的發明從「案主中心（client-entered）療法」改成「人中心（person-centered）療法」？當他提到「雙中心」（bi-centeredness）時，他是什麼意思？當他以「互為主體」這樣的用語來思考時，為何他必須自我批判地聲明「沒有精確的同理心」這回事？

讓我精簡闡述一下我的意思，以便回到我想談的重點。哲學諮商一點都不是什麼新的精神治療法。你當然可以在諮商中心裡使用，甚至創立一個新的學會來賦予它新的專業風味，這絕對沒有疑問，但對一位治療師而言，哲學諮商就是要有機會去發現「將自己關聯到自己」乃是一件更重要的事；或更進一步來說，在面對一位治療參與者（therapant）[9]之時，該發現的是：人並不需要將自我當作客觀對象來進行內省或自我反思。他所需要的應是「在關聯過程當中將自己與自己關聯起來」。在此，如你所見，其中**有兩個關聯**，先前，當我提到齊克果時你可能忽略了。就是這個雙中心在推動著治療師去明了：在進入任何諮商或精神治療關係之中，都有兩個關聯正在進行：就在你與治療師關聯的同時，你也總是在向自己關聯。

所以，你可以把諮商機構所要求的個案報告留在檔案櫃裡。那是第一個關聯。第二個關聯呢，也就是，那個關聯到自己的關

9　「Therapant」作為「治療參與者」，是我自己根據英文的造字原則所鑄造的英文新字，上文已出現過。這意思接近於目前通行的「來談者」。

聯呢？這不在任何一個諮商中心檔案管理的要求之內。但隨著日子一天一天過去，直到有一天，你終於發現你必須將它寫下來。你會像我一樣，開始寫下你自己的反思筆記，在你和所謂的諮商參與者發生過一些意謂強烈的對話後，或者就在你和你的朋友的日常談話之間。每當我感到有這種需要，而且就在電腦上打開我的筆記本時，我用鍵盤所打下的第一個字，在螢幕上閃閃發亮，它就可能會發展成某種哲學。以下是一則例子，用來為這第一段的內容作個具體的小結：

> 有一天，我們談論過《歌劇魅影》中的一些歌曲。今晚，我就去看電影版的《歌劇魅影》。結果，它變成一種非常熟悉但又只是平行無交點的看見。每句話、每個動作以及每首歌就如平常那般熟悉，但當我們談起歐洲人的故事以及美國人的製作時，它突然變得離我們很遠。
>
> 我不曾去過歐洲，[10] 而我也不會為了想知道那些人以及文化是否確實存在而計畫去那裡旅遊，對吧？
>
> 我寧可他們不必存在，但他們總是會為我帶來這些包裝得好好的文化產品。
>
> 我什麼都不知道，但卻已知道關於它的每樣東西，就如佛洛伊德的 das Es 所知道的「我」那般，知道得那麼清楚。
>
> 為此，我寫了一首叫做「殖民之路」（*The Road Called*

10　直到 2013 年之前，我確實還未曾去過歐洲。

Colonization）的輓歌 [11]：（略）

為何《魅影》一劇會如這般地刺激我？我還不知道。但無論如何，我已經留下了關聯的筆跡，為了將來某一天我可以尋路而去，找到我自己。而這個「自己」，連同一些不明的東西，絕不會是齊克果式的基督徒絕望。我不能說：在我關聯到自身時，關聯不是個可以通往 das Es（這個無法被命名的它）的一把鑰匙（key，基調）。

第二部分

有一次，弟子曾參（505-435 B.C.）告訴他的老師：「吾日三省吾身」，當時，他在報告一種他從孔子那兒學來的自我存養工夫。可是除此之外，談自我存養，還有兩種可能的談法：自我反省，或自我分析。所以，假若今古之間有自然貫串的道理的話，那麼，他的老師會告訴另一位說「三思而後行」的弟子：兩次就夠了。這就比「三」更像是人人可為的道理了。

有一次，屬於孔子第四代弟子的孟子這麼說：「吾善養吾浩然之氣」。他也說這個自我存養的方法或工夫就是要集氣養義。我們都知道：漢語當中的「氣」無法以字面的方式翻譯成西方語言，所以為了節省我們的時間，在此我只將這些不能翻譯的字放

11　這就是我在這則筆記裡寫的一首歌，原文是英文，已見於本書第四篇。

進括弧，然後將焦點更放在我們的主題上，也就是，如果「存養工夫」能對應到齊克果的「關聯到自己」，或更廣泛一點，對應到雅斯培的「（自身）哲學化」，那麼如何去理解：這些對應的道理也足以存養出一個現代的精神治療師？

　　這確實不是個容易回答的問題。我們的確有些敘述能將這方法說得更清楚，或將它的進程講得更明白，例如眾所皆知的「誠意、正心、修身、治國、平天下」之說；又例如，我們可以找出更精細的說法——只是一段喻示的大綱，還沒發展成足夠的理論——來自於宋初的司馬光（1019-1086）：

> 萬物皆祖於虛，生於氣。氣以成體，體以受性，性以辨名，名以立行，行以俟命。故：
> ——虛者物之府也
> ——氣者生之戶也
> ——體者質之具也
> ——性者神之賦也
> ——名者事之分也
> ——行者人之務也
> ——命者時之遇也

　　我很抱歉，到了這個節點上，要把摘引的句子翻譯成英文，一方面已經不可能了，另一方面也沒必要。我們只需知道「存養工夫」實質上需要做很多工作。但，作為一個接受漢傳思想的

人，從這麼多漂亮的喻示當中，我們可曾知道，或我們已經知道，這種「工夫」該做什麼，以及如何去做了嗎？

　　長久以來，我們的現代教育一直在用「修身」這個概念，但它並不總是能伴隨著「誠意」及「正心」的工夫。無論如何，從「誠意正心」到「治國平天下」的公式之所以如此流行，其原由是官方一直拿它來當作教育的口號。但你我都心知肚明：我們都不太知道該做什麼，及如何拿這些口號來做什麼修身工作。

　　現在，回頭揣測一下：我那首殖民輓歌啟發你了嗎？我們是在說：我們幾乎已經忘光了我們該如何存養自己。不過，我們也別太沮喪。當曾參告訴他的老師，他每日做三次這種工夫時，他只是在反思他是否對別人和自己都很忠實，他是否值得朋友信賴，以及他是否對老師說的話都能記得。不管這些公式是如何發展出來、如何精妙、如何形上學化（metaphysicallized）以及最終如何崩毀了，我們都應當不可忘記一件事，就是對於我們自己，確實有很多工作可做。所以，就讓我們把它和傳統連起來，稱之為「自我工夫」也罷。

　　這麼一來，你將會驚訝地發現：在當代心理學中，[12] 到處都可找到對於這些**是什麼**以及**該如何**等問題的回應。例如，我發現在哈瑞（Rom Harré）所著的 *The Singular Self* [13] 一書當中，就

12　這個「當代」是指 1980～90 年代之後，經過「批判轉向」「文化轉向」以及「語言學轉向」之後。俗稱「後現代」。

13　Harré, R. (1998). *The Singular Self: An Introduction to the Psychology of Personhood*. London: Sage.

有一組 S1／S2／S3 的三層次理論模型，剛好對應「誠意、正心、修身」的公式。所以，他用一種很仔細的方式恢復了我們祖先一直在說的工夫。更顯著地，從所有的精神分析文獻當中，你可以發現自我分析對每個精神治療師都很重要——如此重要，以至於佛洛伊德給了這樣的忠告：一旦你開始了自我分析，你就應當持續這種自我工夫，永無休止的一日。這不正是「天行健，君子以自強不息」的意思嗎？

我無法避免以上所有的引述會變為裝模作樣的口號。但我相信，在哲學式的對話之中，只要對話的雙方都知道話語和口號的不同，也就是沒有一方會用口號來充場面。任何一句意謂不對頭的語言都會受到面對面的挑戰——「真的嗎？」「你的意思是？」——於是，沒人能逃得了。自我工夫的首要基調，原來都是用雙方的和聲法和對位法才能譜寫和演出的。[14]

---

14 這最後一句話在英文原文中確實使用了「key」字的一語雙關：「關鍵」＝「基調」。在此強調了後者的喻示，所以才會接著用音樂的術語，說成了「和聲」和「對位」。

【附錄】
彩色圖頁

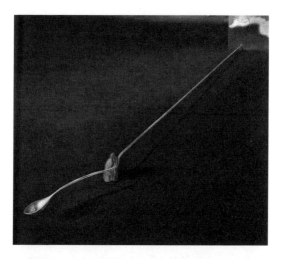

【圖 5-11】達利，《不可知論的象徵》

【圖 5-12】馬格利特，《紅色鞋模》

【圖 8-1】馬格利特，《集體的發明》。

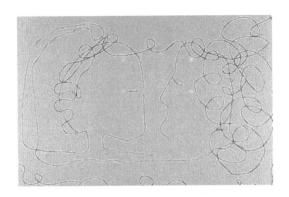

【圖 11-1】

【圖 11-2】

【圖 11-3】

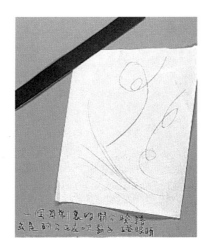

【圖 11-4】

【圖 11-5】

【圖 11-6】

【圖 11-7】

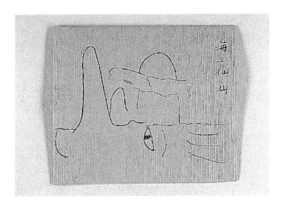

【圖 11-8】

【圖 11-9】

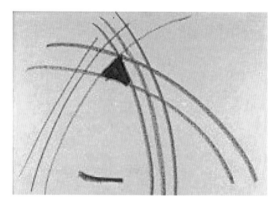

【圖 11-10】

【圖 11-11】

【圖 11-12】

【圖 11-13】

【圖 11-14】

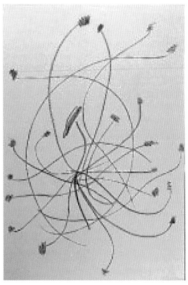
【圖 11-15】

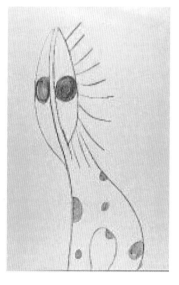

【圖 11-16】　　　　　　　　　　【圖 11-17】

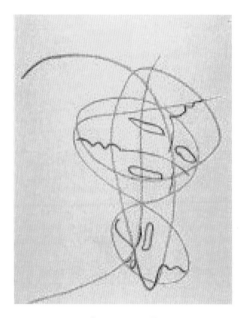

【圖 11-18】

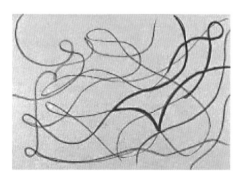

【圖 11-19】

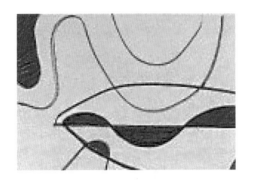

【圖 11-20】

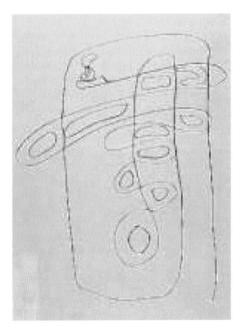

【圖 11-21】

【圖 11-22】

【圖 11-23】

文化心理學的尋語路：邁向心理學的下一頁

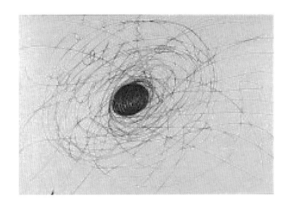

【圖 11-24】

【圖 11-25】

【圖 11-26】

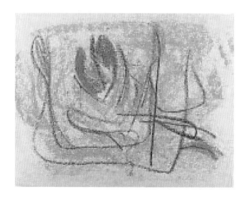

【圖 11-27】

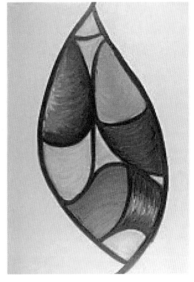

【圖 11-28】　　　　　　　　　　【圖 11-29】

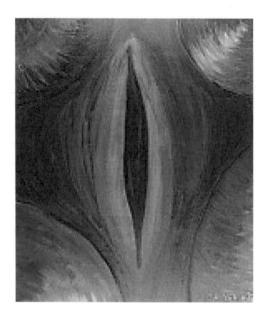

【圖 11-30】

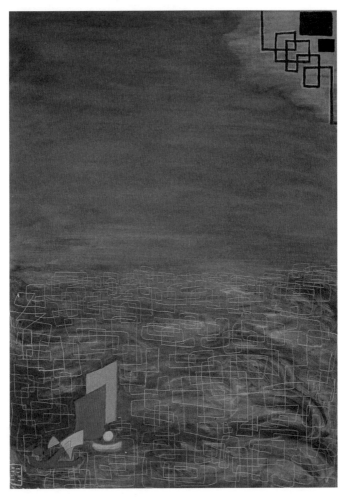

【圖 12-1】宋文里（1984），《小即興之一：迷航記》

【圖 14-1】宋文里（1974），《迷失深林中》

Master 073

文化心理學的尋語路：邁向心理學的下一頁
A Quest for Meaningful Words : Psychology Turning to Next Page
作者—宋文里

出版者—心靈工坊文化事業股份有限公司
發行人—王浩威　總編輯—王桂花
執行編輯—趙士尊　封面設計—高鍾琪
內頁排版—龍虎電腦排版（股）有限公司
通訊地址—10684 台北市大安區信義路四段 53 巷 8 號 2 樓
郵政劃撥—19546215　戶名—心靈工坊文化事業股份有限公司
電話—02) 2702-9186　傳真—02) 2702-9286
Email—service@psygarden.com.tw　網址—www.psygarden.com.tw

製版・印刷—中茂分色製版印刷股份有限公司
總經銷—大和書報圖書股份有限公司
電話—02) 8990-2588　傳真—02) 2990-1658
通訊地址—248 新北市新莊區五工五路二號
初版一刷—2020 年 3 月　ISBN—978-986-357-180-3　定價 780 元

國家圖書館出版品預行編目資料

文化心理學的尋語路：邁向心理學的下一頁
/宋文里著 . -- 初版 . -- 臺北市：心靈工坊文化, 2020.05
　面；　公分
ISBN 978-986-357-180-3(平裝)

1. 心理學 2. 文集

170.7　　　　　　　　　　　　　　　　　　109006232

心靈工坊 PsyGarden 書香家族 讀 友 卡

感謝您購買心靈工坊的叢書，為了加強對您的服務，請您詳填本卡，
直接投入郵筒（免貼郵票）或傳真，我們會珍視您的意見，
並提供您最新的活動訊息，共同以書會友，追求身心靈的創意與成長。

書系編號－Master 073　　書名－文化心理學的尋語路：邁向心理學的下一頁

姓名 　　　　　　　　　　　是否已加入書香家族？ □是 □現在加入

電話（公司）　　　　　（住家）　　　　　手機

E-mail　　　　　　　　生日　年　　　月　　　日

地址 □□□

服務機構／就讀學校　　　　　　　　職稱

您的性別—□ı.女 □2.男 □3.其他

婚姻狀況—□ı.未婚 □2.已婚 □3.離婚 □4.不婚 □5.同志 □6.喪偶 □7.分居

請問您如何得知這本書？
□ı.書店 □2.報章雜誌 □3.廣播電視 □4.親友推介 □5.心靈工坊書訊
□6.廣告DM □7.心靈工坊網站 □8.其他網路媒體 □9.其他

您購買本書的方式？
□ı.書店 □2.劃撥郵購 □3.團體訂購 □4.網路訂購 □5.其他

您對本書的意見？
封面設計　　　　□ı.須再改進　□2.尚可　□3.滿意　□4.非常滿意
版面編排　　　　□ı.須再改進　□2.尚可　□3.滿意　□4.非常滿意
內容　　　　　　□ı.須再改進　□2.尚可　□3.滿意　□4.非常滿意
文筆／翻譯　　　□ı.須再改進　□2.尚可　□3.滿意　□4.非常滿意
價格　　　　　　□ı.須再改進　□2.尚可　□3.滿意　□4.非常滿意

您對我們有何建議？

本人同意　　　　　（請簽名）提供(真實姓名／E-mail／地址/電話等資料)，
以作為心靈工坊（聯絡／寄貨/加入會員／行銷／會員折扣等）之用，詳細內容請
參閱 http://shop.psygarden.com.tw/member_register.asp。

心靈工坊
PsyGarden

台北市106 信義路四段53巷8號2樓
讀者服務組　收

免　　貼　　郵　　票

（對折線）

加入心靈工坊書香家族會員
共享知識的盛宴，成長的喜悅

請寄回這張回函卡（免貼郵票），
您就成為心靈工坊的書香家族會員，您將可以——

⊙隨時收到新書出版和活動訊息

⊙獲得各項回饋和優惠方案